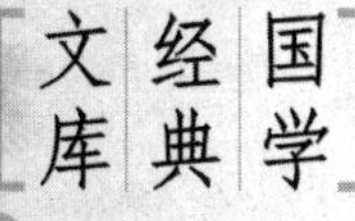

鬼谷子全书

读破春秋大智者　造就今生大智慧

图文珍藏版

刘凯⊙主编

线装書局

第七篇　鬼谷子的人生博弈智慧

第一章　舌头的博弈:跟鬼谷子学“说话”

鬼谷子可以说是一位“语言大师”,他深谙语言的艺术、演讲的技巧、谈判的方法。他知道,文字之所以诞生,为的就是达到与人沟通的目的。

生活当中,我们最怕的可能就是被人冤枉了,“冤枉”是怎么产生的?

不就是因为沟通不畅或沟通错误嘛。

我们都知道,猫和狗是仇家,见面必掐,但起因是什么呢?

我想,很有可能就是因为阿猫和阿狗们在沟通上出了点儿问题——一个说猫话,一个讲狗语,根本形不成默契!

一、鬼谷子是一把水果刀

纵横家,又是什么呢?

纵横家是诸子百家之一,出现在战国到秦汉时期,他们大多是策辩之士,主要从事政治外交活动,游说各国诸侯,进而影响天下局势,可以说是中国五千年历史当中最早的外交政治家。它的创始人是鬼谷子,其他代表人物有苏秦、张仪、鲁仲连、公孙衍等,这些纵横谋士知大局,善揣摩,通辩词,会机变,全智勇,长谋略,能决断——可以说是影响着历史进程的精英人士。

这些外交家的出现,主要是因为当时割据纷争不断,王权不能稳固统一,所以就需要在国富力强的基础上利用联合、排斥、危逼、利诱、反间等种种计谋来不战而胜,以较少的损失获得最大的收益。

具体来说,战国时期,中国历史上形成了群雄并峙、诸侯争霸、狼烟四起的复杂局面。齐、楚、燕、韩、赵、魏、秦七雄之间关系错综复杂,军事、外交斗争非常突出,这为外交家的诞生提供了得天独厚的机会。在当时的情况下,一个国家要取胜,并不是完全凭借武力,在很大程度上要依靠政治、外交等"和平途径",也就是通过这些外交家的谋略计策、游说雄辩而取胜,这往往比单纯的武力征伐更有效,损失也更小。

这也就是《孙子兵法》上说的:"不战而屈人之兵,善之善者也。故上兵伐谋,其次伐交,其次伐兵,其下攻城。"

意思是说,首先是不用打仗而能迫使敌人降服,这才是最高明的。所以,最上等的军事行动是用谋略,包括政治、经济、文化、外交等手段的综合运作,在对立双方矛盾激化之前挫败敌方的战略意图,解决争端。

其次是用外交战胜敌人,这是指当矛盾已经不可避免的时候,就要动员本国和盟国的力量,显示必胜的决心,给对方以强大的精神压力,从而造成压倒优势或力量制衡。占据了心理上的上峰之后,可以派外交家去游说对方,动之以情、晓之以理,通过分析双方的战略局势和力量对等,使对方主动提出妥协、退让,从而达到不诉诸武力而战胜敌人的目的。

再次是用武力击败敌军,在敌方政治、经济重心之外解决敌人,以便把战争损害降低到最低程度。

最下之策是攻打敌人的城池,进而攻取敌方的战略要地乃至全部领土。杀伐攻城的策略,是在上述三项努力无效的情况下,不得已而为之,是没有办法的办法。

在这四种方案当中,"伐谋"和"伐交"属于"不战"思维,"伐兵"和"攻城"属于"慎战"思维。这种以斗智斗勇的心理战代替真刀真枪的攻伐战的军事思想,是当时战国的主流思想。因为在那个血流漂橹的战乱年代,人们已经经历了过多的血腥和战争,已经"厌战"了(这种情形,就跟当年美国发动越南战争时候的情形一样,深陷战争泥淖的美国民众,发起了轰轰烈烈的反战游行)。这也就是《战国策》上所记载的:"式于政,不式于勇;式于廊庙(朝廷)之内,不式于四境之外。"意思是说,用政治取胜,而不以武力取胜;用外交取胜,而不以战争取胜。

可以说，这种时代性的“厌战症”为纵横家的出现提供了天然的土壤。于是，一时间，纵横家的杰出代表人物苏秦、张仪等各凭三寸不烂之舌游说天下，周旋于诸侯之间，玩弄霸主于股掌之上，成为当时的风云人物。

这些纵横家的智谋、思想、手段、策略，基本上是当时处理国与国之间问题的最好办法。他们大多出身贫贱，以布衣之身庭说诸侯、贩卖智谋，并且往往可以以三寸之舌退百万雄师、以纵横之术解不测之危。

比如鬼谷子的大弟子苏秦，为使六国免受强秦的侵略，苏秦分别到六国游说，组织合纵联盟，共同对抗强秦。为说服各诸侯国王，苏秦分别采用了利诱、激将、威胁等谋略，运用比喻、寓言说理，凭口舌之利，借言辞之巧，“合纵六国”最后成功，六国组成了合纵联盟，强秦 15 年不敢出函谷关入侵六国。当时，苏秦佩六国相印，也就是身兼六个国家的丞相、政府总理，那可是相当牛，是当时不可一世的雄杰！

还有鬼谷子的二徒弟张仪，他雄才大略，以片言得楚六百里，为秦国一统天下奠定了坚实的基础。可以说，这些纵横家们智能双全、文武并重，堪称是那个时代的英雄。

纵横家这么厉害，作为纵横家游说经验总结的《鬼谷子》一书，它的价值就更是不言而喻的了。

南北朝时期的著名文学理论家刘勰就在他的《文心雕龙》一书中高度评价了纵横家和鬼谷子，他说：“鬼谷渺渺，每环奥义……暨战国争雄，辩士云涌，纵横参谋，长短角势。《转丸》骋其巧辞，《飞钳》伏其精术。一人之辩，重于九鼎之宝，三寸之舌，强于百万之师。”

还有唐朝诗人陈子昂，他也极为推崇鬼谷子，甚至引其为知己。在《感遇·十一》诗中，他这样吟唱道：

吾爱鬼谷子，青溪无垢氛。

囊括经世道，遗身在白云。

七雄方龙斗，天下久无君。

浮荣不足贵，遵养晦时文。

舒可弥宇宙，卷之不盈分。

岂徒山木寿，空与麋鹿群。

高似孙在《鬼谷子略》一书里边这样说道："《鬼谷子》书，其智谋，其术数，其变谲，其辞谈，盖出于战国诸人之表。夫一辟一阖，《易》之神也；一翕一张，老氏之几也。鬼谷之术，往往有得于阖辟翕张之外，神而明之，益至于自放溃裂而不可御。予尝观诸《阴符》矣，穷天之用，贼人之私，而阴谋诡秘，有金匮韬略所不可该者。而鬼谷尽用而泄之，其亦一代之雄乎！"

甚至就连"亚圣"孟子的弟子景春，也情不自禁地带着赞叹的神情说道："公孙衍、张仪，岂不诚大丈夫哉！一怒而诸侯惧，安居而天下熄。"

孟子

但纵横家所崇尚的权谋、策略和言谈、辩论技巧，这些跟儒家所推崇的仁义、道德、忠君等思想是有些抵触的。所以，历来的正统学者对《鬼谷子》一书推崇者很少，而讥诋者却极多。

比如《汉书·艺文志》当中把《鬼谷子》列为"九流"之一，所谓"三教九流"，是上不得台面的东西。

《隋书》里边也说："纵横者，所以明辨说、善辞令，以通上下之志也""佞人为之，则便辞利口，倾危变诈，至于贼害忠信，覆邦乱家。"

甚至连作为唐宋八大家之一的柳宗元也对鬼谷子这个人不怎么"感冒"，他在《辨鬼谷子》一文里边说："《鬼谷子》后出，而险盭峭薄。恐其妄言乱世，难信，学者宜其不道。"

"明初诗文三大家"之一的宋濂说得更是不客气："是皆小夫蛇鼠之智，家用之则家亡，国用之则国偾，天下用之则失天下。学士大夫宜唾去不道。"

类似这样的批评，还很多。其实，《鬼谷子》绝对不是一部等闲之作，它曾对社会尤其是战国时期纵横家的理论起过重要的指导作用。外交战术得益与否，关系到国家的安危兴衰；生意谈判、竞争策略是否得当，更是关系到企业的成败得失。即使在日常生活中,言谈技巧也关系到一个人的处世为人得体与否。想当年,苏秦凭其三寸不烂之舌合纵六国,配六国相印,统领六国共同抗秦,显赫一时。而张仪又凭其胆识谋略和游说技巧,将六国合纵土崩瓦解,为秦国的大一统立下了不朽功劳。

所谓“智用于众人之所不能知,而能用于众人之所不能”“潜谋于无形,常胜于不争不费”,这些都是《鬼谷子》的精髓所在。虽然《鬼谷子》当中的权谋、诡计有可能被毫无道德责任感、是非正义感的小人利用而为祸一方、祸乱天下,但我们不能因此而全盘否定《鬼谷子》自身的价值。这就好比一把水果刀,一般人会拿它来切水果,但我们不能因为有人用一把水果刀杀了人而把天底下的水果刀都统统销毁吧?

二、“成功就是 X+Y+Z”

我们说到鬼谷子是纵横家的鼻祖,在政坛屡战屡败之后,他有些厌倦了红尘戏逐,于是,独自一人来到泰山脚下的鬼谷,隐居了起来。几年之后,他利用自己几十年的江湖经验,开了一个“顶级外交家培训班”,并培养出了苏秦、张仪等一批外交人才,对民族的复兴、国家的富强做出了应有的贡献,可以算是老有所为了。

那么,对一个外交家来说,什么是最重要的呢?

当然是那张嘴了。

(1)你的舌头就是一把利剑

话说公元前 x 年,埃及有一个年迈的法老即将住进专门为他量身打造的金字塔里边。躺在病床上,奄奄一息的他给即将继承王位的儿子说着最后的遗嘱。

“儿子,你要记住,当国王,就是当一个雄辩的外交家。对一个外交家来说,舌头就是一把利剑——一把比刀枪剑戟更有威力的利剑!”

不单单是靠嘴皮子吃饭的外交家,就是我们普通人,也必须要注意说话的艺术。生活当中,我们每天都要跟别人打交道,彼此接触的时间长了,如果性情相投，大家就会成为朋友。在这种情况中，人际关系是自然而然形成的，我们自己并没有“特意”做什么。身处这样的“人文环境”当中，我们会感觉非常轻松、自在，没有什么压力。因为周围的一切都是我们熟悉的，所以我们的心是非常安定的。

然而，在这个世界上，朋友、亲人毕竟是少数，更多的时候，为了学习、为了工作、为了事业，我们需要跟陌生人相处。这时候，就必须运用一些与人沟通的方法、技巧了；如果我们还像跟老朋友相处一样，顺其自然、率性而为，想说什么说什么，那这些陌生人除了成为我们的朋友，还有另外一种可能——成为我们的敌人。

话说有一个人请了甲、乙、丙、丁四个人吃饭，临近吃饭的时间了，丁迟迟未来。这个人着急了，一句话就脱口而出：“该来的怎么还不来？”

甲听到这话，心里很不是滋味：“看来我是不该来的啊！”于是就告辞了。

看甲拍屁股走人了，这个人很后悔自己说错了话，连忙对乙、丙解释说：“不该走的怎么走了？”

乙心想：“哦，原来该走的是我。”于是也拍拍屁股走了。

这时候，丙实在是看不过去了：“你真不会说话，你看，都把客人给气走了！”

“我说的又不是他们！”

丙一听，心想：“得，这里就剩我一个人了，弄了老半天，原来一直在说我啊！”也生气地走了。

从这个似乎有点儿荒诞的小故事我们可以看出来，人与人的交往，就是一个反复沟通的过程，沟通好了，就容易建立起良好的人际关系；沟通不好，闹点笑话倒没什么，但因此得罪人、失去朋友，就后悔莫及了。可以说，人际矛盾产生的原因，大多数都得归因于沟通不畅。

人最怕的就是被冤枉，冤枉是怎么产生的？

不就是因为沟通不畅或沟通错误嘛。我们都知道，猫和狗是仇家，见面必掐，但起因是什么呢？我想，可能就是因为阿猫和阿狗们在沟通上出了点儿问题——一个说猫话，一个讲狗语，根本形不成默契！

石油大王洛克菲勒曾经说过:“假如人际沟通能力也是同糖或咖啡一样的商品的话,我愿意付出比太阳底下任何东西都昂贵的价格购买这种能力。”

沟通的艺术,可以帮我们将所有的陌生人都变成朋友,而不制造一个敌人。当一个人能够准确、及时地与他人沟通,才能建立起和谐的人际关系,并且这种关系是牢固的、长久的。建立了庞大的人际网络,我们就能够使自己在工作、生活、事业上左右逢源、如虎添翼,最终取得成功。

《鬼谷子》这本佶屈聱牙的古书都讲了些什么呢?

很大的篇幅,鬼谷子就是在告诉我们沟通的艺术、语言的艺术——要想游说君王,让当权者听从自己的建议,不懂怎么说话,能行吗?!

可以说,《鬼谷子》是我国第一部口语修辞学著作。

“修辞”这个词儿,来源于《易经·乾卦·文言》:“修辞立其诚。”这是孔子对《易经·乾卦》做出的一句解释,意思就是要求修辞者(说话的人)持中正之心、怀敬畏之情,对自己说出的话切实承担责任(不能信口胡诌),并且要采用最好的方式来表达,以达到说话的目的。但具体该怎么说话呢,同样的意思,怎样才是最恰当的表达方式呢?孔子并没有告诉我们,但鬼谷子告诉我们了。

在《鬼谷子·权篇》当中,鬼谷子开门见山地说道:“说者,说之也。说之者,资之也。饰言者,假之也。假之者,益损也。”

用现代话来演绎一下,大致是这个意思:作为纵横家,作为外交家,我们的任务是游说当权者,是为了说服他,从而借助他的力量来实现我们的政治抱负。而要想说服别人,我们就必须精通、掌握语言的艺术,必须要修辞自己的语言。只有这样,才能发挥出语言的作用,否则,可能就会白说了。怎么样去修辞我们的语言呢?在开口之前,要根据当时的具体环境,根据对方的身份、地位和他当时的情绪、状态,在头脑当中对要说的话进行调整和修饰,从而确定措辞、口气、语言风格。要知道,只有看透了听众的心理、情感、性格,我们才能迎合他的口味儿,让他接受我们的话。

通过以上演绎我们可以看出来,在外交界混了几十年的鬼谷子是深谙语言的艺术、人性的艺术。他对“修辞”下的这个定义,可以说十分恰当,正中要害。他知道,对外交家来说,从来都是“一言以兴邦,一言以丧邦”,甚至是“一言以荣身,一言以毁身”,说得好,可能会飞黄腾达;说得不好,或许就一命呜呼了。所以,说话的时候,不得不谨慎啊。

说到这里,我们可以举个大家耳熟能详的例子。前些日子,中国的动车发生了一起相撞事故,伤亡惨重,举国哀悼。在后来的事故善后处理当中,出了一点儿问题,老百姓想知道到底是怎么回事。于是,铁道部新闻发言人王勇平先生就出来跟大家解释,这到底是怎么怎么回事。说完之后,看在场的记者一脸狐疑的表情,王勇平先生为了稳定大家的情绪,又加了一句总结:“至于你信不信,由你,我反正是信了。”这句话本身是没有任何问题的。任何人都是独立、平等的个体,任何事情,当然是你想信就信,不想信就算了——谁都没法控制你的大脑、你的思想。

但在当时的特殊场合,说出这样一句干巴巴、硬生生的话,难免让大家在感情上接受不了。于是乎,王勇平先生就像犯了天条一般,没完没了地被网友和央视的电视评论员们批评、指责着。后来,身心俱疲的王勇平先生表示:“我不想再和媒体接触了,我只想过安定的生活。”看来,大家都是普通人,都想安安生生过自己的小日子啊。

就因为一句话,造成了这样难以预料的后果,都是轻视说话的方式方法惹的祸啊。如果王勇平先生之前认真读过《鬼谷子》这本书,或许就不会犯这种错误了。当然,这一切只是我们“事后诸葛亮”,如果让我们自己处在那样的情境,那样巨大的压力下,我们能表现得比人家更好吗?很难说。

在危急关头,人的理性思维往往是很难发挥作用的,这时候,更多的只是“本能反应”“习惯性动作”,就好比我们落进了水里,会本能地想抓住可以碰到的任何东西一样。所以,为了在任何情境下都能应对自如,永远说“正确的话”,我们就必须在平时用心练习,从而把说话的技巧刻进自己的骨子里,把永远说“正确的话”(或者更确切地说——“正确的谎话”)变成自己的“本能反应”“习惯性动作”。只有这样,才算是真正掌握了语言的艺术,才算是一个真正的“职业说谎者”。

什么意思呢?

(2)“此时有谎胜无谎”

我们知道,在说谎的时候,人会不由自主地做出一系列肢体动作,比如频繁地用手摸鼻子,生硬地重复问题(就像这样的对话:——“你去过她家吗?”——“不,我没有去过她家。”),紧咬着牙齿,虚伪地笑等。当然,这些身体传达出的信号全是无意识的,撒谎者根本无法控制这些行为。不过,只有当撒谎者感到心虚、内疚时,这些信号才会出现。一个意识不正常的人(如精神病患者、人格分裂症患者)在撒谎时就不会发出这些信号,因为他们根本没有意识到自己在撒谎,因而并没有负罪感。

总之,人在撒谎的过程中,潜意识会一直散发出紧张的能量,从而引发与口头语言相矛盾的身体语言。而“职业说谎者”,比如政治家、外交家、律师、演员和电视主播,他们会训练自己优雅的体态,让谎言变得无迹可寻。

这些职业说谎者可以通过多种方式达到这样“以假乱真”的效果。他们可以反复练习与谎言能够达成一致的姿态和手势,他们也可以尽量减少自己的肢体动作,让自己在撒谎的时候不流露出任何正面或者负面的信息。

但对于我们普通人来说,这正如演员锤炼演技一般,需要长时间的训练才能产生令人信服的效果。我们不妨做个简单的实验:面对面地告诉别人一个精心编造的谎话,同时有意识地抑制所有的肢体动作。你会发现,即使你控制住了比较明显的肢体动作,但是无数细微的动作仍然会下意识地冒出来。比如面部肌肉的抽动,瞳孔的扩张和收缩,出汗、脸红,眨眼的频率从每分钟10次增加到每分钟50次等,而所有这些细微的身体反应都显示出你在撒谎。

所以,如果我们想让自己的谎言不被人识破,那就得设法隐藏自己的身体。我们知道,犯罪嫌疑人在接受审讯时,一般都是坐在椅子上,头上是晃眼的白灯。这样,他的整个身体都会暴露在审讯员面前,谎言也就比较容易被揭穿。

由此我们可以发现一个规律,身体距离越远、越不容易被对方看到,撒谎也就越容易。如果身体部分地被挡住,比如坐在一张桌子后面,或者面前有一道屏风甚至是一扇门,那么撒谎的成功率可能就要翻番了。

而如果自己的身体、表情,甚至身份是完全隐藏起来的,撒谎可能就会变得更容易了。因为没有了面对面的对视,没有了对撒谎后果的种种顾虑——没有了这些压力——人们可能就会很“坦然”地撒谎了。比如面对面谈话与打电话,一定是打电话更“适合”撒谎;而相对于打电话,发短信就算是“上上策”了,没有了直接的语言交流,想说什么更是“随心所欲”了。

在书籍、报纸、杂志、电子邮件等“死的”文字当中,那谎言更是防不胜防了!因为说话者的交流对象是泛化的,他不需要对谁负责。

在以上这些情境当中,说谎者都是以“自己”的身份来说话的,如果再把这个“我”去掉,那人们说起谎话来,估计就都是如滔滔江水而连绵不绝了。比如写匿名信的人,都不知道是谁写的,那还有什么好顾忌的呢!

撒谎的最高“境界”,就是“此时有谎胜无谎”。

怎么讲?

撒谎的人知道是“自己”在说谎话,但他又知道不是“自己”在说谎——换句话说,他先把自己骗过了,在他的意识当中,“谎话”已经变成了“真话”。既然自己没有说谎,那还有什么好心虚的呢?这样的谎话,几乎可以以假乱真了!

但最麻烦的是,这个认为自己没有说谎的人,在心底深处、在无意识当中,他“知道”自己正在说谎……那他到底有没有说谎呢?他知道自己没有说谎,还是他不知道自己知道自己正在说谎?

我们糊涂了,他也糊涂了。最后,只能是精神分裂了。

所以,为了我们的人身安全考虑,最好的办法,就是不说谎话,至少要少说。鬼谷子当然不赞成我们说谎话了,不但是不说谎话,为了更好、更快地掌握语言的艺术,他要求我们首先——不要说话。

这话又怎么讲呢?

(3)想成功,就闭嘴

鬼谷子说:“口者,几关也,所以关闭情意也……古人有言曰:口可以食,不可以言。言者,有讳忌也。众口铄金,言有曲故也。”

所谓“病从口入,祸从口出”,人的这张嘴就好比是我们内心深处的各种隐秘情感的门闩。如果我们想跟别人分享自己的喜怒哀乐,就可以把门闩打开,让那些真正关心我们的人进来;如果我们想真正听懂别人在说什么,他们想表达什么意思,那么,我们就要闭上嘴,就要把门闩拴上,只有这样,他们的话才能真正进入我们的耳朵。

古人曾经日过:“嘴巴可以随便吃东西,但不能随便说话啊!”因为在语言当中,总是有种种忌讳的,该说的,可以说;不该说的,绝对不能乱说。俗话说:“众口一词造成的强大舆论力量,连金属都能熔化掉。”

说话的时候,一定要慎之又慎,要谨言慎思,为什么呢?

一来,是为了避免说话太多而被对方抓住自己言语之间的漏洞,从而抓住自己的把柄,言多必失嘛。

二来,是因为我们说话的时候往往是由着自己当时的情绪、状态,信口而说的,甚至会为了满足自己的私心而故意歪曲真相,乱造别人的谣言。这样,怎么能取信于别人,说服别人呢!

要想把话说得恰到好处,就要仔细揣摩对方的心理,根据不同的说话对象,根据说话对象的不同情感状态,确定相应的言辞。要达到这个目的,就要求我们在说话之前,先要善于倾听。

一个善于倾听的人,在对方说话的时候,眼睛会直视对方,以表现出自己真的是感兴趣,不仅是在真诚地倾听,而且也在全身心地投入,并及时做出点头、微笑、皱眉等相应的“回馈反应”。两千多年前,古罗马著名演说家马库斯·西塞罗就说过:“雄辩是一门艺术,沉默也是。”

听人说话,其实是一种优雅的艺术,但是现在,“听”的艺术往往被人们忽略了——真正的“好听众”少之又少。我们往往认为:人有两只耳朵,所以肯定会知道如何去听。但事实却并非如此。

专家统计结果显示,一个人说话的速度大致在每分钟 120~180 字,而我们大脑的思维反应速度却要快得多。所以在现实中,我们往往会遇到这种情况:对方还没有把话说完,我们就已经通过逻辑推断知道了他接下来想说些什么。这时候,会出现什么情况呢?

对于未知的事物,我们总是充满好奇的;但对于已知的东西,我们往往就没有什么兴趣了。所以,由于已经知道了对方接下来想表达些什么,我们紧绷的神经自然也就随之放松了下来。而这种细微的心理变化通过我们的一些心不在焉的下意识动作和神情表现出来，以至于对对方接下来的话“充耳不闻”。这样，当对方突然问我们一些问题的时候，我们可能就会完全答非所问，不知道人家刚才在说什么了。这样，就会很尴尬了。

有人曾问爱因斯坦成功的秘诀，他说：“成功就是 X+Y+Z。X 是工作，Y 是开心，Z 是闭嘴！”

一个最伟大的人物把“闭嘴”列为成功要素之一，我们是否应该想到些什么呢？

试图说服对方的时候，并不是要求我们每时每刻都要口若悬河，如果我们懂得适时闭上自己的嘴，多去倾听对方的问题和要求，会让他们产生一种被尊重、被重视的感觉。这样，他们才更容易接受我们的话及建议，因为人在内心深处，都有一种渴望得到别人尊重的愿望。成功学大师戴尔·卡耐基说：“做个听众往往比做一个演讲者更重要。专心听他人讲话，是我们给予他人最大的尊重、呵护和赞美。”

每个人都认为自己的声音是最重要、最动听的，并且每个人都有迫不及待地表达自己的愿望，在这种情况下，友善的倾听者自然会成为最受欢迎的人。

要知道，真正会“说话”的人，都是会“听话”的人；懂得适时闭嘴，停下来洗耳恭听，这才是“口才最好”的演说家。

我们之所以如此强调沉默和倾听的重要性，还有一点是因为中国人说话往往比较含蓄，不会讲得那么直白、浅露，所谓“行不露足，踱不过寸，笑不露齿，手不上胸”。我们中国人要表达什么意图时，往往不会直接说出来，而是迂回委婉地表达出来。这或许是因为历史久了，几千年累积下来的规矩就多了。

这样，我们听别人说话的时候就特别需要细心领悟与钻研揣摩。听不出他人“弦外之音”的人，往往被称作“没眼力见儿”，会被视为缺乏生活阅历、不懂人情世故。生活中这样的例子很常见：夫妻之间，妻子周末要去逛商场买东西，她会这样跟丈夫说：“你周末有事吗？我想去商场买些东西。”这时，做丈夫的就要理解妻子的用意，她想让你陪她一起去。你若把她的话扔在一边，哼哈一声仍接着做自己的事，整个家庭气氛就可能会变得很紧张。

跟领导谈话的时候更要注意，领导的语言是最具揣摩性的。比如你刚到一家公司不久，领导找你谈话："你到公司不久，就做出了不少业绩，以后有什么打算呐?"看似轻松的一句话却暗含深意，这是在考查你的工作心态。你回答的时候，就不能太随意了，不然就可能会自毁前程。

我们都有耳朵，在生理上都是有听觉的，但实际上，听懂对方所表达的真实意思，是门大学问。生活中，往往有很多人根本听不到别人在跟他说什么，因为他完全活在自己的世界里——当"自我"太满时，外界的信息是很难进入大脑的！

对于没有音乐感的耳朵来说，再美的音乐也毫无意义；

对于没有用心倾听的人来说，再美的语言也毫无魅力。

倾听是一门艺术，最成功的人通常也是最佳的倾听者。智慧地倾听犹如演奏竖琴：既需要拨弄琴弦奏出音乐，也需要用手按住琴弦不让其出声，并且随着旋律的进行，要随时调整琴弦的按拨频率。

倾听，是为了尊重、理解他人；只有在我们尊重对方的前提下，对方才能接受他眼前这个"人"，并进而接受我们说的话。如果对方觉得我们的人品有问题，当然也就听不进我们说的话了。

在营销界，有一句众人皆知的名言：想把产品推销出去，首先要把自己推销出去。今天，我们也可以如法炮制一条沟通术名言：想让他人接受我们的话，听从我们的建议，首先要把自己推销出去，让对方认可他眼前这个"人"。

三、玩转"社会语言"：沟通的"鬼计"

懂得了怎么样听别人说话，接下来，我们就谈谈怎么样跟别人说话。

我们每个人刚出生的时候都不会说话，然后渐渐地，我们学会了用言语、文字跟别人去进行交流、沟通。然后，我们步入了社会、走上了工作岗位。渐渐地，我们发现自己又变得像个刚出生的婴儿一样——"不会说话"了。

在跟同事、朋友、领导、上司接触、说话的时候，我们发现自己经常会说错话，经常会不知道怎么说话。结果，让身边的亲人、朋友对自己产生了误解，疏远了彼此之间的关系；让领导、同事对自己产生了意见，影响了自己的升职和发展。

说话得体,可以说是一门非常高深的艺术,虽然我们两三岁就学会了张嘴动舌去自然而然地说话,但我们当中的许多人,到了三十多岁还没学会“社会语言”——如何在社会当中说话,如何说出让别人感觉舒服,让自己左右逢源的话。所谓“话不投机半句多”,很多时候,一句话说错了,一个朋友就失去了、一个障碍就产生了。

说话的时候,只有面对不同的语言环境随机应变,才能取得最佳的表达效果。要想把话说得恰到好处,最重要的一点就是把握住说话时机。

孔子说:“言未及之而言谓之躁,言及之而不言谓之隐,不见颜色而言谓之瞽。”不该说话的时候却说了,这叫作急躁;应该说话了却不说,这叫作隐瞒;不看对方脸色变化便贸然开口,这叫睁着眼睛瞎说。这三种毛病都是没有把握住说话的时机。

说话是直接的语言交往,从来就不是一个人的事。该说话的时候不说,马上时过境迁,失去成功的机会;一句话说到点儿上,很快拍板儿,事情就办成了。说话时机的把握,有时就在瞬息之间,稍纵即逝。因此,说话时机的把握,比掌握、运用其他说话技巧更难更重要。

(1)弄清亲疏远近再开口

除了要掌握好说话的“火候”,还有一点也很重要,就是对不同的人要说不同的话。鬼谷子说:“外亲而内疏者,说内。内亲而外疏者,说外……其身内,其言外者,疏。其身外,其言深者,危。”

这是鬼谷子教给我们的第一条进行交流、沟通的“鬼计”——鬼谷子的说话技巧。意思是说,说话之前要确定自己跟对方的关系,是近还是远,然后再决定是畅所欲言还是谨言慎思。

如果对方表面上跟我们称兄道弟,亲得不得了,但彼此心里边却很疏远、很隔阂,这时候,我们就要说些知心话,这样才能真正拉近彼此的距离。如果对方已经把我们引为知己了,彼此志同道合、默契相投,但由于见面的次数少或很长时间不见了而使得大家感觉有些不自在,不知道从什么地方开始说起。这时候，我们就可以说些家长里短、八卦新闻什么的，从而慢慢重新熟络起来。

如果跟关系已经很亲密的人说些见外的话，可能就会被对方疏远了。如果跟关系不是太近、不是知根知底的人说很多自己内心深处的想法，对别人、对时局的意见，这样，可能就会招来危险——这也就是我们常说的“疏不间亲”，关系疏远者不参与关系亲近者的事。

对不同的人说不同的话，说白了，就是“看人下菜碟儿”。据说，这句俗语的由来与成吉思汗的孙子忽必烈的私人医生的母亲有关。

话说元世祖忽必烈是个孝子。这一年，他母亲庄圣太后病了，他遍求天下名医，终于请来了曲沃县祖传医师许国桢。

经过许国桢的精心调理，不久，庄圣太后的病就好了。忽必烈很是感激，就任命他为大汗的 personal doctor（私人医生），管理太医院的事。

许国桢的母亲韩氏跟着儿子进入朝廷后，做得一手好菜的她毛遂自荐，做了庄圣太后的厨师。庄圣太后死后，她又给忽必烈掌勺。

这一天，忽必烈说山珍海味都吃厌了，想换换口味，韩氏灵机一动，就把瘦肉切成长条，拿鸡蛋面糊裹了，先用油炸，然后清炒，做成一道酥而有散、肥而不腻的好菜。

忽必烈吃后赞不绝口，问道：“这叫什么菜？”

韩氏说：“喇嘛肉。”

忽必烈一听，很是解恨，立马赏了韩氏一件黄马褂。

原来，忽必烈的父亲去世后，耐不住寂寞的庄圣太后跟一个不守清规的喇嘛要好，俩人经常偷偷幽会。虽然这个喇嘛住的喇嘛庙离庄圣太后的府第不远，但两地之间却隔着一条河，河上只搭着个独木桥，又窄又滑，一不留神就掉河里了，所以俩人来往很是不便。

忽必烈是个大孝子啊，看到这种情况，他就开始琢磨：“怎么着让老妈高兴呢？”

思来想去，终于有了主意，他命人在河上搭了一座石桥，给喇嘛开了通往极乐世界的方便之门。

几年之后，庄圣太后死了。料理完母亲的丧事，忽必烈立刻把那个喇嘛给剁了。

韩氏知道忽必烈恨死了这个喇嘛，所以就说那道菜叫“喇嘛肉”，果然如她所料。

后来，忽必烈的正宫娘娘听说韩氏手艺很高，便也请她露一手。韩氏知道正宫和西宫不和，因为西宫的都年轻漂亮，忽必烈十分宠爱，经常心尖尖长、肝尖尖短地夸赞。于是，韩氏将猪肝切成三角形薄片，裹了鸡蛋粉面，用油炸后再炒，端给正宫。

正宫一尝，又鲜又嫩，问：“这是什么菜？”

韩氏说：“炒肝尖。”

这一下，说得正宫是舒坦极了，立即赐给她一对玉如意。

后来，西宫也要韩氏做菜。韩氏知道西宫为了保持苗条的身材，不吃鸡鸭鱼肉，便把豆腐切成方块，用素油一过，炸成焦黄色，请西宫品尝。

西宫觉得可口，也问叫什么菜。

韩氏想，豆腐的颜色焦黄像虎皮，正好暗讥正宫狠毒如虎，就说：“这菜叫‘虎皮豆腐’。”说罢暗暗得意，美美地等着，准备受赏。

谁知西宫一声也不吭，便叫韩氏退下。

原来，西宫的祖父叫虎皮朵儿，正好犯了忌！这下可坏了，西宫向忽必烈告了状，忽必烈为讨西宫欢心，竟剁了韩氏的双手。

从此以后，人们便把韩氏这种投机取巧，对人不能一视同仁的做法叫“看人下菜碟儿”。

(2)不可不知的“鬼话”和“人语”

韩氏的做法固然不可取，其下场就是对我们的一个警告，但在生活当中，我们也必须做到“一定程度”地看人下菜碟儿，“一定程度”地见人说人话、见鬼说鬼话。对于各种不同的语言环境，面对来自五湖四海，学历、背景、性格差异巨大的形形色色的人，我们必须“一对一”地各个击破、灵活应对，这样才能形成有效沟通，增进大家的感情，达到自己的目的。

这就是鬼谷子所说的：“与智者言，依于博。与博者言，依于辨。与辨者言，依于要。与贵者言,依于势。与富者言,依于高。与贫者言,依于利。与贱者言,依于谦。与勇者言,依于敢。与过者言,依于锐。”

这是鬼谷子教给我们的第二条进行交流、沟通的“鬼计”,意思是说,跟有智识的人说话,要靠博识多见的言辞。跟博学多识的人说话,要靠条理明辨的言辞。跟明辨事理的人说话,一定要简明扼要。跟尊贵的人说话,一定要有气势。跟富有的人说话,要遵循清高雅致的原则。跟贫穷的人说话,要遵循现实利益的原则。跟低贱的人说话,要显示出自己的谦恭。跟勇敢的人说话,要显示出自己的果敢。跟有过失的人说话,要直接尖锐。

根据九种不同的说话对象,鬼谷子给我们提供了九种不同的说话方法,可谓是有的放矢、因人而异,实用性很强,不愧是纵横家游说经验的理论结晶。

有了理论,我们再用一个案例来论证这个理论,就给大家讲讲《战国策》(这是一本讲述战国时期纵横家们的政治主张和权谋策略的故事的书)里边“鲁仲连义不帝秦”的故事。

首先介绍一下故事的主人公。

鲁仲连(约公元前 305 —公元前 245)是战国时期的著名纵横家,他思维敏捷、勤学善思、博闻强识,尤其是那张嘴,可谓是巧舌如簧、口若悬河,说起话来,那真是如滔滔江水,连绵不绝,又如黄河泛滥,一发而不可收。从很小的时候起,他就以辩才闻名遐迩,为时人青睐,人称“舌辩小神童”。

大学毕业之后,鲁仲连很快就因为善于辞令、头脑灵活而登上了当时的政治舞台。从此,他经常周游各国,为各诸侯们出谋划策、排难解纷。不久,他就成了举世公认的口才超群、谈锋机警的“辩士”,也就是外交家。但他和一般的为了飞黄腾达而争权夺利的外交家有很大不同,“天口骈”田骈、“谈天衍”邹衍等当时的外交家大多务虚谈玄、斗嘴诡辩,而鲁仲连更注意理论联系实际,为现实而辩、为国事而辩、为时局而辩。更为难能可贵的是他“位卑未敢忘忧国”,不仅仅是把爱国俩字挂在嘴上,而是“言必行,行必果”,把自己的卓越辩才直接用到了帮助赵国大将田单收复失地、光复齐国的斗争实践上边。

说到这里,就开始讲述“鲁仲连义不帝秦”的故事。

我们先说秦国。

秦国原本只是一个地处西陲的小国,根本不能跟中原地区的其他诸侯国相抗衡。到了秦孝公(公元前381年—公元前338年)的时候,他任用大名鼎鼎的商鞅实行变法,国力很快强盛了起来。能力大了,野心也就大了,从此之后,秦国不断向外发展势力,国力是日益强盛。

到了秦昭王(公元前325年—公元前251年)的时候,他任用深通韬略、有"战神"之称的白起(?—公元前257年)为大将军,向东方各国攻城掠地,势如破竹。

到了赵孝成王六年(公元前260年),白起在秦赵长平之战中大败赵军,四十万赵兵投降。看着这些已经缴械投降的浩浩汤汤的赵军,白起这心里是久久不能平静:"按理说,人家都已经举着白旗投降了,就不能再杀他们了,所谓'两军交战,不斩来使'嘛。但这可是四十万人啊!今天,他们迫于无奈投降于我;明天,他们也可能扯旗造反啊!更何况,赵兵向来是反复无常的,不把他们都给咔嚓了,恐怕——后患无穷啊!"

想到这里,白起心一横,命人把这四十万已经投降的赵兵给活埋了,只留下二百四十个年纪小的士兵回赵国报信。

听到这个惨绝人寰的消息,赵国上下为之震惊,各国诸侯为之震惊:"啧啧,那可是四十万条人命啊!一下子都给杀了,白起这心肠,比黑洞都黑啊!"于是,天下人就给白起起了个外号——"人屠"。

但舆论谴责,可没什么实际用处,这之后,赵国是元气大伤,一蹶不振。到了公元前258年,秦军把赵国的首都邯郸团团围住了,想来个瓮中捉鳖,把只剩下老兵残将的赵国一举歼灭!

赵孝成王一看这架势,立马吓傻了:"国将不国,国将不国啊!"

赵国的丞相平原君(?—公元前253年)倒是镇定自若,他立马写信给魏国丞相信陵君(信陵君的姐姐是平原君的老婆,也就是说,信陵君是平原君的小舅子,所以俩人关系很近),委托他请求魏王发兵救赵。

魏安釐王(当时魏国的国王)一听说这个消息,立马想到了"唇亡齿寒"这个词儿:"秦国那帮人,可都不是省油的灯!把赵国灭了,我魏国也难保了啊!"于是,他立马派大将军晋鄙率十万大军救赵。

秦昭王听说魏安釐王竟然敢出兵救赵，大为光火，立马给魏安釐王发了封恐吓信："老魏，如果你敢救赵，我就先把你们魏国给灭了！"

魏安釐王一看秦昭王这封信，立马吓傻了："这可如何是好，如何是好啊？唉，人在屋檐下啊，我看，救赵的事儿，得缓缓啊。"于是就给大将军晋鄙发了封电报："老晋，救赵之事暂缓，宜按兵不动，静观其变。"

收到主子的电报，晋鄙就停止了进军，把十万人马驻扎在了离赵国不远的邺城，既摆出救赵的姿态，又不敢贸然采取行动。

与此同时，胆小怕事的魏安釐王还派魏将辛垣衍秘密潜入邯郸，通过平原君的关系见赵孝成王说："秦军现在之所以急于围攻赵国，还不是因为秦昭王想自立为帝。其实，秦国这次围城并不是贪图邯郸，而是想称帝啊，这才是问题的关键！现在，赵国如果能派遣使臣尊奉秦昭王为帝，秦国一定会撤兵的！"

听了辛垣衍的分析，赵孝成王觉得很有道理，但又拿不定主意，于是就问平原君，到底该怎么做。

看着内忧外患、灾祸频频的惨淡局面，平原局也是心急如焚、束手无策，想不到其他什么更好的办法。

这时候，恰巧鲁仲连在赵国境内，正赶上秦军围攻邯郸。听说魏国想要让赵国尊奉秦昭王称帝，他就去觐见平原君。

"老平，咱们都是老朋友啦，现在已经是火烧眉毛了，你究竟怎么想的啊？"

"唉，我也不知道该如何啊！前不久，我们赵国损失了四十万大军，这你都知道。现在，秦军又围困了邯郸，赵国是危在旦夕啊！"

"我听说，魏安釐王派新垣衍来游说赵国了，想让赵国尊秦昭王称帝，是吧？"

"是啊。眼下，新垣衍这个人还在我府上呢，我还不知道怎么答复他呢。唉！"

"老平，要不，我替你去会会他，怎么样？"

"也好。反正我也是黔驴技穷了，你就死马当活马医吧。"

这天夜里，平原君对新垣衍说："齐国有位鲁仲连先生，如今他就在这儿，我愿替您介绍，跟将军认识认识。"

"我听说鲁仲连先生是齐国志行高尚的人,但我是魏王的臣子,现在有皇命在身,不方便见鲁仲连先生啊。"

"哎呀,我都告诉他你在我府上了,你不见他……这……"

"嗯……既然是这样,我就给您个面子吧。"

"这才对嘛!哈哈。"

第二天,平原君安排了俩人会面。

鲁仲连见到新垣衍,只是盯着他看,却一言不发,盯得新垣衍起了一身的鸡皮疙瘩。

"鲁先生,您不是想见我吗,怎么见了面,倒不说话了?"

"……"

"呵呵,有意思。您或许还不知道,邯郸现在已经是座'围城'、'死城'啦。您为什么还留在这里呢?您难道不怕死吗?"

"听说,你想让赵国尊秦昭王称帝,是吧?"

"是啊。眼下,只有这样才能解邯郸之围啊!"

"想那秦国,是个抛弃礼仪而只崇尚战功的国家,用权诈之术对待士卒,像对待奴隶一样役使百姓。如果让它无所忌惮地称帝,进而统治天下,那么,我只有跳进东海去死!我之所以来见将军,是打算帮助赵国啊。"

"鲁先生打算怎么帮助赵国呢?"

"我要请魏国和燕国来帮助它,齐、楚两国本来就帮助赵国了。"

"其他国家我不知道,就拿我们魏国来说——我就是魏国人,鲁先生怎么让魏国帮助赵国呢?你能让我们的魏安釐王回心转意吗?"

"你们魏国人是因为没看清秦国称帝的无穷祸患,所以才不肯帮助赵国。"

"秦国称帝,有什么祸患呢?我怎么看不到?"

"从前,齐威王曾经奉行仁义,率领天下诸侯而朝拜周天子。当时,周天子贫困又弱小,诸侯们没有谁去朝拜,唯有齐国去朝拜了。后来过了一年多,周烈王去世了,齐威王奔丧去迟了。新继位的周显王很生气,派人到齐国报丧说:'天子逝世,是天崩地裂的大事,新继位的天子也得离开宫殿居丧守孝,睡在草席上!东方属国之臣田婴齐居然敢迟到,当斩!'"

“齐威王一听，勃然大怒：‘我呸！你老娘原先还是个婢女呢！今天竟然敢教训起我来了，是不是嫌肩膀上扛的脑袋太沉了？’周显王一看齐威王这架势，知道捅了马蜂窝，吓得不敢吱声。这件事，后来被天下人传为笑柄。”

“齐威王之所以在周天子活着的时候去朝见，死了就破口大骂，实在是忍受不了新天子的苛求啊！那些做天子的本来就是这个样子，也没什么值得奇怪的。”

“鲁先生难道没见过奴仆吗？十个奴仆侍奉一个主人，难道是力气赶不上他，才智比不上他吗？是害怕他啊。”

“你们的魏王跟秦王相比，魏王像仆人吗？”

“时事所逼，的确如此啊。”

“既然是这样，那我过几天就让秦王把你们的魏王剁成肉酱包饺子，你看怎么样？”

“鲁先生，你这话也太过分了吧！哼，我倒想知道，你怎么让秦王把我们的魏王剁成肉酱呢？难道他肯听你的？!”

“当然了！从前，九侯、鄂侯、文王是商纣的三个诸侯，九侯有个女儿长得很标致，于是他就把女儿献给了商纣，想讨上头的欢心。结果呢？商纣一看他女儿那模样，然后把自己的爱妾妲己叫过来，左看右看之后，就把九侯和他女儿剁成了肉酱。鄂侯听说这件事儿，刚直诤谏，跟商纣大吵了起来，结果，鄂侯也被做成了腊肉。文王听说这件事儿后，仰天长叹了一声。商纣知道文王心里不服气，于是就把他关进了城北监狱，关了一百多天，差点儿没把文王整死！”

“这些人都没反对商纣称王，但为什么，最终却落到被剁成肉酱、做成肉干的地步呢？难道你赞成他称王，他就一定会饶过你吗？”

“这个……”

“还有当年的齐滑王，有一次，他想前往鲁国，夷维子替他赶着车子作随员。夷维子对鲁国官员们说：‘你们准备怎样接待我们的国君啊？’鲁国官员们说：‘我们打算用于副太牢的礼仪接待您的国君。’夷维子说：‘你们这是按照哪儿来的礼仪接待我们国君啊？我们齐滑王可是天子啊！天子到各国巡察，按照惯例，各国诸侯应该迁出自己平时住的正宫，移居别处，交出钥匙，撩起衣襟，安排几桌，站在堂下伺候天子用膳，天子吃完后，才可以退回朝堂听政理事。'”

“鲁国官员听了夷维子的话，就把齐滑王轰出了鲁国。不能进入鲁国，齐滑王就打算借道邹国前往薛地。正好这时候，邹国国君翘辫子了，齐滑王想去吊丧。于是夷维子对邹国主持丧礼的嗣君说：'天子吊丧，丧主一定要把灵柩转换方向，在南面安放朝北的灵位，然后天子面向南吊丧。'”

“邹国大臣们说：'如果一定要这样，我们宁愿用剑自杀！'”

“就这样，齐滑王不敢进入邹国。邹、鲁两国的臣子，在国君生前不能够好好地侍奉，国君死后又不能周备地助成丧仪，然而想要在邹、鲁行天子之礼，邹、鲁的臣子们终于拒绝齐滑王入境。如今，秦国是拥有万辆战车的国家，魏国也是拥有万辆战车的国家。都是万乘大国，又各有称王的名分，只看秦王打了一次胜仗，就要顺从地拥护他称帝，这就使得三晋的大臣比不上邹、鲁的奴仆、卑妾了！”

“如果秦国贪心不足，终于称帝，那么，就会更换诸侯的大臣。他肯定会罢免他认为不好的人，换上他认为贤能的人，罢免他憎恶的人，换上他所喜欢的人。还要让他的泼辣儿女嫁给诸侯做妃子，然后住在你们魏国的皇宫里。如果这样，你想想，你们的魏王能安安生生过自己的日子吗？到时候，将军您还能得到现在这样的宠信吗？”

信陵君

听完鲁仲连这番话，新垣衍站了起来，恭恭敬敬鞠了一躬。

“刚见到您的时候，我认为先生只是个普通人，现在我才知道，先生是难得一见的豪杰啊！我现在就离开赵国，再也不说让秦王称帝的事儿了！”

秦军主将听到这个消息，赶紧把军队后撤了五十里。恰好这时候，信陵君窃取了魏国的兵符，夺了魏国大将军晋鄙的军权，亲自率领军队来援救赵国。于是，赵国和魏国军队是里应外合,一举击溃了秦军!

看着邯郸之围就这么着被鲁仲连的三寸不烂之舌解了,赵国丞相平原君对鲁仲连是刮目相看,要重重封赏他一番。

但鲁仲连无论如何也不肯接受,于是平原君就设宴招待他。喝到酒酣耳热的时候,平原君默默命人拿来千两黄金,想让鲁仲连趁着酒劲儿把这份厚礼收下。

看着桌子上金光闪闪的金条,鲁仲连哈哈大笑起来:"为人排除患难而不求什么私利,这才是豪杰之士的可贵之处。如果因为帮了别人而接受人家的酬谢,那不就成了唯利是图的商人!我是不会那么做的!"

说完,鲁仲连就辞别平原君走了,这之后,他们再也没有见过面。

在这个故事当中,鲁仲连跟平原君对话的时候,不卑不亢、深明大义,体现了"与贵者言,依于势。与富者言,依于高"的原则;而他跟新垣衍对话的时候,则是语言尖锐、步步紧逼,表现出"与过者言,依于锐"的特点。

第二章　心灵的博弈:跟鬼谷子学"窥心"

生活当中,我们每时每刻都要跟别人打交道,除了利用有声的语言作为沟通的工具,我们还可以用另一种"无臭无形"的秘密武器在"无声无息"当中卸下别人防卫的外衣——这就是窥心术。

鬼谷子教给我们的窥心术,当然不是心灵感应等超能力了,而是在透彻了解人性的基础上,从他人的举手投足、皱眉侧目之间看透他的心思、摸透他的想法,进而了解他、影响他、控制他。

一、欲窥人,先窥己

上一章当中,我们谈到了说话的艺术、辩论的艺术,谈到了要根据不同的说话对象说不同的话。但具体来说,怎么才能真正做到"看人下菜碟儿""见人说人话,见鬼说鬼话"呢?

要想说到对方的心坎儿上，说到他心里去，我们首先就要窥测他的内心，看他是一个什么样的人，有什么兴趣、爱好，嫌恶、忌讳，然后，我们才能有的放矢、投其所好。

这个道理其实很简单，我们也都知道，但最难的是我们做不到。为什么做不到呢？

因为我们不了解自己，不了解人性。

鬼谷子说："知之始己，自知而后知人也。"

了解人性，总是从自己开始的；只有真正了解了自己，我们才能看懂别人——要窥测别人，先了解自己。

对于我们来说，了解他人其实是一件非常困难的事，因为我们过于习惯了活在自己的世界当中。我们往往透过自己的经验与想象去想当然地揣测他人的意图，认为自己所想必是对方所是；我们往往用自己的语言去解释他人的行为，认为自己的观点必是全然正确的。

其实，我们何曾真正试图了解过他人呢？

比如已经认识许多年的朋友，当我们想到这个朋友的时候，一定是根据以往与他交往的经验、与他相处的经历来判断他现在的状况，他现在的所思所想，他对某件事可能采取的行动等。虽然说是根据历史可以推断出未来，但人往往会随着时间的流逝而成长，人往往是善变的。

说到这里，让人想到了爱情与婚姻当中的一个有趣现象：在两个人共同度过了一段甜蜜的时光后，随着激情的消退、感情的淡去，两个人都惊奇地发现——对方变了，变得如此陌生；于是，两个人开始了互相埋怨与指责，开始了围城当中的战争，开始想逃离这个亲自布下的陷阱……

这一切是怎么回事呢？

西方有一句谚语：Love is blind.翻成中文就是，爱情是盲目的。这是说在我们"爱"的时候，也许我们并不真正了解那个被爱的人，我们所爱的往往只是自己想象中的某个人，而不是那个真正的他（她）。而想象中的事物，就像记忆一样，往往是经过我们大脑层层美化、深度加工的，比起充满缺憾的现实世界，它当然就显得非常完美了。

所谓“情人眼里出西施”，说的就是这个意思，无论别人怎么看，在当时的他（她）看来，她（他）就是最美丽的，她（他）就是自己一直苦苦寻觅的那个唯一、那个另一半。

这种因距离和想象而产生的“爱”，往往带了一点不食人间烟火的虚幻性质，但正因为这虚幻、这不实、这缥缈，我们才更“爱”得如痴如醉、忘乎所以——因为这些，正是我们苦苦寻觅，而平日的现实生活当中所没有的。这种“爱”，往往并没有真实的对象；我们所“爱”的，不是那个有血有肉、会哭会笑，需要音乐、感情的滋润，更需要吃饭、上厕所的那个活生生的“人”。这个“爱”，往往只是我们一时的完美想象，只是我们意念的投影；所以那个被爱的人，往往也不是别人，正是我们自己——我们爱上了自己的想象。

这种过于空幻的“爱”，是经不起琐碎生活、庸常现实的打磨、冲洗的，它终有“原形毕露”的那一天。如果说在“爱”的当时，爱人身上的缺点、小毛病因为我们的想象、加工而成了优点、可爱，成了让我们喜欢的地方；那当这份“爱”消失之后，它们必然会“退化”成原来的缺点与毛病。

所以，有人这样嘲讽这种空幻不实的“爱”：因为误解而相爱，因为了解而分开。

爱情是如此，生活当中的许多事，也莫不如此。许多人生当中的悲剧，就源于这种自以为“了解”的“误解”。由此可见，了解一个人是多么重要，又是多么困难。因为我们已过于习惯了活在自我当中，从小到大，我们都是站在自己的角度思考问题、看待事情的。

在儿童和少年时期，我们这样做是情有可原的，那时，我们是以自我为中心的，还没有独立思考的能力，还没有站在他人角度看问题的习惯。但到了思想和人格已基本发育成熟的青年时期，如果我们的情商还停留在少年阶段，如果我们还没有跳出自我、了解他人的能力，那我们的人际关系一定会一团糟——这时，社会当中的朋友、同事、领导，绝对不会像家里的亲人、学校的同学那样，包容、迁就、纵容我们了！

现在，是时候跳出自我的小圈圈，设法融入社会这个大圈圈当中了。要融入社会，要与各色人等处好关系，就必须放下自私自利的小聪明，必须学会将心比心、学会换位思考——只有我们首先付出一片爱,才能换回他人一颗心,这才是做人做事的大智慧,才是长久之计。

可是,我们自己——这个所谓的“我”——又是谁呢?

“我”是什么呢?

在今天这个时代,几乎每个人都知道如何驾驶汽车,这当然很好,但可惜的是,我们往往不知道如何驾驭自己。

假如有人问你:你是干什么的?你也许会说:我是销售员、电脑程序员、模特、股票经纪人、卡车司机、木匠,或其他随便什么职业。但是,你说错了!你所从事的职业,是我们大家都在从事的职业——那只是“生活的表层”。

生活是什么呢?你是什么呢?

尽快了解你自己是谁,为什么是现在这个样子,你就能尽快面对一直困扰你成功的诸多疑惑和挑战。一个真正的“人”,他从来不是以自己的职业技能谋求一个社会职位为目的的,他一定是从内心的完善做起的。

我们每个人都有自己的理想,但在匆匆忙忙、周而复始的工作中,还有多少时间、多少空间能让我们去关注自己的内心、关注自己真正的“需要”呢?为了过上理想当中的幸福美满的生活,我们拼了命地工作、工作、工作,可能一开始,我们还记得自己的目标:我想过上人人羡慕的好日子。但工作几年、十几年、几十年之后呢,你是为了自己的目标、自己的幸福在工作,还是,只是浑浑噩噩地工作、工作、工作……而忘记了最初的目标呢?

事实上,我们经常是开始的时候知道自己在做什么,可是真正开始做的时候,早就把自己当初的美好愿望忘光了,只是本能地要拼命地工作!我们背负着巨大的工作压力,却不知道为何而工作,于是,原本美好的人生就变得像臭虫一样可恶了。

当工作成为你生命当中的一个“不可遏制”的习惯,甚至成为你幸福的唯一来源之后,你就已经患上了“工作强迫症”。这时候,你所看到的“自己”只是一个被物化的社会角色,而你内心最珍贵的声音却被遮蔽了。

当一个人已经习惯于自己的角色,在角色中欢欣地表演,认为这就是自己的理想、成功,甚至,这就是“自己”的时候,还有多少心灵的愿望受到尊重呢?

我们在角色之外，还留有多大的空间，去真正认识自己的内心呢？这就是很多人离开职业角色之后、下班之后、退休之后，反而觉得仓皇失措的根源所在。

说得更确切一点，如果你不能真正认识自己，那所谓的工作、家庭、成功、财富，都只不过是一副遮蔽你灵魂深处的空虚的面具而已。一旦你停下工作、离开家庭的时候，一旦你独自一人的时候，一旦你放下这些外在东西、变得清醒一点的时候，这空虚就会像长在心里的一条毒虫——日夜不停地啃噬你那装腔作势、不堪一击的自信和成功！并且你绝对无法跟这毒虫对抗，因为在你的心里，你没有一股坚定不移的、不可摧毁的力量，你没有自己的信仰。

我们"人"是不同于动物的，除了衣食住行等"物质生活"，我们还需要情感的滋润、性情的陶冶，我们还需要"精神生活"。并且在这"精神生活"之后，我们还想超越自身的局限，还想达于上帝般的永恒，我们还需要"灵魂生活"。

也只有将"身、心、灵"这三个方面完整地统一起来，我们才能时刻感受到生命自在流动的、那种全然的美与无限，那种与整个世界浑然一体的美妙。只有达到了这个层次，我们才算真正认识了自己，才算真正品尝到了成功的甘露。而有些人，活了一辈子也只是停留在"物质生活"的初级层面，他们只是为了谋生而谋生，为了生活而生活——没有任何"目的性"。

所以，在获取成功的过程中，最重要的因素是什么呢？

是认识自己，然后找到那个唯一的、自己将要为之奋斗终生的人生目标。

出生于何种家境、他人将如何对待我们、人生路上我们会遇到些什么……这些外在因素就像明天的天气一样，完全不在我们的可控范围之内，我们可以控制的是什么呢？

是我们自己，并且只有我们自己。比如朋友莫名其妙地跟自己发脾气了，这是已经发生的事实，无法挽回，我们能够做的就是调节好自己的情绪，不能用朋友的错误惩罚自己。比如下雨了、海啸了、地震了，这些事情更是完全超出人力范围的，所以碰到类似的事情我们就只能调整自己的心态以顺应这种变化。从这个意义上来说，我们唯一能够掌控的因素，就是自己。

可惜的是，虽然我们每个人都知道掌控住自己的重要性，都知道内因才是决定成败的因素，但很多人并不能真正认识自己，不知道自己究竟想要什么。

而找不到那个唯一的、要为之奋斗终生的目标，我们就无法把自己的全部能量“聚焦”到一个点上，我们就很有可能白白耗散掉自己生命的能量。

“聚焦”我们的能量和精力对于成功经营我们的人生是极其重要的，这可以让我们有限的生命获得一种无限的张力。我们都知道太阳是一种强能源，它以每小时数亿千瓦的能量照耀着地球。但借助一顶遮阳帽子，你就可以沐浴在阳光下数小时而不被晒伤。但如果我们将太阳能收集起来、聚焦起来，它所达到的温度可以烧水发电、融化钢铁！还有激光，它是一种弱能源，一束激光只有几瓦，但如果你聚焦这束光到一个十分微小的点，就可以在钻石上打洞、在人体内切割肿瘤。这就是聚焦的力量。

《思考的人》一书的作者詹姆斯·艾伦说：成功，是将分散的力量集中成强大力量的过程。当一个人集中了全部体力与智力资源时，他解决问题的能力将显著提高几倍。

集中精力处理少数目标，将使我们在生活中获得最高的效率。可以说，不找到那个唯一的人生目标，我们就无法最大限度地发挥出自己的潜能。如果我们一会儿想做这个，一会儿又想干那个，就会把自己的生命在左顾右盼、瞻前顾后中白白浪费掉！

那么，我们又如何找到那个唯一的人生目标呢？

通过认识自己。

这不是毫无意义的“循环论证”，我们之所以反复强调认识自己的重要性，是因为这是破解所有谜题的密码。

或许你不知道，你已经见过很多“失败的成功人士”了，他们赢得了整个社会的认可与赞誉，登上了《时代周刊》的封面，甚至成了时代的英雄，但他们过得并不快乐。在众人面前，他们是翻云覆雨、一往无前的弄潮儿；在一个人的时候，他们什么都不是——他们为了迎合众人的口味而“自我麻痹”了自己的舌头！

苦与甜，他们可以麻痹自己一时；乐与痛，他们却不能麻痹自己一世。只要还有自己的“舌头”，自己酿的果，他们总会品尝到的。

你也是如此。如果你不想辛辛苦苦奋斗了一辈子，等到理想终于实现的那一天，却发现这一切根本不是自己真正想要的，那么就从现在开始，抛开家人、朋友、社会对你的期待，重新认识自己，找到那个唯一的、自己将要为之奋斗终生的人生目标吧。当你真正找到了自己的人生目标，确定了自己的价值观，当你真正认识了自己，这之后，你才可能真正去了解他人、窥测他人的内心世界。

二、通过相貌看穿他的心：鬼谷子“揣情术”

在上一节当中，我们说到了要想窥测别人的内心世界，首先要看清自己的内心世界。因为只有认识了自己，懂得了成功到底意味着什么，懂得了人性当中的优点与弱点，我们才能更好地理解别人的喜怒哀乐，知道他们为什么哭、为什么笑，知道他们到底想要什么、想追求什么——人性，总是相通的。

那么，在认识了自己之后，如何了解别人呢？

所谓“画虎画皮难画骨，知人知面不知心”，要揣测别人的内心世界，可不是那么容易的事儿。庄子说：“凡人心，险于山川，难于知天。天犹有春夏秋冬，旦暮之期，人者厚貌深情。故有貌愿而益，有长若不肖，有顺憬而达，有坚而缦，有缓而釬。故其就义若渴，其去义若热。”诸葛亮也说：“夫知人之性最难察焉。美恶既殊，情貌不一，有温良而为诈者，有外恭而内欺者，有外勇而内怯者，有尽力而不尽忠者。”

正因为了解别人这么难，所以跟人打交道，就必须要多个“心眼儿”，“害人之心不可有，防人之心不可无”是也。尤其社会发展到了今天，经过这几百万年的进化，人类已经从当初“懵懂纯情的少女”进化成了“饱经世情冷暖的老太太”，都快成精了，不得不防啊！

所以，虽然我们要相信“人之初，性本善”，但也要相信那都是“人之初”时候的事了，现在怎么样不好说，更何况人性当中也有“不善”的成分。鬼谷子也认为人心是难测的，所以必须要善于观察，为人处世要多用心，要三思而言、三思而行，千万不能“直肠子”。直肠子容易得罪人，自己也容易受伤害，比如会不经意地对某人某事发表自己的看法，这样，就很容易被人抓住把柄反咬一口。

鬼谷子说：“夫情变于内者，形见于外，故常必以其见者而知其隐者，此所谓测深探情。”

一个人的内心产生了情感变化，一定会从外部表现出种种形态。所以，一定要经常从一个人的表情、神态、动作等去深入了解他内心隐藏的思想感情。这就是窥测他人内心世界的“揣情术”了。

他继续解释道：“揣情者，必以其甚喜之时，往而极其欲也。其有欲也，不能隐其情。必以其甚惧之时，往而极其恶也。其有恶者，不能隐其情。情欲必知其变，感动而不知其变者，乃且错其人勿与语，而更问其所亲，知其所安。”

要想揣测别人的真实心情，一定要选在他最高兴的时候前去会见他，然后最大限度地刺激他的欲望，这样，他就很容易被欲望蒙蔽而忘记遮遮掩掩了。一定要选在他最担心的时候前去会见他，然后最大限度地诱发他想起所憎恶的对象，这样，他就很容易被憎恶感蒙蔽而露出庐山真面目了。还一定要了解他情感欲望的变化，如果触动了他的情感，但还是摸不清他的心思，可以暂时放开他，不跟他交谈什么；转而去询问他亲近的人，从而了解他有什么喜好、憎恶。

那么具体来说，我们该如何透过一个人的表情、神态、衣着、相貌去窥测他的心理呢？

首先说说人的相貌与性格，该如何“以貌识人”。

人是环境的产物，环境不但可以改变一个人的内在素养，还会对人的外貌产生一定影响。“夫妻相”的产生，就是因为两个人长年累月地生活在一起，彼此都对对方的内在及外在产生了很深的影响，从而导致了两人心理结构、言谈举止及外貌神态的相似。

所以，无论你是历经沧桑还是天真无邪，都可以从外貌上看出端倪。从外貌上对别人做出判断，是我们进行人际交往和人事工作的第一步，所谓“万事开头难”，走好这一步，我们对人就有了最为基础的认识和把握。

但俗话说“人不可貌相，海水不可斗量”，含蓄内敛的中国人是最反对以貌取人的，认为那太势力，是不太道德的行为。但我们从反面想想，如果人人都做到了不以貌取人，古人还用这么唾沫星子满天飞地告诫我们吗？可见，大多数人还是习惯于以貌取人的。

我们对是否应该以貌取人采取什么样的态度，要根据具体情况具体对待。我不会在这里下一个结论，也没有必要那样做，任何人都会通过自己的大脑做出最明智的决定。在这里，只是想告诉大家一些关于以貌取人的有趣的事儿，究竟怎么做——It's up to you.（由你来做主）

我国的相学有着十分悠久的历史，最早可追溯到公元前七世纪的春秋之际。它认为通过观察分析人的形体外貌、精神气质、举止情态等方面的特征，可以知道人的禀性和命运。在今天看来，认为人相必然体现着其命运的观点固然不可取，但通过人的相貌来鉴人、识人却是有一定依据的。

现代科学研究表明，人的表情是由皮下微小的肌肉活动决定的。一个人最基本的内心情感或习惯性态度（怀疑或情绪冲动，自信或缺乏自尊，悲观厌世或乐观豁达，爱恋或仇恨）往往能在瞬间“凝固”肌肉，使其变成经常出现的那种状态。

面部表情肌肉的习惯性牵拉，又会影响肌肉下面骨骼的轮廓线以及皮肤表面固有的皱纹形状。这样，这些习惯性的状态就会变成泄露“内情”的标记，这些标记就可以帮助我们察觉到他人的真实性格，所以，人的面孔基本上就像一张立体地图，当我们与他人交往时，透过这张“活地图”，我们就可以决定“该去哪里，不该去哪里”，从而避免不必要的矛盾、争论，快速赢得他人的好感。

我有一发小儿，很有想法的一个人，他初中没毕业就觉得自己受够了“教育”，于是 16 岁就只身一人闯荡江湖。到现在，已经做到了一家五星级酒店的大堂经理。经过几次接触，我发现他现在似乎已经具备了“未卜先知”的超能力，经常能十分准确地预测出一些事情的发展趋势。一次，我问他为什么总能看人看得那么准，似乎对见过一面的人都了如指掌。他告诉我说：

我从初中就在五星级酒店打工，每天看到来来往往的客人，这些客人非富即贵，都算是“成功人士”，当然也有一夜致富的土财主。我在五星级酒店工作十几年，从清洁工做到行李搬运员，从前台做到大堂经理，接触过无数特殊阶层、各色人等。

我有一个很好的观察习惯，每次当我看到一个人或遇到一件事，我总会去仔细观察并总结原因。从人家的五官，到举手投足的肢体语言习惯，甚至是彼此聊天的内容（当然，都不是隐私），都在我倾听、观察、理解的范围。所以，我总能得到很多收获与心得，无形中，自然得到一种累积的“功力”。那就是我一看人的面容，几乎就可以知道他的内在与个性，尤其是跟他聊过之后，更是明白透彻。结果，基本见过的所有人都被我看得清清楚楚。嗨，其实也没什么，说穿了，这只是长期观察累积的心得而已——就是以貌识人，通过一个人的相貌判断他的性格和他现在内心的想法。

看来，以貌识人确实是一种本事，是累积下来的经验。当然，相貌也不单是外表，而是配合了神情和谈吐，以及许多小动作而成。比如獐头鼠目的人，一定好不到哪里去，和你谈话时偷偷瞄你一眼，心里却不知打什么坏主意，这些人一定要避开，越远越好。

还有关于女人，美丑不是关键。曾经遇到一些所谓的美女，和她们谈上一个小时，即刻知道她们的妈妈喜欢些什么、用什么化妆品、爱驾什么车。她们的一生，好像都浓缩在这短短的一小时内，再聊下去，也没有什么新鲜的话题——她们就这么深，根本不值得你用一生的时间去"Discovery"——探索发现，她们往往属于"浅油层"，没有"深度开发"的价值。

样子普通，但有股灵气的女人，最值得爱。什么叫有灵气？看她们的眼睛就知道，你一说话，她们的口还没张开，眼睛已动，她们的眼睛会说话，告诉你她们赞不赞成。即使不同意你的看法，她们也不会和你争辩，因为她们知道，世界上要有各种意见才有趣、才好玩。

还有商贾政要身边的那一大群嬉皮笑脸地吹牛拍马之人，这些人的知识不会高到哪里去。虽然说要保住饭碗，也不必做到这种地步，能当得上老板的人，还不都是聪明人？他们心中有数，对这群来讨好自己的，虽不讨厌，但是心中不信任，是必然的事。

年轻时不懂这些猫腻，遇到这类人马上就给他们脸色看，誓不两立地决绝，结果是给他们害惨了。现在已学会如何对付，或笑脸迎之，或当成透明人，宁得罪君子不得罪小人。

现在我们就看一些最基本的"以貌识人"的方法，这应该可以让我们在平时与人交往的时候，增加几分主动性。这些方法都是经验、规律的总结，虽然不能保证"百发百中"，但相信大多数情况下还是奏效的。

(1)你的眼睛会说话

在电视或生活中我们经常可以看到这样的画面：

恋爱中的男女往往用语言和眼神的微妙配合来“眉目传情”。

女人有时用语言去表达拒绝和不情愿，但男人知道，女人的话往往是不可信的，于是他不仅听这些语言，更从对方眼睛里体会她的真实想法，有时拒绝往往意味着有条件的同意，生气不过是掩盖她心中的欣喜——只有傻瓜才会受到女人语言的束缚。

青年男女通常所说的来电，也是这个道理。德国著名心理学家梅赛因说：眼睛是了解一个人的最好工具，人的眼睛，最能袒露人内心的隐秘和激情了。正如一首小诗所写：眼睛是心灵的窗口，不会隐瞒更不会说谎。愤怒飞溅火花，哀伤倾泻泪雨，它给笑声增一层明亮的闪光。

眼睛的直径约为2.5厘米，不仅是人体中最小的器官，而且也是生长变化最少的，但它的表情达意却是极为复杂、微妙的，有时很难用语言来形容，所以从来就有“眼睛会说话”之说。比如文学家曹雪芹对林黛玉那双眼睛的描写，简直是经典中的经典（这几句话似乎是一体的，还是别生硬拆开，一并奉上吧）：

两弯似蹙非蹙笼烟眉，一双似喜非喜含情目，态生两靥之愁，娇袭一身之病。泪光点点，娇喘微微。娴静似娇花照水，行动如弱柳扶风。心较比干多一窍，病如西子胜三分。

从医学的观点来看，眼睛是人类五宫中最敏锐的器官，它的感觉领域几乎涵盖了所有感觉的70%以上，其他感官与之相比就显得微不足道。以饮食为例，人们吃食物时不仅靠味觉，同时会注重食物的色、香以及装盛食物的器皿等。如果在阴暗的房间里用餐，即使明知吃的是佳肴，也会产生不安的感觉，无心品尝或胃口大减。相反，如果在一流饭店或餐厅用餐，用精致的器皿装食物，并重视灯光的调配，定会大开饮食者的胃口，使其吃得津津有味。这是视觉影响人们心理的一个很好例证，也是精明的饭店老板们经常使用的、屡试不爽的一招——吃的就是那个环境！

中国有句名言:“眼睛是心灵的窗户。”不仅嘴巴能说话,眼睛也会“说话”。孟子在《离娄章句上·第15章》中有一段观察人的眼神来判断人心善恶的论述:“存乎人者,莫良于眸子。眸子不能掩其恶。胸中正,则眸子嘹焉;胸中不正,则眸子眊焉。听其言也,观其眸子,人焉瘦哉?”

意思是:观察人的方法,没有比观察人的眼睛更好的了。眼睛不能掩盖人们内心的丑恶。一个人心中正直,眼睛就显得清明;心中不正直,眼睛看上去就不免昏花。听一个人讲话,观察他的眼睛,这个人内心的好坏又怎么可以隐藏得了呢?

孟子这段精彩的论述,说明了一个人的内心动向必然会反映在他的眼睛里。心之所想,不用言语,从眼神中就可以找到答案。在交际过程中,只要我们细心观察就会发现,眼睛确实会传达其主人的心思。常常有这种情况,有些人口头上极力反对,眼睛里却流露出赞成的神态;有些人花言巧语地吹嘘,可是眼神却表现出他是在撒谎——语言可以说谎,但眼睛不会。

从眼睛这个生理器官我们可以看出一个人的精神状态:

一个健康、精力充沛的人,他的眼睛通常是明亮的,转动灵活、机警;

一个疲劳的人,他的眼睛就会显得乏力无味,目光呆滞,眼光混浊;

一个乐观的人,他的眼睛通常充满笑容,善意十足;

一个消极的人,他的眼睛往往下拉,不敢正视别人的目光。

著名人力资源管理专家刘晓英教授说:一个诚实的人,他的眼睛是自信的;说谎的人,他的眼角会不自觉地往上翘或眼睛转动速度比说话的节奏快。很多大公司的企业主管在面试时,都会用这些知识去观察人。

面对一个眼神坚定浑厚、沉着踏实的诚实的人,你会觉得他对自己的行为有着坚定的信念,他的话语充满了说服力和感染力,让人不容置疑。

说谎的人在心理上是不自信的,他的眼睛漂浮无根,说话没有底气和正气,面对这种人,你会觉得他在讲述一个与自己无关的事情,没有可信度,这种类型的人在生活和事业上很难达到既定的目标。

除了根据一个人眼睛的天生状况来对他做出判断,我们还可以根据他瞳孔的大小变化、眼皮的张合等“小动作”,来解读他内心的波动。医学研究发现:

眼睛是大脑在眼眶里的延伸,眼球底部有三级神经元,就像大脑皮质细胞一样,具有分析综合能力,所以,眼睛在人的五种感觉器官中是最敏锐的。

而瞳孔的变化,眼珠转动的速度和方向等活动,又直接受脑神经的支配,再加上眼皮的张合,眼与头部动作的配合等一系列动作,使人的感情就自然而然从眼睛中反映出来,而且它所流露出的信息比言行更为真实。

所以,想要了解一个人,一定要注意观察他眼部的动作,尤其是他的瞳孔变化。研究表明:瞳孔变化最能反映人的内心世界的变化,若一个人感到愉悦、喜爱、兴奋时,他的瞳孔就会扩大到比平常大4倍;相反,遇到生气、厌恶等消极的心情时,他的瞳孔会收缩得很小;瞳孔不起变化,表示他对所看到的事物漠不关心或者感到无聊。

据说,古代波斯的珠宝商人出售首饰时,总是根据顾客瞳孔的大小来要价的。如果一只钻戒的熠熠光泽能使顾客的瞳孔扩张,商人就要价高一些。

呈现在眼前的美味食品也会使人的瞳孔扩张,除了视觉刺激,其他感官接受的刺激也可以引起瞳孔的变化。当人聆听喜爱的音乐时,或品尝美味食品时,或产生恐怖、紧张、愤怒、喜爱、疼痛等强烈情绪波动时,人的瞳孔同样会出现扩大反应。

瞳孔的放大或缩小完全是无意识的,是难以掩饰的,所以眼神总会透露出我们内心的秘密,这也就是人们常说的"你的眼睛背叛了你的心"。由此可见,眼睛与我们心理变化的关系十分密切。利用瞳孔变化的规律,我们可以判断一个人对某种事物的兴趣、爱好、动机及其对异性的爱慕与否等心理变化。

心情平静时,我们的眼神也是相对平静的。而特别强烈的情绪波动,会使我们的眼神出现急剧而明显的变化。最翻江倒海的情绪波动,有两种:一种是爱,另一种是恨。最风云突起的眼神变化,也有两种:一种是情侣相见,格外激动;另一种是仇人相见,分外眼红!

在这两种比较极端的情形当中,当事人都会长时间凝视对方的眼睛:或含情脉脉,你侬我侬;或满眼喷火,怒不可遏。而在一般的关系和一般的场合当中,人们大都不习惯被人长久直视,也不去长久直视对方,时间一长就会很不自在地、下意识地移开目光。

所以，在社会交往中，我们的眼神一定要亲切自然。既不能不看对方，也不能死死盯住对方的眼睛不动；既不能目光东移西转，也不能不吸引对方的注意。最好是将眼神与所交谈的话题相配合，思考时可以移开视线，表达观点时要注视对方的眼睛。这既是一种社交的礼仪，表示对别人的尊重，同时也是沟通、了解、认识别人的重要途径。美国的成功学奠基人卡耐基说：谈话时看着对方的眼睛，这是最起码的沟通技巧。相信这是一个适合东西方的普遍道理。

最后，我们具体看一下，在交谈时怎样从对方的眼神和视线里探出对方的真正意图。

①眼珠转动。眼珠转动快速表示此人第六感敏锐，反应快，能迅速地看透人心。这种人往往特立独行，有情绪化的性格。眼珠转动迟缓则表示此人身体五官感觉迟钝，感情起伏少，不易受他人影响。

此外，眼珠转动的方向不同表示的意思也不同。眼珠向左上方运动，表示回忆以前见过的事物；眼珠向右上方运动，表示想象以前没见过的事物；眼珠向左下方运动，表示心里在自言自语；眼珠向右下方运动，表示正在感觉自己的身体；眼珠左或右平视，表示正在尽力弄懂所听到语言的意思。

②挤眼睛。挤眼睛是用一只眼睛向对方使眼色表示两人间的某种默契，它所传达的信息是："你和我此刻所拥有的秘密，任何其他人无从得知。"在社交场合中，两个朋友间挤眼睛，是表示他们对某项主题有共通的感受或看法，比场中其他人都接近。两个陌生人间若挤眼睛，则无论如何，都有强烈的挑逗意味。由于挤眼睛包含两人间存有不为外人知道的默契，自然会使第三者产生被疏远的感觉。因此，不管是偷偷地还是公开地，这种举动都被一些重礼貌的人视为失态。

③眼神闪烁不定。当某人内心正担忧某件事，而无法坦白地说出来的时候，他会有这样的眼神。可理解为对方心里有自卑感，或正想欺骗你。

当你和生意伙伴见面的时候，看到对方灰暗的眼神，就应该想到对方有不顺心的事或发生了什么意外；而当你和对方交谈时，对方的眼睛突然明亮起来，则表示你的话正说中了他心里最急于表达的事情。

④眼睛上扬。眼睛上扬，是假装无辜的表情。这种动作是在佐证自己确实

无罪。目光炯炯望人时,上睫毛极力往上抬,形成一种令人难忘的表情,传达着某种惊怒的表情。斜眼瞟人则是偷偷地看人一眼又不愿被发觉的动作,传达的是羞怯腼腆的信息,这种动作等于是在说:“我太害怕,不敢正视你,但又忍不住地想看你。”

⑤眼睛眨动。眨眼的系列动作,包括连眨、超眨、睫毛振动等。连眨发生于快要哭的时候,代表一种极力抑制的心情。超眨的动作单纯而夸张,眨的速度较慢,幅度却较大,动作的发出者好像是在说:“我不敢相信我的眼睛,所以大大地眨一下以擦亮它们,确定我所看到的是事实。”睫毛振动时,眼睛迅速开闭,是一种卖弄、花哨的夸张动作。

⑥眼睛向上吊。这种人心里藏着不可告人的秘密,喜欢有意识地夸大事实,他们性格消极,不敢正视对方。

⑦眼睛往下垂。这个动作有轻蔑对方之意,要不然就是不关心对方的情形。这种动作的发出者一般个性冷静,本质上只为自己设想,是任性的人。

正因为眼睛传达的信息胜过千言万语,所以许多作家、艺术家在其作品中都是通过对眼睛进行刻画来实现人物的心理描写。著名导演斯坦尼斯拉夫斯基晚年时甚至还要求演员在表演时,把自己的动作姿势降低到最低限度,要求“几乎任何动作也没有,只有眼睛在动”。

在电影《克莱默夫妇》中,为争得对儿子的监护权,夫妇俩对簿公堂。当听证与辩护对克莱默夫人不利时,她抬起那双闪烁着泪花的眼睛,直勾勾地望着丈夫,眼睛里透露出处于绝望无援中、渴望丈夫念夫妻恩爱之情的求助感。此时,任何言语、任何动作,都不及这双眼睛诉说的力量。

正如爱默生所说:“人的眼睛和舌头所说的话一样多,不需要字典,却能从眼睛的语言中了解整个世界。”

(2)嘴唇也有“表情”

值得注意的是,人们大都懂得眼睛很会说话,却忽略了嘴的作用。美国的一位心理学家为了研究、比较眼和嘴“表情”的作用,他将许多表现某种情绪的照片横切之后再综合复制,比如把表现痛苦的眼睛和一张表现欢乐的嘴配合在一起。

结果他发现,观看照片者受嘴的表情的影响远甚于受眼的影响,也就是说,嘴比眼能表现出更多的情绪。问题倒不在于嘴与眼相比,谁的表现力更强,而在于我们的嘴不出声就会“说话”,可见,面部表情能够传达多么复杂而微妙的信息。接下来,让我们看看嘴唇的“表情”:

嘴唇闭拢,表示和谐宁静、端庄自然;

嘴唇半开,表示疑问、奇怪、有点惊讶,如果全开就表示惊骇;

嘴唇向上,表示善意、礼貌、喜悦;

嘴唇向下,表示痛苦悲伤、无可奈何;

嘴唇撅着,表示生气、不满意;

嘴唇绷紧,表示愤怒、对抗或决心已定。

(3)没有好牙齿就没有好工作

中国词典里有个词叫“以貌取人”,意思是说根据一个人的外貌可以判别他的品质和才能,而到了21世纪的今天,我们又进入了一个“以牙取人”的时代。其实这绝对不是“另辟新经”,因为牙齿应该也算人的容貌的有机组成部分,既然可以“以貌取人”,为什么不能“以牙取人”呢1

30岁的Sophia是某国企的人力资源部经理。趁着跳槽黄金期,Sophia向世界500强企业伸出了橄榄枝。令她百思不得其解的是,每回笔试都顺利通过,可经过面试后就杳无音信。后来和几位在外企工作的朋友交流时才了解到,自己当初面试的是几家著名外企,这些单位对求职者形象要求比较高,自己的四环素牙定是没能逃过主考官的眼睛。

为了摆脱四环素牙带来的困扰,痛定思痛之后,Sophia来到牙科医院,让医生为自己制订了一套“全瓷牙美容修复计划”。治疗后一个礼拜,Sophia就顺利被一家外企录取了。

据了解,自从媒体爆近三成求职者因牙齿、近视问题遭求职单位拒绝后,越来越多的职场中人开始在“美齿”上花费工夫了。这场“美齿”风暴,据说是从欧美刮过来的。看看前两年翻拍自美国电视剧《丑女贝蒂》的、号称“史上最雷的山寨剧”的《丑女无敌》，主人公戴着的那个象征身份的“牙箍”，我们就知道为什么人们要疯狂“美齿”了！

整个欧洲人们都非常注重自己的门面——牙齿，德国人更是如此。在欧洲，一个人如果想找到一份体面的工作，没有一副洁白整齐的牙齿是很困难的。反过来说，如果一个人的牙齿不美观的话，至少说明他的工作不是十分的体面。

德国人对牙齿的重视程度已经达到了登峰造极的地步，尤其对于上班族来说，可以说，一副洁白整齐的牙齿几乎就是找到一份体面工作的前提条件！许多德国人为了找到一份好工作，不得不先弄上一口好牙，大有“牙好，工作就好”之势。

不过据说英国人对牙齿的敏感程度就稍逊一些，很多牙齿不大美观的英国人并不像德国人或法国人那样急着找牙医。英国人自有他们的高招——时刻注意保持英国人特有的矜持与含蓄，即使笑起来也是抿嘴而笑，这样一来，反倒显得温文尔雅。

其实仔细想想，牙齿确实非常重要。如果你“牙齿短缺”，生活上或多或少就会遇到麻烦，比如笑容不自然，吃不了喜欢的食物，甚至自信心也大不如前……尤其是当代白领女性，如果遇上牙齿不好看的状况，更会给工作、交际甚至日常生活带来不小的尴尬与不便。

最后，我们看一些“以牙取人”的小诀窍：

A.门牙外爆，作风强硬

生此牙的人性格刚强固执，容易与人发生冲突，不肯轻易退让半步，在感情上与情人离离合合的次数也数不胜数。

B.兔仔牙，讨人喜欢

形状较大的门牙又被称为兔仔牙。如果门牙大而整齐，中间没有缝隙，代表你自小就人见人爱，性格天真活泼，率直开朗，深得长辈的欢心和宠爱。比如足球明星罗纳尔多，人家就长着几颗很逗趣的兔仔牙。

C.门牙歪，与亲无缘

凡是失去了门牙，或者门牙有缺陷，不齐整，都代表你与亲属没缘分，可能小时候就要与他们分离，聚少离多，感情不太深厚。

D.门牙有隙,善于批评

拥有这种齿形的人通常口不择言,喜欢批评别人,经常开罪人也不自知。假如再有不端正的口形配合,最大的弊病就是言而无信。

E.露出牙肉,性格豪迈

开朗的人笑起来都会露出牙肉,通常不拘小节,作风大胆,对性采取开放的态度,倘若眼尾有鱼纹出现,更要检讨一下自己平日的言行举止。

F.牙尖而疏,人缘较差

齿形尖尖,疏而不整齐,暗示你的人际关系不太理想。需要多多学习与人相处的技巧,平日不胡乱发脾气,避免在人背后说三道四,无端口面树敌。

G.齐而密,说话真实

有一排整齐、密不透风,又色泽光洁的牙齿,证明你是个身体健康,没有不良习惯的人,你的生活有规律,为人又谨慎,能够明辨是非。

三、哲学家和处女:“以情识人”有诀窍

我们都知道,人的面部可以表现出不计其数的复杂而又十分微妙的表情,并且表情的变化十分迅速、敏捷和细致。可以说,有丰富的表情,这是人脸的重要特征,也是人区别于一般动物的明显标志。当然,刚生下的婴儿谈不上有多少表情,他们的心理世界还十分单纯;呆头呆脑的人,表情也不会多姿多彩,相比于正常人,他们的内心世界也是简单很多的。

据美国心理学家保尔·埃克曼的研究,面部表情可分为最基本的六种:惊奇、高兴、愤怒、悲伤、藐视、害怕。并且他发现不管生活在世界上哪个角落的人,表达这最基本的六种感情的面部表情都是相同的。1966年,他曾把一些白人的照片拿到新几内亚一个处于石器时代的部落中,那里的岛民与世隔绝,以前从未见过白人,但他们都能正确无误地说出照片上白人的各种表情是什么意思。

研究人类面部表情的专家通过长期实验、观察发现,我们脸部用以表达情感的肌肉达7000多块,人的丰富表情正是它们导演的。这些肌肉的不同组合,甚至能使人同时表达两种感情,如生气和藐视,愤怒加厌恶等。

任何一种面部表情都是由面部肌肉整体功能所致，但面部某些特定部位的肌肉对于表达某些特殊情感的作用更明显。一般地说，表现愉悦的关键部位是嘴、颊、眉、额；表现厌恶的是鼻、颊、嘴；表现哀伤的是眉、额、眼睛及眼睑；表现恐惧的是眼睛和眼睑。

人的面部可以表现出成千上万而又十分微妙的表情，一个极细微的心理活动，就会让人的表情产生变化，这充分反映了人类心理世界的复杂、多变。

研究还发现，生来就双目失明的人，虽然他们从未见过别人的面部表情，却能以同样的面部表情来表情达意，与"明眼人"没什么不同。由此可知，表情的展示，是我们与生俱来的本领，它是人类长期进化的结果。并且从人类进化史角度来看，随着人类脑容量的增加、思考能力的加强，人类的心理活动是逐步趋于复杂的，而人类的表情变化亦随之变得越来越丰富。

当然，表情的产生虽是出自本能，有着自我意识的人类却可以主动控制自己的表情。比如虽然心里很生气，但为了礼貌，我们还是展示出自己的微笑。所以也就有了"皮笑肉不笑""笑里藏刀"等表示表情与心理不对称、不同步的词语。由此可见，在我们生活其中的文明社会，表情后面，往往反映了一个人的生活经历、学识修养和心态人格。

也正因为如此，人的面部所表现出的各种各样的情感，才最能吸引他人的注意。在你未开口之前，对方就从你的面部表情上得到了一定的信息，对你的气质、情绪、性格、态度等有所了解了。所以有这样一句话，"看人先看脸，见脸如见心"，面部表情是写在脸上的心。

身体相对于面部表情，居于较次要的地位。尽管它也可以通过动作和造型来表达情感，如手的造型、坐姿等，但仍然是不足以与面部相比拟的。因为面部与躯体就犹如心灵和表象、隐秘和暴露那样，存在着本质的差异。所以区别一个人是谁的时候，我们不会忙着先看他的腰身四肢，也不是急于先看他的穿衣打扮，而是先看他的脸。

表情是最重要的体态语言，在我们的身体上，没有哪一个部位能比脸更富有表情达意的作用，而且还具有既真又假、既静又动、既先天定型又自由可为的两重性。面部表情可以成为一种风情、一种身份、一种教养、一种气质特征和一种表现能力。

可以说，人的表情是一种虽无声却暗含玄机的反映一个人情绪和性格的晴雨表。中国戏曲当中的脸谱，就是用角色脸上画的各种特定图案，来表现人物的性格和身份，它是对人的表情的一种抽象化、艺术化的表达与应用。脸谱当中，往往用颜色来表示人物的性格、好坏，比如：

红色脸，象征忠义、耿直、有血性，"三国戏"里的关羽、《斩经堂》里的吴汉都是红色脸。

黑色脸，象征性格严肃，不苟言笑，如"包公戏"里的包拯；又象征威武有力、粗鲁豪爽，如"三国戏"里的张飞、"水浒戏"里的李逵、"杨排风"中的焦赞。

白色脸，表现奸诈多疑，如"三国戏"里的曹操、《打严嵩》中的严嵩。

蓝色脸，表现性格刚直，桀骜不驯，如《上天台》中的马武、《连环套》里的窦尔墩。

紫色脸，表现肃穆、稳重，富有正义感，如《二进宫》中的徐延昭、《鱼肠剑》中的专诸。

金色脸，象征威武庄严，常用于表现神仙一类角色，有时也用于一些比较有法力的精怪。如《闹天宫》里的如来佛、二郎神。

绿色脸，象征勇猛、莽撞，如《白水滩》里的徐世英、绿林好汉。

黄色脸，一般表现性格猛烈，如《南阳天》中的廉颇。

总之，每个人的脸上都挂着一张反映自己身体和精神状况的"明细表"，表情能够反映出人的性格，因而通过脸来判断人的性格、身份是切实可行的。比如法庭上的法官，他们就经常通过观察犯罪嫌疑人面部表情的变化来判断他们是否说了谎。在处理美国前总统比尔·克林顿与白宫实习生莫妮卡·莱温斯基的性丑闻事件中，这些关于人的表情的"科研成果"都派上了大用场（关于这一点，之后的章节会有详细叙述）。

说到这里，想起一个十分有趣的关于哲学家和处女的故事。

古希腊哲学家德谟克利特创立了原子论，被后人誉为唯物论的鼻祖。有一天，德谟克利特在街上偶然遇见一位熟识的姑娘，德谟克利特和她打了一声招呼：

“姑娘，你好！”

“您好。”

第二天，德谟克利特再一次碰到与昨天同样打扮的那位姑娘时，有些疑惑地看了姑娘几眼后，他却这样招呼道：“这……这……哦，太太，你好！”

“……您……您好。”

德谟克利特

相信一夜之间成为“太太”的那位姑娘被德谟克利特看穿时，脸上恐怕要涌上害羞的潮红了。那么，德谟克利特是如何看穿那位姑娘“一夜之间变成太太”的呢？

这是他仔细观察那位姑娘的脸色、眼睛的活动情况、面部表情及走路的姿态等一系列举止的结果。

对男人而言，性只是局部现象，他不会因此多冒出一堆胡须来。而当一个女人开始有了性生活，她的身体会呈现出某种化学反应，并且会表现出来。一旦一个女人开始发生有规律的性行为，其发线位置会轻微地改变，眉毛边缘会变得稍微明显一点，鼻子会多长一厘米，下巴会增厚一点点，嘴唇会更丰满一点，额骨的角度也变了，脊椎骨内的钙质含量不同，重心也跟着改变，胸部和两片臀部不是变得更大就是变得更紧。因为重心降低，她走路的样子、两只胳膊摆动的方式也不一样。如果你观察得够仔细，就很容易发现这些变化。

据说，德谟克利特有时正吃着鲜美可口的瓜果，会突然从房间里跳出来，跑到地里去搞清楚瓜果为什么这么好吃——他就是具有如此强烈的探索精神和敏锐的观察力。

现实中，不是每个人都能像德谟克利特那样善于以貌识人，这种能力是要通过努力学习和长期实践才能得到的。它不是雕虫小技，而是一种极其重要的做人、看人的本领，发现并掌握它往往能帮助我们成为一个左右逢源、人见人爱的人。

那么,表情、情态究竟是什么呢?

表情是心理状态的外部表现。人在悲伤时痛哭流涕,高兴时手舞足蹈,痛恨时横眉竖目,恐惧时手脚发颤……这里,痛哭流涕、横眉竖目是面部表情,手舞足蹈、手脚发颤是身段表情。除此之外,人还有言语表情,粗声粗气与和颜悦色说话所传达出的心理信息,绝对是不一样的。

对于我们人类的祖先来说,表情具有生存的价值。比如咬牙切齿、鼻孔张大等愤怒时的表情,是对行将到来的搏斗所做出的适应性动作。那么,表情是先天遗传而来的,还是后天学习获得的?

科学研究表明,人的表情既有先天成分,也有后天成分。有多种表情,我们不用特意学习就能做出。比如刚出生的婴儿,当他感到愉快时,会本能地微笑;当他饥饿或疼痛时,则会放声大哭。

人们表达愉快、厌恶、惊奇、悲哀、愤怒,恐惧等基本表情的能力与生俱来,全球皆然。心理学家曾专门做过一个实验,证明人类表情的先天性。他们把摄有人的这几种基本表情的照片给一些美国人、巴西人、智利人、阿根廷人和日本人看,让他们说出这是什么表情。结果发现,不同国家的人对面部表情的判断具有很高的一致性。

这种解读表情的一致性说明了什么呢?

说明表情不可能是各民族各自设计出来的,而是整个人类先天就具有的。不然,表情就可能像世界上的语言一样,各不相同、无法直接沟通了。那么,人类的表情为什么会有这种先天的成分呢?

这还得从人类的进化开始说起。我们知道,人是由动物进化而来的。动物也有表情,但它们产生表情不是为了好玩,而是为了适应环境、为了生存。

当动物遇到敌害时,会露出尖牙,显得威风凛凛,敌人见状便不敢上前;有时动物在白天厮打起来,因为阳光耀眼,就皱起眉头来挡住点阳光,以便看清对方的一举一动。这就可以解释,为什么我们在发怒时,也会咬牙切齿、横眉怒目——人类表情,正是由动物表情进化而来的。正因如此,人类表情才会有这么惊人的一致性。

正是由于这种先天的一致性,不同国家、不同种族的人,才能用表情这种肢体语言相互沟通。不过，人的表情还会受到其所处的社会环境、自然环境的影响而产生差异，这就是“人工表情”的由来。

由于每个民族都有自己独特的“人工表情”，因而同一种情意，往往会有不同的表达方式。比如在大部分国家，都是点头“YES”、摇头“NO”，但在斯里兰卡、印度、尼泊尔等国，却是“点头不算摇头算”。印度人表示赞同时，总是先把头往左或右轻轻地斜一下，然后立刻恢复原状，令人以为是“不要”或“不愿意”的意思，其实是表示“知道了”或“好的”。

西方人为表示亲热，总要拥抱、亲吻，中国人为表示热情，一般会握住对方的手；欧洲人耸肩，表示遗憾或惊奇；日本人微笑，表示抱歉；中国人拍肩膀，一般都表示关心，但藏族人的肩膀却是绝对不能拍的，他们认为那里有“神灵”……

所以，跟不同文化、不同民族的人打交道，就必须注意这其中的差异。在弄清各种表情所传达的意思之后，我们才可能准确解读他人的心理。

为了能够通过表情准确解读他人的心理，我们必须知道一些最基本的识别人的表情的技巧。下面，我们来看看一些常见表情所蕴含的潜在信息：

如果对方对你的质问显露出不屑，说明你的问题触到了对方的痛处。

害怕、愤怒和性兴奋都会使人的瞳孔放大。

明知故问的时候眉毛会微微上扬。

说话时两边嘴角下拉，眼睛向下看表示尴尬。

抿嘴、单边耸肩表示对自己所说的话没有信心。

双手抱胸同时后退，是一种下意识的退缩，表明说谎者感到心虚。

手放在眉骨附近表示羞愧。

摩挲双手是一种自我安慰的姿态。当你对自己所说的话感到心虚时，摩挲双手可以让自己安心。

鼻孔外翻、嘴唇紧闭、向前伸出下巴是生气的表现。

人在害怕时会出现生理逃跑反应，血液从四肢回流到腿部（做好逃跑准备），因此手的体表温度会下降。

眉毛上挑并挤在一起表示恐惧。

眉毛朝下紧皱、上眼睑扬起、眼周绷紧，表示将要实施血腥暴力行为。

揉眼睛是不情愿的意思，即使一个天生的盲人，在被要求做他不想做的事情时也会下意识地揉眼睛。

当我们能够透过表情"读出"他人的心思之后，就可以主动出击，通过调整自己的表情来控制谈话气氛、引导他人心理了。

研究表明，在普通的社交活动中，注视者的目光主要集中在由对方的两只眼睛和嘴巴组成的三角区域内，大约有90%的时间里目光都停留在这个三角区域。通常，我们是在毫无威胁感的环境下把目光投向这个区域的；而且这种注视的目光也会让对方觉得安心，认为我们没有侵略性。

如果我们想要让自己拥有很威严的目光，可以想象在对方的额头正中长了第三只眼睛，然后把目光投向这第三只眼睛与其他两只眼睛所组成的三角区域内。这种注视所造成的效果，可以让他人感觉到你的威严和可信。

当我们把自己的目光投向这个区域，能够产生一种威严的感觉。这种威严的注视不仅会使谈话的气氛变得十分严肃，而且能让那些饶舌的人立刻闭上那张大嘴巴。

如果我们长时间将目光锁定在这个三角区域，被盯着的人就会始终有种遭到威逼和胁迫的感觉；只要我们不把目光移到对方眼部以下的区域，压迫感就会始终伴随他们。所以在友好、欢庆、浪漫的场合，千万不要用这种威严的目光盯着别人。但如果想要吓唬谁，或有什么人总是在那里絮絮叨叨、没完没了，那你就可以用这一招让他 SHUT UP！

四、一眼看出谁在撒谎

2009年，美剧《Lie to Me Season 1》（《别对我撒谎》，第一季）开始热映，它牢牢抓住了各年龄段和各阶层的观众，人气之高丝毫不亚于之前的《越狱》。到现在，2012年，都已经拍到第四季了，并且是越拍，喜欢的人越多。

片中讲述了一名办理诈骗案件的高手能在调查当中通过辨别人脸、声音及体貌特征来发现真相。当你无意中抓挠下巴、扳动手掌、触摸鼻子或者拼命吞咽口水，主人公马上就知道你在撒谎。他比一台测谎仪更为精确，确切地说他就像是一台完美的“活测谎仪”。

人们热衷于戳穿谎言,但更热爱说谎。调查统计显示,普通人在每10分钟的谈话中就会说3个谎。从政坛精英到市井小民,从商界巨贾到谍海特工,谎言似乎已经成为我们生活的一部分。

我们知道吗:

英国人最常说的谎言是“我很好”;

男女在说谎数量上差异不小,男人每天说5句谎话,而女人只说3句;

女性撒谎通常是为了让对方觉得好过一点,而男性说谎则是为了让自己显得优越;

61%的女性希望异性在评论自己外表时说谎。

当我们说谎时,强烈情绪引起的微表情总是会飞快地从脸上掠过,我们根本来不及阻止它。撒谎的困难就在于,我们的潜意识是自觉而独立的,无法和嘴上所说的保持一致,于是身体语言便会泄密。

所以那些很少说谎的人,不管他们的谎话如何令人信服,都很容易被人戳穿。从他们说谎的那一刻开始,他们的身体语言就一直显示出与谎言不相符的信息,这些信息让人感觉到他们没有讲真话。但对撒谎的人来说比较幸运的是,99%的人都看不到这些表达内心痛苦的转瞬即逝的信号。

印度人早在2000年前就已发明了“米粒测谎法”。测试者会给被怀疑的对象一粒米,让他放在嘴里咀嚼。如果他能在回答问题后将米粒吐出来,就表明说的是真话。如果吐不出,自然就是在说假话。这个方法利用的就是人在紧张时,喉咙就会发干的原理。

20世纪初,哈佛大学心理学家摩尔斯顿发明了被他称为“心脏收缩血压测试机”的仪器,可以算作世界上第一台真正意义上的测谎仪。这台由摩尔斯顿拼凑出来的机器包括一根橡皮管、一台血压计和一个血压计充气球。通过测量人们的心率、呼吸和血压来判断一个人是否说了谎。

那么在生活当中,我们如何通过学习一些心理学技巧,来识别、戳穿他人的谎言呢?

(1)说谎“三要素”

人的心理状态(情绪)的外现是下意识的,基本上无法用意识强加抑制,所以我们很难通过表情去隐藏真实的自己。人们的任何动作——包括讲话音量的变化、一个犹豫的动作和表情、瞳仁的突然扩大或一个元意识的姿态,都可以泄露大脑深处“隐藏的秘密”。

扭捏、做作的表情一眼就可以看出来,因为极不自然。但人却是善于伪装的动物,不然就不会有这么多人被种种花言巧语、虚情假意迷惑了。然而,假的终归还是假的,它怎么也真不了。今天,我们就看一下识别假表情的技巧。

1)面部表情不对称

面部表情不对称是指两边脸的动作相同,但其中一边的动作强过另一边。科学家们发现,右脑似乎专司情绪处理,因此推想有一边脸可能更为情绪化。由于右脑控制左脸的许多肌肉,所以一些科学家认为,情绪在左脸上表现得应该比较强烈。

但事实上,只要是真实的表情,两边脸上并不会有明显的不同,只有故意装出来的、按别人要求摆出来的表情才会发生不对称。这种表情的不对称会导致面部的扭曲,就会使一边脸的动作看起来比另一边来得大、来得夸张。因此,面部表情不对称就可以作为一种识别假表情的线索。

2)时间因素

时间因素涉及面部表情的持续时间,以及出现的快慢和消退的快慢,这三种情况都能提供识别假表情的线索。一般来说,保持很长时间的表情——长达十秒或更长,差不多都是假的。真正发自内心的表情都不长,除非情绪达到了极点,如欣喜若狂、怒气冲天或悲不自胜等。但即便在这种极端情况下,面部表情也很少能持续十秒之久。

在表情出现与消退的快慢上,并没有对怎么样就是假表情的硬性规定。但惊讶例外,真正的惊讶,出现、持续与消退都很短暂,为时不到一秒。如果长过于此,通常不是戏谑(惊讶是在闹着玩的)、表情符号(惊讶是在表态),就是根本在假装。因为出乎意料的事情一旦弄清楚,当事人很快就会回过神来。如何装出惊讶的表情，大多数人都会，但惊讶来得急、去得快的特质，真正知道的人却不多。

3）相对顺序

相对顺序即表情相对于言辞流、声音变化及身体行为的准确定位。假设有人在生气，说了一句“我真是被你烦死了”，生气的表情若是在话讲过后才出现，大可断定表情是装出来的。但若在讲话同时，甚至话还没讲之前，表情已经出现了，真假就比较不容易断定。

面部表情与肢体动作之间的相对顺序，回旋的余地更小，再假设那个被烦得要死的人在生气，并重重捶打桌子，如果生气的表情是在捶打桌子之后才出现，同样可以断定是装出来的。事实上，任何与肢体动作不同步的面部表情都很可能是说谎线索。

（2）通过微表情识破他的谎言

人们通常认为，说谎时人们才会避开与对方的眼神交流。事实恰好相反，人们在说真话时，会因为需要回忆而将眼球朝向左下方，而撒谎则不需要回忆的过程。所以如果他一直盯着你的眼睛回答问题，就很有可能在说谎，因为他需要观察，看你是否相信他的谎言。

大部分人都认为当一个人撒谎的时候，会比平时笑容更多。调查得出的结论却恰恰相反，人在撒谎的时候很少露出真正的笑容，因为紧张的情绪使他们笑不出来——即使笑出来，也会让人感觉到其笑容的勉强与虚假。

人在说谎的时候，眼神和手指的方向往往会不一致。因为他要绞尽脑汁捏造事实，从而降低大脑对肢体动作的控制力，出现身心不一的现象。

还有一些撒谎者会出现不断移动自己的腿和脚，假装打呵欠、试图拉长或改变声调，舔自己的嘴唇（人在说谎时，喉咙就会发干）等种种心神不宁的动作；或者与此相反，他会一直故意保持静止状态，以此来掩饰心中的不安与紧张。

——“你去过她家吗？”

——“不，我没有去过她家。”

对问题的生硬重复是典型的说谎。一个人没有立即回答提出的问题，或假装没听懂这个问题，或假装激动（如流露出愤怒、大笑等夸张情绪），或假装身体不舒服，这些都可能是撒谎的标志。

紧张会使敏感的面部与颈部神经组织产生刺痒的感觉，于是人们不得不通过摩擦或者抓挠的动作消除这种不适。这种现象不仅能解释为什么人们在疑惑的时候会抓挠脖子、喉咙等敏感部位，还能解释为什么撒谎者在担心谎言被识破时，就会频频拉拽衣领。这是因为撒谎者一旦感觉到有人在怀疑他，升高的血压会使他的脖子不断冒汗。

当一个人感到愤怒或可能遭遇挫败的时候，他也会试图将衣领拽离脖子，好让凉爽的空气浇灭他心头的火气。所以当我们看到有人做这个动作时，不妨对他说："麻烦你再说一遍，好吗？"或者"请你有话就直说吧！"这些主动性的话，往往会使企图撒谎的人露出马脚。

"睁眼说瞎话"是一个常用的俗语。这个俗语体现了一系列的肢体语言——包括紧绷的牙齿、虚伪的笑容和揉眼睛的动作——是如何让谎言不攻自破的。戏剧、电影演员们常常用揉眼睛的手势来表现人物的伪善，当人们不想对你吐露真心时，往往也会用这个手势加以掩饰。

当然，这些身体传达出的信号全是无意识的，撒谎者根本无法控制这些行为。不过，只有当撒谎者感到心虚、内疚时，这些信号才会出现。一个意识不正常的人（如精神病患者、人格分裂症患者）在撒谎时就不会发出这些信号，因为他们根本没有意识到自己在撒谎，因而并没有负罪感。

很多时候，我们可以通过微表情去识破别人的谎言。微表情是指持续不到五分之一秒的表情，它来得快去得也快，也最能暴露一个人内心最真实的想法。

最后，我们就看一些常见的微表情。

①单肩抖动——不自信；

②注视对方眼睛——撒谎中（为了看看自己的把戏是否得逞）；

③中断眼神交流——不代表撒谎（回忆中）；

④回答时生硬地重复问题——典型谎言；

⑤抬起下巴——十分尴尬；

⑥揉鼻子——掩饰真相(男人鼻子里的海绵体在撒谎时容易痒);

⑦眼睛向右看是在回忆,向左看是在思考谎话;

⑧惊讶表情超过一秒就是假惊讶;

⑨男人右肩微耸一下就是在说假话;

⑩当不能倒着将事情回忆一遍,那么事情肯定是编造的;

⑪用手抚额头——表示羞愧;

⑫瞳孔放大——恐惧,性欲;

⑬话语重复,声音上扬——撒谎;

⑭肢体阻抗向后退一步,表示刚说的话不可信;

⑮抿嘴,典型的模棱两可的动作;

⑯摸脖子,人撒谎的时候会摸脖子,典型的强迫行为;

⑰纵火与强奸本质是相同的,都属于宣张自己的力量;

⑱撒谎的时候没有与之相对应的表情,往往没有任何表情;

⑲在学校越受欢迎的学生越会撒谎;

⑳手一直摩挲,一种自我安慰的姿态,当你不相信自己在说什么的时候,为了使自己安心就会摸脖子,这是个经典的动作;

㉑当真正的凶手看到被害者照片的时候,会表现出恶心、轻蔑甚至是害怕,但绝对不会是吃惊;

㉒要是有人将要实施血腥的罪行,就会出现这样的表情:眉毛朝下皱紧,上眼睑扬起,眼周绷紧;

㉓亮出中指,这一手势充满敌意;

㉔鼻孔外翻,嘴唇紧闭——生气;

㉕下巴扬起,嘴角下垂——自责;

㉖眉毛向上,拉紧——恐惧。

(3)鼻子当中蕴藏的谎言

科学研究发现,人撒谎的时候,一种名为儿茶酚胺的化学物质会被释放出来,从而引起鼻腔内部的细胞肿胀。科学家们还通过可以显示身体内部血液流量的特殊成像仪器，揭示出血压也会因为撒谎而上升。

血液流量上升会使鼻内细胞血压增强，从而导致鼻子膨胀。这样，鼻腔神经末梢就会传送出刺痒的感觉，于是人们只能频繁地用手摩擦鼻子以舒缓发痒的症状。

触摸鼻子的手势一般是用手在鼻子的下沿很快地摩擦几下，有时甚至只是略微轻触一下鼻尖，动作小到令人难以察觉。女人在做这个手势时会更小心，她们的动作幅度往往会更小，这或许是由于女人“温柔”的天性，或许是怕弄花精心打造的妆容。

这些“科研成果”在处理美国前总统比尔·克林顿与白宫实习生莫妮卡·莱温斯基的性丑闻事件中派上了大用场。

美国神经学者阿兰·赫希和精神病学者查尔斯·沃尔夫深入研究了克林顿就性丑闻事件向陪审团陈述的证词，他们发现只要克林顿一撒谎，他的眉头就会在谎言出口之前不经意地微微一皱；而且每四分钟触摸一次鼻子，在陈述证词期间，触摸鼻子的总数达到26次之多。与频繁触摸鼻子的情况相反，只要克林顿诚实地回答提问，他就完全不会触摸自己的鼻子。

陪审团检察官问道：“克林顿先生，为什么小鸡要横穿马路呢？”

克林顿回答说：“你所说的小鸡是什么意思？能不能请你为小鸡下一个定义呢？反正我可没有跟那些小鸡一起横穿马路。”

说句不是题外话的题外话：克林顿被弹劾，并不是因为性丑闻——这只是一个导火索；问题的核心是，他在面对陪审团时撒谎了。以美国的性开放程度，这不是不可饶恕的大问题（有几个政府官员能“坐怀不乱”呢？），美国民众要求克林顿下台，是因为他们觉得这个人已经不可信任了。

最后，我们应该注意一点，触摸鼻子的手势需要结合其他身体语言来进行解读。有时候人们做出这个动作，可能只是因为对花粉过敏或感冒。那么，怎样才是正常的鼻子发痒呢？二者怎么区别呢？

如果一个人的鼻子在正常情况下发痒，那么他必须比较用力地摩擦鼻子，甚至是通过挖鼻孔才能消除刺痒的感觉，而不像撒谎时只轻轻一摸那么简单。单纯的鼻子发痒往往只会引发人们反复摩擦鼻子这个单一的手势，而且和人们整个对话的内容、频率和节奏没有任何联系。

五、看衣识人：透过衣服洞察他的心

服装是人类众多伟大发明中的一种，如果没有衣服来御寒的话，说不定我们现在也会像北极熊一样，在过冬前必须吃成一个大胖子。随着人类文明的发展，服装也慢慢从保护身体的工具发展成为一种装饰品。

俗话说"人靠衣服马靠鞍"，爱美是人的天性，世界上没有不穿衣服的民族。即便是非洲土著，也会穿上一件原始"比基尼"秀秀自己的身材。穿上美丽的衣服，可能是为了表现自己，可能是为了取悦异性，也可能是为了博取他人的称赞与尊敬、体现自己的社会地位。

各个民族，由于历史文化与地理环境的差异，其服饰则有着鲜明的民族特色，反映着本民族独特的心理结构。旗袍，体现出一种东方古典的知性韵味；一袭长衫、一条围巾，总透出那么一种稳重与儒雅；印第安人的羽毛服饰，则彰显出一种豪迈与野性……

到了现代社会，各民族间服饰的差异越来越小，并呈现出全球一体化的趋势。随着社会的高速发展及生活节奏的加快，服装对人的性格及心理状况也起到了很明显的作用。

(1)衣服当中的色彩心理学

把色彩心理学的研究应用到服饰上，确实能达到某些实用性的效果。服饰的色彩是抽象的语言，它能在你尚未开口讲话前，就传递一些特定的讯息给对方，让对方产生相关的联想，甚至引起某些细微的反应。

黑色象征权威、高雅、低调、创意；也意味着执着、冷漠、防御，视服饰的款式与风格而定。黑色为大多数主管或白领专业人士所喜爱，当你需要极度权威、表现专业、展现品位、不想引人注目或想专心处理事情时可以穿黑色。

灰色象征诚恳、沉稳、考究。其中的铁灰、炭灰、暗灰，在无形中散发出智能、成功、强烈权威等强烈讯息；中灰与淡灰色则带有哲学家的沉静。但当灰色服饰质感不佳时，整个人看起来会黯淡无光、没精神，甚至给人邋遢、不干净的错觉。灰色在权威中带着精确，特别受金融业人士喜爱；当你需要表现智能、成功、权威、诚恳、认真、沉稳等场合时，可穿着灰色衣服。

褐色、棕色、咖啡色系典雅中蕴涵安定、沉静、平和、亲切等意象，给人情绪稳定、容易相处的感觉。但若没有搭配好的话，会让人感到沉闷、单调、老气、缺乏活力。当需要表现友善亲切时可以穿棕褐、咖啡色系的服饰，例如，参加部门会议或午餐汇报时、募款时、做问卷调查时。

当然，这样的分类似乎有些过于简单，一个人喜欢的颜色常常有很多种，不可一概而论。不过，知道一个人偏爱什么颜色，对于了解其内心往往会有所帮助。

(2)什么人，什么衣

在学校里，我们有校服；到了公司，我们有工作服；在晚会上，我们还有迷人的晚装；临睡觉的时候我们还得换上睡衣。作为“人的第二皮肤”的服装，已经充斥在我们生活的任何一个角落，除了衣服的颜色，其款式也能反映出人的心理状态。

举例来说，白领丽人们的主流职业装是西服套装，简洁、大方、精干。颜色也基本上以深色为基调。在多数正式场合，这样的服装可以充分显示人的成熟、稳重和自信。

但是在日常生活中，如果再让这些丽人去穿这样拘束的服装，想必没人受得了，尤其在这个工作压力越来越大的时代。所以在平时，上班族会穿得比较休闲简单一点。这样的穿着可以让人摆脱那种无形的压力，有一种释放的感觉。

在晚上、周末去娱乐，蹦迪、K 歌或是参加 PARTY 的时候，人往往会穿得很惊艳、很出挑，甚至是很暴露的服装。这可以让人暂时忘记白天的自己，有一种换个活法的感觉；也可以借此发泄对工作、传统、社会地位的厌恶感。

所以，从服装款式上，也可以反映出一个人的心理状态。这让人想起了 20 世纪 60 年代兴起于美国的嬉皮士运动。这群年轻人穿着色彩艳丽的袍服、宽大的灯笼裤，留着很长的头发并扎着头带(流行于 NBA 当中的头带即源于此)，一副桀骜不驯、唯我独尊的样子。这样的衣着,很好地应和了他们“传统反叛者”的身份,随后的摇滚乐也吸取了这些元素。

在繁华的都市街头,我们会不时看到这样一群穿着独特的年轻人:宽松肥大的T恤或是超大的运动外套直接盖过臀部,上身内外重叠;裤子松松垮垮地挂在腰上,一副随时都会掉下来的样子;裤脚直托地面,裤腿在鞋跟部位层层叠叠……整个人被安全地藏于严严实实的衣服套子里。

这就是在现在的年轻人当中很流行的街舞服装,也就是Hip—Hop服饰。肥松宽大的T恤,松松垮垮的裤子是他们的御用服饰。这样的衣着与他们叛逆不羁,充满青春的激情,奉行“玩酷主义”的心理状态可谓是不谋而合。而如果上班族穿着这样的衣服去工作,结果就可想而知了。

从这些生动的例子当中,我们可以看出服饰的款式与人的心理、所处环境之间的微妙联系。在现实生活中,不仅衣服的颜色和款式可以折射出人的心理,其他特质也有这样的作用,这就取决于我们的生活方式和生活观念了。

如爱好开叉式西装的人,有领导气魄,但自我显示欲强烈;穿着违反社会习俗的服装,是怀有强烈优越感的表现;爱好粗糙打扮的人,属于独来独往的类型,拙于人际关系;对流行状况非常敏感是缺乏自信的表现,想借时髦服装来掩饰自己的弱点;突然改变服装嗜好,表示心情产生了变化,多数情况下怀有新的决心和构想……

所以在生活当中的每一天,选择合适的服装出行不仅能给自己增光添彩,也可以让他人有愉悦、和谐的美好感受。最重要的是,这可以给我们及周围的朋友带来一天的好心情。

第三章　情感的博弈:跟鬼谷子学“交友”

生活当中,我们跟别人打交道的目的是什么呢?

我想,肯定不是想找个敌人、仇家,然后给自己添堵吧?

跟人打交道,无非是为了跟他成为“朋友”。当然,这个“朋友”是广义上的,不一定指莫逆之交、红颜知己;任何人,只要他对我们的工作、事业、爱情、婚姻、人生有所助益，都不妨称作“朋友”。

人不能没有朋友。如果一个人一辈子都孤独而决绝地活着，那他不是天才——就是疯子。

既然朋友对我们如此重要，那我们应该以什么态度、用什么方法去交友？在成为朋友之后，用什么策略去巩固这段友谊呢？

一、鬼眼识友：交友的三大原则

我们生活在社会当中，就要不可避免地跟各色人等打交道。在这个过程当中，就会逐步积累一种对个人的发展极为重要的资源：人脉。在美国，更是流行这样一句话：“一个人能否成功，不在于你知道什么，而在于你认识谁。”

对于我们的个人发展来说，如果说专业技能是尖兵利刃，那人脉就是秘密武器。光有专业，没有人脉，个人竞争力就是一分耕耘、一分收获，一切都得你自己来；若加上人脉，个人竞争力将是一分耕耘、数倍收获，有一大帮人会帮你。

俗话说：一个篱笆三个桩，一个好汉三个帮。开发和经营人脉资源，不仅可以确保在危难时刻有人会为你雪中送炭，更能在“贵人多助”之下使自己的事业蒸蒸日上。因此有人说：人脉，是事业发展的油料库。尤其在知识大爆炸的今天，专业知识更新换代的速度是很快的，几乎是时时更新；这时候，拥有一个恒定的人际关系网络就显得尤为重要了。

尤其我们中国人十分重视“家”的观念，所以中国自古就是一个人情社会、关系社会——法律、规章、制度，往往敌不过错综复杂的“关系网”。在这种状况下，如何交友就成了我们迈向成功的一个重要课题。

人们常说：“在家靠父母，出外靠朋友。”朋友，在我们的人生当中往往扮演着非常特殊的角色。他可能比父母更贴心，比爱人更宽容，比子女更了解自己。记得有人说：在三十岁之前，人是为自己活着；在三十岁之后，人是为朋友而活着。虽说得有些失之偏颇，但的确道出了朋友的重要性。

俗话说“物以类聚，人以群分”，一个人有什么样的朋友，往往直接反映着他的为人。想了解一个人，你只要观察他的社交圈子就够了，一个人有什么样的朋友，就有什么样的世界。

但朋友也有好坏之分,良友益友可以给自己带来很多帮助,恶友佞友却往往会引你走上邪路。因此,选择朋友就显得非常重要了。怎样分辨朋友的好坏,怎样才能交上好的朋友呢?

鬼谷子就是一位交友大师,他非常看重在一个人迈向成功的过程中,朋友发挥的巨大作用。

要交友,首先就要明确交友的原则,什么样的人才能结交,什么样的人必须远离。鬼谷子为我们提出了三个交友原则:

①可知者,可用也。不可知者,谋者所不用也。

②貌者不美又不恶,故至情托焉。

③圣人之道,在隐与匿。非独忠信仁义也,中正而已矣。道理达于此义者,则可与言。由能得此,则可与谷远近之义。

(1)看准人,再交友

首先是第一点,“可知者,可用也。不可知者,谋者所不用也”。

在决定是否跟一个人交朋友之前,首先要全面了解、熟悉对方,知道他的心性品格、志趣爱好、知识技能、性格脾气等,然后再做出决定,这是交友的基本原则。但是,这往往又是最难做到的一点,因为人为了达到自己的目的,往往会做出各种伪装,会用假象去迷惑别人。所以,不是多年的老相识,不是曾经“共患难,同富贵”的人,我们很难真正摸透、看懂他。

曾经有个朋友(当时还认为是朋友)信誓旦旦地对我说:“相信我的人格,我是有底线的,朋友我绝对不会出卖——我以我的人格担保!”

结果,他不但卖了,还贱卖了。

仔细想想才知道,对于没有人格的人,你怎么能强求人家拿人格当担保呢?是我太天真了,真把他身上的“皇帝的新衣”当成衣服了。

正因为现在是一个“怀疑肆虐”的时代,所以信任别人,真正把别人当成自己的朋友,往往不是那么容易做到的。这也正是鬼谷子所说的“可知者,可用也。不可知者,谋者所不用也”这句话的现实意义,只有真正了解的人,才可以信任他,跟他交朋友;否则,可能很容易就被人出卖了。

尤其对生活在鬼谷子那个时代的纵横家、外交家们来说，他们每到一个国家，往往都带有不可告人、不可声张的政治目的，常常使用一些不能曝光的隐秘手段。在这样的情况下，如果交友不慎，让那些自己还没有了解透的人知道了自己的目的、手段，说不定哪一天，有人就会为了个人私利而反戈一击。结果，轻则功败垂成，徒费心机、口舌；重则可能就会小命不保了。所以，在结交朋友的时候，了解、掌握对方的情况，看清他的人品，这是一条最基本也是最重要的原则。

（2）“哥们义气”，不是友情

说完了第一个交友原则，我们接着说第二条：貌者不美又不恶，故至情托焉。

一个人，他见了好事儿也不表现出赞美的神情，见了坏事儿也不显露出自己的厌恶之感，这样性情中和平淡、喜怒不形于色的人为什么值得交往呢？

我们结交朋友，说白了，不过是为了互相照应、互相帮助——包括情感上的和利益上的。心情烦闷了，有人陪自己聊聊天、喝喝酒；碰上难事了，有人为自己出谋划策、献计献策；遇上冤家对头了，有人帮自己打气出力、共渡难关。

那些性情耿直、疾恶如仇、喜怒都挂在脸上、甘愿为朋友两肋插刀的人，也许在我们有难事儿、有敌人的时候会全力相助、拼死相救，但这样的人往往会树敌过多。跟这样“讲义气”的人交往，虽然可以让我们获得一些利益，但往往又会让我们因此而失去更多的朋友，树立更多的敌人，使我们陷入一种进退维谷的尴尬处境之中，难以立足。

因为“哥们义气”的“义”，通常并不代表着“正义”的“义”，它更多的是一种意气用事、热血冲动，并且往往是违背“正义”的。比如，你被别人欺负了，讲“哥们义气”的朋友很可能为你打抱不平，为了替你出一口气而揍那个人一顿；但事后的责任纠纷，还是你的事儿，医药费，还得你出——在这样的情况下，他是帮了你还是害了你呢？

还有一点就是，你这次有困难，人家帮了你，下次，如果你很讲“哥们义气”的朋友被别人欺负了，他想打击、报复人家（这是绝大多数讲“哥们义气”的人的惯常思维,喜欢用“武力”解决各种问题);这时候,你是帮他还是不帮他呢?帮他,可能会受到法律制裁,不帮他,必然又会失去这个很“性情”的朋友……

正是基于这种考虑,鬼谷子提倡应该结交那些性情中和平淡、喜怒不形于色的人。

(3)交友不要交“庸才”

最后一个交友原则:圣人之道,在隐与匿。非独忠信仁义也,中正而已矣。道理达于此义者,则可与言。由能得此,则可与谷远近之义。

德行与智慧并存的高人,他们制定谋略,总是隐秘不言、暗与道合的。所以我们为人处世也应该这样,不在于表面讲求忠、信、仁、义,只要内心中正就可以了。通达这个道理的人,就可以跟他谈论谋略,跟他结交朋友;因为只有明于大道,才能高效而正确地商讨、处理远近一切事务。

从这个交友原则可以看出来,鬼谷子主张交友最好不要交庸才,因为只有结交一些德行、能力高于自己的人,我们才能从他们身上汲取“养分”,才能不断鞭策自己、提升自己。如果身边都是一些唯唯诺诺、毫无见识的庸才,对我们自身的提升,对我们事业的发展,又有什么帮助呢?

应该亲近什么样的朋友,警惕什么样的朋友,现在是十分明确了。所谓“近朱者赤,近墨者黑”,交友之道,不可不慎。最后,我们可以用孔老夫子的话自我警策一下:

商也好与贤己者处,赐也好说不若己者。不知其子视其父,不知其人视其友,不知其君视其所使,不知其地视其草木。

故曰与善人居,如入芝兰之室,久而不闻其香,即与之化矣。与不善人居,如入鲍鱼之肆,久而不闻其臭,亦与之化矣。丹之所藏者赤,漆之所藏者黑,是以君子必慎其所与处者焉。

虽然这段话不是“文言”得特别厉害,为了方便大家阅读、理解,还是把它翻译一下吧:

商人喜欢和说自己好话的人相处,身在高位的人喜欢与不如自己的人相处。如果不了解儿子,就看看他的父亲;不了解这个人,就看看他的朋友;不了解这个君主,就看看他的臣下;不了解这里的土地,就看看在这土地上生长的草木。

所以说和品德高尚的人交往,就好像进了摆满芳香兰花的房间,久而久之便闻不到兰花的香味了,这是因为自己已经和香味融为一体了;和品行不好的人交往,就好像进入了放满臭咸鱼的仓库,久而久之也就闻不到咸鱼的臭味了,这是因为你已经跟臭味融为一体了。朱砂所蕴含的一定是红色,墨漆所蕴藏的也一定是黑色,所以君子必须谨慎地选择朋友。

二、鬼道交友:成为他人知己的两大技巧

人脉是一种"人情资源",确定了交友原则之后,接下来,就是如何具体操作,如何结交朋友了。

如何建立稳固的人脉关系网呢?

成功人士都相信在建立人脉之前,首先应该反思自己,看清自己究竟有什么能力与优势,是值得让别人愿意跟自己交朋友的。比如平时我们跟别人相处的时候,都希望别人在关键时刻给自己面子,支持自己;但这"面子",真的是别人"给"我们的吗?当然不是了。人家愿意给我们面子,一定是冲着我们的德行、能力、地位等东西来的,如果我们在平时不懂得尊重人家,也没有高人一等的特殊能力,更没有"一览众山小"的权力地位——人家凭什么要给我们面子呢?没有那个道理嘛!夸张点儿说,谁会给一个乞丐、一个小偷面子呢?面子,都是自己挣来的,从来不是别人"给"我们的!

建立人脉的时候也是这样,从根本上说,还得靠自己,自己都是个半调子,从来不会真心实意待别人,哪里来的朋友?

尊重别人,通过帮助、恭维(不是阿谀)别人,让别人"愿意"跟自己交朋友,这就是人脉经营的"初级阶段",只有练好这一基本功,人脉经营才会水到渠成。这就像武术当中的马步,马步扎不稳,一切招式都是花架子。

原则上来说,建立人脉关系网有以下三个步骤:

1)建立自己的价值

人脉,就是相互协助的脉络。在建立人脉关系前,冷静问问自己:我对别人

有用吗？如果你发觉自己无法被人“利用”，就说明你不具有价值，你越有用，就越容易建立稳固的人脉关系。

建立自己的价值，就是要我们做好自己，以吸引人脉。当你的能力越强，你在这个圈子里的知名度与美誉度越高，你的名声就越大、价值越大，别人愿意替你付出的也越多。这样，就不怕没有人脉了。

2）向他人传递你的价值

世界第一推销员乔·杰拉德在我国台湾演讲时把他的西装打开来，至少撒出了三千张名片在现场。他说：“各位，这就是我成为世界第一推销员的秘诀，演讲结束。”然后他就下场了。

一个不敢与他人交流，有社交恐惧症的人，是很难建立起自己的人脉网络的。一个憨厚的老好人，也许大家都觉得他人不错，但谁愿意跟这样一个木讷、没有风趣的人交往呢？

与前面两种情况相反，一个总不愿被人“利用”的过于精明、计较的人，也是很难建立起真正的人脉关系的。一个“吃亏就骂娘，占便宜就没够”的人，谁都受不了！

所以，在人际交往中，我们要善于向别人传递自己的“可利用价值”，从而促成交往机会，以使彼此更深入地了解、信任对方。

3）向他人传递他人的价值，成为人脉关系的一个枢纽中心

如果你很有价值，那你身边也一定有很多“价值很高”的朋友，那么为什么不把他们联系起来，彼此传递更多的“价值”呢？如果你只是接收或发出信息的一个终点，那么人脉关系产生的价值是有限的；但是，如果你成为信息和价值交换的一个枢纽中心，那么别的朋友也更乐意与你交往，你也能促成更多的机会，从而巩固和扩大自己的人脉关系。

说白了，这一条就是认识朋友的朋友。这种熟人介绍的方式，在生活当中有很大用处。根据美国人力资源管理协会与《华尔街日报》共同针对人力资源主管与求职者所进行的一项调查显示，95%的人力资源主管或求职者透过“人脉关系”找到了适合的人才或工作；而且61%的人力资源主管及78%的求职者认为，这是最有效的方式。前程无忧网也曾经做过“最有效的求职途径”调查，

其中“熟人介绍”被列为第二大有效方法。

所以，根据自己的人脉发展规划，可以列出需要开发的人脉对象所在的领域，然后，就可以要求你现在的人脉支持者帮助寻找或介绍你所希望认识的人脉目标，最后创造机会达成目标。

寻找并建立自己的价值，然后把自己的价值传递给身边的朋友，并且促成更多信息和价值的交流，这就是建立强有力的人脉关系的基本逻辑。说得形象一点，就是由点到线，由线成网：由两个人的两个“端点”，构成一条人脉“线”；再由许多条人脉“线”交织起来，就构成了一个人脉“网”。

虽然这个人际关系法则看似简单、平常，但它确是我们处理好人际关系、获得事业成功的法宝——前提是，你能真正合理应用它。

那么，鬼谷子为我们提供了什么样的交友、建立人脉的方法、技巧呢？

他为我们提供了两个成为他人挚友的技巧：投其所好、振穷趋急。

(1)跟你的朋友产生心灵上的“共振”

第一点，投其所好。

鬼谷子说：“事皆有内揵，素结本始。或结以道德，或结以党友，或结以财货，或结以彩色。用其意，欲入则入，欲出则出。欲亲则亲，欲疏则疏。欲就则就，欲去则去。欲求则求，欲思则思。”

任何事物，它总有一个核心、一个关键点，所以我们处理跟这些事物的关系时，就要牢牢抓住这个核心和关键点。抓住了主要矛盾，其他的自然不在话下。把这个道理运用到交友上，就是说我们在跟别人交往的时候，一定要善于察言观色，要了解他喜欢什么、厌恶什么，了解他的价值观，只有这样，才能投其所好，让他把我们当成“自己人”看。

那些被许多人所信任、所欢迎的人，一定是他跟别人的思想产生了“共振”，从而心心相印、默契相投。我们怎样才能为别人所信任、所任用呢？

要放下我执我见，然后深入到别人的内心世界，看他的价值观是怎样的；然后，去迎合他的价值观。

朋友关系的维系，有的靠双方无染的德行，有的靠志趣相投，有的靠金钱利益,有的靠美女财色……因为每个人都有属于自己的价值观,所以维系友谊的手段并非是一成不变的,而是因人而异、因时而异,随时都处于变动当中。

如果我们善于揣摩朋友的心思,能够主动迎合他的喜好,那么,想进就可以进,想退就可以退;想亲密就可以亲密,想疏远就可以疏远;想接近就可以接近,想离开就可以离开;想征召就可以征召,想思念就可以思念……彼此之间没有任何隔阂,灵犀相通,没有谁可以离间俩人之间的情谊——这样的关系,才称得上是真正的挚友。

(2)施恩惠,得人心,旺人脉

说完了投其所好,接下来,我们说说成为他人挚友的第二个技巧:振穷趋急。

鬼谷子说:"中经,谓振穷趋急,施之能言厚德之人。救拘执,穷者不忘恩也。能言者,俦善博惠。施德厚者,依道。而救拘执者,养使小人。"

这段话的意思是:所谓"中经",是讲当别人陷于穷困、处于危难之时,我们要赶紧去救济他们。要对善于辞令、品德淳厚的人施行恩惠,要救助那些陷于困境的人,从而使他们永不忘恩并知恩图报。善于辞令的人,可以跟善人结合,解纷救难,广泛地施行恩惠;德行淳厚的人,能够遵循道义,懂得"滴水之恩,当涌泉相报"的道理。救助处于困境的人,可以收服这些暂时处于低下地位的人,使他们感恩戴德、为我所用。这就是结交那些下人、小人、罪人、困厄之人的方法,通过恩惠来赢得他们的友谊和忠心。

《中经》,是《鬼谷子》卷下当中独立的一篇。主要讲的就是如何收服人心,如何通过揣摩别人的心理而笼络、控制别人,从而掌握主动权,使朋友为我所用。

说白了,就是施恩于人,帮助别人,从而得人心,旺人脉。

但只要我们愿意帮助别人,人家就一定会接受我们的帮助吗?

既然满足他人就是善待自己,我们是否就应该不分是非对错,不问对方是否需要自己的帮助就"自作主张"地上去"搭把手儿"呢?

当然不是。

是否帮助他人,我们要见机行事;如何帮助他人,我们更要讲究技巧。为什么生活当中我们经常遇到费力不讨好的事儿,就是因为我们不懂得一些基本的帮助他人的技巧,从而伤了对方的自尊心,好心办了坏事儿。

很久很久以前,有一个非常有善心的富翁,他一直想为别人做点好事儿。于是,他就在盖房子的时候特别设计了一个很大的房檐,他想:这样,那些无家可归的穷人就可以在他的房檐下躲避风雨了。

房子建好后,的确有很多穷人来到他家,聚集在他的屋檐下。他们在这里支起炉灶生火做饭,使得房子附近烟雾缭绕;因为人很多,所以变得非常吵闹,这搞得富翁一家苦不堪言。

这给富翁一家的生活带来了不便,不悦之下,他的家人和这些人也有过多次口舌之争,彼此闹得很不愉快。冬天到来以后,在一个暴风雪突袭的晚上,一个老人在房檐下被冻死了。那些和富翁家有过口角的人都议论纷纷,骂他为富不仁,这么冷的天气,为什么不让老人去屋里过夜。

富翁原本只想做件好事儿,没想到,竟然得到了这样的结果。

后来,夏天到了,一次刮台风的时候,一般的房子都没什么事,因为富翁房子的屋檐特别大,结果被掀了顶。那些聚集在屋檐下与富翁心有芥蒂的人有点幸灾乐祸的心理,就纷纷说这是报应。这一次,富翁吸取了教训,在重新修葺房屋的时候,他把屋檐盖得很小,并且把省下来的钱在自己的新家附近建了一间很小的房子。这间小房子虽然也很简陋,可毕竟是个房子,许多贫苦无家的人都在这得到了暂时的庇护,临走的时候都对盖房子的富翁感激不尽。后来,富翁成了一个非常受人尊敬的人,在方圆百里都有很好的口碑。富翁这时才明白:施人余荫只能让人感觉这是施舍,让受施者感觉有仰人鼻息的自卑感,这样就难免会造成对立、引发矛盾。所以,慈善也要以合适的方式实施,要让被帮助的人维持自己做人的尊产。

相信我们每个人都有过这样的经历:当我们能够帮助他人时,想到自己的举手之劳就能让他人减少很多麻烦,会感到十分快乐;与此相反的是,我们反而不想见那些给予自己太多"恩惠"的人。

出现这种状况,简单来说是因为在帮助别人的时候,我们满足了自己的自尊心；而当接受他人太多帮助之后，无形中，我们的自尊心就受到了伤害。

或许我们不知道，被人帮助甚至可能成为很丢脸的经历，有些帮助尤其如此。这包括强制进行的帮助、请求获得的帮助、捆绑之下进行的帮助、不可能报答的帮助、助人者出于恶意的帮助等，这些帮助可能会让受助者觉得很不舒服。

相反，如果谁喜欢和尊重你，谁曾经得到过你的帮助，谁不期望回报，那么，他们自发的帮助就很容易被接受。如果某种帮助不是你不能缺少的话，你也容易接受一些。

另外，如果我们过分地帮助他人，让他人觉得自己十分软弱，引发其自卑的情绪，就会让他人陷入一种觉得自己“没有能耐”的苦恼之中。如果他在这种负面情绪中过于痛苦，就可能会把自己痛苦的原因转嫁到帮助他的人身上。最后对帮助他的人心生怨恨，甚至以怨报德、恩将仇报。这种费力不讨好，过分帮助的行为就有点愚蠢了。

所以，如果我们想赢得他人的好感，就应该以委婉而巧妙的方式，比较“艺术”地去帮助他人，让他人很自然地接受我们的帮助而没有任何“欠债”心理。这样，既维护了他人的自尊心，又让他人从心底里对我们充满感激，可谓是一举两得。

总之，拥有人脉是一个日积月累的漫长过程，不是努力一下子就能够马上拥有的，一定是在长期的相处中互相磨合、冲撞、甚至误解，最后才产生了真正地了解与认同，才会真正成为彼此的人脉。

要建立宽广、深厚、完善的人脉系统，你为人必须热心，必须乐与和别人分享：分享知识，你的专业知识有时能帮上很多人的忙；分享资源，包括物质和朋友关系方面；分享爱心，实在帮不上忙，表示真诚的关心，别人也会铭记在心。

三、鬼谋固友：“利益”，是维系友谊的纽带

在上一节当中，我们说到了成为他人挚友的两个技巧。但正所谓“交友容易固友难”，在跟他人成为朋友之后，如何长时间地保持这种友谊呢？

保持友谊的关键，是彼此之间利害一致，荣辱与共。这是结交朋友的目的（互相帮助，双赢），也是保持友谊的关键所在（如果彼此在利益上起了冲突，肯

定就很难再做朋友了)。

这就是鬼谷子所说的:"同情而相亲者,其俱成者也。同欲而相疏者,其偏成者也。同恶而相亲者,其俱害者也。同恶而相疏者,偏害者也。故相益则亲,相损则疏,其数行也。"

朋友间是否能长久保持友谊,关键在于利害之所在。

朋友俩目标一致、志趣相投,而能保持良好的关系,是因为俩人互相帮助、共同进步,都达成了各自的目标;如果俩人间的友谊破裂了,一定是因为其中一个人不顾对方,自己见利就上、见好就争,从而把自己的成功建立在了对方的失败之上。

如果朋友俩同时受人攻击、遭人排挤,而能保持良好的关系,是因为俩人同仇敌忾,谁也不屈从于敌人的威逼利诱而出卖朋友,所以俩人都受到了打击迫害;如果在这种艰难处境下,俩人的关系破裂了,一定是因为其中一个人在重压下出卖了朋友、投靠了敌人,结果使得另一个人备受不幸、惨遭迫害。

所以,朋友间能够互相受益、互相得利,就能维持俩人之间的情谊;如果互相伤害、互相拆台,就会使一方受到伤害而中断俩人之间的友谊。

"相益则亲,相损则疏",这样的事儿在朋友之间是经常发生的,是一条颠扑不破的"黄金律"。许多时候,我们结交朋友的目的就是为了得,但这种利必须是相互利益、相互受益,否则,朋友便结而不固、反目为仇,不能使友谊长久。

其实,每个人都是通过"为己"来"为他"的,他(她)采取某种行动的基础在于对自己有利——利己(除了获取现实物质利益,还包括通过帮助他人获得精神满足)是终极目的,利人只是结果,一个客观的结果。

其实这个道理,也是非常简单的,比如我们有权有势的时候,别人都来巴结,等到我们身陷囹圄了,那些人也都作鸟兽散了,这也就是所谓的"世情冷暖,世态炎凉"。任何一个曾经辉煌过,也曾经没落过的人,相信都经历过不少这样的事儿。

比如曹雪芹先生,少年时期,他曾经是贵族公子(也就是我们今天的富二代、官二代),有过一段"锦衣纨绔""饫甘餍肥"的奢华生活。在这一时期,可以说他就像《红楼梦》里边的贾宝玉一样,享尽了人世间的福气,谁都对他客客气气、点头哈腰。

后来，曹家败落，曹雪芹先生的生活即开始陷入困顿。到了中年时期，更是兀自感叹道："蓬牖茅椽、绳床瓦灶""举家食粥酒常赊"，生活是异常悲凉。

说到"世情冷暖，世态炎凉"，说到"相益则亲，相损则疏"，除了曹雪芹先生，我们还不得不提鬼谷子的大徒弟苏秦，他对这个道理，可是有着痛入骨髓的体验。

我们知道，鬼谷子退休之后，在泰山脚下的鬼谷开了一个"顶级外交家培训班"。这一天，又到了一年一度的结业考试时间，要想真正肄业，得到鬼谷子亲自颁发的"顶级外交家资格证书"，必须通过这项考试。

鬼谷子我们都知道，他是一个不折不扣的"鬼才"，鬼点子很多。所以，每年的这个结业考试的内容，都是不一样的，都是鬼谷子临时想到的题目——就像哈佛、耶鲁这些世界顶级大学的入学考试一样——都是"非常规"题目。

这一年，以"不走寻常路"为人生座右铭的鬼谷子突发奇想，他叫人挖了一个大坑，用梯子把应考的学生放下去，然后抽掉梯子。考生在坑里说，他在上面听：考生如果说得好，他就令人把梯子放下去，学生顺着梯子爬上来，这就算毕业了；如果学生在下面说得不好，感动不了他，就是不及格，不能毕业！

这是考什么？

就是考口才。这外交家，靠的可就是这张嘴。

结果怎么样呢？

很多人进了坑里之后，就开始唾沫星子满天飞地游说鬼谷子，想打动自己老师的心。但听着自己学生的无谓说辞，鬼谷子是频频摇头，一脸严肃的表情。

几个回合下来，考场的气氛变得很紧张，谁都没想到自己的老师竟然这么油盐不进、水火不入。

一会儿，轮到苏秦了。只见他进了坑里之后，默默凝视了鬼谷子几秒钟，然后便噼里啪啦地说了一番。结果，说得鬼谷子是"泪下沾襟"，赶忙亲自放下梯子，让这个好徒弟上来。就这样，苏秦就以第一名的成绩顺利毕业了（至于苏秦具体说了些什么，史书上没有记载，我也不好乱说）。

苏秦毕业临走的时候，鬼谷子重重地拍着这位爱徒的肩膀说："小苏啊，你出去后,如果求职不顺利的话,我这里有一本书,叫作《黄帝阴符经》,到时候,你可以好好读读。等到你读懂了,必能成大业!"

听完师父的叮嘱,苏秦流涕拜谢而别。

回到家里,苏秦就开始置办面试的行装。弄好之后,他就穿着新买的貂皮大衣,坐着高车驷马,带着租来的仆从,到秦国谋职去了。他本想以这种高姿态一击而中,在秦国的政府里边混个一官半职,没想到耗了一年,也没找到肯接收他的衙门。

没办法,他只得把皮大衣、车马都卖掉,像沙僧似的徒步挑着担子回家去了。

千辛万苦走了几个月,终于到家了。家里人看着苏秦这副潦倒、破落相,正在侃大山的父母是佯装没看见,对他不理不睬,正在厨房里的嫂子是不给他做饭吃,正在织布的妻子也不搭理他。

看着一副副铁面孔,苏秦是伤心至极,要投河自尽。这时候,他猛然想起老师鬼谷子的话来,于是就翻箱倒柜,找出了那本《黄帝阴符经》来,日夜苦读。

但这本书可不是一般的小说、杂文,看两眼就懂了,《黄帝阴符经》可是非常高深玄妙的,它讲的是神明暗运、默契造化之道。读懂之后,就能达到与万物一体,与天地合一的至境;到那时候,挑水担柴、动静语默,皆是天机、皆与道合。

悬梁刺股

由于读不懂,苏秦是频打瞌睡。没办法,他只好把头发吊在屋梁上,用锥子刺自己的大腿,清醒了再读("头悬梁锥刺股""悬梁刺股",就是这么来的)。

所谓皇天不负有心人,苦读一年有余,苏秦自觉有所领悟,就把读书心得和自己的两个弟弟讨论(他这两个弟弟苏代、苏厉,后来也成为当时的知名外交家)。弟弟们也觉得他说得很有道理,于是,在两个弟弟的经济支援下,他再度出发,来到了最受秦国威胁的赵国面试。

赵王一听他说得头头是道，就聘他做代表，去拉拢其他五国一起联合抗秦，这就是“合纵”（他在六国所陈的计划和说辞，大都可以在《战国策》这本书上读到）。结果，六国同时都给他相国的名义，缔结“合纵盟约”，聘他为“纵约长”，主持抗秦的大业——就是历史上独一无二的“六国大封相”，一下子兼职六个国家的丞相！

这时候，苏秦是骑着“五花马”、穿着“千金裘”衣锦还乡。结果，父母到十里以外去迎接他，妻子跪在地上，不敢抬头看他，嫂子在他面前用膝盖走路……

看着嫂子这副模样，苏秦调侃说：“大嫂，你为什么‘前倨而后恭’啊？”

“呵呵，还不是因为弟弟您现在‘位尊而多金’啊！”

听完嫂子的话，苏秦长叹一口气：“大丈夫，真是不能不富贵啊！”

在我们的现实生活中，父子反目成仇的很少（但也不是没有），兄弟姐妹间像父子、母子之间一样亲的——却也不是太多。其实道理很简单，中国人的传统是养儿为防老，儿女如同父母生命的延续，所以是“相益则亲”；而兄弟姐妹之间，虽然也是血浓于水，但毕竟各自要建立、经营自己的小家，所以就免不了“相损则疏”，兄弟姐妹既然帮不上自己什么忙，自然也就疏远了，大家都各忙各的了。

世间之事，固然是“相益则亲，相损则疏”，但这是人性当中的阴暗面使然，是我执使然，有什么办法呢？

我们永远不能控制别人，我们唯一能够掌控的，是自己。如果我们心中的爱充盈、饱满，那么，无论别人如何对待我们，我们的爱——就在那里，不来不去。

第四章　利益的博弈：跟鬼谷子学“升职”

在今天这个复杂的年代，江湖险恶、人心难测，为人处世，不得不防啊。尤其在职场当中，每个人为了各自的利益，可以说是各怀心机、各有心计、各施诡计——职场常“有鬼”，升职要“有术”啊！

在公司里，要升职，就要打破原本已经形成的领导、下属之间的“均势”，插入其中，把原本在那个位子上的人挤走。这就需要拉拢一些人，打压一些人，控制一些人。

在公司里，除了要跟同事斗，更要跟领导斗。要升职，就要取悦于领导，让领导接纳你、赏识你、重用你。

在两千多年前的风云战国，像鬼谷子这样的纵横家们为了出人头地，为了赢得领导者的信任，为了让自己的治国方略得以实施，每每会采用一些"润物细无声"的离间术、取宠术、制君术——而这些处理君臣关系的政治斗争艺术，完全可以拿来用在我们今天的"职场攻心战"当中。

一、决战办公室，升职有诀窍

在现代社会中，职场中的人际关系问题往往让广大职场人士和企业经理人"饱受折磨"。不管是分工合作，还是职位升迁，抑或利益分配；无论其出发点是何其纯洁、公正，都会因为某些人的"主观因素"而变得扑朔迷离、纠缠不清。

随着这些"主观因素"的渐渐蔓延，原本简单的同事关系、上下级关系变得复杂起来：一个十几个人的办公室，可以有几个不同的派系。

习惯于这种不动声色、波澜不惊的"暗战"的职场老手，将办公室比喻成战场，在这里，每天都进行着一场场没有硝烟的战争。不管你累不累、愿不愿意，只要你置身"江湖"，就"身不由己"——这就是办公室政治。

"办公室"是怎么跟"政治"联姻上的呢？二者好像并没有必然的联系。

政治是什么呢？教科书上说：政治，是建立在经济基础上的意识形态，是热衷于权力角逐者玩的"利益分割"游戏。如果我们从这个角度去看，将"办公室问题"叫作"办公室政治"不仅没错，而且形容得是惟妙惟肖、入木三分。

"办公室问题"中大到派系问题、利益问题，小到职位变化、桃色绯闻等，哪一样不是直指"个人利益""经济利益"？

一个公司制定的各种规章制度和一个政府制定的法律法规，哪一个不是对个人与集体利益的中和，对人性弱点的约束？

在办公室政治的字典里，从来没有什么"合理""不合理"，只有"巧妙""不巧妙"。办公室不是人才市场，这里没有"能者上，不能者下"的标准、公平的衡量体系。职场当中,很多时候,“潜规则”才是“硬道理”! 用比较通俗的话说就是:说你行,你就行,不行也行;说你不行,就不行,行也不行——不服不行!

办公室是个小社会,不像学校和家庭那么单纯,在办公室混饭吃的人很少能感觉到做人的轻松与清闲。很多白领常常在表面上哼哈随和,骨子里却渗透着尔虞我诈、钩心斗角,“明是一盘火,暗是一把刀”的不择手段之举,也是屡见不鲜。所以,不少当初满腔热忱跻身于职场的人,壮志凌云、欲大干一番时,经过一番“厮杀”之后,却像个落汤鸡一样败下阵来。

纵观职场上那些混得体面,“爬”得很高、很快的人,哪一个不是通世俗、懂分寸、讲“政治”的人。因此,很多职场新人刚接触到办公室政治会表现出恐惧、不适应,甚至产生回避心理,一些纯技术性人才也认为这是一件浪费精力或不怎么“健康”的事。

办公室政治,是一个丑陋且无法逃避的话题吗? 办公室政治,就是同事之间钩心斗角的“权术”之争吗?

对于这个话题,人们普遍有两种观点:这是一件小事,这是一件丑事。

“小事观”导致人们认为它微不足道,不值一提;“丑事观”导致人们不愿去谈,不屑去谈。

但事实上,这是关系到企业生死存亡的大事。因为它将关系到企业生产力、竞争力的高低——企业发展需要人才,而好的办公室政治氛围可以让企业找到优秀人才并成功挽留住人才,让每个员工都能充分发挥其潜能。

办公室政治其实就是办公室内部人员之间由于权力分配、利益分配而产生的人与人之间的微妙关系,雅一点讲可以叫“办公室文化”。作为一个上班族,你必须学会如何在这个复杂的“政治环境”中生存,就像动物为了适应残酷的自然环境而进化一样,你也必须完成自己的“办公室:进化”!

甚至可以说,这其实是一门优雅而实用的人际处理艺术,职场人士应该以一种积极、开放的心态去面对。对于已经在职场打拼了几个年头的,正处于事业上升期的人来讲,应该学会更深层次地理解、运用这种“办公室文化”。并且如果你已经成为一名企业管理者,应该学会灵活运用办公室政治来实现企业的良性管理,推动企业的健康发展。

那么具体来说，我们如何根据自身特点，健康且合理地玩转办公室政治呢？

办公室政治，说白了，就是经营与其他同事、各级领导之间的关系的学问。但这并不是说要我们一味地迎合别人、谄媚别人，而是要"见机行事"，该迎合就迎合，该牵制就牵制，该打压就打压——要综合考量我们在公司当中所处的地位，是普通员工、是中层领导、还是高层管理者；公司的经营状况及当时的市场环境；自己正处于事业上升期，还是"廉颇老矣"等因素，然后再具体问题具体分析地做出一个最合理的决定。

而我们如此费心、费力地经营与其他同事、各级领导之间的关系的目的，不外乎升职。但人都是自私的，谁又肯主动让权，然后让你取而代之呢？

在这种情况下，想坐上那个位子的就跟不想离开那个位子的同事产生了矛盾，彼此之间就起了利益冲突（当然，我们说的这种情况是那位同事离开自己的这个位子后被"下放"了、降职了，所以他不愿意离开；如果他是因为升职而离开了这个位子，问题当然就不存在了）。这时候，面对这种看似不可调和的矛盾，该如何化解呢？

（1）制人有术：先送"鲜花"，后送"钳子"

鬼谷子说："以飞钳之辞，钩其所好，以钳求之。"

我们跟别人打交道的时候，可以运用"飞钳"之术。"飞"就是指恭维、赞扬，称赞他的优点、成绩、能力，使他觉得我们是他的知心人，是真正了解他、想帮助他的人。这样，他必然就会敞开心扉，把自己的欢喜、悲伤、忧愁、彷徨，把自己的志向抱负、隐私担忧统统告诉我们。

我们知道了这些，就可以根据这些信息衡量他的能力、胆识、智慧，对他做出一个较为准确的判断。

之后，我们就要运用"钳术"了。"钳"是指根据我们对他的欣厌爱憎的了解，投其所好，用金钱、财货、女色、事业前途、官职俸禄、名誉地位等他所汲汲追求的东西当中的某一种（某几种）来引诱他；然后用他曾经向我们透露过的隐私、恶迹来威胁他、钳制他，使他不得不听命于我们。

从上面的分析当中我们可以看出来，"飞钳"之术主要强调的就是研究对方的性情、才能、爱好，使其说出自己的真实想法；然后我们根据对他的了解，或投其所好，或威胁钳制，从而紧紧抓住他，加以控制利用。

毋庸讳言，鬼谷子的这个计策还是很“厚黑”、很功利的，有种为达目的不择手段的味道在里面。这也正是鬼谷子学说当中的一个显著特点，他不像孔子，提倡我们应该用德行来约束自己心中的黑暗面；他提倡我们应该“合理利用”人性当中的弱点，去控制、击败对手，去达到自己的目的——无论这个目的是好还是坏。

这种观点，显然是不值得提倡的。如果大家都变得像《红楼梦》里边的王熙凤那样充满心机了，那这个社会，就更加混乱，更难治理了。作为一个“人”，一些基本的是非善恶观念，我们是不能“忽略不计”的；德行，是一切的基础。如果我们缺失了正直、善良等基本的德行，那无论我们取得怎样的成功，拥有怎样的权势、财富、地位——我们的人生境界，始终都是很低很低的。一个人的心胸不够开阔，心里只装着自己，他的境界能高上去吗？绝对不可能！

不过，鬼谷子很有可能已经具备了良好的是非观、道德观，看看他的《本经阴符七术》《持枢》等篇章我们就知道了。

他在《持枢》当中说：“持枢，谓春生，夏长，秋收，冬藏，天之正也，不可干而逆之。逆之者，虽成必败。故人君亦有天枢，生养成藏，亦复不可干而逆之，逆之者，虽盛必衰。此天道，人君之大纲也。”

所谓“持枢”，就是掌握、顺应自然之道。春天萌发，夏天生长，秋天收获，冬天储藏，这是大自然的运行之道，是不能扰乱、不可违背的。谁违背了大自然的运行法则，就算他能取得一时的成功，但终究会归于失败。

自然界有它的法则，人世间也有它的规律。作为国家领导者，必须了解并顺应这个规律，那就是使百姓安居乐业，把百姓教养成才，并爱护民力，不能过度使用。这种顺应自然法则的为政之道，也是不能扰乱、不可违背的。违背了它，你的国家或许能取得一时的强盛，但终究会归于消亡，会被人民的力量推翻。

这种顺应自然法则的为政之道，是君主治国的基本纲领。

尊重自然法则，顺应民心所趋——这，难道不是最基本的道德观吗？

爱护民力，爱护百姓，就是爱护天下人，就是尊重身边的每一个人，尊重每个人的权力和自由——这，难道不是最基本的是非观吗？

所以，我认为鬼谷子告诉我们这些计谋、策略、诡计的大前提就是——只有我们具备了真正的是非观、道德观，知道了什么是对、什么是错，什么是伤天害理、什么是仁者爱人，之后，我们才有资格去运用他说到的这些计谋、策略、诡计。否则，跟奸诈小人又有什么区别呢?!

这些话，虽然鬼谷子没有明说，但通过对他的著作的整体阅读、整体把握，这个道理，是十分明确的。

在《鬼谷子》这本书中，除了阴谋诡计、工于心计、老谋深算，鬼谷子也告诉了我们一些幽微玄妙的奥义。而能不能听得到，就是我们自己的事儿了……每个人都长着一副耳朵，能够听到什么样的声音，在于我们的心处于什么"频率"。

明白了这个"隐含的道理"之后，我们接着说"飞钳"之术。

职场当中，我们真能运用这个方法实现升职加薪的目的吗？

(2)升职有术：让你的同事"主动让权"

口说无凭，案例为证。为了增强可信度，我们还是举一个实实在在的案例吧，事实面前，什么都明摆着呢。我们就说说《战国策》里所记载的蔡泽游说范雎的故事，这是一个很典型的例子。

话说这个范雎（？—公元前255年）是战国时期的魏国人，著名政治家、军事谋略家。他继商鞅、张仪之后任秦国丞相，是秦国历史上智谋深远、继往开来的一代名相，对秦的强大和统一天下起了重大作用。

既然是魏国人，肯定是为自己的祖国魏国效力了，范雎怎么倒成了秦国的政府总理呢？

这里边还有一个小插曲。

想当初，范雎是很想为魏国建立功业，但他家里很穷，又没有人脉资源，当然就不可能见到魏王了。于是，他就投在当时的魏国中大夫（一个官职名称）须贾门下当门客。

这一天，魏昭王（当时的魏国国王）让须贾出使齐国，范雎也跟着去了。结果，凭着雄辩之才，范雎深得齐王敬重。齐王想留他做客卿，让他为齐国效力，并且送给他黄金十斤、几头牛，还有几坛三十年陈酿的好酒。但范雎看着这些礼物，根本是不为所动，都原封退回了。

回到魏国，须贾不仅不赞扬范雎的高风亮节，反而向当时的相国（一个官职名称）魏齐诬告他私受贿赂，泄露国家机密。魏齐一听，大为光火，把范雎打了个半死，还把他用绳子捆上扔进茅房里，让人们往他身上撒尿，是一门心思想把这个"卖国贼"置于死地。

没办法，比窦娥还委屈的范雎只好装死，结果被抛于郊外，这才算死里逃生。一身狼狈的范雎回到家里，托自己的好哥们郑安平把自己藏了起来，并且让家里人"如期举丧"，因为只有这样，才能让魏齐深信自己已经死了。

半年之后，秦昭王派使臣王稽访魏。郑安平就设法让范雎暗地里跟秦国外交官王稽会面。交谈一番之后，王稽发现范雎确实是个难得之才，于是，就把他跟郑安平带到了秦国。

这时候，正值秦昭王三十六年（公元前271年），秦国国势强盛，但当时的朝政却被秦昭王的亲生老妈宣太后、亲舅舅穰侯魏冉，还有两个亲弟弟泾阳君、高陵君把持着。他们结党营私、排斥异己，对来自各国的宾客和辩士都不太欢迎，所以王稽虽然是多方努力，但范雎仍然是得不到秦昭王的召见。没法子，他只好耐住寂寞、静待时机。

春去秋来，一年之后，穰侯魏冉为扩大自己的封地，想率兵经过韩、魏两国去攻打齐国。范雎抓住这一良机上书秦昭王，请求面谈，秦昭王就用车秘密地把他接到了宫中。

见了秦昭王，范雎首先用"秦国人只知有太后、穰侯，不知有秦王"触及了秦昭王有苦难言的心病。然后指出秦国内政弊端，也就是秦昭王上畏于太后之威严，下惑于群臣的谄诈，身居深宫、陷于包围之中，无法辨明是非善恶。长此下去，大则国家覆灭，小则自身难保。

范雎这一番慷慨直言，立刻得到了秦昭王的信任，他当即表示，今后无论大小事，上及太后、下至群臣，该怎么办，要范雎尽管赐教，不要有任何顾虑！范雎接着告诉秦昭王，穰侯跨越韩、魏去攻齐，很不理智。因为出兵少不足以败齐，出兵多了，又会使秦国受害；打败了，为秦之大辱；打胜了，所占之地也无法管理，只会让韩、魏从中渔利——伐齐于秦，是有百害而无一利！

听完范雎这番话，秦昭王是啧啧称叹。第二天早晨一上朝，他就拜范雎为客卿，并下令撤回伐齐之兵。从此，范雎就成了秦国“体制内”的人物，开始在政府当中施展他的谋略、才智。到了公元前266年，范雎出任秦相，一人之下万人之上的他开始正式辅佐秦昭王治国理政。他上承秦孝公、商鞅变法图强之宏志，下开秦始皇、李斯统一中国之帝业，是秦国历史上继往开来的一代名相。

对内，他帮助秦昭王废太后、逐穰侯，还把泾阳君、高陵君驱逐到关外……通过这些变革，彻底消除了内部隐患，使国家权力集中在以秦昭王为首的中央手中，加强了王权。

对外，为达到兼并六国、统一中国的目的，范雎提出了“远交近攻”的战略思想。他主张对齐、楚等距秦较远的国家应该先行交好，稳住他们，让他们不干预秦国攻打邻近诸国的事儿；魏、韩两国地处中原，有如天下之枢纽，离秦又近，所以应该首先攻打，以除心腹之患；魏、韩臣服之后，则北可慑赵、南能伐楚，最后再攻强齐。这样由近及远，得一城是一城，逐步向外扩张，好比蚕食桑叶一样，必能统一天下。

历史的发展，也证明了范雎的深谋远虑，之后的秦国历史，基本就是照着这个轨迹发展的。李斯在《谏逐客书》中曾高度评价范雎对秦国的建树和贡献，他说：“昭王得范雎，强公室，杜私门，蚕食诸侯，使秦成帝业。”说得很中肯。

就这样，几十年过去了。范雎凭着自己的胆识、才智，稳稳当当地在秦国做了多年丞相，功勋地位是越来越显赫。但时间久了、年纪大了，难免会骄傲、会出点儿差错，结果，功高盖主的他渐渐跟秦昭王之间产生了“裂痕”。

正所谓“屋漏偏逢连夜雨”，这时候，范雎向秦昭王举荐的、自己的大恩人郑安平竟然在秦国犯下了大罪。这可属于“荐人失误”啊，自己在官场混了这么多年，怎么遇到这种倒霉事儿了？怎么跟秦昭王交代呢？范雎惭愧得抬不起头来，他的政治地位出现了危机。

这时候，就该我们的另一位主人公蔡泽出场了。

蔡泽是战国时燕国纲成(今河北怀安)人,这个人善辩多智,到处游说诸侯。虽然他跟范雎一样,也很有才,但就是碰不到赏识自己的伯乐,是个郁郁不得志的游说之士,到处碰壁。

这一天,他了解到范雎进退维谷的处境,就毅然到了秦国,并放出话去:"燕国来的宾客蔡泽,那是个见识超群、极富辩才的智谋之士。他只要一见秦王,秦王一定会任命他做丞相,取代范雎!"

正郁闷着的范雎听到这些流言蜚语,感觉很不爽:"哪儿来的毛头小子,竟敢在太岁头上动土!三皇五帝的事情,诸子百家的学说,我什么不知道!多少巧言雄辩的人都被我的人格魅力征服了,区区一个蔡泽,怎么能把我取而代之呢?!"于是,就派人把蔡泽叫到了自己府上。

蔡泽进来后,只弯腰向范雎作了个揖。范雎本来就不痛快,见蔡泽这么傲慢,就斥责他说:"听说你扬言要取代我做秦相,有这种事儿吗?"

"有啊。"

"你倒不谦虚!"

"明人不做暗事,我蔡某向来敢做敢当!"

"呵呵,真是初生牛犊不怕虎啊。那好,就让我听听你的说法。"

"一年之中,春、夏、秋、冬四季更替,各自完成了它的使命就自动退去。人身体的各个部分都很健壮,手脚灵活,耳朵听得清,眼睛看得明,心神聪慧——这难道不是士人的愿望吗?"

"身体是革命的本钱嘛,只要是人,都是这么想的。"

"以仁为本,主持正义,推行正道,广施恩德,希望在天下实现自己的志向,让天下人都拥护、爱戴而尊敬、仰慕他,都希望让他来做君主——这难道不是善辩、明智之士的期望吗?"

"当然是这样了,谁都想在天下施展自己的抱负啊。"

"位居高位,显赫荣耀,治理一切事物,使它们都能各得其所;性命活得长久,平安度过一生;天下都继承他的传统,固守他的事业,并永远流传下去;名声与实际相符完美无缺,恩泽远施千里之外,世世代代都称赞他而永不断绝,与天地一样长久——这难道不是推行正道,广施恩德的效果吗?"

"是的。"

"至于说到秦国的商鞅、楚国的吴起、越国的文种,难道他们的悲惨结局也值得羡慕吗?"

"想用这些话来堵我的嘴,想让我自己说服自己,没门!"想到这里,范雎便故意狡辩说:"为什么不可以!商鞅侍奉秦孝公,终身没有二心,一心为公家而毫不顾念自身。他设置刀锯酷刑来禁绝奸诈邪恶,切实论赏行罚以达到国家太平。使秦国的国家安定,百姓获利,终于为秦国擒敌将、破敌军,开拓了千里之遥的疆域。而吴起呢?他侍奉楚悼王,使私人不能损害公家,奸佞谗言不能蔽塞忠臣,议论不随声附和,办事不苟且保身,不因危险而改变自己的行动,坚持大义不躲避灾难。就是这样为了使君主成就霸业,使国家强盛,绝不躲避殃祸凶险。越国大夫文种就更了不起了,他侍奉越王,君主即使遭困受辱,仍然竭尽忠心而毫不懈怠;君主即使面临断嗣亡国,也仍然竭尽全力挽救而从不离开;越王复国大功告成而不骄傲自夸,自己富贵也不放纵轻慢。这三位,本来就是道德大义的标准,忠诚气节的榜样!君子为了大义遭难而死,视死如归,只要是为了大义的存在,即使死了也没什么遗憾的。为什么不可以呢?"

"君主圣明,臣子贤能,这是天下人的福气;国君明智,臣子正直,这是一国人的福气;父亲慈爱,儿子孝顺,丈夫诚实,妻子忠贞,这是一家人的福气。所以比干忠诚却不能保住殷商,子胥多谋却不能保全吴国,申生孝顺可是晋国大乱。这些,都是有忠诚的臣子、孝顺的儿子反而国家灭亡、大乱的事例,这是为什么呢?"

"你说呢?"

"是因为没有明智的国君、贤能的父亲听取他们的声音,因此,天下人都认为这样的国君、父亲是可耻的,而怜惜、同情他们的臣子、儿子!现在看来,商鞅、吴起、文种作为臣子,他们是正确的;而他们的国君,却是错误的。所以世人说这三位先生建立了功绩却不得好报,难道是羡慕他们不被国君体察而无辜死去吗?如果只有用死才能树立忠诚的美名,那么微子就不能称为仁人,孔子就不能称为圣人,管仲也不能称为伟人了!人们想要建功立业、出人头地,在达到这些人生目标之后,难道不期望'功成人在'吗?!"

“这还用问吗？怕谁都不想‘功成身亡’吧。谁都想多享受享受生活啊！哈哈。”

“正是这样。自身性命与功业名声都能保全的，这是上等；功名可让后世效法而自身性命不能保全的，这是次等；名声被人诟辱而自身性命得以保全的，这是下等。”

“嗯……不错！你这句话，很有道理啊。”

“呵呵，谢谢您难得的夸奖。商鞅、吴起、文种，他们作为臣子竭尽忠诚，那是非常令人仰慕的。闳夭（西周开国功臣，跟散宜生、太颠等共同辅佐西伯侯姬昌——也就是周文王。姬昌被商纣囚禁，他跟众人设计，献给纣王美女宝物，最后成功营救姬昌，后又辅佐武王灭商）侍奉周文王，周公辅佐周成王，难道不也是竭尽忠诚而极富智慧吗？但商鞅、吴起、文种，他们比得上闳夭、周公吗？”

“当然比不上了，根本不是一个级别的嘛。”

“那您比得上商鞅、吴起、文种吗？”

“呵呵，我可比不上，比不上。”

“既然您承认自己比不上这三位，但看看您的官职、爵位、封地、钱财，可是大大超过了他们啊！俗话说‘太阳升到正中就要逐渐偏斜，月亮达到圆满就要开始亏缺’，事物发展到鼎盛就要衰败，这是天地间万事万物的常规；进退伸缩，符合时势的变化，这是圣人恪守的常理。现在您的怨仇已经报复，恩德已经报答，心愿满足了，可是却没有应变的谋划。所谓‘人无远虑，必有近忧’，我很为您现在的处境担忧啊！”

“唉，是啊，我最近确实遇到了一些事儿，感觉现在真的是时时刻刻‘如临深渊，如履薄冰’啊！”

“让我来说，说得不客气点儿，您就是看问题太迟钝啦！要知道，功成身退，这是世间的常理。秦国的商鞅、楚国的吴起、越国的文种，都由于功成而身不退，结果招致杀身的惨祸。您如果还这样继续下去……恐怕，会跟他们一样啊！”

“这个……唉！”

“您不用叹气，如果您趁自己现在手里边还握着实权的时候急流勇退，归还丞相职务、推荐贤人,这样,岂不是既可享受爵禄而颐养天年,又有高洁、谦让的美名?!”

“嗯……你说得很对,‘成功之下,不可久处’!‘成功之下,不可久处’啊!”

“就是这个道理。《易经》上说‘龙飞得过高达到顶点,既不能上升、又不能下降,那样,它就只能后悔了’,这句话说的就是能上不能下、能伸不能屈所造成的进退维谷的窘态。希望您仔细考虑这个问题啊!”

“我一定会!我听说‘有欲望而不知道满足,就会失去欲望;想占有而不知道节制,就会丧失占有’,承蒙先生教导,我恭听从命。”

于是,范雎便请蔡泽入座,待为上客,以厚礼相待。

几天之后,范雎上朝,对秦昭王进言说:“我府上有位新来的客人叫蔡泽,这个人是个很有口才的人,对三王的典事、五霸的业绩、世俗的变迁,他都了如指掌,我看,秦国的大政完全可以托付给他。我这辈子见过的人很多,却从没见过能赶得上他的——就连我自己,也是自愧弗如啊!所以今天,臣下就冒昧地把这个情况报告给您。”

听了范雎这番话,秦昭王便召见了蔡泽,跟他谈过一番之后,很欣赏他的才华,授给他客卿职位。

几天之后,范雎趁机推托有病请求送回相印。秦昭王还是竭力想让他执事,范雎于是就推脱说自己已经是病入膏肓了,于是就被免掉了丞相一职。

秦昭王初次召见蔡泽就很赏识他,于是就趁这个机会,任命蔡泽担任秦国丞相。

在这个故事当中,蔡泽想取代范雎成为秦国丞相,照理来说,范雎是不可能主动退让的。如果蔡泽按照一般的“逻辑程序”,跟秦昭王说范雎已经是老糊涂了,已经不堪重用了,或者去跟范雎“争”这个丞相的位子,怕是不可能达到自己的目的。

但这个蔡泽很会琢磨人的心理,他在会见范雎之前,已经看透了他的心思,知道了他的致命弱点;所以才能有的放矢,一句话就说到范雎的心坎儿上,让他主动让位。

蔡泽用的是什么方法?

就是“飞钳”之术。

“飞”,我们原来说是赞扬、称颂别人的意思,通过投其所好深入对方的内心世界。其实,“飞出去”的话不一定都要是赞扬性的,只要能抓住对方的注意力,让他注意到原本“默默无名”的“你”的存在,这就达到目的了。试想,如果蔡泽不用“只要我到了秦国,你范雎就得靠边站”这样的激将法去引起范雎的注意,他怎么能有机会到范雎府上跟他说出自己的想法,怎么能有机会得到秦昭王的召见呢?

然后是“钳”。

在跟范雎对话的过程当中,蔡泽始终牢牢把握着话语的主动权,为什么?为什么一文不名的他敢跟当时的政府总理(丞相,就相当于我们现在的政府总理)叫板,并且是丝毫“不怯场”?

因为他已经找到了范雎的致命软肋,他已经知道怎么钳制对方了。所以才能在对话的过程当中游刃有余,挥洒自如,很好地将自己的才智、能力展示了出来。

我们可以看出来,所谓“飞钳”之术,就是一种“心理战”。谁率先抓住了对方的心理弱点,谁就占据了“心理高峰”,谁就能够掌控局面,赢得胜利。

二、职场中的“制敌术”

在上一节当中,我们提到了“飞钳”之术,就是用先赞扬、笼络,后揣摩、压制的办法来控制局面。这个方法,可以说是“放之四海而皆准”,跟各种人打交道,都能用得上。

但人除了有“共性”之外,更多的是有“个性”,每个人的兴趣、爱好、性格、长处、短处都不一样。不同的人有不同的缺陷,有不同的把柄可以被我们利用,所以为了钳制、笼络更多的人,就要针对每个人的不同特点,各个击破。针对性越强,取得成功的可能性就越高。

“因材施教”,针对每个人的不同特点、不同短处,采取相应的谋略去制服他、控制他,这是深谙人性阴暗面的鬼谷子的一贯主张。

鬼谷子说:“因其疑以变之,因其见以然之。因其说以要之,因其势以成之。

因其恶以权之，因其患以斥之。摩而恐之。高而动之。微而正之。”

要根据对方的疑点来改变我们的计谋，根据对方的所见所闻来肯定某些东西。要根据对方的言谈洞察其性格，进而据此制定相应的策略；要依据对方的势力强弱决定应该以何种态度、何种方法对待他，进而借助他的势力去成就我们的事业。要根据对方处境、遭遇、情绪上的变化采取相应的权宜之计，要依据对方的忧惧舍弃我们决策中的某些部分。

如果能做到以上这些，就能逐渐取得对方的信任；进而，我们就要设法去控制他。

(1)各个击破你的竞争对手

对于那些非常善于琢磨领导的心思，完全按着领导的意思办事儿的人，可以使用“恐吓”的方法。

意思就是说，我们可以以非常关心他的语气暗地里告诉他，领导对他最近做的某件事很不满，对他很有看法。比如前几天他做的某件事，如此这般……跟他分析一番。这样，经过我们的“消极暗示”，他一般就会“心慌”了，跟着我们的思路走了（这种非常喜欢琢磨领导心思的人，一般都是小心翼翼，唯恐惹得领导恼火；他们很敏感，所以也就比较容易接受我们的“暗示”）。然后，六神无主之际，他自然而然地就会向我们请教，让我们一定要帮他一把。这时候，我们就能顺水推舟，趁机控制他，这就是“摩而恐之”。

对于那些自视甚高，仗着领导的宠信、依赖而目中无人、有恃无恐的人，我们可以用“动之”的方法去对付他。

针对他本人，我们可以跟他进行一番详尽的分析、解说，从而让他明白，领导其实并非像他自己想象得那么器重他、信任他，那么离不开他。比如最近，公司的某某某，他刚到公司没多久，就跟领导“打得火热”……还有某某某，听说，他可是领导的“嫡系部队”，表面看着他跟领导没什么交往、联系，其实暗底下……

经过这样一番有理有据的分析，他的自信心自然而然就动摇了，气焰自然而然就收敛了。

针对领导，我们可以主动“直言进谏”。我们可以这样说：某某领导，我知道您非常信任某某人，他的工作能力确实不错，但您可能不知道，他仗着您对他的信任，拉帮结派、排挤别人……公司许多人都是对他敢怒不敢言。我这次来，也是壮着胆子来的，所谓“忠言逆耳”，一个说不好，就可能惹您生气了；但为了公司的大局和长远发展，我是不得不来啊！歪风邪气，必须消灭在萌芽的时候，等到它势力更大的时候，再想收拾局面，那付出的代价——更大啊……

经过这样一番深明大义、不顾个人利益的“直言进谏”，相信，就算领导不会立刻把那个人撸了，也会从此对他有所提防，不会再像以前那么毫无保留地信任他了。这样，当领导对当下的局面有了一个更清醒的认识，某某人所依恃的根基自然而然就动摇了，局面就有了转变的希望，这就是“高而动之”。

对于那些特别喜欢在暗地里做手脚，在背后玩诡计的人，我们可以用“正之”的方法对付他。

意思就是说，我们可以在比较恰当的公开场合把某某人的阴谋诡计揭露出来，让他的“恶行”暴露于光天化日之下，从而让大家对他的阴暗面了若指掌。然后，我们可以“乘胜追击”，分析他使用这种阴暗手段的阴暗心理，以及他这种自私自利的做法给大家、给公司带来的巨大危害，从而引起大家的公愤，让他无地自容、自动退出。

运用这个“微而正之”计策的时候，我们必须要十分小心、谨慎，因为这种做法的“威力”十分强大，会把对方“逼上绝路”。在这种情况下，人为了保全自己，可是什么事儿都会干得出来的。所以，没有十拿九稳必胜的把握，没有十足的证据，没有公司大多数人对对方的憎恶、对自己的信任，最好不要使用这个方法——如果扳不倒对方，就只能是引火烧身了！

(2)如何除去“眼中钉”

除了“摩而恐之。高而动之。微而正之”这三种计策，还有一种非常行之有效的方法，那就是鬼谷子所说的“去之者，纵之。纵之者，乘之”。

所谓“金无足赤，人无完人”，月亮脸上还有雀斑呢，是人，都会有他自己的缺点。有些缺点，是无伤大雅的，甚至这个缺点还有可能变成优点，比如两千多年前的西施奶奶,她就经常心脏痛,所以就经常皱着眉头。本来,皱眉头总是很讨人嫌的,看了让人感觉不痛快;但我们知道,西施是个大美女,所以就是人家皱着眉头,也有人买账,认为人家这眉头皱得是“恰到好处”,是一种美。这就是把缺点变成了优点,就是化腐朽为神奇。然后西施奶奶邻村住着一位东施奶奶,她看西施皱皱眉头都能把男人迷得神魂颠倒,煞是羡慕。于是乎,她也照猫画虎地皱起了眉头,想博得男人的哈喇子,满足作为一个女人的虚荣心。但男人们看她天天皱着眉头,就像看见一只蚂蚱一直在自己眼前蹦来蹦去,恨不得一巴掌拍过去!这就是把缺点还原成了缺点。

除了这种无伤大雅的缺点,还有一种缺点是致命的,比如没有责任心,没有担当,贪财好色,做事马虎,虎头蛇尾等,这些缺点,就比东施皱眉之类的缺点严重多了,必须及时祛除。

在公司中,如果我们发现了某位同事的缺点、错误,如果还想让他继续留在公司当中,就要及时提醒他,让他早点改正自己的不良习惯,使他不致沿着错误的方向越走越远,最终变得不可救药。而如果我们想打压某些人,想把某人排挤出公司,当发现他性格上的缺点之后——对这些缺点,不但不敦促他早点改正,还要鼓励、纵容他,为他越滑越远制造方便,这就是“去之者,纵之”。

为什么要这么做呢?

因为等到他最后陷入泥潭不能自拔之际,等到他唯我独尊而引起公愤之时,我们就可以趁机突然对他发起攻击,指出他的错误、失职之处,揭露他的种种恶迹,从而打得他晕头转向,从而一举将他击溃。

这样,我们不但除去了眼中钉,还能平息众怒,为自己在众人面前赢得个刚正不阿、铁面无私的“光辉形象”,可谓是一举多得。这就是“纵之者,乘之”,通过“放手给他自由”而彻底终结他的自由。

经过上面提到的这些很有针对性的“一对一”的活动,我们就可以制服对方、控制对方,从而在公司的政治斗争中渔翁得利、稳操胜券。

当然了,在运用鬼谷子提到的这些计谋的时候,我们的出发点一定要是为了公司的大局考虑,为了“惩恶扬善”,把公司内部的“蛀虫”清理出去。如果费尽心机,只是为了一己私利,那恐怕我们就很难如愿了——别人又不是傻子,人家能看不出我们的心思；领导既然能当上“领导”，人家的政治经验一定比我们丰富多了，人家对人心的揣摩一定比我们深入多了，想跟自己的领导玩儿心理战，成功的概率可是“床底下放风筝——高不到哪儿去”！

总之，运用各种计策时千万不要把自己当作全知全能的上帝，把别人都当成脑子被驴踢了的“脑残人士”。我们一把别人当傻子，人家就会把我们当白痴。大家都是普通人，谁能比谁聪明到哪里去呢？

所谓“机关算尽太聪明，反害了卿卿性命”，我们可以看到，这个地界上星球的运转、四季的更替、生命的进化自有其规律。虽然我们生存的这个地球上会不时地发生行星入侵、火山喷发、地震雪灾、洪涝干旱等自然灾害，以及不同种族、宗教、国家之间进行的战争，人与人之间的争辩、仇恨，人心的动荡、迷惑等“人造灾害”，但相对于宇宙整体来说，可以说——这是一个“秩序井然”的世界（我们地球上的各种“失序”现象，正是这“整体秩序”当中的一部分）。

冥冥之中，一切自有主宰，过分恃才傲物、不可一世了，过分机巧、伪诈了，上帝可能就会“嫉妒”你的聪明才智了，然后把你叫到他身边了。

三、搞定上司的“三部曲”

在公司里，要升职，就要打破原本已经形成的领导、下属之间的“均势”，插入其中，把原来在那个职位上的人挤走。这就需要拉拢一些人，打压一些人。这就是我们前两节提到的内容，如何笼络、控制、打压别人。

但在公司里，除了要跟同事斗，更要跟领导斗。要升职，就要取悦于领导，让领导赏识你。

但是，别说通过某些技巧让领导看见我们的业绩，赏识我们了，有些人是一见到领导就腿软嘴哆嗦、大脑短路——他们完全不知道如何跟“级别高自己一点点”的领导相处！

而对于一名企业员工来说，业绩是赢得荣誉和晋升的基础，而工作业绩的认可主要由上级领导决定。所以，能不能赢得上级领导的赏识、肯定和支持，就决定着你能不能在职场上一帆风顺、平步青云。

作为一名职场达人，或许你感觉自己像达·芬奇一样多才，像爱因斯坦一样聪明，创意也绝对独特……但为什么在领导眼中，你却依旧只是一只无足轻重的小卒呢？

从根本上来说，是因为你没有把握住与领导相处的两大原则：

第一，领导永远是对的。

第二，如果领导错了，请参照第一条。

以上两条原则，可以说涵盖了与领导相处的全部精华。现在的领导，就相当于古代的帝王；而员工，就等于是那时候的臣子。所以，一个当臣子的，能说自己的主子错了吗?! 那简直是反了，扰乱朝纲！

要知道，对与错，只是一种“观点”，并不一定就是“事实”。而且对与错的“标准”，总是由掌控着话语权的人按时、按心情“更新发布”的。所以，你千万不能认死理儿，认为自己掌握着绝对真理——要知道，在这个相对的世界上，绝对真理的作用往往是“隐性”的。

这当然不是说领导的任何决策、指令都是“正确”的，而是说——都是“相对正确”的；而这个“相对”的对象，恰好是你——他正好管着你。因此，对于生活在现实世界当中的我们来说，就必须注意跟领导沟通、相处的方式：要多讲“礼”，少讲“理”。《易经》当中的“潜龙勿用”，说的就是这个道理，处于弱势，是不能太张扬的，你必须学会隐忍。

在我们平时的工作中，领导看不到你的才华是常有的事，怎么办？是找机会向领导展示自己的能力，还是辞职另找伯乐？同时，同事之间偶尔肯定也会发生一些小矛盾、小摩擦，这时候，有人可能就会在别人甚至在领导跟前说你的坏话，让领导对你产生误解。

这时候，如果你一怒冲冠、愤而辞职，不但于事无补，还会让误会依然误会，对你而言只是逃避而已。还有人采取听之任之的办法，自己心里想着“轻者自清，浊者自浊”，这样的做法，就会显得被动而无助。只有让领导认识你、了解你，进而你才能影响领导，获取领导的信任。

那么，具体来讲，如何赢得领导的信任呢？

不在于是否天天在领导眼前，而在于是否能赢得领导的“心”。

(1)千万不要跟自己的领导"咫尺天涯"

鬼谷子说:"君臣上下之事,有远而亲,近而疏。就之不用,去之反求。日进前而不御,遥闻声而相思。事皆有内揵,素结本始……远而亲者,有阴德也。近而疏者,志不合也。就而不用者,策不得也。去而反求者,事中来也。日进前而不御者,施不合也。遥闻声而相思者,合于谋待决事也。故曰,不见其类而为之者,见逆。不得其情而说之者,见非。得其情,乃制其术。此用可出可入,可揵可开。"

鬼谷子生活的那个风云战国,纵横家们为了出人头地,为了让自己的治国方略得到领导者的采纳,必须懂一些取宠术、制君术,必须赢得领导者的信任,从而让其接受自己的建议、决策——这就是处理君臣关系的政治斗争权术产生的根源。

鬼谷子很聪明,他把君臣之间的关系分为"身近"和"心近"两种。他说:"君臣上下之事,有远而亲,近而疏。就之不用,去之反求。日进前而不御,遥闻声而相思。事皆有内揵,素结本始。"

君臣上下之间的关系,很是微妙、复杂。有的臣子远在朝廷之外,表面看着,君主跟他的关系很是疏远,但他们在思想感情上却很亲密;有的臣子天天围着君主转,所谓"近水楼台先得月",按理来说,君主应该会比较信任他了,但其实却不是,他们彼此在思想上很疏远。

还有一些臣子,他凑上前去进献良策,想博得君主的信任,结果却不被任用;而另外一些人,他早已经离开了朝廷,结果,君主却派人苦苦把他寻觅。

还有一些臣子,他每天都会出现在君主眼前,结果却不受欢迎;而另外一些人,君主只远远听到了他的名字,就渴慕得不得了,想把他纳为己用。

为什么会出现上面这些看似有些奇怪的现象呢?

这种种结果,都取决于臣子所进献的计策跟君主的思想感情是否吻合。那些被信任、被任用、被欢迎的人,是因为他所进献的计策正合君主的心意。

所以,博取君主的信任、重用的关键,不在于跟君主身处的距离远近,是"居庙堂之高"还是"处江湖之远",而在于双方的"心理距离"。

鬼谷子接着说道："远而亲者，有阴德也。近而疏者，志不合也。就而不用者，策不得也。去而反求者，事中来也。日进前而不御者，施不合也。遥闻声而相思者，合于谋待决事也。"

君臣远隔天涯海角却能亲密无间的，一定是冥冥中彼此早已心灵相契；君臣每日共处一室而貌合神离的，一定是冥冥中彼此早已志趣不合。

就是说，当臣子的意向、目标跟君主的意向、目标暗中相合的时候，就能使君主感到这个人跟自己是"同类"，感觉这个人善解人意、善体人情。而那些近在君主身边反而让君主觉得情疏意淡而被冷落、疏远的臣子，一定是因为君臣之间"志不合"，意向、目标不一致。这是处理君臣关系的第一种情况，看君臣的目标、意向是否一致、相合。

那些亲近君主反而不被任用的，或者是他的谋略不合君主的心意，不对君主的口味；或者是他的决策不符合事物发展规律，预期效果不好。这就是跟自己的领导——"咫尺天涯"了。

而那些离开君主之后反而又被征召回来的，一定是他所谋划的事在后来应验了。就是说，虽然这个臣子当时进献的策略因为不合君主的心意而被否决了，但在后来的事物发展过程当中，结果证明这个人的策略是完美无缺的。这时候，君主幡然悔悟，赶紧派人重新把这个人找回来，从而共谋大计。这是处理君臣关系的第二种情况，臣子的计策虽然暂时不合君主的心意，但是合乎事物发展规律，是经得起实践检验的，是正确的。在这种情况下，臣子虽然暂时不能取宠于君主，但一定会取宠于日后。所以，只要是对的，就一定要坚持，事实会证明一切。

每天出现在君主面前却不受欢迎的，一定是他提出的建议、措施不合理。就是说，虽然这个臣子也揣摩透了君主的心思，但他这个计策不合乎道理，是全然错误的决定，因而被君主否决了。而君主远远听到有关某人的传闻便很想将其纳为己用的，一定是因为那个人的想法、决策不但跟自己的心思不谋而合，而且完全符合事物发展规律，合情合理，所以君主才非常期待他前来共同谋断大事。这是处理君臣关系的第三种情况，臣子的计策、措施既符合君主的心意，又符合事物规律，是完美无缺的；在这种情况下，臣子一定会立刻为君主所重用，取宠于当时。

在这三种情况当中，相信我们一定希望自己能够得到第三种结果。为了在提出计策的当下就赢得君主的宠信，鬼谷子认为我们必须从两方面入手：一方面，要合乎君主、领导的心思，从而赢得他们的认可；另一方面，要合乎事物发展规律，从而让事实证明自己决策的正确性，只有这样，才能取得长久的宠信。

那么，具体来说，如何让我们的建议、计策合乎领导的心思，从而赢得他们的认可与宠信呢？

(2)我们是“绿叶”，领导是“红花”

鬼谷子：“人之有好也，学而顺之。人之有恶也，避而讳之。故阴道而阳取之也。”

对领导的特殊嗜好，对他们所喜欢的东西，我们要学习、模仿，要把这些嗜好变成自己的嗜好。对领导的忌讳，对他们所厌恶的东西，我们千万不要谈及，就好像是自己的忌讳一样。这样，领导就会觉得你跟他志趣相投、目标一致，这样，领导就会慢慢由欣赏你变为信任你，由信任你变为器重你，由器重你变为宠信你了！

在博得领导的宠信之后，我们就可以“欲入则入，欲出则出。欲亲则亲，欲疏则疏。欲就则就，欲去则去。欲求则求，欲思则思”，可以随心所欲地施展自己的才华、抱负了。然后，渐渐地，领导就会由信任你、器重你变为依附你、依赖你了！

这就是取得领导信任的整个过程，总结一下就是“不见其类而为之者，见逆。不得其情而说之者，见非。得其情，乃制其术。此用可出可入，可揵可开”。

不了解相关情况便想做事，很可能因为经验不足而使自己制定的决策不符合事物发展规律，从而遭到领导的拒绝；不了解领导内心深处的想法便贸然提出自己的建议，很可能因为不符合领导的心意而被当场非难、否决。

只有在充分考察、思量、总结的基础上，才能提出真正有效的解决方案；只有在充分揣摩、推测领导心意的基础上，才能让自己提出的合理方案得到领导情感上的认可，进而让他在经过审慎思考之后，最终接受我们的建议。

只有把“事理”“人情”两方面都顾虑到了，我们才能在领导面前进退自如、游刃有余，才有机会成为公司的骨干，成为领导的左膀右臂，成为古代“权臣”“宠臣”式的人物！

但在达到这个职场当中的“终极目标”之后，我们也不能随心所欲、毫无顾忌，越是被领导认可、被同事尊重，我们越要“夹起尾巴做人”。所谓“满招损，谦受益”，太目中无人了、太招摇了，离衰败也就不远了。

有一点，我们尤其要注意，那就是不能盖了领导的风头。

有时候，比起是非对错来，“君主”的权威更重要！如果你盖过了领导的风头，那就很有可能得到“永久性封杀”的待遇了。

在平时的工作当中，我们经常会遇到这样的情况。公司在开会，本来已经到了领导做最后总结性发言的时刻，但领导却客气地请下面的人谈谈自己的看法。这时，就有许多愣头青们想也不想，既然领导让说，那就说说罢。

结果，他们不但心里没有把儿门的——想说就说了，而且口里也没有把儿门的——说多了。最要命的是，他们“能力太强，说得太好”了，以至于让领导的最后总结黯然失色。

这样的事在职场经常会碰到，我们在面对的时候，一定要保持清醒：干什么也不能让领导在众人面前窝脖子！

该说的说，不该说的不说，切忌顺杆爬。那什么是该说的，什么是不该说的呢？

把握一条原则：任何时候都不要当着领导，在很多人面前表现自己，特别不能在众人面前抢领导的风头。公众场合中，在领导面前表现得“愚钝”一点，这才是“聪明”之举——只有你的“愚钝”，才能衬托出领导的“聪明”！

记住，作为下属，我们永远都是“绿叶”，而“绿叶”，是用来衬托“红花”的。

(3)得君心者得君信

说到这里，有人可能又有问题了：“相比于领导，我们做下属的当然是处于弱势了。但如果领导犯了错，我们就那样听之任之、坐视不理吗？对一位负责任的员工来说，显然不能‘事不关己，高高挂起’，为了自保而唯唯诺诺、退退缩缩。但怎么挑领导的毛病呢？怎么让领导认错呢？这当中的艺术，说话的分寸，事态的把握，情绪的控制……实在是太微妙了，很难把握啊！”

让领导认错，有一个总的原则，只要把这个原则把握住了，事情也就没那么棘手了。

在谈这个原则之前，我们先来看一段极富启示性的话：“人有时会很自然地改变自己的想法，但是如果有人说他错了，他就会恼火，更加固执己见。人有时候会毫无根据地形成自己的想法，但是如果有人不同意他的想法，那反而会使他全心全意地去维护自己的想法——不是那些想法本身多么珍贵，而是他的自尊心受到了威胁！”

所以，在跟领导提意见的时候，我们一定要讲求方式方法，要有技巧，千万不能犯“我的看法是正确的”这样的低级错误。要知道，让事实证明，比你的能言善辩更有效，同时也会省掉许多不必要的麻烦。

当然，这并非是让你包容领导的全部作为。领导也是人，是人就会犯错。但是他们所处的地位给他们带来了一定的优越性，潜意识令他们自认为更应该得到别人的尊重，所以我们应该尽量避免和他们发生“正面性争论”，尤其是在某些特殊场合、集体场合，跟领导争论，只会让他在“保全面子”心理作用下不顾一切地坚定自己的立场！

所以很多时候，我们不要埋怨领导，而应该想着如何帮助领导认识错误；要多提“建议”，少提“意见”。

领导所处的位置越高，获得真实信息的能力就越弱，被下面的人哄骗的机会就越多。如果我们掌握了劝谏的艺术和技巧，就有机会获得领导的信任，并最终成为领导的左膀右臂。

其实我们说了这么多，无非就是一句话“得君心者得君信”。

虽然我们人类有理性、会思考，但更多时候，在平时的生活当中，我们却是“感情的奴隶”，我们总是不由自主地跟着自己的情绪、念头走，跟着感觉走。既然感觉这么重要，我们就一定要照顾好领导的“感觉”了，只有首先让他感觉舒服了，他才会有心思、有耐心听我们的建议、策略、方案。否则，领导一看见我们就像吃了炒蚯蚓一样痛苦，他怎么还会真正用心去听我们究竟在讲些什么呢！都不知道我们在说些什么，他又怎么会接纳我们的建议，信任我们呢？

所以，“得君心者得君信”不是说要我们如何如何去谄媚领导，去拍马屁，而是要我们将心比心：谁不希望别人尊重自己，照顾自己的情绪、感受呢？只有我们首先尊重了别人，人家才有可能反过来尊重我们。

把这句话大而化之，就是“得人心者得天下”：只有我们一视同仁，懂得尊重所有人，我们才能得到所有人的尊重和拥护。如果我们达到了这种境界，那那个“领导”的位子，很有可能就由我们来坐了——这正是我们下一节要讲的内容：从 CEO 到 Chairman。

四、取代领导的“三重奏”

人的欲望是无穷的，在取得领导的器重、宠信之后，在领导不得不依赖我们之后，在成为公司的 CEO 之后，许多人并不甘心屈居人下，而是想取而代之——自己做领导：Chairman。

有句话叫“不想当将军的士兵不是好士兵”，所谓百尺竿头，还需更进一步。欲望，可以是吞噬我们的黑洞，也可以是引领我们的阳光，全看我们把这欲望用在什么方面。

关于欲望，周国平先生曾经说过一段很精彩的话：

据说，欲望是人间一切坏事的根源。那么，必须请出另外两位角色。一位叫灵魂，它是欲望的导师，引导欲望升华，于是人类有艺术、道德、宗教。另一位叫理性，它是欲望的管家，对欲望加以管理，于是人类有法律、经济、政治。

瞧，人类一切好东西，或是欲望创造的，或是为对付欲望创造的。欲望仍然是主角。

欲望是人生舞台的真正主角，其余是面具。爱情是欲望罩上温情脉脉的面纱。婚姻是欲望戴上名叫忠诚的镣铐，立起名叫贞洁的牌坊。幸福是欲望在变魔术，变出海市蜃楼，走到跟前一看，什么也没有。浪漫是欲望在玩情调。玩腻了，欲望说：好好过日子吧。这就叫生活。

(1)“控制”你的领导

在战国乱世,像鬼谷子、苏秦、张仪这样的很有头脑的纵横家、外交家,他们的政治目的,绝不仅仅是取信于君主。在成为一个国家的丞相、政府总理、CEO之后,他们那不安分的脑子里往往又会冒出新的鬼点子:何不控制这个能力很一般的君主、国王、Chairman,自己取而代之,做个“不在位的君王”?

鬼谷子也是这么想的,所以他就讲了很多臣子控制君主的方法。

鬼谷子说:“成于事而合于计谋,与之为主。合于彼而离于此,计谋不两忠,必有反忤。反于是,忤于彼。忤于此,反于彼。”

对待君主,要用“反忤”之术。就是说当我们的建议、计策既符合事物发展规律,又符合君主心意,因而得到君主采纳,当我们的计策成功实施之后,君王就会完全信任我们。这时候,他往往就会把其他一些非常重要而棘手的事情交给我们来处理,这时候,我们就可以表面上拥戴他、为他打算,而实际上为自己谋算、取代他了。

怎么取代君主呢?

当然不是扯旗造反了,而是“明修栈道,暗度陈仓”。

作为有头脑的谋士,我们是靠头脑、智力吃饭的,不是靠身体、武艺打天下的。当我们想取代君主的时候,不能明火执仗地公开夺权,公开发号施令,策动别人一块造反,而是要暗中使用计谋。

但当我们怀有取而代之的心思之后,我们的个人利益势必会跟君主的个人利益发生冲突,并且二者很难调和。怎么办呢?

这时候,我们就要“反于是,忤于彼。忤于此,反于彼”。就是要设计一些表面上对君主、对领导有利,而实际上,符合我们自己利益的决策。要达到这个目的,我们可以“曲线救国”,先假装顺从领导的意思,按他的决策办事,以讨得他的欢心(如果硬碰硬,跟领导对着干,就只会是“不见其类而为之者,见逆。不得其情而说之者,见非”,让领导觉得我们是“反对派”而把我们“驱逐出去”,那样的话,我们就根本没有机会去实现自己的计划了);在站稳脚跟之后,在慢慢执行领导决策的过程中按着自己的意思加以“修正”,在暗暗执行的过程中加进我们的东西，最终实现我们原本设计好的目的。

需要注意的是，这样做的时候，我们的方式、方法一定要巧妙，千万不能让领导看出其中的猫腻，不能让领导觉出有什么异常，不能让他起疑心。

比如秦朝时期的著名太监赵高，他扶植刚刚二十岁的秦二世胡亥当上了皇帝。之后，他就对那个脑子不怎么灵光的胡亥说："秦老二啊，虽然你现在当上了至高无上的皇帝，但我告诉你，你一定要多待在后宫，少出去见大臣们！"

"赵叔叔，为什么呢？"

"哐！"赵高一抬手在胡亥头上敲了个大大的凿栗。

赵高

"你这孩子，真是不懂事儿！你想想，你现在才20岁，什么都不懂。虽然你已经跟着我学了几年的狱法，但就那点儿学问，管毛用啊！如果你在朝堂上被那些大臣们问住了，那多没面子！或者说错话了，做错事啦，这些——如果被那帮最喜欢无事生非的大臣们看见了、知道了，你一国之君的威严，何在啊？！"

"嗯，赵叔叔说得很有道理啊，我听您的。"

"这才是好孩子嘛！"

"嘿嘿嘿嘿。"

"哈哈哈哈。"

在这个例子当中，赵高表面上是为胡亥着想，其实呢，他这么做只是为了独揽大权。

这种"明修栈道，暗度陈仓"的做法，就可以用来对付那些像胡亥一样的、脑子还没发育完全的领导，也就是比较昏庸的君主。但还有一些领导，虽然他们的智商也是一般般，但他们非常刚愎自用，很难听得进下属的意见。对于这样的领导，有什么应对的灵丹妙药吗？

当然有了,鬼谷子可是一个非常善于见招拆招的高人,对于这种类型的领导,他也设计了一整套步步进攻、逐步取代的方案。这个方案,非常适用于那些只喜欢听下属拍马屁、随声附和,很反感听到反对意见的领导。

鬼谷子说:"符而应之。拥而塞之。乱而惑之。"

(2)"蛊惑"你的领导

第一步,符而应之。

就是要投其所好、避其所恶,一味应承、迎合领导,不论他提出什么不入流的打算,做出什么不靠谱的事儿,我们都要随声附和,永远不说一个"不"字。这样,时间久了,这位刚愎自用的领导就会认为我们是他的"知己"而充分信任我们了。

当最后得到领导的信任之后,我们也不能对他的计划、打算提什么"补充意见",那样,领导可能就会认为我们是故意借此表现自己的高明,可能就会不高兴了。我们只是顺从他,这样,时间久了,领导就会完全信赖我们了。

对"符而应之"这个"治君"策略,三国时候的政府总理、丞相、CEO 曹操,运用得最为娴熟、漂亮了。

说到三国,首先映入我们脑海的恐怕就是那些性格各异、嬉笑怒骂的时代英雄了,真可谓是"江山如画,一时多少豪杰"。在这诸多豪杰之中,如果要海选出一位"三国风云人物",那曹操一定是榜上有名的,无论你认为他是白脸的奸臣还是立志报国的英雄,相信你总会投他一票。

在那个群雄并起的时代,曹操能够从首都洛阳北城区公安局长爬到魏武大帝的位子,也算是壮志已酬、功德圆满了。但其实终其一生,曹操始终是没有称帝的。当后来他当上了国家的丞相(相当于现在英国的首相),手握着几乎所有权力的时候,他的一帮兄弟们都劝他加冕称帝,但曹操始终不肯。他说:"'施于有政,是亦为政。'若天命在吾,吾为周文王矣。"

意思就是:能够对政治施加影响,也就是参与了政治。只要掌握了政治实权,何必一定要皇帝这个虚名呢?现在,虽然我可以加冕称帝了,但我却不准备登基。你们都知道,在新闻发布会上,我已经多次向主流媒体表示自己无心代汉自立了,如果现在我自食其言,那不是当着天下人的面扇自己耳刮子吗!唉,话说回来,如果老天真想让我们老曹家管天下,那我就做个周文王吧,让小儿曹丕将来给我追封个帝号吧。

曹操这个人是很务实的,对于那些虚头巴脑的头衔他是没多大兴趣的,只要自己掌控实权,虽然不是皇帝,却胜似皇帝——这样,既能保全自己的晚节又得到了实惠,其乐何如啊!

所以,如果我们要给曹操"定位",可以说他是一个"CEO"。因为无论手中的权力有多大,他始终没有将汉献帝取而代之,在"名分"上,他始终是"高级职业经理人",而非"老板""董事长"。那么,曹操跟这位名义上的董事长相处得怎么样呢?

开始的时候,可以说:很是融洽,属于"热恋期",彼此都很依赖——曹操依赖汉献帝的名,从而使自己在政治上始终处于不败之地;汉献帝依赖曹操的实,已经一贫如洗的他要靠曹操来供养自己(俩人后来的矛盾,是局势发展自然产生的结果)。

话说公元196年7月的某一天,被董卓劫持到西安的汉献帝历尽千辛万苦,终于又回到了已经阔别6年之久的故都——洛阳。但这时的洛阳已经是一片废墟,破败不堪,在洛阳,汉献帝和追随自己的百官们经常上街乞食、沿街卖唱,煞是凄凉。

曹操听说汉献帝一行正在洛阳落脚,马上采纳了谋士毛玠"奉天子以令不臣"的建议,把皇帝从洛阳接到了自己在兖州的首府许县(今天的河南许昌),并把许县更名为许都——皇帝老子来了,这里自然成国家的首都了。

把汉献帝接过来后,曹操立即把自己住的、刚刚竣工的巴洛克式宫殿让给了他,并派人24小时端茶倒水、搓背捏脚,伺候得很是周到。汉献帝住在总统套间里,享受着女佣的按摩,很是感慨。

想当初,那帮野蛮未化的西北军是怎么对他的?

吆三喝四、颐指气使,那日子真不是人过的,窝囊啊,真是虎落平阳被犬欺!

想当初,在从长安迁徙至洛阳的路上,他每天是怎么上早朝的?

只能就地儿找一个农家大院儿,拿个马扎儿往院子当中一坐,然后大家来跪拜行礼……这情形，把骑在墙头上看热闹的老乡们看得是目瞪口呆："俺的那个亲娘啊，俺们就是被这个人管着哩？啧啧……"

听着农民伯伯们的纷纷议论，汉献帝那脸红得，真跟猴屁股一样。

现在在曹操这里，汉献帝享受的完全是帝王级待遇。最让汉献帝感动的是，曹操还送来了牙刷牙签牙缸儿、脸盆儿指甲刀擦脸油等大量急需的生活用品——任何生活上的细节问题都没被忽略掉，曹操简直成了一个尽职尽责的"大内总管"！

在把所有东西都送来了之后，曹操上了一份奏折，叫《上杂物疏》。曹操在上面说："陛下，现在臣献上来的这些东西，都是当年先帝赐给我爷爷爹爹的，都是御用的，质量很好，很多都是直接从日本进口的。并且这些东西，我爷爷爹爹从来就没敢用过，他们认为那是先帝的恩德，怎么能真用来刷自己的牙洗自己的脸剔自己的牙呢？他们感觉自己不配用这么贵重的东西，所以一直供在家里的祠堂，每天对着它们烧香磕头。现在，臣觉得是时候把这些东西还给皇上了。"

汉献帝一听曹操这话，真是"执手相看泪眼，无语凝噎"，太让人感动了！

曹操这一手做得真是漂亮、让人折服，他对汉献帝的心理状态了解得真是透彻。这个时候的汉献帝已经跟叫花子差不多了，有人给他吃的喝的用的他已经阿弥陀佛了，曹操又说得这么"润物细无声"，太会做人情了。

做人情的诀窍是什么？

做人情，最重要的是千万不要让对方觉得你正在做人情，千万不要让对方觉得欠了你的。

我们很多人就不会做人情，钱也没少花，还老提醒人家，你看我送了你什么什么，好不好用啊，感觉不错吧……这就很招人烦。但人家曹操是怎么说的？"这东西都不是我的，这东西本来就是皇上您的，现在我是还给您——是还东西，不是送东西。"

汉献帝虽然是个傀儡皇帝，但好赖话他还是听得出来的，他马上就明白了曹操的用心良苦："这个老曹同志真是一个大大的忠臣呀，要恢复我们汉家对国家的统治，一定要靠他了！"

就这么三言两句，曹操这位老谋深算的 CEO 就把刚刚到任的董事长搞定了。

(3)"取代"你的领导

我们知道，在一个企业内部，虽然 CEO 要对董事长负责，是其下属，但很多能力超强的 CEO 最后往往能凭借自己的"奋斗"变成企业真正的董事长、老板。比如创办了苹果公司的史蒂夫·乔布斯，在他把苹果从默默无名搞得有声有色之际，他就被自己雇来的 CEO 炒了鱿鱼，被一脚踢出了自己一手创办的公司(后来，他又凭着自己的努力回去了)。这样的"悲剧"，是我们必须要引以为戒的，作为企业老板，放权的限度一定要明确，不能完全撒手不管——你撒手不管公司了，可能最后公司就撒手不管你了！

当然，如果我们现在还不是老板，只是中层或高管，那就可以向曹操这位"职场达人"取取经了，看他是如何把自己的上司哄得服服帖帖的。其实要博得他人的认可也不是那么困难重重，只要你能够细心观察、用心揣摩，从而洞察对方的心理需求，然后尽自己所能去满足这个"需求"就可以了。这不是号召大家搞"攻心术"，而是任何时候、任何情境，只要我们多站在对方的角度思考问题，而不是"以己度人"，只要我们时时处处多为对方着想，而不是整天惦记着一己得失，那就很容易赢得对方的好感。大家都是有情感的"人"嘛，如果你能将心比心，对方一定会感受到你的一番好意的。

言归正传，话说曹操的殷勤让汉献帝大为感动，不久，他就任命曹操为大将军。从此，曹操就得到了一面正义的旗帜，从此，他做任何事都是师出有名！他动不动就可以用皇帝的名义来下命令、来出兵，他是堂堂正正的了。更重要的是，奉天子之后，曹操就把自己放在了"政治上永远正确"这样一个不败之地。

看着曹操把皇帝从洛阳迎奉到许都以后，大家这才恍然大悟："这家伙哪里有吃亏啊，分明是捡了一个大便宜嘛！就这么让那个窝囊废往巴洛克式宫殿一住，就能得到很多头衔、很多封地、很多人的拥戴，曹操这个土匪头子一夜之间就变成了爱国志士，这个买卖大大的划算啊！简直是一本万利嘛！"

看着曹操在政治上狠狠捞了一把，其他诸侯是分外眼红。但也只能是干瞪眼,想把汉献帝从曹操手里抢过来,你打不过他,曹操现在是有钱、有地盘、有军队;想把其他各路诸侯联合起来共同讨伐曹操,也没什么正当的名义,现在的曹操跟当初的董卓不一样啊,人家现在对皇帝老子是恭恭敬敬的。

自从把汉献帝请来之后,曹操的事业是如日中天,并且始终保持着强劲的发展势头,全国各地的人才更是摩肩接踵地涌入许都。因为当时的许都就跟抗日战争期间的重庆一样,实际上已经变成了三国时期的"战时陪都",既然是去中央做事、为国家效力,当然比留在地方有面儿了。

结果呢?

名义上,这些官位都是国家的,但实际上,这些涌入的人才都成了曹操自己的部下,是为他卖命的!这就是"明修栈道,暗度陈仓",这就是借力使力啊!

这样,曹操就获得了得天独厚的政治资本和其他割据势力望尘莫及的人力资源优势,他的身价是翻倍地增长,从潜力股变成了不折不扣的绩优股。

可以说,自从曹操这个 CEO 搞定汉献帝这个董事长之后,曹操才真正开始在全国范围内大展拳脚。并且无论他干什么,是打击敌人也好,是任命亲信也罢,他都有正当的名义——有董事长的亲自授权,你不服不行。

这一点,就连神机妙算的诸葛亮也没辙,在《隆中对》中,他对刘备说:"老刘啊,曹操现在是挟天子而令诸侯,此诚不可与争锋呀!人家现在就相当于汉献帝的'正妻',咱们呢,顶多就是一个'妾'而已,没得办法呀!"

在像曹操一样充分得到领导的信任之后,我们就可以实施第二套方案了——拥而塞之。

"拥而塞之",意思就是凭着领导对我们的毫无保留的信任,闭塞他的视听,使他不了解下情,不知道公司内部的具体状况,使他只知道听取我们的汇报。这时候,我们就应该只报告给领导一些对我们有利的情况,而隐匿那些会对我们造成不利影响的事情,从而使他更加信任我们,更加赏识我们的才华。

之后,就是最后一步了,乱而惑之。

就是在闭塞他视听的基础上,搞乱他的是非观念,把他弄糊涂,使他分不清哪个下属是忠心耿耿、哪个是心怀鬼胎,弄不清什么样的措施是切实可行的、什么样的是毫无意义的。

在这样的情况下，我们就可以直接说出自己的主张，提出自己的决策。这时候，怕这位领导只有“言听计从”的份儿了！

经过这“符而应之。拥而塞之。乱而惑之”三部曲，那些不听谏言、刚愎自用的领导便被控制在我们掌心里了。

但完成从 CEO 到 Chairman，从首席执行官到董事长，从二把手到一把手的华丽转身——这并不是心怀天下的有志之士的最终目的。在控制一国的国君之后，我们还可以继续凭借这种优势去游说、控制其他国家的君主，甚至让各个诸侯国的君主都听从自己的命令，做一个“不在位的天下共主”。佩戴六国相印的鬼谷子的大徒弟苏秦，就是一个这样的人物！

而要想真正领导天下人，就不能只顾着一己私利了，我们就必须为天下苍生着想。“得人心者得天下”，只有我们一视同仁，“老吾老以及人之老，幼吾幼以及人之幼”，我们才能得到所有人的尊重和拥护，成为他们的领导者。

这种领导者，就是鬼谷子所说的：“知天命之钳……同天而合道，执一而养产万类，怀天心，施德养，无为以包志虑思意，而行威势者也。”

因为明晓了社会的发展规律，所以能够顺应历史潮流，作为时代的领导者，做出最有利于广大民众的决策；因为明晓了自然的运转规律，所以能够与天道相合，代天治民，始终顺应天理、人伦、民意，成为尧舜禹那样的一代圣王。

这种“知天命之钳”的“内圣外王”的“终极领导者”，他会对一切人、一切物都怀着一份大爱无言的深情，用一种至诚心去付出，去履行自己作为众人领导者的无上责任。

他能感觉到将自己消融于无尽时空时，那种若有若无的欢喜；他能感觉到自己的整个生命与整个宇宙的运转，都是融为一体的；他能化解世间所有对立与纷争，让我们这个世界真正成为“万物一体，无此无彼”的大同世界。

第五章　灵魂的博弈：跟鬼谷子学“悟道”

在这本书里边，我们前面已经讲了很多非常实用的辩论术、窥心术、攻心术、驭人术、控制术……然而，对我们每个人来说，这些权术、计策，是“必需”

的吗？

为了在残酷的社会竞争当中生存下去，我们必须要进行这一次次、一场场、无休止的，跟领导、同事、客户、朋友——甚至亲人的心理博弈吗？

活着，就是一场没有硝烟的“战争”吗？

或许，这一切博弈、斗争、抢夺之所以发生，是因为我们“心中有鬼”。

或许，心若无病，万物清明，水逐落花去，云从虚空来……

一、鬼由心生：在权力中迷失自己

这一章，是我们这本书的最后一章了。在本章里，我们就对全书做一个总结、收尾的工作，算是有始有终吧。

在这本书里，我们讲到了很多鬼谷子经过多年的“斗争实践”总结出来的跟他人打交道的方法、技巧，甚至诡计。那么为什么，鬼谷子会想出这些“诡计”呢？

正所谓“苍蝇不叮没有缝儿的鸡蛋”，正是因为我们许多人的心中都有“鬼”，正是因为人性当中，有其与生俱来、难以克服的弱点，所以这些“诡计”才得以诞生，并且奏效。如果我们自己无贪无私、无欲无求，德行与智慧都达到完美之境，试想，这种“无懈可击”的人，怎么会让别人“有机可乘”呢？!

所以，“诡计”，其诞生的根源在哪里呢？

不在发明诡计、使用诡计的人心中，而是，在我们每个人自己心里——魔非外招，鬼由心生。

(1)不要让权力腐蚀你的灵魂

记得看过一部由美国著名导演奥利弗·斯通(Oliver Stone)操刀，由“坏小子”肖恩·潘(Sean Penn)和性感拉丁天后詹尼佛·洛佩兹(Jennifer Lopez)主演的《不准掉头》(英文原名是“U Turn”)，讲的就是人性当中的阴暗面。片中一位印第安盲人说了一句非常经典的话，堪称影片的点睛之笔：人类，不仅仅是人，他们内心隐藏着野兽。

无可否认，我们每个人心中都曾起过一些卑鄙、龌龊的念头，这是比较正常的;不正常的是,一些人把这些“不轨企图”变成了实际行动,这就很不应该了。

一般情况下,我们心里“有鬼”(有见不得人的想法),但迫于外界的压力(主要是道德和舆论的力量),我们并不敢把心中隐藏的魔鬼释放出来。在这种情况下,这个“魔鬼”(指人性当中的诸多弱点)所产生的破坏性就比较小,往往只会让我们自己受到伤害(我们心里产生了卑鄙的念头,然后在道德、良心的约束下,我们又打消了那个念头;这种情况,想做某件事,但迫于某种压力,又不能做这件事——在这种情况下,我们心中就产生了矛盾、对立,而有矛盾、有对立,就有痛苦、纠结,所以说是我们自己受到了伤害)。

但在另一种情况下,如果道德和舆论的力量对某个人完全失去了其固有的约束力,他凭着自己手中强大的权力和高高在上的地位超越了道德和舆论的限制,如果某个人可以无视他人、为所欲为,那这个“魔鬼”可就会像打开的潘多拉盒子一样,变得非常恐怖了。这主要是指世界级大财团的领导者和政党的领导者,指“特权阶层”(我们一般人只拥有“一般的权力”,这些人拥有“特殊的权力”),不是指“普通人”。

比如你只是一个拥有二三十个员工,年利润也就十几万的小规模私营企业的老板,作为这样一个公司的领导者,你觉得自己有“资本”去“享受特权”吗?

这样一个企业,还处于挣扎求生的阶段,你必须时刻提防着同行业其他大公司的一举一动,因为一不留神,可能就会被人家收购了,被激烈的市场竞争淘汰了!所以可以说,一般的企业领导者大都是战战兢兢、小心翼翼地,也就是为了让自己的公司生存下去并发展起来而时刻殚精竭虑着——这样的领导者,是没有实力去“享受特权”的。

那些“享受特权”的企业领导者,一般都是做得很成功,在业内已经具有一定影响力和号召力的大企业的领导者。这些领导者在创业初期,为了谋取生存的机会,他们也会非常小心、非常用心地去经营自己的企业,去约束自己的想法与行为。但当取得一定成功之后,具备了一定实力之后,他们往往就会大意起来,他们的自我意识就会无限膨胀起来。

这样的例子,在中外企业发展史上比比皆是。我们甚至可以说,一个企业领导者,如果他的公司成了业内翘楚,都在美国的纳斯达克上市了,如果在这样的情况下，他还能保持创业初期的谨慎，还能像白手起家的时候那样严格要求自己，用一颗真心赢得下属的爱戴，用心经营自己一手创办起来的公司——那真是可以堪称“奇迹”！所谓“创业容易，守业难”“生于忧患，死于安乐”，说的都是这个道理。

远的例子就不举了，我们就说说“发生在身边的故事”，国美的雄起与没落——从首富到阶下囚的黄光裕的故事。

像大部分“富二代他爸”一样，白手起家的黄光裕也是家境贫寒，在最困难的时候，他甚至拾过破烂、捡过垃圾。终于，在16岁那年，初中还没毕业的黄光裕同学在无奈中把自己的校长炒了，然后跟着大他4岁的哥哥从广东潮阳老家北上，来到了“风吹草低见牛羊”的内蒙古，开始了他的职场生涯。

一年之后，也就是1986年，为了获得更大的发展空间，时年17岁的黄光裕又跟着哥哥南下，来到了祖国的首都。他们用自己在内蒙古打工时辛苦攒下的4000元钱，加上借来的3万元，在北京前门的珠市口东大街420号盘下了一个100平方米的名叫“国美”的服装店，开始了自己的创业之旅。

第二年，兄弟二人又将国美服装店变成了国美电器店，正式进入了家电零售业。凭着自己的商业天赋，他们很快兼并了附近的一些小店面，到1992年，他们在北京地区初步进行连锁经营，将自己旗下所持有的几家店铺统一命名为“国关电器”，就此形成了连锁经营模式的雏形。

所谓“同患难易，共富贵难”，在彼此都朝不保夕的时候，只有团结起来才能一起生存下去；当大家的羽翼都丰满了，必然都想“单飞”了——谁都不想让别人来指指点点，来告诉自己到底应该怎么生活。于是，到了1993年，随着财富的增长，由于经营理念的不同，两兄弟分家了。

结果，黄光裕分得了“国美”这块牌子和几十万的现金。也是从这一年开始，年仅24岁的黄光裕开始着手精心建造他心中的“国美帝国”。

中间的九曲回肠就不在这里赘述了，总之，凭着惊人的胆识和超强的领导力，到2004年，“十年磨一剑”的黄光裕以105亿的身价成为中国大陆首富。2008年10月，黄光裕又以430亿元财富第三次当上“中国首富”，而他的“国美帝国”业已建成，不但收购了永乐电器、大中电器，更是把唯一可以称得上“对手”的“苏宁电器”遥遥甩在身后！

但到达顶峰之后，就只能走下坡路了。仅仅一个月之后，黄光裕就因为经济问题从不可一世的“家电帝王”沦为了人人唾骂的“阶下囚”。这种从高潮到谷底的过山车式体验，任何人都难以承受，2009年4月，因不堪压力，他试图在北京的看守所内自杀，因被及时发现而未遂。虽然自杀未成，但在他来说，想必早已是痛不欲生了。

时光荏苒，到了2010年5月18日，结果终于出来了，因犯非法经营、行贿官员、内幕交易罪，黄光裕被判有期徒刑14年，并处罚金6亿元，没收财产2亿元。

但事情还未就此打住，黄光裕虽然进去了，但他一手创办的国美电器还在啊，由谁来操盘呢？

权力的真空必然导致争端与混乱的出现，于是，为了争夺对国美的控制权，黄光裕背后的黄氏家族与时任国美主席兼执行董事的陈晓展开了势均力敌的拉锯战：第一回合，陈晓胜出；第二回合，陈晓出局；第三回合，张大中出任国美董事长；第四回合……

还有多少回合要进行，我们不知道，孰是孰非，也用不着我们这些“局外人”去论断。现在，我们只看最后的结果：国美的内耗严重削弱了其自身的实力，原来只能跟在国美屁股后面的“家电业老二”——苏宁电器趁势而上，牢牢占据了头把交椅，并把国美遥遥甩在了身后，就像黄光裕曾经对苏宁做的那样！

看完黄光裕的案例，除了发些“三十年河东三十年河西”的感叹，我们是否看到了“领导力”背后隐藏的那股足以成就一切，也足以毁灭一切的巨大力量呢？

国美之雄起与没落，与黄光裕本人有着绝对性的关系，可以说是“成也光裕，败也光裕”。黄光裕为什么会失败，更确切地说——是惨败呢？

就是因为他让胜利冲昏了原本清醒的头脑，金银如山的财富、高高在上的地位，腐蚀了他那颗原本纯洁的心。“糖衣炮弹温柔乡，财富地位人中王”对一个人的毒害，真是甚于洪水猛兽啊！

除了企业领导者，那些国家领导人当中，因财富、权力和地位而“一失足成千古恨”的就更多了。

世界历史上，这样的例子也实在是太多了，比如德国的希特勒、意大利的墨索里尼、中国的秦始皇，还有那个被我们骂做“白脸奸臣”的曹操。

其实曹操这个人是很有本事的，凭着自己的卓越领导力，他消灭袁绍，统一了中国的北方。被称作“中国的脊梁”、生性耿直的鲁迅先生对曹操也是颇有几分敬佩的，他曾这样评价道：“我们讲到曹操，很容易就联想起《三国演义》，更而想起戏台上那一位花面的奸臣，但这不是观察曹操的真正方法……其实，曹操是一个很有本事的人，至少是一个英雄，我虽不是曹操一党，但无论如何，总是非常佩服他……曹操曾经自己说过：‘倘无我，不知有多少人称王称帝！’这句话他倒并没有说谎。”

既然曹操这么厉害，那他为什么会被后世骂做“白脸奸臣”呢？

其实在青年时期，曹操真可算作一个立志报国的爱国志士，他讨伐叛贼董卓、消灭盘踞北方的袁绍、统一北方，这些，对老百姓而言是有百利而无一害的。但当他统一北方，建立曹魏政权之后，他的野心也膨胀了起来，他企图篡汉称帝，让天下的老百姓都对着他喊“万岁万岁万万岁”！

这怎么成呢？这不是人人得而诛之的乱臣贼子吗！

究竟是怎么回事呢？

(2)把心中的“魔鬼”关进潘多拉盒子

读过《三国演义》的人都知道，曹操在官渡之战中用区区3万兵马就把袁绍的10万大军打得是落花流水，连北都找不着了。这次大胜，让曹操感觉是意气风发，扬眉吐气，可算是把这个死对头给咔嚓了！

这一年，曹操46岁。对于一个事业心极强的男人来说，这个年纪可以说是“正当年”，事业上一定已经是有所斩获了，身体虽然没以前那么生龙活虎了，但一定依旧是雄风犹在。这个年纪，可以说是一个男人的黄金年龄，对曹操来说尤其如此。

于是，打败袁绍之后，曹操是马不停蹄地乘胜追击。经过断断续续的八年抗战，到公元207年，他终于把袁谭、袁熙、袁尚等袁绍的几个儿子都给干掉，让他们去阴间孝敬自己的父亲去了。

也是在这一年,经过刘备几次三番的邀请,牛人诸葛亮出山了。这个孔明先生一来,立刻把刘备给"激活"了,经过他的一番调教,竟然让原本"名不见经传"的刘备成了跟当时的明星级企业家曹操、孙权齐名的人物!

曹操一看这情况,感觉很不爽:"我刚刚把祖国的北方统一了,原本打算顺势把占据江南的孙权干掉,然后完成祖国的统一大业,让老百姓过上幸福安乐的生活。怎么一夜之间,你一个编草鞋的小商小贩就成了国内一流企业的老总?我当初跟你青梅煮酒的时候,只是说你有当领导的'潜质',没想到,你还真'雄起'了!"

看着祖国的版图被这帮割据势力弄得七零八碎,曹操真是辗转反侧、寝食难安。于是,第二年,曹操就发动了旨在一统天下、实现和平的战争,他要一举把刘备和孙权干掉!

但天不遂人愿,虽然曹操雄心勃勃地亲自率领20万大军来到了赤壁,但诸葛亮一把火,就把这20万人烧成了灰。

曹操想:"这真是一报还一报啊!想当初,我用3万人干掉了袁绍10万人,现在,孙权跟他妹夫刘备用5万人干掉了我20万人。唉,什么也不说了,我还是回北方养老去吧。"

于是,曹操就灰溜溜地回到了邺城(打败袁绍之后,他把许都送给了汉献帝,自己搬到了袁绍的老窝,邺城。虽然当时名义上的"首都"是许都,但真正的"京畿重地""政治中心",却是邺城)。宅在家里无聊,曹操就命人在邺城的城市中心广场建造了一个铜雀台,一来可以在里面欣赏一下歌舞表演,二来,也是为邺城盖一座地标性建筑,丰富一下人民群众的文化生活。

我们知道,在赤壁之战以前,曹操的事业基本上是一路凯歌,而且他那个时候对汉献帝、文武百官的态度还不错,所以大家都觉得他是一个要匡复汉室、平定天下、统一国家的大英雄。但是赤壁之战以后,大家一看,原来曹操这个人也有失败的时候啊,心中的完美偶像就这么崩塌了。于是,有些人就开始说曹操的坏话,说他打了败仗还有脸整天吃喝玩乐,太不像话了!

曹操一看有人不服自己,也很生气:"这江山还不是靠老子拼死拼活打下来的，没有我，你们能这么悠闲自得地喝喝茶水、嗑嗑瓜子、发发牢骚吗?！你们还有脸教训我，是不是嫌脖子上的脑袋太沉了，扛不动了！你们不是嫌我大权独揽、专制独裁吗，我还就独裁到底了，你们能怎么着吧?！"

于是，在众人的一片叫骂声中，曹操耍起了领袖的威风。

公元212年，曹操让汉献帝告诉天下人，以后我曹操上朝的时候，可以"赞拜不名，入朝不趋，剑履上殿"。

什么意思呢?

我们都知道，古人的礼仪是比较多的，按照当时的规定，大臣们朝见皇帝的时候，主持仪式的司仪官要把这些大臣的官衔和名字喊出来。比如，如果曹操现在要去朝见汉献帝，司仪官看到曹操即将迈进金銮殿的时候，就要喊"武平侯，丞相，冀州牧曹操，参见皇上"；然后曹操就要跪下来，高喊我们已经耳熟能详的那句话——"吾皇万岁，万岁，万万岁"。

现在，曹操想要什么级别的待遇呢?

"曹操"这两个字不能喊了——"赞拜不名"。因为在古代，直呼其名是不礼貌的，只有上级对下级、长辈对晚辈的时候，才可以叫他的名。按礼节，作为上级的汉献帝当然应该对曹操直呼其名了，但曹操认为，你这个"董事长"的称谓都是我送给你的，是我把你从土匪手里救了出来，你凭什么对我这么没礼貌啊！于是，曹操就是想说明：我曹操跟你汉献帝是一个级别的，你只是名誉董事长，我才是握有实权的那个人。

什么叫"入朝不趋"呢?就是曹操觐见皇帝的时候，不用再一路小跑着过去了，像平时走路那样走过去就行。大家都是自己人，用不着这么客气。

"剑履上殿"就是可以带着剑，穿着鞋上殿。皇帝嘛，他活得很滋润，当然想多活几年了，所以为了安全起见，不能让人带着剑靠近自己，以防不测。所以大臣们在进宫门之前，都要把身上的佩剑解下来。而曹操现在就有资格带着剑去上朝了，这个表示自己高人一等。

那可以穿着鞋去见皇帝，这也算一种"特殊待遇"吗?

当然了。按照古人的规定，地位低的人见地位高的人，是不能穿着鞋的。至于为什么要做出这样一个规定，制定这个规定的人没告诉别人，可能只是他自己的一个特殊癖好；但还有一种可能，那就是为了不弄脏地毯，为了低碳环保。不管是什么原因吧，反正现在曹操是可以名正言顺地穿着自己喜欢的军旅靴“咚咚咚”地走着去见汉献帝了。

但实际上呢，曹操根本就不去见汉献帝，不去上早朝。你想想啊，汉献帝住在许县（在河南中部），曹操住在邺城（在河北南部），就算那时候有和谐号列车，曹操也不会每天都这么折腾啊！所以，所有这些只是一种“象征性”待遇，只是为了证明曹操的地位是很高很高的，差不多跟汉献帝是一个级别的——这就是曹操想要的效果——一人之下，万人之上。

但只有这种“象征性”待遇，曹操还是感觉不怎么过瘾，他还想再来点儿“实惠的”，来点儿更刺激的。曹操还想干吗？他想让汉献帝封他做“魏公”。

我们知道，古代诸侯的爵位是“公、侯、伯、子、男”五个等级，曹操就想要那个最高的等级——“公”。这个“公”可不是“公公”的“公”，曹操早就当够了被人唾弃的“太监的孙子”（曹操的父亲是一个太监的养子），他要的“公爵”！

这个“公爵”可了不得，如果被封做了“公”，不但意味着他会得到很多封地、金银，更重要的是，他就可以拥有一套属于自己的领导班子，建立一个属于自己的国家和政府，在大汉王朝中建立一个“国中之国”，那样的话，他也就成了实际上的“国王”“皇帝”了！

由于天下人的反对，虽然曹操最后并没有“称帝”，但他却是“实际的皇帝”：

公元213年5月，曹操被汉献帝封为魏公，加九锡（九锡是九种特殊的待遇，一般来说，加了九锡以后，离篡位就不远了）；

一年之后，公元216年5月，曹操被晋封为魏王，这打破了汉高祖刘邦定下的“异姓不王”的规矩——一个姓曹的，成了“王”；

公元217年4月，曹操设天子旌旗，出入警戒清道，同年10月，曹操之冕用天子配置——12旒（《周礼》中规定，“天子之冕十二旒，诸侯九，上大夫七，下大夫五”），备天子乘舆。

可以说，晚年的曹操实际上已经成为实际上的皇帝了，甚至比皇帝还皇帝，还有范儿！

那么，作为雄霸一方的英雄人物，曹操为什么在晚年会成为一个嗜血成性、杀人不眨眼的希特勒式的“大独裁者”呢？

所有大独裁者的出现，都是因为物极必反。

当站在权力的顶峰，当拥有了属于自己的帝国之后，领导者的自我意识往往会无限膨胀，成功的喜悦和权力的诱惑往往会冲昏他们那颗原本非常清醒的头脑，会让他们目眩神迷、迷失自我，让他们无视他人的生命、他人的权利，让他们把自己心里边一直隐藏着的“魔鬼”释放出来！

我们看看历史上那些极权主义者，比如秦始皇、希特勒，这些被人们所崇拜的统治者在得到所有的权力之后，就全然忘记了他人的权利，变得凶狠、霸道起来。

可以说，绝大多数位高权重、威望极高的领导者都不能逃脱这个宿命，这，也许是人性当中固有的弱点！

人，往往不肯急流勇退，总是想“登峰造极、臻于极致”。最好的例子，就是我们中国历史上的那些“太上皇”们，为什么在得到那种“终极领导力”之后，他们甘心“退居二线”呢？

他们那么做，根本不是心甘情愿的！

他们之所以放弃皇位、走下神坛，往往都是迫不得已的，或者是因为年纪实在太大了，身体支撑不住了；或者是因为局势所逼，他们的皇太子们等不及了，逼着他们退位；或者是权力旁落，没人支持他了……总之，他们基本没有“自愿”当所谓的“太上皇”的，没有想把手里的权力送给哪怕是自己的亲骨肉的，没有想什么都不操心、好好“享清福”的——都是被迫的，情非得已。

而那些极少数甘心“退居二线”的，也是在这样的前提下“功成身退”的——虽然自己不在位了，不是“一把手”了，但所有的权力，仍然牢牢攥在他手中，他仍旧在“垂帘听政”。

其实权力，就像美人，总是让人欲罢不能、难以抗拒。对于普通人，我们还可以用道德的力量、舆论的力量去震慑他，让他有所收敛，不敢肆意妄为；但对于企业领导者、国家领导者，道德与舆论的力量与作用就微乎其微了。所以，在某个人的领导力达到一个极限之后，一定要加以控制，否则，必然会产生很大危害（当没有任何人、任何事能限制住他的时候，他就很难再控制住自己，控制住自己心里边的“魔鬼”）。

因此，无论是作为领导者还是作为一名普通民众，我们都必须警惕“权力的集中”，我们都不能过于“崇拜”自己的领导——如果你把他人当作自己的信仰，人家也许就会把你当作听话的奴隶。

因此，我们必须具有独立思考的精神，必须具备一定的“反领导力”——在工作、事业上，我们可以有自己的“领导”；在精神、灵魂上，我们必须“独立”。只有这样，我们才能真正善用自己的领导才能。

比如希特勒，他的领导力就很强，在他身边的，都是一些专家、学者，是一批很有思想、能力的人。但结果呢，还是被人家利用了！这就提醒我们，就算我们具备了超一流的领导力，站在了权力的顶峰，还是要保持一种平和的心态，不能目空一切、忘乎所以、颐指气使。善待他人，就是善待自己，任何时候都是这样。

所以，作为下属，我们在为自己的领导尽心办事的同时，别忘了，不能把自己的全部希望完全寄托在领导身上。没有谁能够真正帮助你，如果你不懂得“自助”。

“警惕领导”的目的，就是为了实现“自己做自己的领导”，不在心理上依赖任何人，自己做自己的主人——这就是领导力的终结，就是把我们心里边的“魔鬼”关进了潘多拉盒子。

最后加一句，那些独裁主义者往往就是那些遭受“自卑情结”之苦的人：为了隐藏他们的自卑感，他们生硬地把他们的优越感加上去，想要证明他们是某号人物，他们的话是真理、法律；然而在内心深处，他们是非常自卑的人，他们知道，其实自己什么都不是……

二、鬼由心灭：在宁静中找回自己

在上一章当中，我们说到了如何获得“终极领导力”，如何领导他人思考，如何成为“振臂一呼，应者云集”的领袖。

在本章的上一节当中，我们紧跟上一章的内容，说到了“迷信权威，崇拜领导”产生的巨大危害，说到了对权力的过度集中的限制，说到了时刻警惕心中的

“魔鬼”。

过度迷恋权力与地位的危害，过度放纵自己的欲望的危害，我们已经知道了。但作为领导者，我们怎样才能避免重蹈覆辙，怎样才能站在权力、财富的顶峰之后顺利从那个“山顶”走下来呢？

这就要听听鬼谷子的教诲了，他说：“成而不居，久而化成。”

意思是说我们很多人只知道“进”不知道“退”，所以他们追求财富、攫取权力、占据高位，一刻都不能停歇。但汲汲营求，不如坐而论道，要知道，月满则亏，水满则溢；如果过于快乐，人就会迷失在其中——乐极生悲；如果事物太美好了，它必定会开始败坏。

这就是自然循环的大道，任何事物都不能违背这个法则，为人之道，处世之道，亦是如此。稍微留一点分寸，成功了也不居功自傲，最后得到的往往是海阔天空。

(1)吃饱了，要晓得放碗

“花未全开月未圆”，这往往是人间最好的境界：花一旦全开，马上就要凋谢了；月一旦全圆，马上就要缺损了。美好的东西一旦得到，到达了顶点之后，这种美好就会渐渐流逝。而未全开、未全圆，仍使我们有所期待，有所憧憬，这不是更好吗?!

所以，没有良好的道德操守，就不要运用鬼谷子说到的这些诡计，只有“术”、没有“道”，就如同无本之木、无锚之船，只能走向毁灭。鬼谷子的两个高徒，苏秦被车裂而死，庞涓被乱箭射死，而唯独鬼谷子隐居全身，修身养性，为什么师徒之间最后得到的结果如此不同呢？

因为只有鬼谷子知道，天地万物、阴阳循环，邪永远不能胜正。要想颐养天年，就必须合与天地大道，功成弗居。

这个简单的道理，似乎我们谁都知道，但历史上，有谁真正做到了呢？有谁在无上的权力、地位、财富面前毫不动心，很好地控制住了自己心中的“魔鬼”，很好地克服了人性当中的弱点呢？

少之又少，可以说是凤毛麟角。

因为在这个超级复杂的世界，我们已经不再习惯那种单纯、简洁。有人说"真理很简单，要做到却很难。为什么这么难？因为太简单，简单得难以置信"，感觉形容得很贴切。对我们很多人来说——小时候，幸福是很简单的事；长大了，简单是很幸福的事——就是这样，就是这么简单！

我们很多人，已经在这个复杂、混乱的世界彻底迷失了自己，忘记了，什么才是真正值得自己去珍惜的，什么才是那个"最初的梦想"。

说到这里，想到了协助秦始皇统一天下的秦朝丞相（相当于秦朝的CEO）李斯，他可算是一人之下万人之上了，财富、权力、地位——"一个都不能少"。但结果呢，还是被宦官赵高"腰斩于市"了。

不过，这个李斯还是有几分胆魄的，临刑之前，他对自己的儿子说："儿啊，老爹现在要死了。对死，我是无所谓的，一了百了！我就是惦记着咱们家的大黄狗——阿毛啊！如果在临死之前能牵着阿毛去市东郊的树林子里再追一回兔子去，其乐何如啊！唉，可惜，一切都晚了……"

我们很多人就像李斯这么搞笑，不咽气儿，那颗贪求功名利禄、享乐富贵的心就是停不下来。仔细想想，人们说的"知足常足，终身不辱；知止常止，终身不耻"，还真是很有道理。

或许，坚守"中道"是我们唯一的选择：想要保持盈满的状态，不如适可而止；锻打利器使之尖锐，那它就不能保持长久；金玉满堂、长命富贵的"完美命运"，怕是很难降临到我们头上的；富贵而又目中无人，那就是自取灭亡！

所以，功成身退，这是亘古不变的道理。这个道理其实也很简单，说白了，就是"吃饱了，要晓得放碗"！如果你明明已经吃饱了，还端着饭碗不放，不想把它让给别人用，这未免就太自私了。而极端自私自利的人，往往没有什么好下场。像李斯、曹操那类人，即便他们位极人臣，又能怎么样呢？还不是因为自己的傲慢自大、无视他人而不得好死，而被后人唾骂！

所以，作为领导者，我们不能总想着如何牢牢把持住屁股底下的位子，所谓物极必反，到了一定岁数、一定程度，就应该主动让权、主动放权，这样，才能让年轻人有更好的发展机会，自己往往也会因此得到一个更好的结果。比如张良和韩信的不同命运、不同结果。

他们二位都是刘邦手底下的股肱之臣，张良擅长谋略，韩信擅长作战。在帮助刘邦夺取天下之后，能谋善算的张良知道“飞鸟尽，良弓藏；狡兔死，走狗烹”的道理，把鸟打尽了、打完了，那良弓自然就没用处了，兔子死了，那猎狗自然也没用了，不如吃狗肉了！所以，张良很快就归隐山野了。

事实也证明，“运筹帷幄之中，决胜千里之外”的张良的选择是非常正确的。因为当上皇帝之后，刘邦很快把那些帮助他建功立业的大将们给咔嚓了，就像后来赵匡胤的杯酒释兵权一样。

但只知道领兵作战的韩信哪里知道这道理，玩政治手段，他完全是一门外汉！看着当初跟自己并肩作战的朋友们一个个被刘邦“消失掉”，他还是毫无危机感，认为这些事儿跟自己没一点儿关系。

看着韩信这位大老粗，在悄无声息中，刘邦一步步把他推上了断头台。开始的时候，刘邦把当时还是“齐王”的韩信封为“楚王”，使他远离自己的发迹之地；然后，又有人“适时”告发韩信“谋反”，刘邦又趁机把将他贬为“淮阴侯”；不出几个月，刘邦的妻子吕雉又以谋反之名将韩信诱至长乐宫杀死。

刘邦在公元前202年得天下，韩信在公元前201年身首异处，这对“共患难”的君臣在天下大定之后只“同富贵”了一年多一点的时间！

其实在历史上，像韩信这样不知道“功成身退”的道理的“牛人”还大有人在。

比如春秋时期的一流谋士文种。虽然在越王勾践卧薪尝胆力图灭吴的过程中，他发挥了无可替代的巨大作用，但勾践这个人可以共患难，不可同富贵，吴灭后，勾践妒忌文种的才华，怕他谋反，结果就把他赐死了。

文种

比如战国时期的白起。因为杀人太多，他被人称作“杀神”“人屠”，并且无论遇到什么情况，他都非常沉着、冷静，似乎一切都在他的把握之中，因此他总是受到秦国锐士的无限崇拜。作为一名一流的武将，他可谓是生杀大权操于一手,秦赵长平之战,他一下就坑杀了40万赵兵,使得赵国10年之内无精壮之兵,赵国人一听到白起的名字,更是吓得闻风丧胆——想当年,他是何等威风!但可惜的是,他不但功高盖主还不谙政事,不听从皇帝老子的命令,结果,当然是以死告终了。

比如明朝开国将领徐达。他帮助朱元璋平张士诚、诛陈友谅,南征北讨,并最终结束了蒙古对中原数十年的统治,一统天下。由于功勋卓著,他跟刘伯温、常遇春等人被朱元璋封为开国元勋。但朱重八疑心病很重、反复无常,对谁都不相信,结果那些开国大将都被咔嚓了!

这些人,可以说是死于最高领导人的愚昧昏庸,也可以说是死于他们自己的恃才傲物、恃功傲主,他们一味进取、攫夺,不懂得适可而止、谦卑退让的道理。如果他们也像张良那样,深谙鬼谷子"功成不居"的谦和守中之道,大概也不会落得"功成身败"的悲惨下场了。

(2)你"已经"拥有了一切

但历史是没有"假如"的,该发生的,已经发生,无论你怎么努力,也无法让逝去的流水重新回到某年某月的某一天。有人说,这是光阴的残酷,失去的,你永远会失去;有人说,这是岁月的慈悲,正是因为世事无常、往者不复,所以,一粒种子会长成一棵古树,一个婴孩会成为一位智者——如果岁月停歇了,流水静止了,怕我们这个三维世界,我们自己——也就不复存在了。

但或者,"时间"的存在,本来就只是我们的一种"错觉"?

"时间"在哪里呢?

肯定不在过去,更不在未来;唯一存在的,是当下。

但哪一刻是我们所谓的这个"当下"呢?

是前一秒钟,还是我现在正在打字(您正读到这里)的这一刻?如果是,那现在——它已经是"过去式"了,已经不是"当下"了。

其实时间,是不存在的,它只是我们的一种感觉而已。比如当我们全身心听自己喜欢的音乐的时候,在听音乐的"当时",我们一定是感觉不到时间的流逝的,因为我们已经完全融进了音乐当中,我们已经完全忘记了自己的存在——我们自己都“不存在”了,都“消失”了,时间当然也就“消失”了。

这就跟我们睡觉的时候一样,在睡梦当中,我们是意识不到时间的流逝的,因为那时候,并不存在能够感知时间的流动的“主体”(指我们的“意识”停止了活动,从而不再能够辨知任何事物)——“我”消失了。

但或者,“我”的存在,本来就只是我们的一种“错觉”?

“我”在哪里呢?

这个身体,只是一堆血肉罢了,里边并没有那个所谓的“我”;而思想、意识、心灵,也不过是一些散乱的思绪、意识的碎片、无常的情绪,当中也没有一个固定不变的“我”。比如第一次见到某个人,我们可能感觉他很讨厌,那时候,我们认为自己不喜欢他;但经过一段时间的接触,我们发现这个人很重情义、很实在、很值得交朋友,于是,我们又喜欢上了这个人。

这种情况,很常见了,那么,我们究竟是喜欢他还是讨厌他呢?

从这个很小的事情当中我们可以看出来,我们对人、对事的想法、看法是不断变化的,随着情境的不同、认识的深浅、心情的变化,我们会对同一个人、同一件事在不同的时间做出不同的价值判断。所以,如果我们认为所谓的“我”是指思想、意识、心灵,这也是站不住脚的——思想、意识、心灵是瞬息万变的,而我们心目中的那个“我”,是恒常的。

我们的身体,会由婴儿变成少年,由强壮变得衰老,它是时刻变化的;我们的心灵,也是时而欢喜,时而悲伤,时而坚定,时而彷徨,它也是时刻变化的。那么,我们心目当中那个固定不变的“我”,在什么地方呢?

不好说。

物理学家史蒂芬·霍金曾经说过这样一句话:“我们人类究竟存不存在,这是有待研究的。”

《前世今生》这本书里边说:“人生是无尽的,我们不曾真的死去;也从未真的出生,我们只是度过不同的阶段,没有终点。人有许多阶段,时间不是我们所看到的时间,而是一节节待学的课。”

《一味》这本书里边说:“处在一味中,你可以一口饮尽大西洋的水,一口吞进整个宇宙,超级新星在你的心中生灭,你觉得那不断运转的银河就是你的头,这一切都像知更鸟在水晶般清澈的黎明唱出的歌声一样清纯。"

克里希那穆提说:"事实上只有倾听,而故事并不存在。"

……

好像越说越玄了。其实唯物论也好、唯心论也好,科学也好、宗教也好,它们本质上是不冲突的,只是彼此看待事物的角度不一样。只要我们不用自己掌握的知识去祸害别人,不用自己的价值观去诋毁别人的信仰,不因为自己是基督徒就仇视伊斯兰教徒,那就算我们的"自我认识"提高了。

说这些,是因为鬼谷子的学说当中包含着一种"天人合一"的思想,无论我们是否认同他的这个观点,都不妨持一种"开放"的心态——因为关于这个玄妙的宇宙,关于我们自己,我们不知道的永远比知道得多。

有谁真正解开宇宙的奥秘了呢?

有谁真正了解自己了呢?

既然不了解,那就怀着一种"开放"的心态,开始属于我们每个人自己的探索之旅吧。

只有我们真正认识了自己,心中的"魔鬼"才会真正消失。

或许到时候我们会恍然惊悟:

原来,这个所谓的"魔鬼"从来没有真正存在过;

原来,一切博弈、斗争都源于我们内心的混乱、分裂;

原来,生存的智慧就是平静、祥和地活着,没有痛苦、纠结、博弈,没有魔鬼、天使、上帝,没有你,也没有我,清风明月,流水落花,一切无须寻觅,无须占有,因为原本——我们已经拥有了一切……

第八篇 鬼谷子的说服谈判智慧

第一章 捭阖——天地之道

《鬼谷子》第一篇,探讨贤能之士在进行传播活动时,如何能够了解对方的志欲和事实的真相,作为进一步说服或决策的参考。这个有助于正确解读讯息的方法,就是运用天地阴阳之道的捭阖。

一、何为捭阖

鬼谷子在《捭阖第一》提到的捭阖,有下列三个定义:

(一)"捭阖者,天地之道。"

(二)"捭阖者,道之大化,说之变也。"

(三)"捭之者,开也、言也、阳也;阖之者,闭也、默也、阴也。"

鬼谷子认为,"捭"是开启、说话,也就是象征主动进取的阳;"阖",是关闭、静默,也就是象征柔和防守的阴。

人与人之间进行传播活动时,传播者把他所要表达的讯息,透过语言、动作,告诉受播者,这就是"捭"。传播者发出的讯息,可能是说出一个想法、一件事实、一个建议,也可能是一个疑问。受播者听到或看到这个讯息后,可能了解意思,也可能不了解;可能有反应,也可能没有反应(其实,没有反应也是一种反应。可能表示不了解意思,也可能故意不回答)。受播者回答,说出他的意念,也是"捭";如果受播者不说话、不做出任何表情,即是"阖"。他的目的如果是希望传播者继续说话,以便说清楚一些,把内心的真话和实情都说出来,则受播者是运用"阖"的方法来拨动传播者,就是"阖而捭之",表面上是"阖",其实是

"捭"。

同样地，传播者在得不到对方的语言反应时，如果也保持静默，却以怀疑或坚定的眼光看着对方，即表示希望对方回答，或表示怀疑对方是否听不懂。对传播者而言，这种沉默的注视，即是"阖而捭之"。如果传播者说完话后，即走开，或把眼光转向别的地方，可能是"捭而阖之"，意思是传播完毕，不用回答。

传播是进攻，沉默是防守，所以，捭是阳，阖是阴。

捭阖怎么会是"道之大化、说之变"呢？捭阖的奥妙，在于运用天地阴阳变化的道理，阴阳互动互求，传播与受播交互运作，使谈说的方式有变化，如同四季有变化，自然而不忤逆。

鬼谷子认为，圣贤之士，立足天地间，应该做众人的表率，体会天地阴阳之道，预知存亡的关键，思考测度万物兴灭的原因，通达人心变化的道理，掌握人事变化存废的门户。而捭阖是进出人心、了解其意念的门户，如同天道运行，奥妙变化，自然无痕，所以说："捭阖者，天地之道。"

那么，捭阖究竟是什么？就是传播与沉默交替运用，以了解事实真相与人心意念的方法。

二、捭阖的原则

分析《鬼谷子·捭阖篇》，可以归纳出下列五点捭阖的理论：

1.事实真相与人心意念是可以探知的

口，是说话的器官。人类的思想、意念、欲望、智谋经由心灵孕育，再由口舌以语言宣示表达出来。有时候，虽然没有说出，但是，他的眼神、脸色、表情甚至无意识的动作，都可以在无意中透露出内心的感受，让细心的人获得讯息。所谓眉目传情、拈花微笑，都是讯息的非语言传播。所以，鬼谷子说："口者，心之门户也。心者，神之主也。志意、喜欲、思虑、智谋，此皆由门户出入。"

因此，从事说服传播或谈判时，除了注意对方的谈话内容外，也应注意对方的脸色、表情、眼神、手势等非语言传播所透露出来的讯息，作为判断对方心意志欲变化的参考，以便进一步进行更合乎需要的说服与谈判。

不过,有些人性情内敛,喜怒不形于色,或奸诈深沉,故意做出相反的表情、说出相反的话,传播者在面对这种人时,必须更用心揣摩体会和观察,才能发现蛛丝马迹,才能突破心防。

有时候,谈判双方或受播者会有语意上或非语言的故意与无意的暗示,传播者必须立即体会,才能达成说服与谈判的最高境界——天道运行,自然无痕。

2.人性有差,捭阖有异

人有天生的智慧与愚昧,经过后天环境的教养影响,会产生勇敢与懦弱、贤能与不肖、仁义与残暴的不同人格。有的人愚直,心口合一,说话完全反映内心的志欲与思虑。有的人狡猾,心口不一,说的是一套,做的却是另一套。有的人勇于表达内心的想法,因此容易得知他的真正心意;有的人内心想要或不要的,由于外在因素的影响,使他不敢反对或赞成,以致态度与行为不一致或是虚假的一致。因此,鬼谷子认为:"夫贤、不肖,智、愚,勇、怯,仁义有差,乃可捭、乃可阖;乃可进、乃可退;乃可贱、乃可贵。"

人生处境有顺逆,有的人享尽荣华富贵,有的人功成名就,有的人长寿健康,有的人富甲天下。但是,也有人穷途潦倒、贫病交迫、有志难伸、悲守穷庐,甚至惨遭刑戮。

凡人都希望避凶趋吉、离贫致富。虽然也有超凡入圣之士视名利如尘土,富贵不能淫、贫贱不能移、威武不能屈。但是,顺其道而行,照他的心意理想去做,还是可能获得共鸣。

因此,不同的人性、不同的处境,也有不同的捭阖方式与原则,谈说的内容也会有变化。说服与谈判的目的,在促使对方接受我方的意见,开始去做或不去做某件事;传播的目的也是如此。如何了解对方的性格、态度、处境、心意,除了事前搜集资料外,从言谈捭阖中也可得知。

3.谈说内容可分阴阳

鬼谷子将世间之事分为阴阳两大类,凡是顺境美好的一面,都是"阳",逆境不利的一面,都是"阴"。

他说:"故言长生、安乐、富贵、尊荣、显名、爱好、财利、得意、喜欲,为阳,曰始。”

名利可激发人的潜力,使人起而行,贫贱也会使人产生脱离困境的动力,开始去做上进的事。例如,苏秦说秦失败,大困而归,妻不下织机,嫂不为炊,激使苏秦闭门读书,终于说服山东六国合纵抗秦。

根据笔者《先秦合纵连横说服传播的研究》,苏秦对六国诸侯的谈话内容,是塑造暴秦的不利形象、加强六国力能抗秦的形象。也就是让六国了解合纵抗秦可获利,事秦则会遭到悲惨的命运。张仪对六国的连横说辞,正好与苏秦的说辞相反。

鬼谷子说:“故言死亡、忧患、贫贱、苦辱、弃损、亡利、失意、有害、刑戮、诛罚,为阴,曰终。”

始,是促使对方开始去做某事。终,是促使对方终止行动。有利则始,不利则终,也是人之常情。所以,鬼谷子说:“诸言法阳之类者,皆曰始,言善以始其事。诸言法阴之类者,皆曰终,言恶以终其谋。”

处于顺境的人,希望加官晋爵、步步高升、利上加利、宏图大展,这是社会的常态;处于逆境的人,希望脱离困境、走向成功之坦途,也是值得鼓励的。因此,要说服顺境之人,应该以更崇高有利的目标为主导,使他有机会更上一层楼;要说服逆境之人,可以脱离逆境之事为主导,使他不愿再处于逆境。这也就是鬼谷子所说的:“捭阖之道,以阴阳试之。故与阳言者,依崇高。与阴言者,依卑小。以下求小,以高求大。由此言之,无所不出,无所不入,无所不可。”

4.谈说之术依其情境而为

处于顺境的人,如非曾经沧海、历尽艰辛而起家,通常对于逆境之苦,难以体会。不过,脱离苦海、避凶趋吉、事事如意、步步高升,乃是人之所欲。对阳境之人,必须以更大的名利与发展来诱导才能动心,必须使其避祸趋福才能改变其心志(意志坚定者仍可顺其道而行)。

处于逆境的人,对于挫折困辱感受最深,如非心志远大、甘于受困,否则凡人皆思脱离困境,走向成功发达之路。因此,从他的逆境谈起,了解其感受与期望,再针对他的需要,提出建议,必可使其接受。这就是欲其向阴,必不接受;欲其向阳，必不排斥。凡是欲使人损益、去就、向背，都可以用阴阳的利害关系来说服。所以，鬼谷子说：“为小无内，为大无外；益损、去就、倍反，皆以阴阳御其事。”

为什么阴阳之道能使人听从建议呢？鬼谷子解释说，说以有利之事，给予好处，是给予恩惠，也就是使双方都觉得有利，套句现代术语就是“双赢”。说以可能之祸患，是使对方感到形势不利而停止某一行动，而采取另一比较有利的行动，这是形势促成的。将名利之事给予困境之人，是施予恩德，比较容易。在逆境之人要走向顺境或以祸患来威吓，都是以力来主导，是需要相当的能力和努力的。如何了解阴阳之互相需求，就必须依赖捭阖来探知对方的志欲与真情了。这也就是鬼谷子所说的：“以阳动者，德相生也。以阴静者，形相成也。以阳求阴，苞以德也，以阴结阳，施以力也。阴阳相求，由捭阖也。此天地阴阳之道，而说人之法也。”

5.捭阖的运用技巧

捭阖可运用于传播、说服，也可运用于听言决策，或运用于谈判。当运用于说服、传播时，传播者或主动、或被动地提出建言献策之前，必须运用捭阖的技巧去试探、了解对方的心志、好恶，以及对所欲说服之事的态度，作为建言献策的根据。对方如果搭腔，或有任何表情，即是发出讯息（无表情无言语也是一种讯息），传播者即成为受播者。因此，传播者与受播者的角色是经常互换的。

捭阖也可用于口试、访谈，以决定人事进退。主谈者从对方的谈话与答辩中，可看出真情实意，判断其是否有见识、有能力，合则用之，不合则退。所以，鬼谷子说：“皆见其权衡轻重，乃为之度数，圣人因而为之虑。其不中权衡度数，圣人因而自为之虑。”

如何运用捭阖？鬼谷子的说法是：

（1）“审定有无，与其实虚，随其嗜欲，以见其志意。”

听言之际，应从言谈中去判断对方有无才能、所谈事情虚实真假，顺着他的嗜好欲望去谈，使他能充分表达意见，如此才能知道他的真正意图和心意。

古人说，“言多必失”，话说多了，不但会在无意中表露真相，也会因先后矛盾而留下破绽，听言者即可从中判断所言是否属实、有无隐情。

(2)“微排其所言而捭反之，以求其实，贵得其指。”

传播者在建言献策、意图说服时，通常都会说出一篇大道理，尽量自圆其说。受播者为了解真相虚实，在觉得某一论点可能有问题时，可在适当时机提出疑问或反驳，使他提出答辩，这就是“微排其所言而捭反之”。

其实，促使对方答辩、解释，也就是要求对方提供更多的资料讯息，以供判断事情的真相。解释得愈详细，对事实的界定，自然愈严谨清晰。如果传播者有意歪曲事实或隐瞒真相，也会在质疑答辩中露出蛛丝马迹。这种搜集资料的方法，在谈判过程中是非常重要的。愈能诱使对方说出实话，愈有助于判断对方的底牌：

(3)“阖而捭之，以求其利。”

阖是沉默不语、静听、不表示意见或态度，目的是促使对方继续说下去。

通常传播者在进行说服传播时，如果遇到对方静听、不置可否、没有反应等情况，他会再想出别的理由，或分析利害、或详述计策，以求对方接受。听言者如果过度沉默不反应，传播者在自我判断传播无效的情况下，可能会停止传播、放弃说服。因此，听言者必须在静听之后，设法以可了解的方式，如颔首、提问题，以鼓励对方继续说下去。

必须注意的是，听者点头，并不表示对方同意你的说法，即使对方一再说“对、对”“是、是”，那也可能只是他的口头禅或希望你继续说下去的虚词罢了。因此，在判断对方的真实反应时，必须去除那些不能确定的因素和可能的误解，尤其是不同文化之间的传播与谈判，更须事前了解可能的差异。美国学者爱德华·赫尔(Edward T.Hall)在其著作《无声的语言》(The Silent Language)、《文化之外》(Beyond Culture)有详细的论述。

(4)“或开而示之，或阖而闭之。”

“开而示之”是受播者搭腔、说话，表示对传播的内容或对传播者有兴趣，谈得投机，这是表示“同其情”，也就是双方情境志意相同，目的是使传播者继续说下去，使对方了解双方有共同的看法或利害，有“求同存异”的可能。

“阖而闭之”是双方有不同的看法，听言者采取只听不说的态度，使传播者了解受播者的态度。有时候，受播者为了探知对方的诚意，也会采取“阖而闭之”的态度，如果传播者表现出真诚的心意，受播者也会欣然接纳，例如“程门立雪”，程颐瞑目而坐，阖而闭之，雪深及尺，求师者不去，终获程颐接纳，收为门下。所以，鬼谷子说：“捭之者，料其情也；阖之者，结其诚也。”

谈判时，对方对某一议题听而不说，或是根本拒绝谈判，都是“阖而闭之”，显示双方尚有差异，目的在探测对方是否有诚意，要“听其言、观其行”。至于要不要表现诚意，那是战略的问题了。

(5)“即欲捭之，贵周；即欲阖之，贵密。”

受播者要不要接受说服传播，也是一种艺术。建言献策，有可用、有不可用，必须先察明传播者的动机、立场、策略执行后的因果关系。如果策略可用，必须先求得计策周延完善，运用捭阖的方法，可使传播者逐步说出完整可行的计策，否则，稍有漏洞闪失，即非良策。所以，“即欲捭之，贵周”。

对于不可用的策略，也不要马上当面拒绝，目的是留下再思考的空间。当面排拒，会阻断言路，传播者下次可能不再建言献策了。受播者运用捭阖，可使对方尽言，微排其言而捭反之，也可使对方在辩论中发现计策的缺失，自行了解策略不可用。如果传播者坚信策略可用，却不符合受播者的需要，此时，受播者以不置可否的方式处理，一方面可留供再思考，另方面也不会立即使对方感到挫折、失去颜面，是一种隐秘的方式。因此，“即欲阖之，贵密”。

总之，捭阖是说服传播进行中，探知真假虚实的重要与必要的方法，变化无穷，奥妙无比，是万事之先，也是立足天地寻求发展的关键门户。掌握捭阖的诀窍，即可说人、可说家、可说国、可说天下。

第二章　反应——听言之道

《鬼谷子·反应篇》探讨的是听言的秘诀。人君听言，慎思明辨，反应妥当，即是明君贤主，否则，不明事理，受人蒙蔽误导，或一味排斥建言，乃成昏主暴君。即便是两方对峙谈判，一方发言，另方听言，听者也须冷静分析对方言辞动作的含义,才能做出正确的判断与反应。

自古注解《鬼谷子》者,多认为《反应篇》应该是《反覆篇》才是,因为宋朝《太平御览》卷四六二引自《反覆篇》,本篇第一段讨论的也是有关反覆的问题。其实,纵观全篇探讨的范畴,"反应"涵盖的内容更广泛。

本篇论述听言的六项原则,兹分析如下:

一、反覆——反以知古,覆以知今

鬼谷子认为,古代圣贤顺应天道,治国导民,化育万物,凡事力求合道。天道运行,必有迹象可循。圣贤处事治国,可以反观以前的成败得失,再据以推断目前的情况与处理方式,以及可能产生的因果,即可了解未来可能发生的情况与成败。

反覆就是一再推验,以得其实,以知其意。所以,反观往事可知古,覆验当世可知今。察看某人过去的行为,即可推断他的为人。看看他人的成败原因,即可知道自己是否犯了相同的过错。

不论是部属建言献策,或是谈判对手提出意见,凡是动静虚实不合常理的,都应一再反覆推论求证,若有从往事获得印证的,还要了解是否符合天理或客观形势,追问探索,如此必可了解真相。

所以,鬼谷子说:"人言者,动也。己默者,静也。因其言,听其辞。言有不合者,反而求之,其应必出。"

二、象比——言有象,事有比

听人言谈,要注意对方言辞中有无象比,以便更精确地掌握语意。

鬼谷子说:"象者,象其事;比者,比其辞也。"对于某些抽象的言辞,要用象征的方法来使语意更具体、更易了解。有些事情也可用比拟、比喻的言辞来精确说明。

例如,说到自由民主,各国都有不同的解释和不同的实现程度,在谈论或谈判时,必须正确厘清它的含义,否则会有不同的解释。

听人建言献策,也是如此。传播内容中如果有抽象的言辞,则必须反覆求证其真正的意义,即使是故意设下模糊的空间,以便各说各话,仍应在谈判时清楚了解彼此真正的意思,获得共识与默契,以免将来执行时产生严重的误差。

三、钓语——以无形求有声

鬼谷子说:“以无形求有声。其钓语合事,得人实也。”

钓语的目的,是让对方说话,以得其实情。

鬼谷子认为,听言之道在反覆,反观过去,覆验将来。不过,有些策略言辞不合常理,必有缘故。可能是奇策,也可能是误失。为了解事实真相,听言者可反而求之,其应必出。

反而求之的方法,除了自己慎思明辨,反覆思考外,也可以捭阖的方法,钓出真话。钓语的最高意境是“以无形求有声”。沉默不语是促使对方说话的方法之一,如果能够不露痕迹地诱使对方吐露真情,则境界更高。说到对方的心事,或符合对方的真正意图,则真相自然露出。这就是鬼谷子所说的:“道合其事,彼自出之,此钓人之网也。”

四、善变——变鬼神以得其情

鬼谷子说:“其不言无比,乃为之变,以象动之,以报其心,见其情,随而牧之。”

高手说话,有时不愿立即说出真意,必须听者冷静思考,才会恍然大悟。因此,听者为求了解真意,必须反覆钓语。如果对方不再言语,也不给予任何比喻,听者必须改变方法。

例如,《左传·宣公十一年》记载,楚庄王举兵入陈,讨伐夏徵舒弑陈灵公之乱,因而并陈为县。楚大夫申叔时使齐回复,见楚王而不贺,不谈县陈之事,这就是“不言无比”。楚庄王质问原因,申叔时才从容以“蹊田夺牛”为比,劝谏庄王复封陈。当申叔时不言无比,楚庄王乃为之变,质问原因也是变的方式之一。对申叔时来说,不言无比,以待庄王开口问,攻守易势。急急忙进谏是人臣求君主听言,听否不可知。不言无比以钓君疑,人君既问,人臣顺水推舟,有象有比,听者比较容易接受。对庄王而言,也因此而得以了解真相,做出有利的决策。

当双方谈判,有一方摆明只听不说,另一方则侃侃而谈,此情此景,想必各有所取。只听不说的一方,目的在摸底,企图了解对方的需求,以作为己方出牌的参考。或者是因为尚未准备好,尚无对策,但又不便拒绝谈判,因此只听不说。侃侃而谈的一方,易守为攻,既已提出对策,已收传播之效,且看对方如何回应,从对方的听言态度、面部表情,及其他非言辞的反应,也可掌握部分讯息。这就是“其不言无比,乃为之变,以象动之,以报其心,见其情,随而牧之”。

变,是更换方式,改变形势。善变的人,必能掌握变化莫测的道理,以探得实情,作为判断的基础,掌控机先。因此,鬼谷子说:“故善反听者,乃变鬼神以得其情。”

五、反辞——欲张反敛,欲高反下

反辞,就是以相反的言辞来诱使对方说出实情,或详加解说,使听言者得以据实判断,做出妥当的决策。

鬼谷子说:“变象比,必有反辞以还听之。欲闻其声,反默;欲张,反敛;欲高,反下;欲取,反与。”

使用反辞,是反听的方式。传播者建言献策,如果言论不合常理,或利害未知、动机不明,则听者可使用反辞,或质疑反问,站在相反的立场去探究追问;或默不作声,表示尚有怀疑;或故意表现退缩,刺激对方提出宏大的策略;或表现谦卑,促使对方放言高论;或者先给对方讯息、利益等,以便伺机获得更多的讯息与利益。

一般说来,如果希望对方说出某一件事的真相,主导者可先以象征或比拟的方法来引导对方进入谈话主题。以相同情境、相同立场的言辞来呼应对方,可能获得共鸣,而使对方说出真话与实情,这就是鬼谷子所说的:“欲开情者,象而比之,以牧其辞。同声相呼,实理同归。”

由此看来,反辞与同声,都是为了探出真情。有时,对方虽有回应,却难以断定情意真假，因此，必须反覆运用，一再求证，直到可以判定实情为止。所以，鬼谷子说："己反往，彼覆来，言有象比，因而定基。重之、袭之、反之、覆之，万事不失其辞，圣人所诱愚智，事皆不疑。"

人君为了探知真相，运用反辞以钓语，人臣应审慎答复，避免触及逆鳞忌讳，因此，传播者也要运用捭阖和反覆的技巧，以了解人君的真正意念，作为提出建言的参考。

六、先定——主动、镇定、正心

鬼谷子在本篇内，三次提到先定：

"动作言默，与此出入；喜怒由此以见其式；皆以先定为之法则。"

"己不先定，牧人不正，事用不巧，是谓忘情失道。"

"己审先定以牧人，策而无形容，莫见其门，是谓天神。"

先定是什么？在传播和听言的态度方面，可解释为"掌握主动、保持镇定"。在处事决策方面，可解释为"先确定自己的立场与目标"。

鬼谷子认为，欲听审对方所言之真伪，可运用反听。反听的方法，可由己方发言反诘，或由对方言辞中的矛盾疑问予以反驳，或以反听来揣摩上意，或以反听来了解下情，均可得知立场同异，事实真相虚实。不论是动作、言谈、静默，都可达到反听的目的。反听也可以得知对方喜怒的节度。总之，反听应以掌握主动、平静镇定为原则。

听言者要了解对方所说之真假及是否可行，得失如何，自应主动探问、或质疑、或辩难，不应被动地任由对方吹嘘。听者心不定静，则思虑不周。如果自己不先定心正意，没有既定的立场与目标，则人云亦云，耳根软，容易受人左右，观人必不正确，自然难以牧人治民，处事也不会正确圆融灵巧，这就是"忘情失道"——不知真情、失却正道。

同样地，双方谈判时也是如此。谈判者可运用探问、质疑、辩难或不言语等方式来反听，测试对方所谈事情之真假、本意如何，以了解实情，作为提出对策的参考。然而，反听的运用，还是以先定为原则。自己先有既定立场和目标，采取主动，掌握主动，保持定静，然后才能冷静地观察与判断，不着痕迹而冷静地导引对方透露实情。能做到这个境界,那就是奥妙有如天神了。

综论本篇所述,反覆、象比、钓语、善变、反辞、先定,都是为了探知对方的真情,也是用来了解自己或己方实力的方法。所以,鬼谷子指出:"故知之始己,自知而后知人也。"知人应从知己开始,自知然后才能知人。知己知彼,才能掌握说服与谈判的门道。

第三章 内揵——亲近之道

自古以来,君臣相处,有亲有疏。亲则君臣相得,言听计从;疏则君臣相怨,愈走愈远。

不过,有时候,君臣虽亲,却是表面亲近而内心疏远;君臣相距甚远,却是心意相近。这就是鬼谷子所描述的情境:"君臣上下之事,有远而亲,近而疏;就之不用,去之反求;日进前而不御,遥闻声而相思。"

更令人讶异的是,有时候人君不听本国臣民的建议,却接受他国臣子或敌国君臣的意见。这是什么原因呢?心意相合。凡事皆因建言献策是否符合心意而起,也就是鬼谷子说的:"事皆有内揵,素结本始。"

一、内揵的意义

鬼谷子说:"内者,进说辞也。揵者,揵所谋也。"如照字义解释,内,是亲近、结交。揵是固持。内揵,也就是人臣向君主建言献策,因而获得君主的信任,君臣之交得以坚定不移。

陶弘景在注解中指出,说辞既进,内结于君,故曰:"内者,进说辞也。"度情为谋,君必持而不舍,故曰:"揵者,揵所谋也。"

有时候,人臣或外国君臣,无法直接向君主建言献策或进言,必须结交其亲信或幸臣代为进言,例如,《说苑·正谏篇》记载,吴王夫差伐越,越败,越王勾践派人重赂吴太宰伯嚭代为说情求和,这也是另一种形式的"内揵"。

内揵的目的,在以技巧的说辞和可行的策略计谋,来结交人主,以获得重视和信任。但是,人君善恶不同,贤愚有别,接受建言的态度与反应也不同,因此会有近而疏、远而亲,或远贤臣、亲小人等各种现象。《鬼谷子·内揵篇》探讨的是,如何针对需要而建言献策。

二、内揵的原则

《鬼谷子·内揵篇》提到的内揵术,有知情、循顺、善变三项原则:

1.知情

知情是说服传播中最重要的资讯分析行为,知己知彼,才能提出合宜的对策。如果不先观察对方言行,即贸然建言献策,很可能遭到拒斥。所以,鬼谷子说:"不见其类而为之者,见逆。不得其情而说之者,见非。"

知情的方法,除了《捭阖篇》《反应篇》已有详述外,在《内揵篇》又提出观察和隐度两项。

(1)观察

鬼谷子说:"见其谋事,知其志意。"观察一个人的言行,即可推断他的心意、个性、志趣。符合对方志意的献策,应会获得采行。否则,必有尚未了解的原因。建言虽获接纳,双方关系却未有进展,这是"阳亲而阴疏"。因此,从观察对方的言行,以及君臣关系,即可了解对方的志意。

(2)隐度

隐度,是暗中忖度对方的心意,或以隐语测度是否符合对方志意,以便顺势而为。所以,鬼谷子说:"欲说者务隐度,计事者务循顺。"

隐度的方法,可以在说服传播进行前预先运用,也可以在传播进行中,依对方的反应来判断。

鬼谷子分析君臣离合的原因,远而亲,是因为君臣之间彼此志意相合,君对臣有所感念与期盼。近而疏,是彼此志意不合。投效而不受重视,是因为献策不符需要。离去而反受重视的,是因为过去所言,如今已应验,人君想起,有所感念。每天在人君身旁建言献策而不被采纳,是因建言不合心意。而那些身在远方却受到怀念的,是谋略相契合,因此,人君期待远臣前来共同议事。

观察君臣离合的原因，推断双方心性志意，即可得知实情，作为建言献策，固结君心的参考。

2.循顺

鬼谷子说："欲说者务隐度，计事者务循顺。"循顺的意思是顺应时势，包括顺应人君的意志、需要，与时势环境的趋向。

鬼谷子指出："事皆有内揵，素结本始。或结以道德，或结以党友，或结以财货，或结以采色。"这是说，君臣之间，一向是因本质相同而结交。要了解本质是否相同，均由建言献策是否符合心意而得。君臣互信，有些是因道德观念相同而结交，有些是因理想相同而结为党友，有些是为了共同的财利而结交，有些则是因嗜好美色而结交。例如，儒家推崇的尧舜之治，即是以德服人。周文王与姜太公伐商除暴，理念相同，结为党友。桀纣之臣费仲、恶来，则是结以财货、结以采色，助纣为虐。如果部属的建言能顺着人主的志意，即可获得采信。

因此，鬼谷子说："用其意，欲入则入，欲出则出；欲亲则亲，欲疏则疏；欲就则就，欲去则去；欲求则求，欲思则思。"

除了顺应人君之志意外，建言献策也要顺应时宜，符合人君谋略的需要。所提策略，要明言得失。这也就是鬼谷子所说的："阴虑可否，明言得失，以御其志。方来应时，以合其谋。详思来揵，往应时当也。"

鬼谷子主张顺势顺意而为，但不主张助纣为虐。相反地，他认为，君主不贤明，则天下不治，部属违法乱纪而不知，人臣应建言献策，以维护纲纪正道。

对于如何以谋略获得君主的信任，鬼谷子认为，如果从仁义道德、礼乐忠信之正道来献策，宜先引用《诗》《书》之言，作为例证，然后分析时事，论述得失，议论策略是否可行。欲使言谈与人君志意相合，则先依其情，欲使放弃，则可指出不合时宜之处，也就是以安危之道说之。如果人君认为自己的见解策略高明，部属可顺势推崇，赞誉其事迹，以飞箝之术钓其欢心，再慢慢分析得失，使人君自悟。这就是鬼谷子说的："由夫道德仁义、礼乐忠信计谋，先取《诗》《书》，混说损益，议论去就。欲合者用内，欲去者用外。外内者，必明道数。揣策来事，见疑决之。策无失计，立功建德，治名人产业，日楗而内合。上暗不治，下乱不痞，揵而反之。内自得而外不留，说而飞之。若命自来，己迎而御之。若欲去之，因危与之。环转因化，莫知所为，退为大仪。”

鬼谷子主张在说服时，要反覆度量，因人君之志意而变化，献计促使采纳或放弃，要不着痕迹，使人君欣然决策，这是进退之道，也是全身而退的方法。

3.善变

顺势而为较易，改变对方心意则较难，因此，说服方式要善于应变。

鬼谷子指出，建言献策应思虑周详，才能顺应时势，合于君心。如果建言不合，计策不获采纳，或不可行，则应揣摩时势与需要，检讨策略不可行的原因，从而改变策略或改变对方。欲使对方改变心意，好比以钥匙开启门锁，契合则开。

鬼谷子认为，言谈善于变化的人，要通晓天文地理，天下大事，顺应天意与天道，掌握四时变化，合乎阴阳的道理，为君国建言献策，而使君民得利。所以，他说：“善变者，审知地势，乃通于天，以化四时，使鬼神，合于阴阳，而牧人民。”

第四章　抵巇——权变之道

《鬼谷子·抵巇篇》的主要理论是：天地君臣皆有巇隙，圣贤可建言献策，协助人君消除危机。如果天下纷乱不可为，则以能安定天下者为先。

一、巇隙

巇，是空隙、裂痕、危机。峒，是大裂痕、大危机。鬼谷子认为，裂痕危机的出现，事前必有朕兆，不可不察。不要以为小小的缝隙没关系，一旦发作起来，就会撼动国本。这也就是鬼谷子在本篇所说的“经起秋毫之末，挥之于太山之本”。

知情是预先察觉裂痕的方法，鬼谷子指出：“近而不可见者，不察其辞也；远而可知者，反往以验来也。”可见注意听言、鉴往知来，确可发现问题之所在。

察辞是听言的功夫，有些人说话率直，容易听懂内涵。有些人委婉含蓄地建言，其实含义深刻，听言者必须回味咀嚼，才能体会。含蓄进谏，目的在使听者保持颜面、体会自觉，也使进言者免祸。反往验来的道理，《鬼谷子·反覆篇》论之甚详。

天下大乱的情形，鬼谷子称为“萌牙巇罅”，他所描述的乱象是：“天下纷错，上无明主，公侯无道德，则小人谗贼，贤人不用，圣人窜匿，贪利诈伪者作，君臣相惑，土崩瓦解而相伐射，父子离散，乖乱反目，是谓萌牙巇罅。”

鬼谷子认为，当天下大乱时，以安定天下者为上。所以，他说：“诸侯相抵，不可胜数，当此之时，能抵为右。”

二、抵巇之道

鬼谷子提出消弭危机的五种方法：“巇始有朕，可抵而塞、可抵而却、可抵而息、可抵而匿、可抵而得，此谓抵巇之理也。”

陶弘景注解《鬼谷子》指出，危机裂痕如发自于内部，则可抵而塞。危机外来，则可抵而却。危机自下而生，则可抵而息。裂痕甚微小，则可抵而匿。如果危机已不可救，则可抵而得。

其实，这五种弭平裂痕危机的方法，可综合归纳为两种：抵而塞之和抵而得之。这也就是鬼谷子所说的“世可以治，则抵而塞之；不可治，则抵而得之”。他并举例说：“五帝之政，抵而塞之；三王之事，抵而得之。”

五帝时代是指夏朝以前、黄帝世族执政的时代，历代史书对五帝所指何人，也有不同的说法。《史记·五帝本纪》所说的五帝是：黄帝、颛顼、帝喾、帝尧、帝舜。《汉书·魏相传》以太昊、炎帝、少昊、颛顼、黄帝为五帝。《尚书·孔安国序》孔颖达疏则以少昊、颛顼、帝喾、帝尧、帝舜为五帝。孔子推崇尧舜的禅让精神，《论语·泰伯篇》子曰：“巍巍乎！舜禹之有天下也，而不与焉。”又说：“大哉，尧之为君也！巍巍乎，唯天为大，唯尧则之！荡荡乎，民无能名焉！巍巍乎，其有成功也！焕乎，其有文章！”

因此，鬼谷子所说的“五帝之政，抵而塞之”，应是指五帝时代政治虽有危机，但均能荐贤执政，安定天下。三王则指夏商周开国之君。夏禹王权得自治水有功及帝舜的荐举，商汤灭夏桀和周武王伐商纣，则是因为桀纣暴虐无道，天下诸侯归心于商汤及周武王，鬼谷子认为是“抵而得之”。

三、抵巇与说服

鬼谷子说：“事之危也，圣人知之，独保其身；因化说事，通达计谋，以识细微。”

鬼谷子认为，圣贤之士，是天地的使者，协助老天来化育万物，因此，君臣圣贤均需顺应天道而运作，如稍有偏差，或出现可能导致危机的裂巇，圣贤之士会首先感觉出来。如果天下纷错，人君不明，公侯无道，小人谗贼得势，贤人被排挤，建言献策反成灾祸之来源，圣贤之士只有独保其身，深隐而待时，等到机会来临，再建言献策，或辅佐明君或得人拥戴，抵而得之，以安天下，克尽圣贤之士为天地之守护神的职责。这就是鬼谷子所说的：“圣人者，天地之使也。世无可抵，则深隐而待时；时有可抵，则为之谋；可以上合，可以检下，能因能循，为天地守神。”

鬼谷子既说“因化说事”，又说“深隐而待时”，是否有矛盾？

建言献策是说服人君接受建议，以消弭过错和危机。因此，当圣贤之士发现人君有过错、国事现危机，即应依照事情的变化而提出适当的策略建议。历史上贤人不畏死而进谏之事，斑斑可考，人君从拒谏改为纳谏，也因此而受到推崇。不过，因谏受诛之事也是不乏其例。人君诛杀谏臣，虽可暂时压制舆论，却将导致圣贤隐匿，独保其身。一旦明君出现，时有可抵，圣贤之士即会转而为明君献谋，安定天下，因此，鬼谷子的理论相当清楚，这也就是《说苑·正谏篇》所说的：“君有过失者，危亡之萌也。见君之过失而不谏，是轻君之危亡也。夫轻君之危亡者，忠臣不忍为也。三谏而不用，则去。不去则身亡。身亡者，仁人所不为也。”（《说苑》卷九）

抵巇之道，谈的虽是君之失、国之危，其实也可运用在说服与谈判的应对。谈说之际，只要分析对方言论，必有缝隙瑕疵可寻，辩论者即循其裂隙猛攻，可以迫使对方难以招架。如果发现自己说错话，必须看情形设法掩饰或转圆，这也是抵巇。

谈判之际，有时会故意设陷阱，故意露出瑕疵破绽，以引对方进入主题，陷入圈套。谈判中或谈判后常见对方反悔或推翻原议,即是发现不妥,而以否认或不履行协议等方式来抵巇。《史记》记载蔺相如完璧归赵,秦昭王虽承诺以十五城交换赵之和氏璧,其实并无履行承诺之心,因此,蔺相如以指明璧有瑕疵为由而取回国宝,也是抵巇在说服谈判过程中的灵活运用。

第五章　飞箝——用人之道

《鬼谷子·飞箝篇》探讨的是:如何用言辞钩出实情,再运用各种方式箝制对方,为我所用,以达成圣贤之士治国平天下的理想。

一、飞箝的作用

鬼谷子所说的飞箝,晋人陶弘景的注解相当精辟:“飞,谓作声誉以飞扬之。箝,谓牵持缄束,令不得脱也。言取人之道,先作声誉以飞扬之,彼必露情竭志而无隐,然后因其所好,牵持缄束,令不得转移也。”

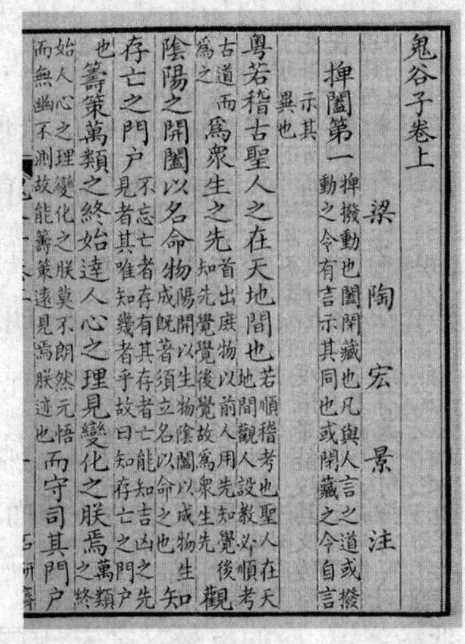
鬼谷子卷上
梁　陶宏景　注
捭闔第一　捭撥動也闔閉藏也凡與人言之道或撥動之令有言示其同也或閉藏之令自言示其異也
粵若稽古聖人之在天地閒也若順稽考也聖人在天地閒觀人設教必順考古道而爲之爲衆生之先首出庶物以前人用先知覺後知先覺覺後覺故爲衆生先觀陰陽之開闔以名命物陽開以生物陰闔以成物生成既著須立名以命之也知存亡之門户不忘亡者存有其存者亡能知吉凶之先見者其唯知幾者乎故曰知存亡之門户也籌策萬類之終始達人心之理見變化之朕焉萬類之終始人心之理變化之朕莫不朗然元悟而無幽不測故能籌策遠見焉朕迹也而守司其門户

《鬼谷子》书影

不论是身处天下纷争的战国时代,或是天下大治的太平繁华年代,圣贤之士或统治者都需要任用能人志士来治国或安定天下,虽然用人方式因天下治乱而有差异,辨人识才引为己用则是相同。

鬼谷子认为,为了争取人才,必须先了解其人是否真有才干。辨识人才的方法是:先探查志向相同或相异、从谈话中分辨对方的是非标准、了解他人对此人的言辞批评听审对方言语虚实、有无处事治世、决断安危的能力,处理亲疏人事的准则如何,然后再做全盘考量。如果确有经国济世的能力,即可引荐重用。这就是鬼谷子说的:"凡度权量能,所以征远来近。立势而制事,必先察同异,别是非之语。见内外之辞,知有无之数;决安危之计,定亲疏之事。然后乃权量之,其有隟栝,乃可征,乃可求,乃可用。"

飞箝的作用,就是对于可用的人才,以飞扬声誉、戴高帽的方式,得其实情、知其优缺点、掌握运用其好恶与弱点,使人才为我所用,不再投效他人。

二、飞箝之道

鬼谷子在《飞箝篇》所论述的飞箝之道,可归纳为知情、得心、箝制三部分。飞誉与钩钓,都是为了知情。知情之后,则运用正确的方法以得心。得心乃是为了箝制,为我所用。兹分析如下:

1.知情

《鬼谷子》一书,相当重视知情的功夫,《捭阖篇》《反应篇》《内揵篇》《抵巇篇》《飞箝篇》都提到知情的重要及技巧,前已论述。

《飞箝篇》提到的知情,是为了了解对方才能如何、志向如何、好恶如何,以便掌控运用。

鬼谷子认为,欲得人实情,可以言辞勾引对方自行说出(此即捭阖),或戴高帽,或先赞誉对方、为对方营造声誉,以赢得对方欢心与信任,而后自行说出实情。因此,鬼谷子说:"引钩箝之辞,飞而箝之。钩箝之语,其说辞也,乍同乍异。"

对于个性深沉、无法以钩箝或飞箝掌握的人,鬼谷子认为可先任用,赋予重任,一方面使对方感激而推心置腹,为我所用。另方面如果对方才能不足担负重任,无法完成任务,则将遭到处罚毁伤,形成可资掌控的弱点。这就是鬼谷子说的:"其不可善者,或先征之,而后重累;或先重以累,而后毁之;或以重累为毁,或以毁为重累。"重累,就是以重责大任赋予某人,也是测知真实才能、真实心意的方法。

2.得心

得人心的目的在箝制对方,使对方真诚效劳或不得不效力。鬼谷子在本篇所说的得心之法乃是投其所好、施以恩惠。

鬼谷子在主张对不肯归心、不可善者施以重累之后，接着说："其用，或称财货、琦玮、珠玉、璧帛、采色以事之。或量能立势以钩之，或伺候见𡾰而箝之，其事用抵巇。"

给予财货、珠宝、美色、权力，都是施予恩惠的方法，目的在得其心，为我所用。委以重任，使其得展长才，也是得心之道。如果对方能力不足，则必有过失可箝制，其心也可受到箝制。

3.箝制

鬼谷子提到的箝制法有钩箝、飞箝。他说："引钩箝之辞，飞而箝之。"陶弘景注解指出，内感而得其情曰钩，外誉而得其情曰飞。得情则箝持之，令不得脱移，故曰钩箝，故曰飞箝。

鬼谷子又说："或量能立势以钩之，或伺候见𡾰而箝之。"量能立势是依才任用，使其内心感激，属于钩箝。伺候见𡾰是运用其错失裂隙而箝制，或见机离间而网罗为我所用，使其心存感激，也是钩箝。

鬼谷子所说的重累，是对付不肯归顺从化的人，或先赋予重任，使他受到毁伤，或先使他受到毁伤，再赋予重任，目的都是为了使他感激归顺。不过，世间也有"富贵不能淫、贫贱不能移、威武不能屈"的大丈夫，钩箝、飞箝或重累，不见得会对他们发生作用，只有正心诚意，符合其道，才能得其心。

三、飞箝与说服

鬼谷子认为，飞箝可用之于天下，也可用之于人。陶弘景注解指出："用之于天下"是辅佐帝王，"用之于人"是辅佐诸侯。仔细揣摩《飞箝篇》的语意，"用之于天下"，除了辅佐帝王外，也可说是将飞箝术用之于辅佐有志安定天下者。"用之于人"，除了用之于辅佐诸侯，也可解为用之于招贤纳士，治国平天下。这两种情况都需要运用飞箝术来说服。

鬼谷子说："将欲用之于天下，必度权量能，见天时之盛衰，制地形之广狭，岨崄之难易，人民货财之多少，诸侯之交孰亲孰疏、孰爱孰憎，心意之虑怀。审其意，知其所好恶，乃就说其所重，以飞箝之辞，钩其所好，乃以箝求之。”

鬼谷子所处的时代，是天下诸侯互相攻伐的战国时代，王公诸侯亟须才智之士来协助强兵富国。因此，贤人志士如欲辅佐王公诸侯来经略天下，必须审时度势，考量诸侯的志意、能力、国势、国力，选择值得辅佐的王公诸侯，揣摩体会其好恶、心意，然后针对他所重视喜好的事来说服他，用钩箝飞箝的方法来投其所好，赢得信任，获得重用，富国强兵，治国平天下。

鬼谷子又说：“用之于人，则量智能，权材力，料气势，为之枢机，以迎之随之，以箝和之，以意宣之，此飞箝之缀也。用之于人，则空往而实来，缀而不失，以究其辞，可箝而纵，可箝而横，可引而东，可引而西，可引而南，可引而北，可引而反，可引而覆，虽覆能复，不失其度。”

如欲将飞箝术用之于网罗贤人志士，为我治国平天下，则有志者应先度量对方的智识能力、气势、才干，在知情的过程中，可迎其意、随其志，使他畅所欲言，以便知其心志才能，钩箝飞箝以制其心。这是无形的说服。对方如有意为我所用，也必定会测度我心，因此，必须随机应变，根据对方说过的话来导引，可箝制其心，随己所欲。如对方不肯归心，也可用重累的方法，先予任用，再伺隙箝制。

从以上的分析看来，不论是投效贤君或求贤纳士，都需要在交谈说服的过程中，以钩情、飞誉的方法来促使对方说出心意喜恶，互相了解彼此的志向能力。既知情，则可设法投其心志以求得其心，互相信任，互相箝制，共同为治国平天下而尽力。

说服传播在建言献策、择贤君而辅佐或求贤纳士，都是极为重要的活动。度审其意、知其所好、量其所能、说其所重、钩其所好、箝制其心，乃是说服传播的一连串过程；如运用于谈判，也是同样的道理。

第六章　忤合——改变之道

《忤合篇》探讨的是圣贤之士基本立场、中心信仰或重大决策根本改变的问题，也就是向背归逆的问题。

鬼谷子所处的时代，是群雄并起、逐鹿天下的战国时代。战国七雄竞求富国强兵之计策与豪杰谋士，圣贤之士倍反趋合、献策求名已是常事。即使是在夏商周天下一统之际，也会发生弃暗投明、择木而栖之事。如何在顺应天意的情势下，改变心意、趋福避祸，乃是《忤合篇》讨论的主题。

一、忤合之道

忤合，就是向背，对某一方是背反，对另一方则是趋合。天道有离合，人间有向背，此乃常事。如何掌握忤合的原则，顺应自然，宾主尽欢，应是忤合的最高境界。

《忤合篇》论述的向背之道，有四项原则值得注意：

1.审时度势，因事制宜

鬼谷子说，凡是归顺背反，即有合适与否的问题。天意民心归向的变化转移、结盟连属，各有促成的因素与形势，向背之间，各有所求，因此，必须因事制宜，根据事态形势的发展，决定处理方式与断然措施。

鬼谷子认为，圣贤之士，身处天地之间，为了立身、处世、治国、平天下、教化万物、显名扬誉，必须依循人事变化的机宜，观察天时之利，审度利害得失之多少，预先了解大势所趋，随天意而转化。

2.利害得失，决定忤合

鬼谷子说："世无常贵，事无常师。圣人无常与，无不与，无所听，无不听。"风水轮流转，如果不能持盈保泰，即有阴晴圆缺，因此，世无常贵。世事无常，变化莫测，待人处事、治国御世的方法也须灵活运用，因此，事无常师。圣贤之士，不会时时刻刻主导世事，也不会避乱弃世而袖手旁观。不会尽听人言，也不会完全不听民意心声。

对于"成于事而合于计谋"者，鬼谷子主张，圣贤之士应"与之为主"，也就是推为主导。例如，苏秦倡导六国合纵以抗秦，合乎六国的利益，六国即推苏秦为纵约长，主持合纵之事。楚汉抗秦之际，共推楚怀王之孙为主，仍称楚怀王，也是“成于事而合于计谋，与之为主”。

“世无常贵，事无常师”，乃是以利害得失、趋福避祸为考量。“成于事而合于计谋”，也是基于利害得失的选择。利有公利、私利之分，有利于天下者，有利于君王诸侯王公大臣者，有利于人民者，也有君臣百姓均利者。孟子对梁惠王说：“王何必曰利，亦有仁义而已矣。”（《孟子·梁惠王篇》）孟子认为“上下交征利，而国危矣”。其实，追逐天下人之大利，也是义的表现。

夏桀商纣无道，天下人民深受其苦，伊尹归汤，吕尚归文主，均以天下之大利为考量。战国时代，诸侯互相攻伐，民生涂炭，因此，梁惠王问孟子：“叟不远千里而来，亦将有以利吾国夫？”这才引起孟子反击：“王何必曰利。”孟子也是在寻找“成于事而合于计谋”的诸侯，以便“与之为主”，不过，战国诸侯为了生存，只求富国强兵之策。苏秦的合纵政策是符合六国利益的，一直到秦灭六国之前，合纵抗秦政策与连横事秦，仍然经常被六国交替运用。

3.度才量能，与之为主

人有圣贤愚劣，才能各有别。鬼谷子指出：“非至圣达奥，不能御世；非劳心苦思，不能原事；不悉心见情，不能成名；材质不惠，不能用兵；忠实无真，不能知人。”因此，圣贤之士，在必须决定向背之前，应审慎考量对方的智慧、能力、气势，是否足以承担重任？忤合之术，用之于天下，必须以天下的得失与眼光来考量。用之于诸侯之国，则应考量对方是否有治理其国的能力。用之于个人，则应审度对方的能力是否足以承担重任。

忤合之道，运用的对象虽有大小进退之分，但原则是一样的。鬼谷子认为，必须事先考虑周详，计划稳当而缜密，然后配合飞箝之术，得人实情，箝而用之，与之为主。此外，也要考量自己的能力，如果对方才智不如己，则较易获得信任，计策也较易获得采信。

4.顺应天命，归之不疑

鬼谷子说：“古之善背向者，乃协四海，包诸侯忤合之地而化转之，然后求合。”协四海，是会同天下有志之士共同行动，归合于受拥戴、有能力统合天下的诸侯（领导者），形成对峙之势，而后从质变到量变，转化为兴衰分明的新形势。

在此过程中,圣贤之士仍应观察天下大势与民意所归,再确定发动忤合攻势,统合天下的时机。如有天意不明或情势不明,仍应!等待,绝不轻举妄动。

鬼谷子举例说:“故伊尹五就汤、五就桀,而不能有所明,然后合于汤。吕尚三就文王,三入殷,而不能有所明,然后合于文王。此知天命之箝,故归之不疑也。”

不能有所明,是指天意民意均尚未明白显示归向、胜负之势尚难判定,圣贤之士还不能确定发动统合攻势的时机。然后合于汤、合于文王,也可解释为伊尹吕尚经过多次审慎考量,不能明确判定天意民意所归,最后才确定民心天意归于商汤和文王,因此,伊尹合于汤,吕尚合于文王。这种解释有些牵强而不合理。伊尹助汤,吕尚遇文王,应已知悉当时桀纣无道,不得人心,汤与文王则获民心支持,伊尹吕尚应早已坚定支持其主,不至于三五次不能明,最后看大势已定,才决定归于商汤文王。或许在历史上有许多人是在大势所趋下决定归向,但伊尹吕尚应非如此。因此,伊尹吕尚最后判定天命民意确已归于商汤、文王,才是合理的解释。

鬼谷子强调的是:“此知天命之箝,故归之不疑也。”

政治上的忤合向背是最严肃的大事,涉及天下苍生之生死利害。虽然天下大事可归之于天意,但自古圣贤之士均强调天意和民意有密切的关系。《尚书·皋陶谟》皋陶说:“天聪明,自我民聪明;天明畏,自我民明威。”天无耳目,以人民为其耳目。老天发威,也是根据老百姓的意愿来赏罚。这是天意民意合一,也就是天人合一,是在四千多年前尧舜时代已经存在的观念。因此,忤合之事,只要顺应天命民意,即可归之不疑。

天地间权势的忤合是不可避免的,尤其是以民意为依归的民主政治,各种力量的合纵连横也是常事。志同道合是忤合的基本原则,志不同道不合的团体有时候在共同的利害关系下,也会有暂时的合作,这也就是战国末年合纵连横交互运用的原因。不过,忤合之事,必须谨慎,非不得已,绝不轻易向背,否则,极有可能判断错误,误尽天下苍生。

忤合涉及基本立场、信仰、决策的重大改变。如何掌握忤合的诀窍,是《鬼谷子·忤合篇》探讨的主题,审时度势,因事制宜;度才量能,与之为主;利害得失，决定忤合；顺应天命，归之不疑；这四项原则乃是鬼谷子强调的忤合之道。

二、说服与忤合

从说服的角度来看忤合，受播者是否接受、是否采取行动，是否长期合作、归之不疑，其中的原因很多。依据《鬼谷子·忤合篇》可以归纳出下列几项影响说服的原则：

1.符合需要

鬼谷子说："凡趋合倍反，计有适合。化转环属，各有形势，反覆相求，因事为制。"

天下诸侯，干冒背反之名，而归于另一方，是因为有这种需要与必要。造成诸侯之心变化，与天下诸侯重新联络结盟的原因，包括天意民心转变，天时地利人和已有变化。在新形势的领导者与天下诸侯互有需求的情况下，将会出现周武王观兵于孟津、八百诸侯不期而会的情形。因此，符合需要是导致忤合的主要原因。

如何确定计谋符合需要？首先应观天时之宜，了解天下诸侯及百姓之心是否已转变，忤合的利害得失如何，时机是否已成熟，经过量权揣情（详见《鬼谷子·揣篇》及本书第七章《揣——知情之道》），必可断定计策是否符合双方的需要。

2.量能度势

说服者在向受播者进行忤合传播前，必须先考量对方的能力如何，所处形势与权势如何。如果不是非常英明睿智，知晓深奥事理，就没有能力统御天下。资质不够聪明大量，则不能治军用兵。为人忠厚而不够真诚，则不能知人。

从另一个角度来看，受播者也要量能度势，了解天下大势与各国诸侯的能力，才决定是否接受计谋，考虑是否向背。

传播者也要对自己量能度势，判断自己是否有足够的才能和权势，以便于进行忤合传播。如果受播者才能、权势不如传播者，则比较易于进行说服（不是绝对,而是相对的,死硬派比较不易被说服)。这就是鬼谷子所说的:“故忤合之道,己必自度材能知睿,量长短远近孰不如,乃可以进、可以退,可以纵、可以横。”

3.施以飞箝之术

鬼谷子说,要进行忤合,“必先谋虑计定,而后行之以飞箝之术。”量能度势之后,选定对象,拟定计策,然后以飞箝(详见前章)的方法,针对对方的好恶欲求,以塑造美誉、形象的言辞,投其所好,则易于箝制其心,达到说服的目的。

4.化转求合

鬼谷子说:“古之善背向者,乃协四海,包诸侯忤合之地而化转之,然后求合。”

化转是转化形势,也就是现代人常说的造势。在天下大势未明朗化以前,天下诸侯各有考量。一旦局势明朗,“吾从众”的现象比较容易产生,而且更有助于说服。苏秦说服燕文王同意合纵抗秦后,六国联盟的形势已经初步产生,苏秦前往赵、齐、楚、魏、韩的说服行动,只是顺势而为。重要的是“包诸侯忤合之地”的形势已经造成,因此,六国同意结盟抗秦。

然而,六国之间仍有利益之事,无法坚持一致不变的围堵政策,张仪说服秦王采用连横政策,也是因为有合纵的局势存在,才有“连横”政策以破合纵的必要,因此,张仪逐一说服六国连横事秦,也是“包诸侯忤合之地而化转之”。俗语说:“形势比人强”,一旦促成形势转化,则有利于说服传播的进行。如何造势以化转求合,是传播者必须注意的。

综合以上各项原则,如果能够符合对方的利益、需要、形势许可,天意民意的趋势也明显,则此一说服传播,应可使对方归之不疑。

第七章　揣——知情之道

揣情,是知己知彼的功夫,建言献策、谈判说服之前,都必须掌握充分而正确的讯息,才能针对彼此的需求,提出适合需要的意见。揣情可分为观心与明势两部分,观心就是探测对方内心的真情,明势就是度量天下的权势。

一、揣情量权的重要

《鬼谷子·揣篇》开宗明义指出:"古之善用天下者,必量天下之权,而揣诸侯之情。量权不审,不知强弱轻重之称;揣情不审,不知隐匿变化之动静。"

善用天下者,可解释为善于运用天下权势力量与才能之士的人,可能是领导者,也可能是圣贤之士。他们必定要衡量了解天下权势的归属消长,同时测知诸侯(地方领袖)的内心真情。否则,就不知道天下权势的强弱轻重,也不了解各地诸侯内心的向背真情与可能的变化。不知大势与讯息不明,对主政者是非常危险的。

了解天下权势归属消长,就是量权,也就是明势。测知诸侯内心真情,即是揣情,也就是观心。

二、量权的内涵

量权是什么?哪些是属于量权的范围?

鬼谷子说:"何谓量权?曰:度于大小,谋于众寡,称货财有无之数,料人民多少,饶乏、有余不足几何?辨地形之险易,孰利孰害?谋虑孰长孰短?揆君臣之亲疏,孰贤孰不肖?与宾客之智慧,孰少孰多?观天时之祸福,孰吉孰凶?诸侯之交,孰用孰不用?百姓之心,去就变化,孰安孰危?孰好孰憎?反侧孰辩?能知此者,是谓量权。"

依据鬼谷子的说法,量权度势的范围包括:国力、人力、财力、经济、地形、人才、君臣关系、天时、外交、民心。

(1)国力:国家的力量大小如何?

(2)人力:人民有多少?

(3)财力经济:计算货财有无之数、经济生产是否充裕?人民生活富饶或匮乏?财政富足或不足?

(4)地形:地势险要或平坦、地利如何?

(5)人才:是否人才鼎盛?谋士献策建言的能力优劣如何?宾客的智慧高低如何?

(6)君臣关系:是否融洽?谁较亲近、谁较疏远?

(7)天时:天时吉凶祸福是否明显?

(8)外交:诸侯之间交情如何?谁可用、谁不可用?

(9)民心:百姓支持其君主的程度如何?民心向背是否影响国家安危?天下诸侯谁比较受人民拥戴?谁比较受人民憎恨?谁最有可能忤合?谁最有利?

综合分析以上各点,即可看出各国的国力和竞争力了。

三、揣情的技巧

鬼谷子认为,揣情必须注意时机的选择、观心的方法、情绪的变化、微兆的掌握等。

1.时机的选择

揣情的时机有二:其一是在对方很高兴的时候去,设法使他在最愉快的心情下说出他的欲望。在此情况下,心中有欲望,则难以掩藏,必定会在无意中流露出来;另一个时机就是在对方心情很惧怕、忧虑的时候去,并激使其达到非常害怕,内心的实情就会吐露出来。因为"情变于内者,形见于外",传播者经常可从受播者外形的表现来推断他内心的真情,这乃是所谓"测深探情"。

2.问其所亲,搜集旁证

虽然内心情绪的变化会引起外表微妙的变化,但是,也有人深沉冷静,喜怒不形于色,即使内心感动,外表也不显露任何变化。碰到这种情形,不妨暂且不要与他交谈,改向他所亲近的人去打听,即可得知他的好恶和欲求。这就是"问其所亲,知其所安"。

3.运用微兆,掌握先机

在观心揣情时,必须仔细体会对方或其亲信的情绪言语或外表的征妙变化。鬼谷子说:“生事者,几之势也。”促成美事的,靠的就是细微的征兆形势。如果能够从微兆中看出机遇与趋势,因而掌握先机,乃能成就美事。《易经·系辞》也是这么说:“几者,动之微,吉之先见者也。”

因此,观心揣情必须搜集所有的细节与微兆,再加以综合分析判断,才能充分了解对方内心的变化与欲求。鬼谷子认为,世事无常,人莫能预知未来。而世事变化,乃因人心无常,要能完全掌握人心变化,洞烛先机,这是非常困难的。所以鬼谷子说:“常有事于人,人莫能先。先事而生,此最难为。故曰:揣情最难守司,言必时其谋虑。”

四、说服与揣情

《鬼谷子·揣篇》说:“计国事者,则当审权量;说人主,则当审揣情,谋虑情欲,必出于此。乃可贵、乃可贱,乃可重、乃可轻,乃可利、乃可害,乃可成、乃可败,其数一也。”

又说:“故虽有先王之道,圣智之谋,非揣情、隐匿无可索之。此谋之大本也,而说之法也。”

由此可见,说人主的前提有二:一是审度天下权势,了解受播者与其他相关者的轻重利害、强弱大小;另一则是揣度受播者与其他相关者内心真情和欲望,然后可以针对对方的需求和天下大势而提出符合当时需要的计策谋略。这种建言献策的说服传播,可使受播者及其相关者成功或失败、有利或有害。结果虽不同,说服的方法与道理是一样的。

说服的另一原则是,说以利害。鬼谷子指出,只要仔细观察昆虫的飞翔或爬虫蠕动,莫不牵涉利害关系,顺之则喜,逆之则怒,人情世事也是如此,何况涉及国家盛衰与人君成败的大事,更需针对其利害关系提出合适的对策和满足其需求的言辞,受播者才会接受。要达到此一境界,依赖的是量权与揣情。揣知实情后,还要修饰言辞成文章,而后才能以三寸不烂之舌去说服,以成美事。

第八章　摩——神明之道

《鬼谷子·摩篇》探讨的是：如何在揣知对方的欲求真情后，顺应其意向，导引其采取行动，传播者退居幕后不居功，使国君所作所为有利于人民，达到"主事日成而人不知，主兵日胜而人不畏"，天下百姓视之有如神明，则此传播者可称为善摩，也就是善谋。

一、摩的重要

摩，可解为切磋、砥砺、迎合、顺意，也就是揣情量权之后，顺合其意，使对方将内情反映出来，再提出符合其需要的计策谋略，供他自行采纳，化为行动，达成建言献策说服的目的，因此，《鬼谷子·摩篇》指出："摩者，揣之术也。内符者，揣之主也。"内符，乃是内欲外现，情欲动于内心，符合其情的言行或反应即会表现在形体外表，好比心喜则笑逐颜开，心怒则怒气满面。即使是喜怒不形于色的人，也会有极为微妙而不易察觉的反应。所以，鬼谷子又说："摩之在此，符应在彼，从而用之，事无不可。"了解对方的反应，予以顺势运用推动，事无不可为。可见摩意是多么的重要。

二、摩的原则

摩的目标，是在揣情顺意。前篇已述及如何揣情量权，本篇将研析摩意的原则：试探、谋阴成阳、合情、道数时相偶。

1.试探

鬼谷子说："微摩之以其所欲，测而探之，内符必应。其所应也，必有为之。"

揣测对方的内情后，大约可判断他的好恶欲求。为了证实判断属实，可以试着依其好恶与期望，提出合其需求的建议或言辞，是否符合他的欲求与好恶，内心有了反应，通常都会显现在言语、表情或行为等外在形体上。如果有反应，就会有动作。如此，即可确定其意向，然后进一步顺意建言献策。

姜太公说周文王于渭水之滨，用的正是揣情摩意法。太公钓鱼，文王来问，太公以钓鱼比喻人君钓臣，厚禄、重赏、高爵三种钓饵，可使人臣竭智尽忠、赴汤蹈火，死而后已。然后逐步引起文王的兴趣继续问下去。太公谈到紧要关头时，特别再问：至情之言，必将直言不讳，会见怪吗？征得文王同意，却又用比喻的方法，从投饵取鱼，讲到“以禄取人，人可竭”，再谈到“以家取国，国可拔。以国取天下，天下可毕”。然后再暗示如何成事而无患。天下事，外表茂盛，可能虚有其表，头角峥嵘，可能聚而易散。反倒是默默进行，不显于外的，比较容易久远成长。这就是太公所说的“曼曼绵绵，其聚必散；嘿嘿昧昧，其光必远”。

太公接着又说：圣人要“立敛”，也就是收揽人心。文王立即问：“立敛若何，而天下归之？”此一问，已充分表达文王志在天下。因此，太公顺势提出他的建议与策略：“天下非一人之天下，乃天下人之天下也。同天下之利者则得天下，擅天下之利者则失天下：天有时，地有财，能与人共之者仁也。仁之所在，天下归之。与人同忧同乐，同好同恶，义也。义之所在，天下赴之。凡人恶死而乐生，好德而归利，能生利者道也，道之所在，天下归之。”（《太公六韬·文师第一》）

这就是鬼谷子所说的：“摩之在此，符应在彼，从而用之，事无不可。”

2.合情

人有圣贤愚劣，喜恶不同，欲望也不同。蜎飞蠕动，各有利害，何况是人。因此，如何符合对方的好恶与期望，只有透过不同的试探，才能符合对方的需要。

鬼谷子提出的试探方法有平、正、喜、怒、名、行、廉、信、利、卑等十种。

平，静也。可解为使天下平静的策略，也可解为一动不如一静，端看运用的目标。太公说文王，试探对方心意的就是如何平定天下，如何勤修内政，不露声色，以静制动，待机而变。

正，宜也，可解为适当合宜之事。正人君子，行不由径，不走旁门左道，以正当合宜的建言,可了解对方的态度。孔孟游说天下,均以正道,因不合当时诸侯富国强兵霸道天下的欲求,因此,孔孟之说,无法受到当时诸侯的采纳。太公说文王行仁义于天下,符合文王的需要,因而获得采信。

喜、怒是好恶的反应。说到喜欢的事,可能微微一笑,眉开眼笑,眼睛一亮,也可能笑逐颜开、前仰后合、捶胸顿足,也可能毫无反应,视个人的修养、习惯、性情、抑制力而决定。怒是极为厌恶的表现,也是气势充盈不可遏抑的反应。有人眼睛一瞪,怒目而视,即表示其愤怒之气,有人鼻孔出气,哼的一声,也是怒,还有人暴跳如雷,气冲斗牛,头顶冒烟,也是怒的表现。不过,也有人不动声色,气在心内,甚至不生气。

名,是扬名显誉。自古以来,扬名天下,留名万世,乃人之所欲。行有正邪,名有芳臭。苏秦说服六国合纵而扬名天下,孙膑受庞涓陷害成残,隐姓埋名,一战成名。但是,也有人避名,不喜欢功名,老庄之徒,不在乎名。因此,用名扬四海的方法来试探,对求名的人或许有效。

行,是成事,实际行动,也就是以成功或失败的远景来诱引。《鬼谷子·捭阖篇》曾提到以阴阳试探,即是成功的希望会使人采取行动去做,失败的戒惧会使人不去做某事。

廉,是廉洁,如以财货试探,对方不肯接受,或非常排斥,即表示对方倾向廉洁,应以同类的事务来吸引。

信,是遵守诺言。有人一诺千金,有人轻诺寡信。从试探中,或可获知对方对守信的看法与态度。

利,乃是人之所求,趋利避害,是人之本性,也是国家的基本国策。富国强兵乃是国君的最大期望,富强而无害,应是人君百姓所共同追求的目标。

卑,是谄媚奉承,也是飞箝的方法,目的在使对方顺心如意,减少防卫抗拒,从而易于亲近,也易于发现其好恶欲求。

以上十项刺激对方做出反应的因素,都是一般人具有的本质。喜、怒是感情的好恶,也是对某些事情赞成或反对态度的表现。平、正、名、利、廉、行、信、卑,都是个人欲求与理想目标的反应。如果试探不成,对方没有反应,并不代表对方不喜欢,而是运用不当,在某种未知因素的阻挡下,使他无法接受或不愿行动。这就是鬼谷子说的："故圣人所以独用者，众人皆有之；然无成功者，其用之非也。"

建言献策、符合对方内心的需要，谓之合情，符合环境的需要，也是合情。传播的内容被接受，必定是因为它符合内情的需求，因此，鬼谷子断定："情合者听。"苏秦曾以连横策略说秦王，秦王不听，是"用之非也"，因为当时局势尚无迫切需要。等到张仪说秦王时，六国已合纵抗秦，秦有破解合纵之必要，时机成熟，因此，秦王采纳张仪的连横策略，此乃"情合者听"。

3.道数时相偶

鬼谷子说："夫事成必合于数，故曰：道、数与时相偶者也。"

道，是政策、天理、道理。数，是方法、气数。时，是时机、天时。事情能够成功，是因为政策、方法、时机都配合得恰到好处，互相符合的结果。政策必须符合内外环境的需要，方法必须使对方能够欣然接受，时机必须选择在最需要、最可行的时候。这里所说的事，是大事，包括治国、平天下以及天翻地覆的大变动。西伯姬昌（周文王）为纣王暴政而叹气，因而被囚，献美女而获释。此时，西伯采取低姿态，修内政以自强，因为力量、时机均不足以对抗。西伯去世后，武王继位，观兵于孟津，诸侯来会者八百，但武王认为时机不对，引军西还，一直到得知纣王所辖百姓都已不敢说话，显示民心已去，武王才起兵伐纣，一举灭殷。此乃道、数、时相偶。建言献策亦当注意政策、方法、时机是否密切配合。

4.谋阴成阳（那是塞窌匿端，成事无患。请见下节及第十章）

三、说服与摩意

鬼谷子在《摩篇》中提到几项与说服有关的原则，例如，塞窌匿端，成事而无患。无成功者，其用之非。说莫难于悉听，谋必欲周密，必择其所与通者说也。说者听，必合于情。摩之以其欲，焉有不听者。兹分析如下：

1.塞窌匿端，成事无患

塞窌，是藏塞在地窖。匿端，是隐匿动机。塞窌匿端就是隐藏动机，揣测出对方心意后，以符合对方需要的言辞策略打动对方，促使采纳，自行决策，付诸行动，传播者退居幕后，若无其事，不居其功，不会引起反感，因此可以成事而无患。

鬼谷子进一步说明，主事日成而人不知，主兵日胜而人不畏，这是因为主政者推动人君采行合于人民或环境需要的政策，人民得利，天下安定，主政者不居功。在此原则下，推动军事行动，国家日盛，军力日强，用兵有道，人君及百姓均不畏惧，天下臣服，这是积德积善。圣贤之士暗中策划，天下明显得利，此为善摩者。

2.微摩之以其所欲(投其所好)

揣情之后，已可推断对方的好恶欲求，传播者可接着以对方所期望的目标来稍做试探。可试探的因素，包括名、利、喜、怒、平、正、廉、信、行、卑等十种。如果对方没有反应，或者不接受，是方法或时机不合，或者还有未知的原因，可继续试探，或另求旁证，在适当时机再提出。

鬼谷子指出："说者听，必合于情，故曰：情合者听。"又说："摩之以其类，焉有不应者。乃摩之以其欲，焉有不听者。"

鬼谷子认为，同类相聚，言辞、情意、好恶、行为相同的，很自然地会产生共鸣。因此，传播者谈到对方所好恶的事，自然会有外表反应。好比把干湿不同的木材靠近火源，干燥的木材会先点燃。平地泼水，地上潮湿的部分会先吸水，这乃是"物类相应"，于势必然。所以，提出对方喜欢与期待的建议，岂有不接受的道理。合乎其情，必可听从。

3.择其所与通者说

鬼谷子指出："谋莫难于周密，说莫难于悉听，事莫难于必成。"

谋略要绝对周密完善是很难的，难免会有疏失和思虑不周详的时候。说服传播要做到言出必听，是很难的，耳朵再软的人，面对生死存亡的建议，也有拒绝的时候。做事最难的是要求绝对成功，任何事情都不是单方面、单项因素所能决定的。在此情况下，只有超凡的圣人，或许可以谋略周密，言出必听，行事必成。

贤能之士，建言献策施展谋略若要周详完善，应与交情友好或心灵可通的人去谈。交情好的人，彼此比较互相了解心意，一说即通，即使不明说，对方也知道所指何事。彼此可以交换意见，谋略可以更周密，建言也比较容易接受。心灵可通者，一般而言，都是理念相同者、喜恶相同者，或者是聪明理性的人，较易接受建议，顽固、刚愎自用等耳根硬的人，比较不易接受别人的意见，但符合其好恶欲求的建议，也可能会接受。交情与信任，可以降低接受建议的阻力，也可使事情更圆满，成事而无患，也就是鬼谷子所说的："或结而无隙也。"

4.道数时相偶

建言献策获接纳，化为行动获得成功，必定是政策、方法与时机配合得恰到好处，因此，传播者如何选择说服的时机、如何提出合于对方需要与欲求的政策、如何运用技巧与可行的方法去说服与执行，都是传播者必须事前策划周密的。

政策是处理事情的原则，有如天道，顺道可行，逆势则不利。合情则顺道、不合情理则逆势。桀纣无道，百姓受害，能安定天下、造福苍生者即是顺道，助纣为虐者即是逆势，成败之数已很明显，再配合执行的方法与时机，时机成熟，则水到渠成。这也就是传播者必须注意道数时是否相互配合的原因。

如果时机尚未成熟呢？鬼谷子认为，见机而作，永不为晚。功成不居，永无后患。假以时日，可以成事，可以治化天下。这也就是鬼谷子所说的："夫几者不晚，成而不拘，久而化成。"

说服传播是一种坚定或改变意志、信仰的建言献策、促使事情成功的重要活动。最高明的说服，是顺水推舟、暗中导航的言谈，不显露出说服的意图，对方已心领意会，主事日成而人不知，主兵日胜而人不畏，民安国利而天下服，好比神明，冥冥中导引安排，天下大治。因此，揣情摩意，成事而无患，可谓"神明之道"。

第九章　权——辨言之道

《鬼谷子·权篇》讨论的是说服言辞与人格特征的互动关系。不同的言辞刺激,对不同人格特征(个性、特质)会产生不同的反应效果,传播者必须在揣摩对方个性、需求之后,运用恰当的言辞来说服,才会产生预期的效果。

一、语言的力量

《鬼谷子·权篇》指出,不同的语言有不同的作用,对人要说人话,对耳聋的人不必说话,对冥顽不灵的人,说了也没用。从这方面来看,语言有相当的力量,但也有不灵的时候。

语言的暴力是很可怕的。鬼谷子说:“众口铄金,言有曲故也。”众人说的话,居然会将金属销毁,这是比喻人言可畏,舆论可怕,如同孟子所说的“千夫所指,无疾而死”是一样的。千夫所指,虽然属于非语言的传播,是动作的表示,但其中的含义是指责,足以致人于死。导致众口铄金的原因,可能是谣言惑众,资讯不足,众人信以为真;可能是故意曲解事实,以达到目的(谗言);可能说话不小心,语意不明,引起误会和不同的解释;也可能是众人在特殊环境下,被迫表示同样的意见;也可能是人云亦云,吾从众,使曲解的语言加强其暴力。

语言的共同力量也是很大的。一人所表达的言语或意见,只是个人的意见,可能只代表其个人,也可能代表很多人。每一个人都这样说的时候,力量就大了,是民意的表现,《国语·周语》所说的“众心成城,众口铄金”,是表示民意力量的可怕,也是语言威力的表现。

其实,不说话的威力也是很可怕的。当沉默的大众不说话的时候,可能是暴风雨来临的前夕。《国语·周语》记载,周厉王以杀止谤,召公谏之不听,国人莫敢言,三年,流王于彘。周武王伐纣,也是在得知殷民皆不敢言的讯息后,认定民意已不支持商纣,才正式展开灭商行动的。由此可见,不说话也是一种心意的表达,更需要揣摩计虑。鬼谷子说:古人有言日“口可以食,不可以言”者,有讳忌也。为什么有忌讳,正是传播者与受播者必须深究探讨的地方。

二、言辞的刺激与反应

《鬼谷子·权篇》提到的言辞种类有:饰言、应对之言、成义之言、难言、佞言、谀言、平言、戚言、静言、病言、恐言、忧言、怒言、喜言等，刺激的作用不同，对方的反应也不同。

1.饰言

饰言是经过修饰包装或假借假托的语言，不一定是表面上的意思，可能有隐喻、反讽、暗示等作用存在。所以，鬼谷子说："饰言者，假之也；假之者，益损也。"

饰言有两种情况：一种是为了达到说服的目的，不便直说，先用隐喻或暗示的方法，试探对方的反应，言辞只是一种了解心意的借用工具，或者只是试探而已，真正要说的话还在后面，可能会导致益损利害，说者与听者都必须注意辨别。例如，姜太公在渭水之滨初见周文王，不便贸然进言献策，乃先谈钓鱼和钓权一样，以试探其反应，合则言，不合则去。

另一种可能的情况是，说者所讲的是避重就轻的假话，隐瞒了事实真相。例如，要对方做某事，则多言利，苏秦希望六国合纵抗秦，多言合纵之利。若要对方不做某事，则多言害，张仪要六国连横事秦，则多言六国合纵抗秦之害。《鬼谷子·捭阖篇》指出："诸言法阳之类者，皆曰始，言善以始其事。诸言法阴之类者，皆曰终，言恶以终其谋。"因此，听者应该仔细考虑说者言辞背后的利害益损关系，这也是"饰言者，假之也；假之者，益损也"的另一种状况。不论如何，文辞言语经过修饰包装后，都有不真实的可能，传播者与受播者都必须考虑到利害问题。

2.应对之言

鬼谷子说："应对者，利辞也；利辞者，轻论也。"

应对，是应诺酬对，可说是外交辞令，也可说是寒暄对答，也可解为针锋相对的言辞对答。利辞，可解为便利的言辞，或有利的言辞，或锐利如剑的言辞。轻论，可解为轻佻浅薄的言论，或随口轻易而发的言辞，或无甚重要，不甚了了的言辞。

《论语·子张篇》记载："子夏之门人小子，常洒扫应对进退，则可矣。"在此，应对是一般日常应答，属于寒暄性质，随便说说罢了，并无说服他人的意图，也非利辞。

外交辞令重视应对得体，有虚有实。如果认为外交辞令都是随便应付应付，那可能是误解。外交辞令以符合双方利益、不辱使命为原则，可能有承诺，但也会因局势环境变化而使承诺改变，因此，也不能视为利辞轻论。

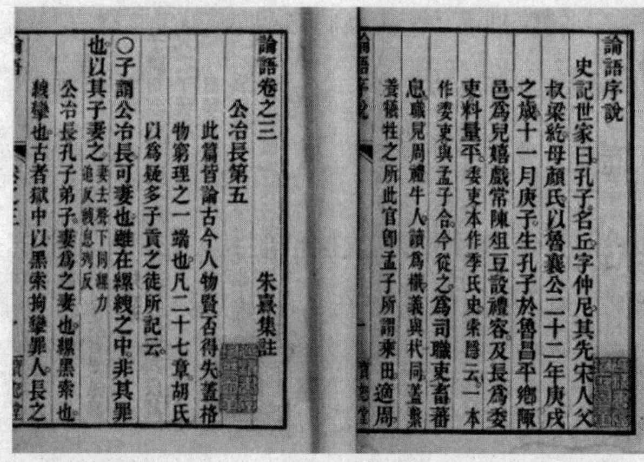
論語序說
史記世家曰孔子名丘字仲尼其先宋人父叔梁紇母顏氏以魯襄公二十二年庚戌之歲十一月庚子生孔子於魯昌平鄉陬邑爲兒嬉戲常陳俎豆設禮容及長爲委吏料量平委吏本作季氏史索隱云一本作委吏與孟子合今從之爲司職吏畜蕃息職見周禮牛人讀爲樴義與杙同蓋繫養犧牲之所此官卽孟子所謂乘田適周

論語卷之三
公冶長第五　朱熹集註
此篇皆論古今人物賢否得失蓋格物窮理之一端也凡二十七章胡氏以爲疑多子貢之徒所記云
○子謂公冶長可妻也雖在縲絏之中非其罪也以其子妻之妻去聲下同縲力追反絏息列反
公冶長孔子弟子妻爲之妻也縲黑索也絏攣也古者獄中以黑索拘攣罪人長之

《论语》书影

针锋相对的应对言辞，可能锐利如剑，互有攻伐。如果应对得体，将是精彩的辩论。如果双方水准不够，将只是轻佻浅薄的言论而已。

另一种情况是，仓促应对的言辞，可能只为一时的便利，或找不出得体的对应言辞而随口搪塞应付，这是陶弘景注解《鬼谷子》所提到的情况。由于仓促应对，是轻易随口而发的言论，不一定可行、不一定可信。

综合以上分析，传播者或受播者在言谈中，如发现对方说话的态度和所用的言辞是应诺酬对的语言，应当分析对方的态度是否出于应付，或是未经审慎思考、脱口而出？或是轻佻浅薄？满口有利的言辞，可能是把事情看轻说轻了，要提防轻诺寡信。

3.成义之言

鬼谷子说：“成义者，明之也；明之者，符验也。”

义，是行事得宜。《荀子·强国篇》：“分义则明”，注云：“义，谓各得其宜。”

成义，可解为成就义理，陶弘景注：“核实事务，以成义理者，欲明其真伪也。”据此，说者以符合义理的言辞策略来说服，目的是要使听者明白事理，依理而行，使行事合宜，这就是使人明了事理，也就是反覆说明，以验证对方是否明白，或验证对方是否真心接受。因此，成义之言，也就是促使对方达成义理，使他明白义理的重要，并促使他实践，如符令之应验。

从受播者的角度来看，说者提出达成义理、处置得宜的建言与策略，听者应该反覆辨明，以了解说者是否真能确实做到。这也就是说：成义之言，是要使人明白义理，行事得宜。真相如何，有待验证。

4.难言

鬼谷子说：“难言者，却论也。却论者，钓几也。”

难言者，有多种可能的解释，包括：难以沟通说服的人（拒绝接受建言的人），反覆辩难、一再反驳的人，说话吞吞吐吐、有口难言的人。另一类解释则是：反覆辩难之言。

却论，可解为拒不接受的言论，一而再地讨论、反驳的言论，有意退却不谈的言论。

钓几，是钓出几微的细节、隐情，以明白事实真相。

说者吞吞吐吐，好像欲说不说，是有隐情，听者应一再询问、辩难，以了’解对方内心的隐情和事实真相。但是，说者也可能是借此吸引听者主动发问，而后建言献策，可收奇效。

另一种解释是，说者建言献策，听者一再推托或反覆辩难，这是有原因的。听者一再推托，是不愿接受，或是故意推辞，和反覆辩论一样，目的在使说者说得更清楚，听者可从中了解许多细微的讯息和隐隋，作为决策的参考。说者遇到听者反覆辩难，也应借此揣摩对方的隐情欲求，以便针对其好恶欲求提出建议。

难言者，也可解为难以说服沟通的人（包括推三阻四、反覆辩论等），说者必须反覆试探，以钓出对方的隐情与好恶欲求，作为针对需要而建言献策的参考。

5.佞言

鬼谷子说：“佞言者，谄而干忠。”又说：“先意承欲者，谄也。”

佞有三解：一为巧谄善辩，《论语·公冶长篇》记载，或曰：“雍也，仁而不佞。”子曰：“焉用佞？御人以口给，屡憎于人。不知其仁；焉用佞。”佞者，巧谄善辩,也就是口才很好。孔子认为,对人处处善辩巧言,会惹人讨厌。

《左传》成公十三年,晋侯使吕相绝秦,提及"寡人不佞,其不能以诸侯退矣",是说寡人不才,佞者,才也。但佞言不宜解为才气之言。

《国语·晋语》:惠公入而背外内之赂,舆人诵之曰:"佞之见佞,果丧其田。""佞之见佞",此处解为伪善、诈骗。

鬼谷子所说的佞言,应是指巧谄善辩之言或伪善诈欺之言。谄,是先意承欲,也就是先揣摩人君之好恶欲求意向而顺其欲求之言,就是佞言,表现顺从君意的目的,在让人君认为他是忠心耿耿,因此,佞言者,是在于求忠名。以君意为己意者,虽然忠心执行君令,但圣贤也会有判断错误的时候,君有过而顺其意,岂非伪善、岂非增添人君的罪过?

说者曲意承欲,目的在求得忠名,获得信任后,才能言听计从。有技巧的传播者,虽然先意承欲,得知人君的好恶欲求,但却不一定完全顺从君意,而是顺水推舟引导君意行事得宜,这也就是《鬼谷子·摩篇》所说的:"所谓主事日成,积德也,而民安之,不知其所以利。"又说:"主兵日胜者,常战于不争不费,而民不知所以服,不知所以畏,而天下比之神明。"

6.谀言

鬼谷子说:"谀言者,博而干智。"又说:"繁称文辞者,博也。"

谀,可解为阿谀,或以甘言对人。《史记·叔孙通传》曰:"先生何言之谀也。"在此,谀言是曲意奉承的好话。阿谀则是徇私谄媚,《汉书·匡衡传》:"阿谀曲从,附下罔上,无大臣辅政之意。"

谀言,可引申为好听的话,甘言、美言都需要有内容,如果一意奉承,只是佞言。既然要让人听得愉快入耳,势必要见识广博,可以旁征博引,言人所未见未知,加以美化,对方自然听来有趣,被捧得醺醺然,人们自然会以为说者知识广博,文辞繁复,旁征博引,真博学、真有智识。因此,鬼谷子认为,甘美好听的言语,旁征博引,文辞华丽繁复,目的是炫耀知识广博,文采翩翩,使人认为说者很有智识,求得智慧之名。听者可从其旁征博引、修饰文辞,或曲意奉承,来判断说者的目的是表现博学有智慧,或是阿谀奉承、谄媚干忠。相同的,说者从听者对方的言辞反应，也可看出听者说话的态度是为了表现智慧，还是曲意奉承。

7.平言

鬼谷子说："平言者，决而干勇。"又说："纵舍不疑者，决也。"

平言，可解为平实之言、平定之言、平易之言、平议之言。

说话平实，并不表示有果断，也显不出是否勇敢，但能显示为人实在、没有虚伪。平定者，是有定见，说话有定见，则显示有果断，凡事有决断才有定见，可谓勇于决断。说话平易，可解为平易近人，或视一切危难为平易。

《庄子·刻意篇》说："圣人休休焉则平易矣，平易则恬恢矣。平易恬恢，则忧患不能入，邪气不能袭，故其德全而神不亏。"此处所说之平易，是平淡随意，不论是艰难困苦、危难险阻，均能泰然处之，是有智慧的勇，不是匹夫之勇。

言谈之中，如果视一切事务为平易，而有凡事不畏难的言辞，可视之为勇敢有决断，也可视之为目空一切，是否有言过其实之嫌，或只是为了表现其神勇？

平议之言，是言论公正地评断，也就是公正论事之言，显示其人是非分明、纵论不疑，勇于任事论断。

纵舍不疑，是指取舍之间，论断之际，毫不犹疑，这就是有决断，是勇的表现。

因此，鬼谷子所说的平言，应是指说话有定见，取舍之间，论断之际，毫不犹豫，不畏任何艰难，其目的是让人觉得说者有决断、勇于任事、勇于负责。听者宜多观察测试，以了解说者是否有勇无谋，还是智慧之勇。

8.戚言

鬼谷子说："戚言者，权而干信。"又说："策选进谋者，权也。"

戚，可解为亲近、忧虑、忧惧、哀伤。

戚言，如解为亲近之言，或亲切之言，则说者或为亲近之臣、或为亲戚，其进言献策的目的，在显示具有权谋策略，以求得信任。如解为忧国忧民、忧君忧时之言，则目的亦在建言献策，期望听者采信，以求得人君信任。

因此，鬼谷子所说，应可解为：亲信亲戚之言，或忧国忧民之言，目的在权衡局势变化、建言献策，以求得人君信任。不论是亲信之言、亲戚之言，或远臣百姓的忧国忧时之言，听者均应审慎详察，研判利弊得失，以免遭到亲信亲戚之蒙蔽。

9.静言

鬼谷子说："静言者，反而干胜。"又说："他分不足以窒非者，反也。"

静言，可解为能言善道，或小人巧言。《尚书·尧典》记载，尧帝询问谁可继承大统，欢兜推荐共工，称赞共工多揽业务著有功绩，尧帝却说："吁！静言庸违，象恭滔天。"《尚书》注解说："静，谋。言共工自为谋言，起用行事而违背之。"《史记》解为善言，《说文解字》段注解为小人巧言。这是说，尧帝批评共工能言善道，只能座谈，不能起而行，貌似恭敬，其实对天不敬。

因此，静言应可解为能言善道，或小人花言巧语。

反，可解为反覆、违背，或反覆推论、倾覆等。鬼谷子说："他分不足以窒非者，反也。"陶弘景注："己实不足，不自知而内讼，而反攻人之过，窒他谓非，如此者反也。"陶注似乎认为，花言巧语者，不自己反省能力不足，反而责怪或揭发别人的过错，以显示自己有能力胜任大事。

但是，从另一个角度来看，能言善道或花言巧语者，对于别人的质疑，必可辩解得令人无法不相信，他人无法堵住能言者的嘴，无法指出其错误，使人认为能言者必能胜任大事。

以上两种状况，都有可能。听言者对于能言善道或花言巧语的人，应一再辩难考验，还要观其行，有些人能言亦能行，有些人则能言不能行。孔子说："视其所以，观其所由，察其所安，人焉廋哉！人焉廋哉！"(《论语·为政篇》)可是，对于亲近的人，是否能这样理智地观察呢？他的学生宰予荒废学业，白天睡觉，孔子骂他言行不一，从此要改变对人轻信其言的态度："始吾于人也，听其言而信其行；今吾于人也，听其言而观其行；于予与改是。"(《论语·公冶长篇》)

由此可知，能说善道、花言巧语的，反覆论述辩解，令人无法攻其破绽，或不问自己实力而尽说他人之短者，目的是在使人认为其能胜任大事，似乎天下间只有他最行。

此外，鬼谷子也认为说话会反映身心状况，也就是说，言语是情绪和身体状况的反射，从言谈中可以了解对方的身心状态和情绪反应。因此，鬼谷子说："故曰：辞言有五，曰病、曰恐、曰忧、曰怒、曰喜。"兹分析如下：

10.病言

鬼谷子说："病者，感衰气而不神也。"

病，可解为疾病、生病、瑕疵、忧患、疲困等，鬼谷子所言之病，应是指疾病的意思，而且是病得不轻。古人说："疾甚曰病。"(《说文解字》注)后世对疾病渐不分其轻重。

生病的时候，体弱气衰，连带影响到精神不振，也就是说，生病的人精神恍惚，体弱气衰而精神不集中，说话也没精神。反过来说，如果传播者或受播者说话没精神，声音有气无力，可以推断此人生病了，听者或说者可据此判断对方的身心状况。这种气衰无神之言，可称"病言"。

但是，古人装病不出以避事避祸的情形也是常有之事，主事者亲身前往或派人前去探视的时候，自然须判别是真病还是装病，这是揣情摩意的功夫。

11.恐言

鬼谷子说："恐者，肠绝而无主也。"

恐，可解为惧怕，或威吓，或疑虑忖度。

惊恐状态下，六神无主，是身心的反应，从外表可以观察出来。但是，恐惧是否会造成肠绝，似有待考证。通常以"肝肠寸断"或"断肠"来形容伤心过度。或许，恐惧可能引发肠子痉挛阻塞、大便不通而精神恍惚、六神无主吧！

无论如何，传播者或受播者处于恐惧状态下，从外表可观察到对方脸上恐惧的表情，言语也会显得没有主意、不知如何是好，精神状态也会有六神无主的反应。因此，运用恐吓的方法，使对方感到恐惧，或说话者显露出恐惧的反应，都可称为"恐言"。

不过，恐吓应有一定的限度，过度的恐吓会产生反效果，一旦受播者遭到过度恐吓，可能会逃避或坦然面对(道藏本"恐"作"怨"。怨言也会肠绝而无主，但情况似不如恐惧之言来得严重)。

12.忧言

鬼谷子说："忧者，闭塞而不泄也。"

忧，可解为忧愁、忧患、忧郁。忧愁的人，闷闷不乐，精神躁郁耗损，思路闭塞，情绪也不开朗，可能言语不多。因为心思闭塞想不开，所以，话也不愿意多说。

忧愁的人，愁眉苦脸，从脸色外表及言语中可以观察出来。说者谈到祸患危机，也会引起听者忧虑不已，有忧虑，表示内心有反应，说者可趁机提出解决问题的办法。

13.怒言

鬼谷子说："怒者，妄动而不治也。"

怒，可解为生气愤怒、谴责、奋力。此外，凡气势充沛不可遏抑，皆可称怒，如怒涛、怒潮。

妄动，可解为乱动、不合宜的行为。愤怒的人失去理智，轻举妄动，言谈无法控制。怒时之言或使人愤怒之言，皆可称"怒言"。

说者有时以激将法，刺激对方，使听者愤怒，在难以自制的情况下，显露出自己的真情本意，或做出仓促的决定。听者为了解说者的真实情况，有时也会以激将法刺激说者，使其怒气难遏，在无法仔细考虑下说出事实真相，听者再做判断时的参考。

14.喜言

鬼谷子说："喜者，宣散而无要也。"

喜，可解为快乐、高兴或福气。凡吉祥之事，皆可称为喜事。

喜言，就是使人高兴的吉祥言语，或愉快时所说的充满喜乐的话。

宣散，可解为说话散漫、言谈开朗。要，可解为遮留、要求、扼要、要点。无要，即是口无遮拦、无要点、无要求。

喜悦时的自制能力，因人而异。有些人一高兴即手舞足蹈，言谈无节制，口无遮拦，使人一见即知其内心喜悦。有些人在极度喜乐兴奋时，才会失去自制力,表现出言语散乱无节制。还有些人则喜怒不形于色,旁观者不易察觉其内心之反应,但如仔细观察其行为,亦可获得一些线索。例如,淝水之战,东晋获胜,消息传来,宰相谢安正在下棋,若无其事,却在回房时将木屐齿碰断了,显示他在行动上稍有闪失。

说者以令人兴奋的言辞或好消息来谈说,听者如合意,自然心神荡漾,说话比较不拘泥节制。同样地,言谈中,受播者说话时神情愉快,言辞轻松不拘谨,传播者可判断受播者的心理状态是喜悦的或兴奋的,再据以了解其内心真情欲求,或提出建言献策,此时,听者比较容易接受。

三、说服与言辞权变

《鬼谷子・权篇》对言辞与说服的关系,可归纳出下列六项原则:

1.说服是资助,有取有予

鬼谷子说:"说者,说之也;说之者,资之也。"

资,可解为取,也可解为予,也可解为有取有予。《易经・乾卦》:"大哉乾元,万物资始,乃统天。"疏曰:"万象之物,皆资取乾元,而各得始生。"资,解为取。

《战国策・秦策》:"王资臣万金而游。"(《秦策》四:"秦王欲见顿弱。")资者,资助,给予也。

说服,是提出某种建议,对双方均有利,促使对方接受意见去做或不做某事。为对方谋取利益或避祸,是资助、协助对方解决问题,说者因此而获得信任或某一种报酬(权、禄等),则是得、是取。因此,资之,是双关语,有取有予,有付出,也有收获。谈判中的说服,更可说明此一现象。谈判是双方各有让步、互有取予的行为。如果不是各得其利,则谈判的协议必不能持久。

因此,说服的基本观念是,说者协助、资助受播者解决问题,得到利益,达到目的,则受播者自会回报传播者。如果只取不予,说服恐难达成,即使一时得逞,也难持久,且恐有祸。

2.扬长避短

鬼谷子说:“人之情,出言则欲听,举事则欲成。是故智者不用其所短,而用愚人之所长;不用其所拙,而用愚人之所工,故不困也。言其有利者,从其所长也;言其有害者,避其所短也。”

在说服传播中,说者建言献策,目的是为听者提供建议,解决问题,处置得宜。运用对方的长处去做能力所及之事,自然容易成功。若要小国以武力反击大国,是用其所短,当然不易成功。如建议小国合纵以对抗大国的威胁,或运用外交手段周旋于大国之间,则属可行,小国诸侯也比较容易接受。

鬼谷子指出,介虫(甲虫)保护自己是以坚厚的外壳。螫虫(如蜜蜂、毒蝎等)抗敌,必运用其毒刺来螫伤对方,同时也保护自己。自然界的动物都懂得用其所长,避其所短,说服者也应能体会。不过,毒虫螫敌的后果如何,是己存敌灭、己灭敌存,还是同归于尽,毒虫不会思考,人类却必须从长计议。

3.察言观色,策选进谋

鬼谷子指出,口,是言语的机关,主控情意的表达与隐蔽。耳目是心灵的前哨,可以协助心灵了解人世间的奸邪。耳目口心四者互相配合协调,合道循利而动。

言辞,是内心情欲的反映,即使不以言辞表达,也会以表情、动作等非语言的方式表达。因此,察言观色是传播互动中必要的揣情摩意功夫。

鬼谷子在本篇所提到的言辞,可分为三类:

(1)从言辞本质判断其目的

饰言,有假,涉及利害关系,应注意言辞背后的动机。

应对之言,有利的说辞,目的在应付或诱使对方采取行动或不做某事。

成义之言,义正辞严,合乎义理,能否做到,有待验证。

难言,反覆辩难,难以沟通,有畏难退却的倾向,目的可能是不愿接受,也可能是钓几探情。

(2)从言谈的方式判断其目的

佞言,巧佞之言,顺意承欲,显示忠心,以求忠臣之名。

谀言，文辞华丽，旁征博引，显示博学多才，以求智者之名。

平言，说话平易有定见，论断不疑，显示勇于决断任事，以求勇者之名。

戚言，忧国忧民之言，目的在进谋献策，以求获得人主信任。

静言，巧言善辩，光说不练，排斥他人，显示己能胜任大事。

(3)从言辞看心理反应

病言，说话气衰无神，显示病情严重，可能是真的生病，也可能是推辞以避祸。

恐言，言辞恐惧，六神无主，显示畏惧过度，但也可能是伪装。

忧言，言谈忧虑，心思闭塞，话语不多，显示对可能的祸患忧心忡忡。

怒言，情绪愤怒，言辞失控，易于轻举妄动，显示极度不满，言行失常。

喜言，言谈愉快，心情喜悦，说话不拘谨，散漫无节制，内心较无抗拒防备。

从以上各种言辞形态和说话的方式，可以看出内心的情欲好恶与需求，说者和听者可据以判断真情，提出合乎需要的建议，对方接受的可能性很大。

4.精则用之，利则行之

《鬼谷子·摩篇》说："夫事成必合于数，故曰：道、数与时相偶者也。"若要说服成功，也要注意政策（道）、方法（数）、时空环境（时）的配合。

不同的言辞策略，对不同情况的人会产生不同的作用。病、恐、忧、怒、喜，是内心情欲与需求的反射，选择可行的方法、提出解决其需求的策略，在时机的配合下，事情比较容易成功。

精，是精通掌握人心的方法，了解对方的需求。利，是选择有利的时机，提出使对方获利如意的策略方案。只要能精通揣摩之道，即可充分运用它。只要是能使对方有利、能解决问题的方法（利人利己），即可提出，以供采行。这就是鬼谷子所说的："精则用之，利则行之。"

5.针对人格特征选择说服言辞

鬼谷子说："故与智者言，依于博；与博者言，依于辨；与辨者言，依于要；与贵者言，依于势；与富者言，依于高；与贫者言，依于利；与贱者言，依于谦；与勇者言，依于敢；与愚者言，依于锐；此其术也，而人常反之。"

智、愚、勇、博、辨,是人格特征。富、贵、贫、贱,是身份地位,也是可见可知的特征。不同特征的人,有不同的需求与反应。

智者,是有智慧、知识、聪明的人。聪明、有智慧、有知识的人,可能学有专精,可能博学多才。与智者言谈,若要说服他,自己也要知识广博,博学多才,才能使他心服。

博者,知识广博,通于艺事,博学多才,若要说服他,除非以博对博,否则,只有依靠辩才无碍,使其心服口服。

辨者,即善辩之人。辨,通辩。善辩者习惯于抓住言辞弊病大做文章,对应之道在于要言不繁。说话精简扼要,思虑周详,使其无懈可击,不易辩驳。

贵者,位尊,对其具有影响力的是权势、形势。因此,说之以权势,或分析形势之变化,或以权势导引,比较具有说服力。至于位尊而不嗜权势者,可以合理的形势变化来说服。

富者,财大势大,权位比财金更具吸引力。高,是权位,或崇高、尊显、高风超凡。富者为善,在求崇高之社会地位或德行崇高。因此,对富者宜以崇高之事来说服。这与《鬼谷子·捭阖篇》所说"故与阳言者,依崇高;与阴言者,依卑小",道理是一致的。

贫者,贫穷,缺乏财利。有人虽贫不贪,有人贫而好学,如颜回居陋巷,一箪食、一瓢饮,不改其乐,钱财之利对他较无吸引力,大义大利较易动心。利有多种,财利、义利、公利、私利、大利、小利,可针对不同个性选择运用。

贱者,居于卑微地位者,以现代观念来看,职业无贵贱,只能解为下层社会不受重视的人,因为他们不受重视,所以期望受到尊重,说者以谦卑的态度对待他们,自然会有善意的回应。这种现象,在现代民主国家的社会工作和选举期间,特别明显可见。谁对他们好、为他们着想,他们既有热烈的反应。

勇者,不畏难或锐意进取。《论语·宪问篇》说:"仁者,必有勇;勇者,不必有仁。"孔子又说:"君子之道三,我无能焉。仁者不忧,知者不惑,勇者不惧。"

勇,可分为大勇(为国为民不畏难不怕死),小勇(匹夫之勇)。《孟子·梁惠王篇下》记载:齐宣王说:"寡人有疾,寡人好勇。"孟子说:"王请无好小勇。夫抚剑疾视曰:彼恶敢当我哉,此匹夫之勇,敌一人者也。"孟子认为周文王、周武王一怒而安天下，是大勇，如果齐宣王也能一怒而安天下，“民唯恐王之不好勇也”。

鬼谷子认为：“与勇者言，依于敢。”敢，是进取、果敢、勇敢。因此，与大勇者言，应能提出一套进取的策略。与小勇者言，也应显示勇敢的态度，使其视为同类，或运用对方的勇气，使他有表现的机会，对方才会比较容易接受说服。

愚者昏昧不明，愚昧无知。愚有两种，一是真愚，无知昏昧，智慧很低。另一种是假愚，因为不轻易表现，外表看起来愚笨，没有机灵的反应，其实内心悟道。颜回乃属此类。《论语·为政篇》记载，子曰：“吾与回言终日，不违如愚。退而省其私，亦足以发，回也不愚。”孔子说话，颜回听而不回应、不反问，看起来是愚人，其实不然。

锐，是锐利、尖锐、精锐。鬼谷子认为，对真正愚昧的人说话，要单刀直入，把话说清楚，要说重点，使他易于明白、易于遵行。

6.辞贵奇

鬼谷子说：“听贵聪，智贵明，辞贵奇。”

鬼谷子认为，说服是很难的，对智者，要让他明白利弊得失，是非曲直，使他做明智的选择。对不智者，要教他明白事理，明白是非曲直和利弊得失。这两件事都很难。说者要有听话辨情的能力、要有明辨是非曲直利弊得失的智慧，说话还要用能够引起对方注意、打动对方心意的奇辞。

奇，可解为奇异、权诈、奇特。奇辞引人注意，减少内心的抗拒，因此，比较容易进行理性的说服。

第十章　谋——献计之道

《鬼谷子·谋篇》探讨的是如何对人君建言献策，如何行使计谋，如何使对方接受意见。

计谋是人类行为中不可避免的处事方法，目的在解决问题，以求行事得宜，避凶趋吉。在现代传播学中，属于讯息与意见的探讨范围。

一、计谋、意见、讯息

中国古代对于提供建议,有多种名词,性质稍有差异。

建言,是提出意见、看法,有所建议。言辞内容最广,可能谈的是私事,也可能是国事。可能含有行事策略,可能只是个人看法,希望对方采行。用现代语言来说,就是提出意见,提供建议。

献策,也是提出建议,以求解决问题,性质上着重在处理方法。策可解为对策、谋略。现代人的说法是:提出可行方法。

计谋,就是可行的方法。三十六计,就是三十六种处理事情的方法。计谋包括处理事情的方法,和使人接受建议的方法,因此,计谋就是方法,有些方法可行,有些方法无效,但都是方法,都可称为计谋。

讯息,就是某一方以语言或非语言方式表达的某种意思或意义。不说话、无动作也是一种讯息。大自然的一事一物均可发出讯息,山不动,看山的人,随其心境而有不同的感觉。他表达的意思,不一定是他心中所想的,这是环境的影响。因此,如何判断真情,提出符合对方需要,又真能解决问题的方法,是传播者必须全力以赴的。

鬼谷子说:“故因其疑以变之,因其见以然之,因其说以要之,因其势以成之,因其恶以权之,因其患以斥之,摩而恐之,高而动之,微而证之,符而应之,拥而塞之,乱而惑之,是谓计谋。”显然这些解决问题的方法,这些促使对方接受的方法,都可称为计谋。

二、提出计谋的方法

鬼谷子说:“凡谋有道,必得其所因,以求其情;审得其情,乃立三仪。三仪者,曰上、曰中、曰下,参以立焉,以生奇。奇不知其所壅,始于古之所从。”

鬼谷子认为,凡是献计行事,多有原则可循。必须先分析了解事情的原因,以便求得事实真相与内情。得知真情后,可设定三个标准,分为上策、中策、下策,这是分别根据内情事因而策订的,然后再提出最合适可行的奇计,以出奇制胜。奇计不易受到常人的对策所破解，自古以来，已有许多奇策成功，可供参考。

从鬼谷子的理论中，可归纳出献计的四个步骤：得其所因、审得其情、策立三仪、提出奇计。兹分析如下：

1.得其所因

因，可解为事之缘由，也就是原因和由来，要了解的目标，包括为什么会发生这样的事、是谁造成的、是怎样的动机、可能的后果如何？

苏秦当年提出合纵计策时，必须先了解当时的天下形势，为什么会形成抗秦与事秦两种趋势，对秦与六国各有何利弊得失？六国抗秦的动机何在？事秦的动机又何在？抗秦与事秦的后果是什么？得其所因，才能掌握实情，了然不惑。

2.审得其情

鬼谷子各篇均提到揣情的重要，本篇亦不例外。他说："故郑人之取玉也，载司南之车，为其不惑也。夫度材、量能、揣情者，亦事之司南也。"揣情量能度材，不但使人不惑，而且可据以提出对策。

度材，是忖度相关人士的本性和才干，也就是说，分析这些人是什么料子。人有圣、贤、智、愚、仁、暴、勇、怯等本性和才干之差别，说服者自己又是什么材料？能否说得动圣贤之士或暴君？不同的才性要以不同的方法去说服，提出解决问题的方法也不同，对仁君提出霸道逆天之计，自然不会被接受。同样地，对暴君建议行仁政，恐亦难以接纳。

量能，包括考量相关人士的能力、权势地位、国家的财力、军力、国力、民力等因素。国君是否有能力、有权力去执行计策，谁去执行，国家是否有力量去称霸或抗敌，民心是否归顺，都是必须考量的重点。

揣情，是揣度受播者及相关人士的好恶欲求、说服者与受播者的互动关系等因素，彼此之间欲求与好恶之异同，也应加以分析，以求掌握最多的实情资料，作为提出对策的参考。

3.策立三仪

处理事情的方法,可分为上策、中策、下策三种,各有得失。

《孙子·谋攻篇》说:“故上兵伐谋,其次伐交,其次伐兵,其下攻城。”孙子论及用兵的方法时指出,上策是以计谋使敌人归服,中策是运用外交使敌人屈服,下策是使用武力解决,下下策是攻城。不战而屈人之兵,乃是上策。

孙膑

说者提出上中下三策,还应加以分析利弊得失与可能的后果,以供听者了解。其实,不一定每次献策都要提出三策,只提出最好的计策也是常有之事。说者应该针对情况、需要、能力,提出最适合的建议,不一定是上策,有时候下策反成上策。例如,以下驷对上驷,以下策对上策,目的在求最后的胜利。

4.提出奇计

奇计的目的,在出奇制胜。

鬼谷子说:“奇不知其所壅,始于古之所从。”奇计每出人意料之外,三国时代诸葛亮的空城计,乃是奇计,司马懿不信诸葛亮会如此大胆。下驷对上驷也是奇计,因此,得以上驷对其中驷,中驷对其下驷,获得三战两胜。

《孙子·势篇》说:“凡战者,以正合,以奇胜。故善出奇者,无穷如天地,不竭如江河。”鬼谷子所言,也是这个意思。

出奇计,必须确实了解实情。诸葛亮一向谨慎,深知司马懿个性多疑。而司马懿也了解诸葛亮是谨慎之人,断然不至于空城迎敌。司马懿多疑的个性,正是诸葛亮奇计的着力点。下驷对上驷的情况也是如此,如果孙膑未曾观射,即无从得知双方马力实情,也无从对田忌提出“下驷对上驷”的奇计了。(《史记·孙子列传》)

三、说服与献计

计谋是解决问题的方法，是传播者根据自己所了解的状况而设计的，还必须受播者接受，才能化为行动。计谋是否成功，要看道、数、时是否配合得好。本篇提到说人之法，可归纳出下列四项原则：

1.知情不惑

说服必须充分了解事情的可能因果关系，受播者及相关人士的个性、好恶、欲求、能力、权势、时机、人际关系等因素，这些都是量权、揣情、摩意的基本功夫，前篇已一再论述。

本篇中特别提到的知情方法是察同异，也就是分析人际关系以及彼此之间的利害关系。

鬼谷子说："故同情而相亲者，其俱成者也；同欲而相疏者，其偏害者也；同恶而相亲者，其俱害者也；同恶而相疏者，偏害者也。故相益则亲，相损则疏，其数行也；此所以察同异之分也。"

同情，是指理念和欲求相同。俱成，是指合作成功，或两人都有成就。理念相同、情境相同而能够亲近共事者，是因为两人都有成就，或因为两人合作成功，没有利害冲突，所以能够继续亲近往来。相同欲求、相同理念而彼此疏远的，是因为彼此利害冲突，或一人成功、一人失败而导致猜忌疑虑，不愿继续亲近。

同恶，可解为厌恶的对象相同、讨厌的事情相同，或两人都处于逆境、或两人都很坏。讨厌的人、事相同而彼此亲近，是因为两人同遭其害。两人同处逆境而亲近，是因为两人遭遇相同而互相团结接近。两人都很坏而亲近，是欲求好恶相同，想一起做坏事吧！两人讨厌的人事相同而互相疏远，是由于一人成功，一人受害，导致互相猜忌疑虑。两人同处逆境而疏远，是因为其中一人受害，导致互相猜忌怀疑。二桃杀三士，就是因为猜忌疑虑而引起的悲剧。

从人际关系的观察，可以看出其中的利害关系，因为"相益则亲，相损则疏"。相益，就是互补互利。相损，就是利害冲突，互相伤害，或一方具有威胁伤害力。现代观念认为,国家没有永远的敌友,一切以本国利益为优先考虑(其实也包含个人利益在内)。其实,春秋战国时代的分合纵横,已经充分表现"相益则亲、相损则疏"的道理了。

人际关系的改变,始于微小的裂隙。鬼谷子说:"故墙坏于其隙,木毁于其节。"如何运用裂隙,《抵巇篇》已有详细的论述。

2.因人因事而说之

人的个性、才智、欲求各有不同,针对其个性、才智、欲求,可有不同的说服方法。鬼谷子所举的例子包括:

(1)仁人轻货,不可诱以利,可使出费

仁人,是有仁心、仁德、品行高贵的人。仁的定义很广,《论语》记载,孔子对仁的解释,因人而异。此处偏重于重义轻利,因此,以利诱仁人,必将无效。

费,可解为散财用,《论语·尧曰篇》子曰:"君子惠而不费,劳而不怨,欲而不贪,泰而不骄,威而不猛。"费,可解为动用钱财。孔子解释说:"因民之所利而利之,斯不亦惠而不费乎?"

既然君子仁人不费、不乱花钱,又怎能使仁人出费呢?要出费目的何在?为公益、为民利、为国事,仁人当必乐于出财破费。《论语·雍也篇》子曰:"夫仁者,己欲立而立人,己欲达而达人。"仁者推己及人,自然愿意出费玉成美事。

(2)勇士轻难,不可惧以患,可使据危

勇者不怕难、不畏艰巨,所以不可以祸患困难来阻挡或吓唬他,但可使他据守危急之地,必不推辞,且能达成任务。

勇,有大勇、小勇之分。《孟子·梁惠王篇下》记载,孟子对齐宣王说,周文王武王一怒而安天下,是大勇。匹夫之勇则是小勇。匹夫之勇,百无畏惧,一怒即拔刀而起,不顾后果,非真勇,也不是可用之才。如果以此匹夫之勇者据守危城危地,易受敌方激将,误及大事,因此,必须有人予以节制。司马懿坚守皆庭(隔茅关),任凭诸葛亮百般侮辱激将,坚不应战,两军相拒半年,终于阻挡了蜀军北伐,也是勇者的表现。

(3)智者达于数,明于理,不可欺以不诚,可示以道理,可使立功智者，是有知识、有智慧的人，明白事理，对人与事的因果关系比较容易了解，不易受到蒙蔽，因此，不可随意欺瞒，但可以道理来说服，使他建功立业。

现代知识分子，接受教育的机会更多，知识范围更广泛，有些人执着于个人理念，有些人明理豁达，有些人固执本意，因此，现代知识分子更不能欺以不诚，而须争取理念认同，才会接受说服。

(4)愚者易蔽，不肖者易惧，贪者易诱

愚昧者无知，因此容易受到欺骗蒙蔽；但是，或可蒙骗一时，恐难欺骗永远。不肖者无主见，不贤明，易受威胁恐吓；不过，恐惧也有限度，超过忍受的极限时即会失效。贪心的人以利为主，容易受到利诱；但如祸害当前，严刑峻法在后，贪者也可能不敢贪，以免因利而致害。

凡事必须衡量状况，度量个性、才能、利害关系等因素，然后决定处理方式，这就是鬼谷子所说的“因事而裁之”。

3.运用计谋（技巧）说服

说服传播是提供可行的解决办法（计谋），协助受播者去解决问题，可说是献计的行为。在说服对方采纳计谋的过程中，运用什么方法策略使对方接受建议，也需要计谋。因此，说服传播也可看作是：说者用计使听者采纳计谋。

鬼谷子说：“故外亲而内疏者，说内；内亲而外疏者，说外。故因其疑以变之，因其见以然之，因其说以要之，因其势以成之，因其恶以权之，因其患以斥之。摩而恐之，高而动之，微而证之，符而应之，拥而塞之，乱而惑之，是谓计谋。”

从这段话中，可分析出鬼谷子的说服谋略有下列十四种：

(1)外亲而内疏者，说内

外，可解为外表，则内即内心。外如解为对外，内则是对内。外，或可解为外人，则内可解为内部之人。

外表对说者很亲切、很亲近，其实内心是有意疏远的，这种情况下，说者应对其内心疏远的原因去分析探究，了解症结所在，提出对策，以说服其心。外交场合常有外亲而内疏者，也许是畏惧第三者，也许是形势所迫，也许是另有所图,外表亲切只是不愿得罪人而已。

春秋战国时代,孔子、孟子等儒家大师以仁义说诸侯,各国诸侯外表钦敬,其实内心无法接受,因为强敌环伺,唯有追求富国强兵之策,才能生存发展。

另外一种情况是:有些人对外人很亲切,对其亲人近臣却是疏于照顾。说者应建议对方注意内部关系。好比只重视外交而忽略内政的人,诤臣应提醒人君注意内政与民心的维护。如果是要利用敌国的弱点,内疏是可运用的焦点。受到疏远的人民,是可说服的目标。

(2)内亲而外疏者,说外

内心欲亲近,而外表却疏远的,说者应探究其原因,可能是迫于形势,可能是第三者具有威胁性,也可能是尚不够了解,尚未信任。了解原因后,再针对外表疏远的因素提出对策,促使听者安心接纳。

另一种情况是,对外疏远,对内亲近。例如人君只信任皇亲国戚或太监幸臣,对朝廷大臣则不信任,说者应提醒人君注意。只注意内政,而忽略外交者,说者也应说其注意加强外交。

有些事情,听者内心很喜欢,外表却必须表示不太喜欢,这是受到道德或某些因素的限制,说者了解其实情后,应提出能使对方接受的理由。

(3)因其疑以变之

疑,可解为惑,是非不决,或解为见疑、见怪、疑虑等。对方有疑虑,可能是对局势尚未充分掌握,不能决定未来祸福,或不能决定如何解决问题;也可能是对传播者的能力、言辞、计谋有怀疑,甚至是对自己的能力有怀疑。说者必须深究对方有疑虑的原因,依据他的疑虑来改变他的看法,改变计谋内容,或改变说服方法。

有人多疑,有人遇事不疑。针对其个性是否多疑,说者亦可使计谋多变。司马懿多疑,空城计即是“因其疑以变之”的计谋。曹操也是多疑,曾对刘备说:“论天下英雄,唯使君与我。”刘备为之一震,碗筷落地,正恰天空打雷,即以打雷为掩饰,瞒过曹操之多疑。

(4)因其见以然之

见,可解为见解、意见、目睹。然,犹是也,即赞同。听者对问题有意见,提出个人的看法、策略，说者不宜立即驳斥，如果对方所提见解合宜，自然应加以赞同。如果对方见解策略不适宜，说者宜先称赞一番后，再加以分析利弊得失，使其了解不可行之处，自行改变计划，说者也因此达到说服的目的。

因其见以然之，并非不论对错一律赞同。《说苑·臣术篇》说："主所言皆曰善，主所为皆曰可，隐而求主之所好，即进之以快主耳目，偷合苟容，与主为乐，不顾其后害，如此者谀臣也。"谀臣是六邪之一。

《说苑·臣术篇》又说："虚心白意，进善通道，勉主以礼义，谕主以长策，将顺其美，匡救其恶，功成事立，归善于君，不敢独伐其劳，如此者，良臣也。"良臣是六正之一。

因其见而然之，目的不在阿谀奉承，而在因势利导，使听者自己领悟，成为自己的决策，说者并不直接建言，这就是《鬼谷子·摩篇》所说："主事日成而人不知，主兵日胜而人不畏也。"

（5）因其说以要之

说，可解为解说、论说、游说。要，可解为固结，遮留或要求。

说者在传播过程中，可运用对方所发表的言论意见来坚定对方的信念，或根据他说的话来要求他言行合一。

《左传·隐公元年》记载，郑伯克段于鄢，置其母姜氏于城颍，而发誓说："不及黄泉，无相见也。"既而后悔，颍考叔来见郑庄公，因庄公赐食而表示将把肉留给母亲吃，引发庄公思母之情，并借机献计"阙地及泉，隧而相见"，庄公遂在地道中会见母亲姜氏，"其乐也融融"。这就是因其说以要之。

当庄公引发思母之情时，颍考叔可有两种说服方法：一种就是"阙地及泉，隧而相见"，以符合其誓言："不及黄泉，无相见也。"另一种是正面劝说，是吕东莱在《东莱博议》论《颍考叔还武姜篇》所说的"乘一念之悔，广其天理而大之"，希望庄公"知其非而勿惮改之"，以孔孟之道来说服。

吕东莱认为颍考叔曲为之说，是陷于文过饰非之地。其实，颍考叔的方法比较有效，既达成庄公母子相见的目的，又不违背庄公的誓言，保存人君的颜面，何必一定要使人君公然认错、违背誓言？

《孔子家语·辨政篇》记载："孔子曰：忠臣之谏君有五义焉：一曰谲谏，二曰戆谏，三曰降谏，四曰直谏，五曰风谏，唯度主而行之，吾从其风谏矣乎。”

可见，孔子并不主张一定要直谏，他甚至比较赞同风谏，吕东莱似有曲解孔子的本意。

(6)因其势以成之

势，可解为形势、趋势、势力、权势、机会。

说者趁着形势许可，或对方有意愿的机会，顺势推动，以成美事。例如，颍考叔听见郑庄公有后悔之心、有念母之情，乃顺势建议庄公挖地及泉，隧道中母子可相会，庄公欣然接受。这就是因其势以成之。

《左传》记载，宣公十一年，楚子从申叔时谏复封陈。楚庄王派兵讨伐陈国夏徵舒杀君之乱后，灭陈为县，楚臣皆贺，申叔时不贺。庄王疑而问之，申叔时乃以“蹊田夺牛”(别人牵牛从其田中过，因而没收其牛)为喻，说明借平乱而夺人之国是不恰当的。庄王问：“善哉，吾未之闻也，反之可乎？”申叔时趁势说，当然可以呀，就好像从别人怀中拿东西，再还给他一样。这就是“因其势以成之”。

(7)因其恶以权之

恶，是厌恶、讨厌，也可解释为过失、不善、罪恶。

权，可解为权衡考量、权变。

对方厌恶的事情，说者可顺其意来提出对策，或顺水推舟，予以转变。如果对方有过错，说者也可借机予以转变。

好逸恶劳，喜欢吉言而厌恶忤意的话，都是人之常情，有时说者可以避开对方忌讳的言辞，有时则需要面对，而提出适当的解释或对策。

楚庄王借平乱之便而灭陈，将陈国收编为县，在春秋时代是不合宜的，申叔时提出“蹊牛夺田”的譬喻，促使楚王询问是否可恢复陈国，申叔时趁机赞同，归功于楚王的自行决定，这在时机上是“因其势以成之”，在策略上是“因其恶以权变”。

(8)因其患以斥之

患，是忧虑、祸患，也可解为近，如《韩非子·五蠹篇》“其患御者积于私门”，患御即近臣。

斥，可解为屏拒、逐斥，或开、广，或测探，如斥候。

对方有忧虑、祸患，说者可根据其忧虑祸患来开导，或排除其祸患。如果懂得利用机会，说者也可运用协助对方排除忧患的机会来接近对方，建立情谊关系，所谓“患难见真情”，这才是建立信任的机会。因此，“斥之”具有双重含义，要助人排难解忧，可获得亲近。

依据陶弘景注解，以上的技巧，是在说服过程中的连续动作。陶注：“若内外无亲而怀疑者，则因其疑而变化之。彼或因变而有所见，则因其所见而然之。既然见彼或有可否之说，则因其说要结之。可否既形，便有去就之势，则因其势以成就之。去就既成，或有恶患，则因其恶也，以权量之；因其患也，为斥除之。”

陶弘景认为，除了外亲内疏者说内、内亲外疏者说外，内外均不亲者，可因其疑虑变化对策，依其意见而表示赞同。对方既有己见，必有可否之说，应顺其可否而趁势促使他付诸行动以成事，对于他所不喜欢的，可权量情况设法避免或改变；对于他所忧患的，应助其排除。

(9)靡而恐之

靡，是切磋、迎合、循顺。恐，是惧怕、威吓。

对方有所畏惧，说者知情，可迎合其畏惧的心理，加以利用，使他更加恐惧，以便在心中无主的状态下，易于接受说服。

靡而恐之，有两种情况：

当说者不了解对方的真情实意时，可用恐惧的方法，使他说出实情。例如办案时，主审者以严刑峻法威胁，对方只好从实招来。国家之间，不明对方的意图时，也有放几百万发炮弹或三枚飞弹来恐吓，迫使对方表明态度的。只是武力恐吓的方法，常常造成反感和反效果。

当说者已得知对方的实情，却继续使对方感到恐惧，目的可能是促使对方接受说服，去做某事或不做某事。战国时代，六国畏秦，苏秦提出六国合纵政策，建议六国联合抗秦，合纵则对六国有利，因此苏秦在说辞中，提到秦国强大有害的语句，少于强调六国国力强大、抗秦有利的语句。原因是，如果过度强调秦国力量的可怕，六国将不敢抗秦。张仪提倡连横事秦，说辞正好相反，强调秦国强大、有惩罚能力，不事秦则有祸，希望六国和秦，而不要搞对抗。

(10)高而动之

高,可解为赞扬、抬高其声誉地位,或以高官、较高之地位来打动对方,使对方接受说服,付诸行动或不做某事。

高,也就是飞箝,可参考《飞箝篇》。

说服或谈判过程中,称赞某人一向公正、有魄力,目的可能是希望他继续维持公正、发挥魄力,或希望他高兴,透露真情。许以高位,则属于利诱的范围。

(11)微而证之

微,可解为细微、卑微、若非、微言、微妙、微辞、微辩。

证,可解为谏告、证明、证实。

微而证之的情况有二:

说者为了使听者相信所言不假,乃稍微引用已经发生的例子来证明。为什么不大做文章,而要稍微提一下或微言以示大义呢?似乎是为了保存对方的颜面,或对方很英明,一点即通。微言,乃是隐微不明说的言辞,孔子作《春秋》,微言大义,《汉书·艺文志》说:“仲尼没而微言绝。”其实,讽谏而不明说,即是微言。提到桀纣,可解为暴政,也可解为拒谏亡国。提到褒姒,可解为迷恋女色祸国。微言的程度有轻重之别,一字之贬,可使乱臣贼子惧。

另一种情况是,微排其所言而提出证明。对方的看法可能不正确,说者可稍微反驳对方的说法,证明其见解不正确,或提出已有的事例来作证,以说明自己的计策合理可行。

(12)符而应之

符,可解为符合、符瑞、符验、符命。

应,可解为回应、感应、应对、应和。

符而应之,盖有两种状况:

说者附和对方的言辞、好恶、欲求而回应,目的是表明立场相同,同声相应,以获得对方信任。如果已了解对方的需求,而提出符合对方需求的计谋来回应,也是符而应之。

另一种情况是,说者以祥瑞符命来应和或感应对方,使对方顺从天命行事。《太公六韬·文师篇》记载,周文王将打猎,太史占卜得吉兆,“兆得公侯,天遗汝师”，显示文王将获国师，辅佐大业，文王乃听从而斋戒三日，然后出猎，果在渭水之滨遇见钓鱼的姜太公。太公说文王立敛，天下可归顺。文王领悟，拜太公为师，还说：“敢不受天之诏命乎！”可见古人对符应、符命、天命之重视，如有行动，必须符合天命才会顺利。

《鬼谷子·忤合篇》也提道：“吕尚三就文王，三入殷，而不能有所明，然后合于文王，此知天命之箝，故归之不疑也。”

因此，符而应之，表面上是说符合对方需要而应和，实际上应指以符瑞天命来感应对方，使对方接受天命。

(13)拥而塞之

拥，是抱持，拥护，也可解为遮掩。

塞，可解为堵塞、充实。求神后祭祀酬神，也称为塞。《汉书·郊祀志》记载：“冬塞祷祀。”注曰：“塞，谓报其所祈也。”

《太公六韬：文伐篇》指出：“塞之以道：人臣无不重贵与富，恶危与咎；阴示大尊，而微输重宝，收其豪杰；内积甚厚，而外为乏；阴内智士，使图其计；纳勇士，使高其气；富贵甚足，而常有繁滋；徒党已具，是谓塞之。有国而塞，安能有国。”塞，乃指蔽塞敌君耳目。

因此，拥而塞之，似可有下列两种解释：

说者拥护对方的言论意志，对方没想到的，则予以填补充实，使对方获得完善周详的考虑，进而形成可行的计策、政策，说者也因此可获得信任。

另一种解释是：遮掩对方资讯来源，使对方在缺乏充分资讯的情况下无法判断，而接受说者提供的建言献计。这是欺上瞒下，其心可议，但常用于对付敌国，如同《太公六韬·文伐篇》所言，是计谋之一，可称为“瞒天过海”。

(14)乱而惑之

乱，可解为无秩序、混乱、扰乱。

惑，是迷乱、迷惑、烦恼、疑惑。

《太公六韬·文伐篇》说：“养其乱臣以迷之，进美女淫声以惑之，遗良犬马以劳之，时与大势以诱之，上察而与天下图之。”这就是乱而惑之，是对付敌国的计谋。

在说服传播中,说者可运用计谋故布疑阵,使对方的思虑受到干扰,而对事实的真相感到疑惑迷惘,不知如何是好,以致接受说服,或放弃追查真相。诸葛亮的空城计,目的在扰乱司马懿的判断能力,使司马懿在缺乏足够资讯以供判明真相的情况下,放弃进城的机会,以便冷静思考判断,这也是乱而惑之。

以上十四项,都是说服传播中可用的技巧与策略,这种解决问题、达到目的的方法,就是计谋。

4.计谋之用:阴道而阳取

鬼谷子说:"言:有之曰:天地之化,在高与深;圣人之制道,在隐与匿。"

《鬼谷子·摩篇》也说:"圣人谋之于阴,故曰神;成之于阳,故曰明。"

所谓计谋,乃是在不知不觉中运用得逞,否则,对方一旦知道,必将设计破坏,计谋曝光即失败。说明传播也是如此,一般的说服可以明言、可以在大庭广众之间进行,效果难料;重大的说服,应在暗中进行,才会不受干扰破坏。公开的说服与谈判很难有结果,如有进展,应是暗中洽商妥协后的公开表达。

鬼谷子提到有关如何运用计谋、如何阴道而阳取,可归纳出下列五项原则:

(1)公不如私、私不如结

鬼谷子说:"计谋之用,公不如私,私不如结,结比而无隙者也。"

私,可解为私利、私底下、独处时;此外,古代称家臣为私。

结,可解为缔结,结交。比,可解为亲近、顺从。

因此,运用计谋,在效果方面,公开运用不如私底下使用,私底下运用也不如结盟并用,因为结交与结盟产生亲近关系,效果更大。在对象方面,透过公事公办的关系来行使计谋,不如透过私人关系,透过私人关系则不如透过结盟关系,因为结盟后更无懈可击。在时机方面,公开运用计谋不如暗中私下进行,暗中私下进行又不如结盟进行,因为结盟关系亲近、较无嫌隙之争。

鬼谷子又说:"说人臣,必与之言私。"

私,是私事、私利,包括个人利益、官位升迁、朋友交情,都是私。要说服人臣去做某事或不做某事,从与他个人利害有关的私事私利私情下手,或运用私人情谊,会比较有效。

(2)正不如奇

鬼谷子说:“(计谋之用)正不如奇,奇,流而不止者也。故说人主者,必与之言奇。”

奇,是怪异,异于常人常事,或是权诈、权变,非常人所能预料。在计策上,有奇计;在兵法上,有奇袭;在谋略上,有奇谋;目的都是出其不意,攻其不备。

《老子》五十七章说:“以正治国,以奇用兵,以无事取天下。”老子认为,治国要以正道,用兵要以奇计,能使百姓安宁者可得天下。因此,说人主用兵,可言奇;说人主治国,应以正。

《孙子·势篇》说:“三军之众,可使必受敌而无败者,奇正是也。”又说:“凡战者,以正合,以奇胜。故善出奇者,无穷如天地,不竭如江河。”奇正互相配合,灵活运用,变化无穷。因此,以奇说人主,才会引起重视;但要奇得有道理,不是标新立异。

正,是合于常道、正确合法、公正合理,一般通则、正面说理,是匡正人君、使人君行事得宜。但人主智能有差,性格有别,并非人人皆乐于接受正面谏诤或建言献策,如有说者提出奇计奇策,自然一新耳目,引起好奇,希望知道详情,如此则易于接受说服。说人主言奇,说人民亦可言奇,正奇互合,变化无穷。正奇相比,以奇为胜。

(3)言如其分

鬼谷子说:“其身内,其言外者,疏;其身外,其言深者,危。”

说者在说服人主或建言献策时,应注意自己的身份立场,以免因言惹祸。身在决策圈内或属于某一团体,却为外人说话,袒护外人,或指责人主之过而赞扬他人之善,如此极易引人怀疑说者的立场,是否吃里爬外,是否忠诚可疑。除非说者极获其主信任,否则必遭疏远。说者如不属于决策圈内或不属:于二某一团体,却说出极为深入内情的话,或深刻批评的言论,或正好说中对方的秘密内情,则说者将受到怀疑是否已探知内情或有敌意,因而势必陷于危险的境地。

儒家认为忠臣应谏诤,人主有过,应予匡正。不过,谏诤的方式各有不同,也应避免“身内言外、身外言深”,而能做到言如其分。现代民主社会虽然崇尚言论自由,仍应注意言如其分,而非自我膨胀,一吐为快,尤其是面对国家与人民的利益时，仍然忌讳“身内言外、身外言深”。

(4)顺势而为，勿强人所难

鬼谷子说：“无以人之所不欲者，而强之于人；无以人之所不知，而教之于人。人之有好也，学而顺之；人之有恶也，避而讳之。故阴道而阳取之。”

说者在进行建言献策、说服谏诤时，以使对方乐于接受为上策，以顺势而为较有效果，以回避对方的忌讳为宜。

孔子也主张进谏以匡正人君，但态度要委婉，不要暴露张扬人君的过错。《礼记·表记篇》记载：“子曰：事君欲谏，不欲陈。”陈，就是张扬过错。《论语·里仁篇》说：“子曰：‘事父母几谏，见志不从，又敬不违，劳而不怨。’”

宋朝名臣吕祖谦说：“进谏之道，使人君畏吾之言，不若使人君信吾之言；使人君信吾之言，不若使人君乐吾之言。戒之以祸者，所以使人君之畏也。谕之以理者，所以使人君之信也。悟之以心者，所以使人君之乐也。”(《东莱博议·臧僖伯谏观鱼篇》)

鬼谷子认为，说服之际，从其所好，避其忌讳，顺势而为，暗中导引，私下说服，使对方易于接受，进而付诸行动，或有所回应，这就是“阴道而阳取”。谈判时更是如此，对方所无法接受的，不应强求硬取；对方所喜好的，可投其所好，避开对方的忌讳，暗地协商沟通、妥协互让，然后，再公开取得协议，对方自然乐于遵行，这也是“阴道而阳取”。

(5)掌握主导权

鬼谷子说：“可知者，可用也；不可知者，谋者所不用也。故曰：事贵制人，而不贵见制于人。制人者，握权也。见制于人者，制命也。”

说服、谈判，均应掌握主导权，如此才能制人，而不是受制于人。制人，可掌握权势。受制于人，则命在他人手中。

吕祖谦论楚子从申叔时谏复封陈(《东莱博议》)指出：“凡言必有端。发端自我，则我轻而彼重；发端自彼，则我重而彼轻。”

吕祖谦分析原因说：“盖发之自我而不自君，则言者渎，听者慢，吾惧其谏之无力也。俯首而告人者，百拒而一从，仰首而答人者，百从而一拒，说岂有二哉？势随地而改，心随听而移也。是故君子将进谏于君，必自其发言之端始。”

楚庄王出兵平定陈乱,顺便将陈国收编为县。楚大夫申叔时使齐归来,并未向楚王致贺,庄王责问为何不贺,申叔时才以"蹊牛夺田"的故事比喻县陈不当。吕祖谦认为申叔时善谏,掌握主导权,因为"楚子之口一启,而操纵予夺之柄已入叔时之掌握矣。乃从容进蹊田夺牛之喻,立谈之间,主意开悟,而复陈之封"。

这也就是鬼谷子所说的:"事贵制人,而不贵见制于人。"

综论鬼谷子所言计谋之用,在阴道而阳取,立心则贵中庸正道。因此,鬼谷子说:"言有之曰:天地之化,在高与深;圣人之制道,在隐与匿。非独忠信仁义也,中正而已矣。道理达于此之义,则可与语。"

第十一章 决——成事之道

《鬼谷子·决篇》讨论的是下决定、做决策的原因、原则、标准,以及圣贤之士谋事成功的方法。说服的目的在促使对方下决心接受,并形成决策、付诸行动,有所为或有所不为。说服的目标不只在使对方接受而已,而是谋事成功,去患从福。

一、决的原则

决,有多种定义,下决心、决意、决定、决断,都是决。去除壅塞导水前行,可称决;堤防毁坏,大水横流也是决。因此,决的结果可能有利,也可能有害。

下决定、做决策的原则是不疑、有利、无害。

鬼谷子说:"凡决物,必托于疑者。善其用福,恶其有患。善至于诱也,终无惑偏。有利焉,去其利,则不受也;奇之所托。若有利于善者,隐托于恶,则不受矣,致疏远。故其有使失利者,有使离害者,此事之失。"

有怀疑、犹豫的事,才需要做决定。做决定之前,必须先了解实情、分析利弊得失,确定无疑后,才做决定,所以说:"凡决物,必托于疑者。"

处理事情,推动政务,必定是力求得福、避免祸患。福祸未明,乃须诱出真情,确定有利无害,或利多于害,或祸患可克除,才会下决定去做。本来是有利的事,如果变成无利,一般人是不会接受的,不过,这也正是奇计奇策可着力之处,唯其无利,才能出奇策,而出人意料,使其从无利变有利,或使对方虽无利也可接受。

利中带祸,或筑基于恶,均难令人接受,而且会导致疏远。所以凡是使人失利或使人受害,都是谋事有偏失,不完善,不利于决策。

二、成事的原因

鬼谷子认为,圣贤之士能成事的原因有五种:以阳德之,以阴贼之,以信诚之,以蔽匿之,以平素之。兹分析如下:

1.以阳德之

明施恩德,使对方感激,愿效犬马之劳,即是以阳德之。

凡属有利之事,都是“阳”。《鬼谷子·捭阖篇》说:“故言长生、安乐、富贵、尊荣、显名、爱好、财利、得意、喜欲,为阳,曰始。”又说:“以阳动者,德相生也。”

成事的定义,包括成大事、得天下、治天下、促成某事、说服成功、谈判成功、达到目的等,都可看作成事。说服别人去做或不做某事,也是成事。

以阳德之,不限上对下施恩德,下对上说服时,如能以有利的事打动人主之心,也可称为以阳德之。

鬼谷子说:“阳励于一言。”

一言,可解为一句话、一言九鼎,或精诚之言,或阳(这一字就是阳、就是德、就是利)。因此,阳励于一言,似可解为以阳德之者,是以阳激励对方,须注意诚意,一言九鼎,对方知道君无戏言,或说者无欺,乃可接受,才会感德,事乃可成。

2.以阴贼之

阴,是暗中或不利之事。贼,是败坏、毁坏。暗中破坏或以不利的事去阻止某事,即是以阴贼之,目的在劝阻某事,以避祸得福。

《鬼谷子·捭阖篇》说:“故言死亡、忧患、贫贱、苦辱、弃损、亡利、失意、有害、刑戮、诛罚,为阴,曰终。”又说:“以阴静者,形相成也。”

以阴贼之,是使对方感到形势不利而停止去做某事,或使对方陷于不利的形势而臣服。欲使人放弃某事,除了使他感到不利之外,还要以利诱之,以引导其下决心弃暗投明、离祸趋福。同时,要有阴阳两面配合,阴是暗中进行,以阴阻之;阳是正面感应,以阳德之。这和“以阳德之”不同,“以阳德之”只要予以激励,只提有利之事即可。“以阴贼之”则需要阴阳两面配合,以利成事。这就是鬼谷子所说的:“阳励于一言,阴励于二言。”

3.以信诚之

信,可解为信义、不疑、信任。诚,可解为真实、真诚。

圣贤之士成事,原因之一可能是获得对方信任,也可能是信任对方,所以彼此以诚相待,乃可成事。

说者的可靠性很重要,如未获听者信任,说服的效果打折扣。如果说者强调可信性以及计策的可行性,亦可使对方感受到诚意。如要劝阻某事,诚信也是很重要的。

《鬼谷子·谋篇》说:“智者达于数,明于理,不可欺以不诚,可示以道理,可使立功。”只有愚者才易蔽,一旦被发现不诚,愚者也不会信任说者了。

4.以蔽匿之

隐匿不利的消息,使对方不明真相,或使别人不知其情,即是以蔽匿之。

圣贤之士对于人君或人臣,明知其过失而不张扬,使对方感激,以助成事。此举虽可称为君子隐恶扬善,但宜提防反作用。

对人君隐瞒不利的消息,是报喜不报忧,忠臣不为也。虽然人君爱听好话,人臣如何有技巧地分析利弊得失,以报忧匡过,正是说服传播所需研究的。

对付敌国,以蔽匿之的目的在隔绝其资讯来源,获得假消息。《太公六韬·文伐篇》说:“塞之有道。”也就是收其豪杰勇士智士,结成党羽,自可蔽塞敌君耳目。“有国而塞,安能有国。”

说者强调有利之事,而少提不利之处,目的是要对方趋利而为。例如苏秦多言六国合纵之利,而少提合纵将激发秦国反击所带来的可能伤害;张仪倡言连横,则多言事秦之利,而少提事秦之失,这也是"以蔽匿之",人主听言自须多加斟酌,比较利弊得失。

人君对臣民"以蔽匿之",宽容其过,或许出于宽容,正如子夏所说:"大德不逾闲,小德出入可也。"(《论语·子张篇》)但人君不应对君民隐瞒事实真相。现代民主国家大众传播事业发达,政府要对人民隐瞒事实,大概也不太容易了。

5.以平素之

平,可解为治平、平易、和平、公平。

素,可解为朴素(质朴无文饰)、不掩饰、平昔如往常;或与愫通用,解为真诚、真情。

以平素之,可解为以平易近人来结诚,或坦诚的方法使对方感到朴实无隐,乐于听从,或以公平的态度处事,毫无偏袒。

陶弘景注解《鬼谷子》,认为"圣人善变通,穷物理,凡所决事,期于必成。事成理著者,以阳德决之。情隐言伪者,以阴贼决之。道成志直者,以信诚决之。奸小祸微者,以蔽匿决之。循常守故者,以平素决之"。

但是,陶注并没有解释平素是什么。平素两字可解为平常、往昔。对循规蹈矩、依循常规不变的人,是否即以平常的决策方法或传统守成的方法来决事呢?还是考察他过去的行为,作为决策的参考?

陶注又说:"君道无为,故以平素为主。臣道有为,故以枢机为用。"平素是否意指平易无隐、公平真诚?或指平常心,维护传统、不轻易变革?

鬼谷子说:"阳励于一言,阴励于二言,平素、枢机以用;四者微而施之。于是度之往事,验之来事,参之平素,可则决之。"

枢机,可解为关键、制动之要点,或近要之官。《易·系辞》说:"言行,君子之枢机,枢机之发,荣辱之主也,言行,君子之所以动天地也,可不慎乎?"(《系辞下》第八章)注曰:"枢机,制动之主。"疏曰:"枢谓户枢,机谓弩牙。"枢机似亦可解为君子的门户。

成事的方法,除了阳德励之、阴贼励之,还须羼用平正常规(正)和机动主控(奇),四者微妙地运用。然后审度往事、推验可能发生的事,并参酌平日的表现,如果认为可行,即可下决定,作成决策。

三、决策的标准

鬼谷子指出,有五种状况,如认为有利可行,即可下决定、做决策:

(1)危而美名:虽有危险,但可提高声望,获得好名声。

(2)不用费力而易成:惠而不费、顺水推舟、水到渠成。

(3)用力犯勤苦,然不得已而为之:虽然需要勤苦努力,但却不得不做。

(4)去患:去除祸患。

(5)从福:从之有福。

最难做决定的事是:定乱求治、一决成败。除了需要决情定疑的智慧外,多少还需要天时、民意等道、数、时的配合,古人遇到重大疑问时,有时也求助于天意。这就是鬼谷子所说的:“夫决情定疑,万事之基。以正治乱,决成败,难为者。故先王乃用蓍龟者,以自决也。”

四、说服与决策

说服对方、他国下决定、做决策的原则,是要参考个人下决定的原则的;也就是说,根据一般人下决定的原则,可用于说服人君人臣纳言决策。依据《鬼谷子·决篇》的论述,可归纳出下列多项原则:

1.有利

有利,是决事的基本原则,其前提是不疑,也就是明确知道说者所言确为有利可行。如果没有利,一般人都不会接受,不过,也有例外,那就是奇计的奥妙了。

2.利大于害

权衡利害得失,如果利大于害、得大于失,亦可接受,或不得不接受。这就是鬼谷子所说的:“危而美名者,可则决之。”“用力犯勤苦,然不得已而为之者,可则决之。”

3.去患

“善其用福，恶其有患”，是人之常情，即使看起来有利，却筑基于祸患，一般人也是不会接受的。能使人去祸害，即是得利，古人说“平安就是福”，就是这个道理。如能转祸为福，或因祸得福，也是可接受的。

4.以阳德之

明施恩惠，是属于有利的一种，凡是给人好处，如“长生、安乐、富贵、尊荣、显名、爱好、财利、得意、喜欲”，都是“以阳德之”，对方感德，必将接受。

5.以阴贼之

以阴贼之，目的在阻止某事，使有利于彼此，是利弊阴阳两面并重的事，凡使人避免“死亡、忧患、贫贱、苦辱、弃损、亡利、失意、有害、刑戮、诛罚”，都是去患。如果是阴使人罹害，则是为己种下祸因。阴使敌国受害，也应防范因果相报、祸福相倚。所以鬼谷子说：“以正治乱，决成败，难为者。”如何去祸得福，还要看天意民心的支持。

6.以信诚之

使对方感受到信义、诚意，尚须与利害相结交。说者促请对方去做某事，如申包胥哭秦庭，七日哭声不绝，秦哀公感动，出师退吴救楚。这是“以信诚之”。对方是否接受，除了系于一念之间外，尚涉及利害关系。吴如灭楚，将称霸中原，于秦不利。秦如救楚，除可获得感激外，还可维持权力均势，对秦减少威胁。严格说来，“以信诚之”，应属有利或利多于害的一种。

7.以蔽匿之

为对方隐匿过错，是属于以阳德之的一种，也是使对方有利的行为。如果是遮瞒对方，使其接受说服，这是以阴贼之的一种，需要利害并用。对方一旦发现被欺骗，必有反弹，因此，这种说服的效果不稳定，除非使对方利大于弊、福大于祸。

8.以平素之

平正处事,循例而为,属于去患的一种,因为已有前例可援,前例既无错失,应可继续采行,说服的可行性较大。不过,人事常变,处事无法一成不变,否则即无法应变。对于保守不变、循规蹈矩的人,可用平素法说服,以求无过。

9.奇

用奇计,出奇辞,是说服的技巧。奇必须与利相结合,无利之事,人皆不受,奇计如能转无利为有利,或虽无利而接受、以待机而动,都是可行的。奇计如能减少祸害、去患,或转祸为福,对方更乐于接受。因此,用奇计,必须与利害相结合,出人意料,否则就不是奇。

10.天意

对方难以决定的大事,说者可借助于天意民意。这就是《鬼谷子·谋篇》所说的"符而应之",以符瑞天意来使对方接受。古代借用天意符瑞之事例,不胜枚举,蓍龟占卜以决疑,就是归之于天意的方法。

归纳以上的决策原则,就是:福、祸、利、害、好、恶、需、求,基本原则只有利害、好恶。

第十二章　符言——主政之道

符言,是符应可验的箴言。本章讨论的是主政者应注意的事,如在位之道、明智、积德、用赏、问政、因果、周密、恭敬、名实等问题,以供主政者遵行,是经验累积、可供验证的智慧之言,也是可以遵行的箴言。本篇可能是汇集当时的智慧之言,出处包括《太公六韬》《管子》等书。

一、主政之道

鬼谷子认为，人君主政贵静、心智贵明、德如神明、用赏贵信、知悉顺逆、因果循理、处事周密、恭慎知情、名实相副。兹分述如下：

1.主政贵静

鬼谷子说："安徐正静，其被节先肉。善与而不静，虚心平意以待倾损。"

安，可解为安定，人各安其位，人民生活安定，也就是安民、民安。

徐，可解为安行、徐缓、安稳，也就是施政安稳、有条不紊，不会突然变化、急功近利，则人民乐于接受，容易适应，自然安居乐业。

正，可解为中正、公正、平正、端正。《论语·颜渊篇》记载，季康子问政于孔子。孔子对曰："政者，正也。子帅以正，孰敢不正。"《论语·子路篇》记载："子曰：'其身正，不令而行。其身不正，虽令不从。'"由此可见，主政者要端正、公正，以身作则，人民自然归化。

静，可解为定静、明审、平静。

被节先肉，是指在安徐正静的治理下，福泽百姓，国家和人民也就先富裕起来（道藏本作"其被节无不肉"）。

人君善于牧民、睦邻，而未能获得太平，国君或主政者应虚心检讨，耐心等待邻国或乱民倾塌损伤。

主政者无为而治，类似自由主义，人民有了安定的生活环境，才有充分发展的机会。所以，鬼谷子说："安徐正静，其被节先肉。善与而不静，虚心平意以待倾损。"

太公也对文王说："安徐而静，柔节先定。善与而不争，虚心平志，待物以正。"（《太公六韬·大礼篇》）

二、英明之道

主政者是否英明，关系着国家之强弱与天下之安危。人君如何听言、察色、知情,均应以大公无私之心来思考判断,自然不受蒙蔽。

鬼谷子说:“目贵明、耳贵聪、心贵智。以天下之目视者,则无不见;以天下之耳听者,则无不闻;以天下之心思虑者,则无不知。辐辏并进,则明不可塞。”

一人之眼光、听力、心智,都极为有限,如果天下人愿当主政者的耳目,自然资讯畅通,人君不出门,可知天下事。但这些讯息中,夹杂着许多错误、扭曲、掩饰的情节,主政者须以天下之利、天下之心来过滤、比较、判断,再多方验证,真相自然大白。这就是听言、知情的功夫。

文王问太公:“主明如何?”太公说:“目贵明,耳贵聪,心贵智。以天下之目视,则无不见也。以天下之耳听,则无不闻也。以天下之心虑,则无不知也。辐辏并进,则明不蔽矣。”

同理可证,如果人臣心志已变,提供的讯息必非正确,则人君受到蔽塞瞒骗,安能有国。如何亲信臣民而不受其蒙蔽,是人君必须注意之事。不受蒙蔽,才能英明。不受说者之蒙蔽,听言才能知情决事。

三、积德之道

主政者积德,目的在收揽民心,使臣民信服,乐于效忠,也就是“以阳德之”。

鬼谷子说:“德之术曰:勿坚而拒之,许之则防守,拒之则闭塞。高山仰之可极,深渊度之可测,神明之德术正静,其莫之极。”

鬼谷子认为,积德之道在正静和勿坚而拒之。正,是公正、端正。主政者帅以正,谁敢不正。静,是定静、宁静,以静制动,不躁进。《礼记·大学篇》说:“知止而后有定,定而后能静,静而后能安,安而后能虑,虑而后能得。”

对于说者的建言献策、来归、求援等,主政者不应立即断然拒绝,因为一拒绝,可能阻塞言路,也可能使情意断绝。但如果审慎地同意,可使对方拉近距离,站在同一条线,利害与共。不过,也应守住基本原则,不应失去立场。

主政者正道、定静,人不知其极限,深不可测,高不可见,有如神明,这也是主政者积德修政之道。

《太公六韬·大礼篇》中记载,文王问:“主听如何?”太公曰:“勿妄而许,勿逆而拒。许之则失守，拒之则闭塞。高山仰止，不可极也。深渊度之，不可测也。神明之德，正静其极。”

鬼谷子与姜太公所言内容接近，但主题不一，一言主德，一言主听。其实，听言有道，勿妄而许，勿逆而拒，审慎知情决事，对方不敢造次，人主以阳德之，由听言而积德修政，两者显有关联。

四、用赏之道

主政者用赏，目的在鼓励士卒臣民，有功则赏，善行则赏，以激励他人效法。惩罚的目的，则是惩处罪恶过失，以劝阻他人不要再犯同样的错误。

但是，赏罚必须公正、确实，才能使诚信畅行天下，臣民信服。否则，必定引起奸邪之人干求赏禄，忠诚者受罚，天下则乱矣。

鬼谷子说：“用赏贵信，用刑贵正。赏赐贵信，必验耳目之所闻见；其所不闻见者，莫不暗化矣。诚畅于天下神明，而况奸者干君。”赏罚均须查证属实，否则真相不明，必有遭蒙蔽之虞。赏一劝百，罚一惩众，其他人可自行劝化。

《太公六韬·赏罚篇》记载，文王问赏罚之道，太公说：“凡用赏者贵信，用罚者贵必。赏信罚必于耳目之所闻见，则不闻见者莫不阴化矣。夫诚畅于天地，通于神明，而况于人乎。”

《黄石公三略·下略》说：“废一善，则众善衰。赏一恶，则众恶归。善者得其佑，恶者受其诛，则国安而众善至。众疑无定国，众惑无治民，疑定惑还，国乃可安。一令逆则百令失，一恶施则百恶结，故善施于顺民，恶加于凶民，则令行而无怨。”

如何验证善恶而不受蒙蔽？主政者听言有道，知情不惑，公正处事，则民治国安。

五、问政之道

鬼谷子说：“一曰天之，二曰地之，三曰人之。四方上下，左右前后，荧惑之处安在。”

人君发问，了解政情实情，是谓问。主政者问些什么？天、地、人，以及荧惑法星何在。

天，可解为天道、天命、天意、天灾、天候、天时，这些都是主政者所应该知道的。主政者治天下，应尊重天道，不违天时，知悉天命，减少天灾。敬重民意即是尊重天意，天与民的关系是很密切的。

地，可解为地利、地理、地位、地德。人君应了解地理形势，地产财利，计议生产，充实库藏。地势优劣，攻守必知。地德，也是指土地所生产之物，有德于人。《国语-鲁语》记载，鲁大夫公父文伯之母论劳逸，说："是故天子大采朝日，与三公九卿祖识地德；日中考政，与百官之政事。"依古礼，天子在春分时，要与百官祭日、了解生产情形、考察政情等，可见主政者要知天，也要知地，还要知人。

人，可解为人和，人心、人性、人才、人事等。主政者应了解臣民的意向，也就是民意。也要了解人臣的个性、品德、才能等，以便掌握状况，因才任用，俯顺民意，获得人和。

《孟子·公孙丑下篇》记载，孟子曰："天时不如地利，地利不如人和。"虽有天时、地利，但如不得民心，民不拥戴、不与守国，则天时地利也没用，这是人和的重要，主政者得道则多助，天下顺之。

荧惑，可有二解：一为炫惑，《史记·张仪列传》记载："苏秦荧惑诸侯，以是为非，以非为是。"荧惑，即蛊惑、炫惑、迷惑。另一解：为火星之别名。《史记·天官书》说："察刚气以处荧惑。"陶弘景注《鬼谷子》说："荧惑，天之法星，所居灾眚（灾患），吉凶尤著，故曰：虽有明天子，必察荧惑之所在。"

因此，主政者应注意了解民心变化，注意可能引起灾祸的因素。天象示警，人主应慎行，民意示警，主政者更要小心。这就是主政者所要问的："四方上下、左右前后，荧惑之处安在。"

六、因果之道

鬼谷子说："心为九窍之治，君为五官之长。为善者，君与之赏；为非者，君与之罚。君因其所以求，因与之，则不劳。圣人用之，故能赏之。因之循理，故能久长。”

因，可解为因情顺势、因事得果，为善乃赏，为恶乃罚。谋事求官，只要有才德、合理，主政者可因求而授官，因求而处事，人臣自必尽责，人君不劳，无为而治。因为授受之间都能循理合宜，所以，国家可以长治久安。如果求官授职之间不公正、不合理，则乱象生。“废一善，则众善衰。赏一恶，则众恶归。”(《黄石公三略》)这也是因果，有其因，始有其果。施政赏罚，均因势循理而为，故能长久。

司母戊鼎

七、周密之道

鬼谷子说：“人主不可不周。人主不周，则群臣生乱，家于其无常也。内外不通，安知所开。开闭不善，不见原也。”

周，可解为周至、周密，也就是面面俱到，处事周至细密，为人面面俱到，有如天道周密无隙，臣民无懈可击。陶弘景注：“周，谓遍知物理，于理不周，故群臣乱也。”物理，可解为事理。主政者懂得事理，处事即可完密合理。

《太公六韬·大礼篇》记载，文王问君臣之礼，太公说：“为上惟临，为下惟沉。临而无远，沉而无隐。为上惟周，为下惟定。周，则大也。定，则地也。或天或地，大礼乃成。”

周，可解为普遍，普施恩德，也就是周密合理，面面俱到，效法天道周密无私，普照万物。因此，主政者也应效法天道周至无私，普施恩德，臣民感戴，自然无乱。乱则家国不安，天地变色。

内外不通，可解为人君与臣民不能互相沟通，讯息阻塞，如此岂能开展政务，政令政策如何能畅行无阻？开闭不善，是捭阖不足，未能知悉实情，未见根源，以致沟通不良，上令不能下达，下情不能上达，内外不通。所以，主政者应周至，广知民隐民情，处事周密无私，普施恩德，则无民怨，国乃可安。这就是周密之道。

八、恭敬之道

鬼谷子说:“一曰长目,二曰飞耳,三曰树明。明知千里之外,隐微之中,是谓洞天下奸,莫不暗变更。右主恭。”

恭,可解为恭敬主政,恭己为政。主政者恭坐堂上,消息灵通,洞知天下善恶,赏善惩恶,人莫不暗自教化,人君可以无为而治。

《论语·卫灵公篇》记载,子曰:“无为而治者,其舜也与。夫何为哉?恭己正南面而已矣。”孔子认为,主政者的最高境界,是像舜一样无为而治,只要恭敬主政,向南端坐即可。

姜太公也认为,人君要恭敬。《太公六韬·守土篇》说:“敬其众,合其亲。敬其众则和,合其亲则喜,是为仁义之纪。”

鬼谷子所说的“恭”,是论人君如何恭己无为,高坐堂上,而能消息灵通,洞知天下事。他提出三项知情的方法:

(1)长目

鬼谷子论“主明”说:“以天下之目视者,则无不见。”人非有长目,可见天下事,但以天下人的眼睛来看,则可看见天下事。

(2)飞耳

人耳不能飞到各处去听,但可以天下人的耳朵替代人主去听闻天下隐情,人主自然可尽听天下事,只要管道畅通无扭曲。

(3)树明

树明,是树立明智的形象。以天下人之心去思虑天下事,可大公无私,决事英明,人主自然有明智的形象。

主政者虽有长目、飞耳,仍应“验耳目之所闻见”,以免受到蒙蔽、扭曲,才能确知真相,还要有公正明智之心,明乃不可塞,人主乃可恭己无为。

九、名实之道

鬼谷子说:“循名而为实,安而完。名实相生,反相为情。故曰:名当则生于实,实生于理,理生于名实之德,德生于和,和生于当。"

名,是指名誉、名分。

实,可解为事实、实际、事迹。

有其名,应有其实。依循名分而为,表现出符合其名望的行为,则安稳无失而完善无疑。名与实是相生相成的,有名,因而有实;有实,因而有名。名实互相影响,反映实情。因此,名,应当因实际上的成果、事迹而产生名誉、名分、地位。实际的行为是因为了解事理、体会道义之理,才会做出相应的行为,善有善理,恶行是因为其了解事理有差,所以,如何理解事理,就会有相同对应的行为,这是实生于理。对名实的认知,会产生事理的曲直,恶名恶实、美名美实、美名恶实、恶名美实,会令人产生不同的事理认知,这是理生于名实之德。

德,可解为福、得福。和,可解为相应、无争议。名实相副或名实不副的结果,所获得的回应,可形成事理。如果尚有争议,则不符合实际,即是不恰当。所以,无争议,是名实相当、相副,乃能得名、得实。

主政者本身应名实相副,也要注意人臣名实相副、各安其位、各得其所。

十、主政与说服

《鬼谷子·符言篇》所提到的箴言中,与说服传播有关的项目,包括明智之道、积德之道、恭敬之道。

人君应知情,所以要明智、资讯畅通,以天下人之耳目心灵来知情。对于建言献策之说服传播,不宜妄许、不宜妄拒,要深不可测。赏罚公正,也是由于确知实情。问政之道,在于知情。周密之道,在于探原知情、内外畅通。

说者也应知情,而后可提出符合对方需要的意见、计谋,才会被接受,这就是《鬼谷子·决篇》所说的:"决情定疑,万事之基。"

第十三章　本经阴符七术
——说服成事七原则

《鬼谷子·本经阴符七术》探讨的是盛神、养志、实意、分威、散势、转圆、损兑的问题,可从主政者的角度来看,也可以从建言献策、说服成事的角度来解释,甚至从两方对阵的谈判、会盟角度来运用,也是可行的。

阴符,是指传播者或主事者,将内心所想的、所策划的谋略,运用不露痕迹、顺应自然的法则,使对方决策行事,与主事者的构想不谋而合,或暗中导引符合己意,以达成目标。用现代语言来说,就是攻心术。

一、盛神法五龙

1.何谓盛神

盛神,就是充实人体中的五气,使精神旺盛,思虑畅达,领悟天地万物运行的道理。

《鬼谷子·本经阴符七术》指出,人类旺盛的精神,是包含了精、神、魂、魄、志等五种气,神是五气的第一要素,心灵则是运转五气的根源和归宿。人若能修身养性,充实德意德行,可使五气发扬光大。德行来自道,道能生德,德能养神,因此,要养神修行,应回归修道。

所以,鬼谷子所说的盛神,就是体悟天地万物运行的原则与道理,修养自己的品德,以充实五气,旺盛精神,然后才能思虑精明,谋事决策如有神。

人有神,则心思敏锐,善于决事。用闽南语来讲,会更容易体会。人若失神,则心志恍惚,思想不集中。闽南语是中原古语,至今仍保留古代语言的思考方式。

2.如何盛神

鬼谷子指出,人有九窍十二舍,这是五气出入的门户,心灵则是统摄五气的根源。

九窍是指眼睛、耳朵、鼻子、嘴巴及身体其他与外界相通的孔窍器官,外界事物感觉经由这些门户出入,而到达感觉体会决策的中枢,古人称为心灵,现代人称为头脑。心怎么想,就会使其意志表现在外,所以,心是统摄五气的根源。

十二舍是六根六尘,佛家用语,合称十二入。六根是指眼、耳、鼻、舌、身、意。六尘是指色、声、香、味、触、法。这是陶弘景注解十二舍时,引用佛教的观念来解释,鬼谷子所说:"九窍十二舍者,气之门户,心之总摄也。"应该也是泛指人体器官孔窍与外界接触的通路。

人类认知天地万事万物,有赖于九窍器官,经由看、听、闻、触等方式,再以类推比较的方法,来领悟事情的前因后果、万物的生存法则。如有疑惑,则经由心灵的思考、推论、测试来解惑。

如果体会了天地运行的法则,就会知道凡事要心定顺势。心定则五气顺畅、精神旺盛,思虑集中畅通,然后能悟出道理,坚定意志,顺天意行德事。心定理得,积德为善,人心与人体自然会有变化。因此,道与心互相影响,五气也产生变化,盛神则心思畅旺,足以悟道;悟道则心定意坚、五气充沛、精神旺盛。这就是盛神的方法。

3.盛神的目的

精神旺盛的目的,是要使人神志精明、思路敏捷,能够了解事理,想出合适的方法,使事情成功,有成就。这对主事者、说服者,都是很重要的,这也是为人处世、建言献策最基本的要求。

鬼谷子认为人类可以达到两种崇高的境界,一种是真人,另一种是圣人。

真人是生而受之于天,与天合一,也就是天生自然,天赋异禀,不待学而能天人合一。

圣人是内心修炼,类比而悟道,进入天人合一的境界。圣人与真人都是顺应天道以成事。盛神乃是成圣成真的基础。

4.通心术

鬼谷子认为，要经由类比的方式了解万事万物，主要管道是人体与外界接触的窍门。从九窍进入的讯息，集中到心灵，如有疑问，则须将心比心，以了解别人的可能想法。只要神志精明，思虑集中，将心比心，也就是通心术。心中如无比较与推己及人的方法，就无法观察到别人的心意，也就是心术不通。

通心术是献谋成事的步骤之一，是知彼知己的功夫。有志于治国平天下的知识分子，要效法神龙变化莫测、境界高超、五行相生相克的原则，涵养五气，旺盛精神，然后才能养志，以顺应天道。

二、养志法灵龟

1.何谓养志

志，是志气、志意、志向。人体五气旺盛，则心神专一，思虑畅达。但若无志气，可能随风而转。若无志意，则可能不分善恶。若无志向，则可能没有努力的目标。

养志，就是培养浩然的志气、坚定的志意、正确的志向，也就是和顺通畅的心气和正当的意念。

鬼谷子认为，心气必须畅通，才能思理通达，所以要养志。因为不养志，则心气不固实，多欲而心散。心气不固会导致思路不通。既然思虑不畅，则志气意念不实在，也就是心虚；心虚就不敢勇猛去应对事务，连带造成失志和心神丧失，精神恍惚。由此可见，养志是多么的重要。

2.养志的目的

养志的目的在达到理达和通以知人。欲念多，会分散志气志意，心思就散漫而不集中了。所以，心气专一，目标专一，就不会彷徨无主，然后志意坚定不衰退，思路通达，可悟出道理。思理可得，心平气和，而不会有烦乱的躁气闷在胸中，表现于外的是有信心、有志气、有主张。将心比心，从别人的外表是否心平气和、是否精神旺盛、是否有志气，也可以看出对方的志意和欲念，这就是知人。

因此，主事者将任用人才，或将说服对方，必须先察看对方有无养志。这从外表、应对是否威猛、是否丧神、是否心虚，可以看出实情。既知人，则能用人。能用人，则各尽其才、各尽其责，天下可治。

3.如何养志

鬼谷子认为，养志要从安定心意开始。己心安定会使志意坚定实在，然后心神固守而不散失，思虑可畅达，事理和心意可推理而知。能知人意念、心意，则好比有神，可形成威势，然后可散发威势、影响他人，并分散其威势。

灵龟历经百千年，心平气和，度过无数劫难而能生存。古人认为灵龟知吉凶祸福，因此用来卜筮，以指示吉凶。养志是要知人成事以趋福，所以要先学灵龟的心平气和，使思虑畅达，自然能辨别祸福。这就是"养志法灵龟"。

三、实意法螣蛇

1.何谓实意

鬼谷子说："实意者，气之虑也。"陶弘景解释为："意实则气平，气平则虑审，故曰：实意者，气之虑也。"

实意，就是精练心思谋虑。心气平顺，则心思细密，考虑事情会比较理性，想得深远，然后才能想出好计策，使事情有成就。因此，实意，乃是诚心正意，充实意念，精练心思谋虑。

2.实意的目的

鬼谷子说："心欲安静，虑欲深远。心安静则神策生，虑深远则计谋成。神策生则志不可乱，计谋成则功不可间。"

实意的目的是想出好计谋，使谋事成功，达成建功立业的目标。神策的产生，是由于心意坚定，意念充实，也就是鬼主意很多，心思灵活，可以随机应变。

要达到这个境界,有赖心神安定,意念充实灵活可用。

3.如何产生神策

(1)从心术开始

鬼谷子说:“计谋之虑,务在实意,实意必从心术始。无为而求,安静五脏,和通六腑,精神魂魄固守不动,乃能内视反听,定志虑之太虚,待神往来,以观天地开辟,知万物所造化,见阴阳之终始,原人事之政理。”

心术,乃是运用心灵以通晓事理的道术。盛神、养志、实意,可使心气安定不烦躁,意念坚实可用,神魂守舍,自然思考如有神。心神精明,则能在心灵中运算,好比神游太虚幻境,可以设想事情的前因后果,可能的发展,以及计策的可能结果,然后选择最好的计策,作为初步的决定。

(2)内视反听,以定神策

鬼谷子说:“计谋者,存亡之枢机,虑不会,则听不审矣,候之不得,计谋失矣。”

这可分两方面来看。主政者心中不论是否已有计策,可先听听别人的意见。由于主政者已经运用心术想过事情的前因后果,再以别人的意见来会合比较、分析事理。否则,可能自己设想不周,导致计策有失,则事情难成。所以在听言时要仔细,自己再加以审慎的思考,才可做决策。从说服者的角度来看,自己在神游太虚后想出的计策,不一定是最完善的,因此,在说服过程中,还要仔细察听对方的反应,作为修改策略的参考,才能使计谋适合时势的需要,达到建功立业的目标。

(3)志不可乱

在拟订计策或在执行谋略的过程中,基本的志意和方向不可随意改变,否则将令人无所适从,难以成功。这也就是鬼谷子所说的:“识气寄,奸邪而倚之,诈谋而惑之,言无由心矣。”如果只存观望不定的态度,心意不坚定,奸邪之事将会乘虚而入,诡诈权谋将会迷惑其心,心术不正,则言不由衷,难以令人信服。所以说:“神策生,则志不可乱;计谋成,则功不可间。”

4.为何效法螣蛇

螣蛇,自古被认为是神蛇。《荀子·劝学篇》说:“螣蛇无足而飞,梧鼠五技而穷。……故君子结于一也。”

《尔雅·释鱼》:“螣,螣蛇。”郭注:“龙类也,能兴云雾而游其中。”

实意从心术开始,心安静则神固守,然后能在无限宽广的太虚幻境中神游思考,好比螣蛇兴云雾而遨游天空。螣蛇与人之心神怎能遨游太虚幻境?因为专心一意不分心,所以可以设想深远周到,螣蛇如果三心二意,可能也会从天空掉下来。心神冥思也是一样。所以,实意要像螣蛇一样专心,然后才能万里穹苍任遨游,思虑深远神策生。

四、分威法伏熊

1.何谓分威

鬼谷子说:“分威者,神之覆也。”

威,是威势、威力、威望,能使人震慑不妄动。分,有双关含义,可解为发,也可解为分散。因此,分威,乃是奋发自己的威力,以分散别人的威势。

心神坚固,好比精神覆盖全身,产生令人慑服的威力,无人敢挡,无人能阻,因此而能分散别人的力量。当众人慑服时,主政者威势如日中天,要动变成事,有如以实取虚,以有取无,易如反掌。

2.如何分威

(1)静意固志

鬼谷子说:“静意固志,神归其舍,则威覆矣。威覆盛则内实坚,内实坚则莫当,莫当则能以分人之威而动其势,如其天。”

心静志坚则心神同定不乱,神智精明则能分析事理,料事如神,产生威望,使人慑服。众人慑服,则更加充实坚定自己的意念,这是因果循环,如果不能把握大公无私的原则,事情就会因隙而生变。

(2)用间

事情如不能做得完善,必然留下间隙,好比山有裂隙。圣贤之士知道如何运用间隙,也知道如何防止裂隙,必须做到自己无懈可击,而能扩大他人的裂隙。所以鬼谷子说:“故动者必随,唱者必和。挠其一指,观其余次,动变见形,无能间者。审于唱和,以间见间,动变明而威可分也。”

鬼谷子所说的,是主政者一动一静必有人唱和,从唱和或唱反之间,可了解众人心意,是否顺从民意,将会产生形势的变化。既知对方动变之势,则可趁势发威,促成敌消我长。

(3)养志伏意

间隙是事情成败的机会,待机而动才能掌握最佳的时机。熊将出击,必先潜伏,若无其事,一则察看对方动静,二则分散对方注意,然后在最可行的时机出击,所以,分威要效法伏熊。这也就是鬼谷子说的:“将欲变动,必先养志伏意以视间。”心志坚定,外表却无战斗迹象,可使对方松懈,去除戒心,有志者乃可运用时机,创造有利于己的形势。

五、散势法鸷鸟

1.何谓散势

鬼谷子认为,散势就是显现气势以慑服他人。内心若要使气势旺盛,孕育出威严盛大的气势,就必须盛神、养志、实意,然后待机而发,以自己的威势超越他人的声势,从而慑服他人。这乃是神志的运用,如果志意衰微,威力丧失,精神不集中,则言辞前后矛盾,语意多变,缺乏威力和说服力。所以,鬼谷子说:“散势者,神之使也,用之,必循间而动。”

2.如何散势

散势,是一体的两面,既要散发自己的威势,也要打散他人的威势,两者有时是因果关系,有时则是单方面的运作,或者只要达到分散他人威势的目标即可,自己还须潜藏,尚未到必须崭露头角的时候。

散势必须待机而动,一动则大势分明,或成或败,或得或失。因此,选择发动的时机非常重要。在启动以前,要明察自己和他人的虚实,胜算多少,后果如何。要推算对方可能的应对计策,及早想出对应破解的方法,否则,祸福难料。

这就是鬼谷子所说的:“无间则不散势者,待间而动,动而势分矣。故善思间者,必内精五气,外视虚实,动而不失分散之实。动则随其志意,知其计谋。势者,利害之决,权变之威。势败者,不以神肃察也。”

3.说服与散势

说服,也是神志对决的一种。要说服对方,有明有暗,明的是直说不讳,不管对方心意如何,反正我认为该怎么说就怎么说,对方是否接受,不在考虑之列,或者一定要对方接受,否则就翻脸。暗的则是迂回策略,先了解对方心意,再顺势导引,如对方心意与我所想的相同,则顺势赞同;如心意不同,但有转弯的余地,则设法导引,使其自行决定改变;如对方心意不可改,则再想办法。所谓明、暗,是指方式直接或间接、明言或暗喻等。

说服也要待机伺间,在最恰当的时间,运用其破绽间隙而发动,提出计谋,或鼓励,或劝阻。说服者要心意坚定,散发说服的威力,而不要被对方的威势吓倒。威势散漫,则精神不专注,言语多失善变。因此,鬼谷子说:“夫散势者,心虚志溢。意衰威失,精神不专,其言外而多变。故观其志意,为度数,乃以揣说图事,尽圆方,齐短长。无间则不散势者,待间而动,动而势分矣。”

4.鸷鸟散势

气势散发,必须盛神、养志、实意,待机而动。一动则发威,以达目的。不动如山,一动则其疾如风、其烈如火。鸷鸟盘旋在高空,是在寻找猎物,找到猎物则观察行踪,伺机出击,一旦认定时机可行,即一鼓作气,俯冲而下,擒获猎物,高飞而去。此即散势的法则,所以说,散势法鸷鸟。

六、转圆法猛兽

1.何谓转圆

转圆,可解为行事处世,运转圆融周全,可进退、可回转,变化无穷。要达到此一境界,必须运用天道运行的法则,以无穷的智慧,产生变化无穷的计谋,来处理多变的事物。所以,鬼谷子说:“转圆者,无穷之计也。”

古代圣贤之士,观察自然界的运行法则,发现狮虎豹等猛兽,在追逐猎物时,可长时间追逐,可环伺在猎物四周待机而扑,可出其不意迅速攻占,也可在环境不利时放弃追逐,显示出应付事物变化的弹性和追逐猎物所展现的无穷计谋,运用自如,所以说:“转圆法猛兽。”

2.如何转圆

转圆的原则有三:通心术、求合、知吉凶。

(1)通心术

依据事情的来龙去脉,以推断可能的发展和对方可能的应对方式,好比与其心灵相通,这就是通心术,也即是鬼谷子说的:“转圆者,无穷之计也。无穷者,必有圣人之心,以原不测之智,而通心术。”

(2)求合

解决问题,必须针对不同的情况,采取不同的计谋策略,以符合人心与事情的需要。有时候是要使事情成功,有时候是要劝阻以避祸。这也就是鬼谷子所说的:“智略计谋,各有形容,或圆或方,或阴或阳,或吉或凶,事类不同。故圣人怀此,用转圆而求其合。”

(3)知吉凶

用计行事,要事先推理,了解计谋实施后可能的后果,可能的吉凶祸福。了解天地万物运行顺逆法则的人,只要察看计谋是否合于成事法则,即可知其后果吉凶成败。因此,圣贤之士,可以预知成败,因而知道如何转圆,趋福避祸。所以,鬼谷子说:“转圆者,或转而吉,或转而凶。圣人以道先知存亡,乃知转圆而从方。圆者,所以合语。方者,所以错事。转化者,所以观计谋。接物者,所以观进退之意。皆见其会,乃为要结,以接其说也。”

3.说服与转圆

说服乃是建言献计,使对方接受去行事或不做某事,目的在协助对方趋福避祸。如果是在敌对双方进行说服,可视情况灵活运用,或者促使敌方趋祸离福,或者导引敌方趋吉避凶,以化敌为友。

说服者，可借用转圆三原则：通心术以知情，转圆以求合，知吉凶以行事。天地万物运行法则乃是顺势合理，说服献计在大战略方面要顺应天道民心，战术方面可转圆变化。只要运用智慧，自然变化无穷，所以，鬼谷子说："神道混沌为一，以变论万类，说义无穷。"又说："天地无极，人事无穷，各以成其类，见其计谋，必知其吉凶成败之所终。"

七、损兑法灵蓍

1.何谓损兑

损，可解为损失、不利、减损、损退等。陶弘景解释为"减损他虑，专以心察"。

兑，可解释为喜悦、达成、兑换等。陶弘景则认为是"以心眼察理"，他是根据"老子曰：塞其兑。河上公曰：兑，目也。庄子曰：心有眼"推理而来。

损、兑都是《易经》六十四卦的卦名，由于本节讨论到占卜用的蓍草，所以也要从《易经》的角度来看。损卦是"兑下艮上"，也就是"山泽损"。综合朱熹解释卦象，损是减省。因损下益上，损内益外，有剥民奉君之象，所以有损。如当损之时，则多薄无害。如损下益上，则可能对上有损。损亦有道，居下而益上时，亦当斟酌其深浅。有时居上位者，欲自损以益人，则必无损，而受天下之益。所以，该损则损，如果损人益己、损公益私，即是损己。

兑，是"兑下兑上"，也就是"兑为泽"。卦象为泽，取其万物因泽润而喜悦之象。如能顺天应人，则民心喜悦，民忘其劳。悦之非道，可能有损。

因此，损兑可解为吉凶进退之事，也就是机会或危机的判断与应对谋略之决策。古人对于重大事件之决策，有时为求符合天意，或在难断吉凶时，常借助于占卜。灵蓍是一种多枝节的草，百年蓍草则有灵，有助于占卜的灵验。蓍草之茎枝可用来计算《易经》的卦名，所以说，要知损兑，可效法灵蓍在占卜时的灵验。占卜是根据卦象推敲事理变化，所以，知损兑也就是分析事理，可预知吉凶。

2.如何处理损兑

(1)知机

鬼谷子说:“损兑者,机危之决也。事有适然,物有成败,机危之动,不可不察。”

凡事都有成败,但在成败现形之前,必已有倾向成败的征兆,产生这些征兆的是事理的变化或存在已久而未受重视的微细因素、间隙。这些很小的间隙或因素一有变化,就会产生一些微妙的迹象,如果不注意,事情的发展就会逐渐成形,终至决定成败。所以,计谋行事,不可不小心观察时机与现象的细微变化。能够掌握时机,走在变化之前,即可早早研究应对策略,所以,损兑,就是机危之势的研判与决定。

(2)知吉凶

感知事物变化的征兆之外,还须推理以判断未来发展的趋势和可能的吉凶祸福,才能针对状况,研拟对策。但有时候,圣贤之士知机在众人之先,一般人或主政者可能浑然不觉,这时候如果提出警告,对方不一定会接受。

因此,征兆未成形之前,圣人谋事于阴,可暗中导引,不一定要急着发警报,但一定会暗中计议,使事情的变化能在掌控之中。同时也注意是否还有其他人也发现事情变化的可能征兆。不到必要时候,可以不说、可以不献谋。这即是鬼谷子所说的:“故圣人以无为待有德,言察辞,合于事。”

(3)待机而动

时机未到,谋事不成,甚至可能打草惊蛇,使敌方产生警觉,则计谋必败。所以,选择最恰当的时机建言献策、施谋行事,才可以得到最大的效果。主政者听言也是如此,必须了解计谋是否可行、时机是否恰当、行事后果如何。如果计策不可行,主政者也不必严词反驳指斥,以免杜绝忠谏之路。

所以,鬼谷子说:“损之,说(悦)之。物有不可者,圣人不为之辞。故智者不以言、失人之言。故辞不烦而心不虚,志不乱而意不邪。当其难易而后为之谋,因自然之道以为实。”

(4)顺势

鬼谷子认为，能使敌方欲行之事不能行，使敌方欲阻我之事不能阻，可以算是大功。建言献谋，要考虑自然运行相生相克的道理，损益都要分析推论，损中可能有兑，兑中可能有损，不可不察。要能分威散势，然后才能做决策下决断去执行。善于运用计谋以趋福避祸者，好比在高山上决堤，使水流冲刷而下，以转动山下溪谷中的圆石（发电机），这是形势使得巨石能转动，也就是借力使力，轻而易举，顺势而成。

所以，鬼谷子说："圆者不行，方者不止，是谓大功。益之损之，皆为之辞。用分威散势之权，以见其兑威，其机危，乃为之决。故善损兑者，譬若决水于千仞之堤，转圆石于万仞之溪。而能行此者，形势不得不然也。"

3.说服与损兑

说服的目标，在于提供可行的策略，使对方去执行或不执行某事、改变或不改变言行态度。谈判也是一样。

事情总会有变化，变化即产生损益进退、吉凶祸福的问题。行事后果可能又成为下一次变化的因，因果循环有如天地运行，阴阳互动，相生相克。

因此，运用损兑的处理方式：知机、知吉凶、待机而动、顺势的原则，是可以适用在说服的过程中。同样地，听言者也应明辨，从认知变化征兆、判断吉凶、待机而动，到顺势而发，在适当时刻采纳建言，顺势而为，可使事情更加圆满。

第十四章　持枢——顺势之道

《持枢》是《鬼谷子》书中最短的一章，只有六十二个字，意念完整，可能是断简残篇。不过，比起已经遗失的《转丸》《胜乱》两篇，已经是幸运了。

持枢，可解为掌握关键枢纽，顺道顺势而运作。好比一年四季，春天万物萌生，夏天生长旺盛，秋天喜悦收成，冬天休养藏能，以待来春，这是天道的正常运行，不可逆其道而操作，否则，纵然一时有成，终必因违反天时天道而失败。

将自然运行的法则，运用于人类，也是适合的。人君要掌握枢纽关键，让人民生产万物、生儿育女，助其养育教养，使人民有成就、有收获、可储藏积蓄、颐养天年，这种生、养、成、藏的自然法则，不可干扰逆行，否则，虽然可行于一时，却终必衰败。天道法则，其实也就是人君治国的大纲，不可不察。

天地运行的法则，转用于说服与谈判，是合理可行的。天地万物运作的原则是顺应自然、因势而为，不可倒行逆施。说服人君也要顺应天道、因势而动。如有奇计，也要符合自然律，不宜倒行逆施，以免得逞一时而遗祸长久。

《鬼谷子》的中心思想之一即是顺势，书内多处提及天道与顺势的重要。

在钓语方面，可多方试探，好比布网捕兽，多布置几网，自然会有所得。如果对方深沉不语，难见真情，则说服者要改变方法，打动其心。探出真情后，要顺势导引或培养其需求。这就是“以象动之，以报其心。见其情，随而牧之”(《反应篇》)。

建言献策也要顺势。《内揵篇》说：“欲说者，务隐度。计事者，务循顺。”暗中忖度计策是否可行，还要明白分析利弊得失，顺应需求与情势，才能合乎需要。这就是“方来应时，以合其谋”(《内揵篇》)。引用已发生的事实，要顺着事实来分析。谈论未来之事，则可变通解释。顺与变，可以配合情况而运用。

天下大事，必有征兆裂隙，不可不察。抵巇的方法，要顺势。时有可抵，则依据事实需要而为。“圣人见萌芽巇罅，则抵之以法。世可以治，则抵而塞之。不可治，则抵而得之。”(《抵巇篇》)鬼谷子又说：“世无可抵，则深隐而待时。时有可抵，则为之谋。可以上合，可以检下。能因能循，为天地守神。”

忤合之道，更需要顺势，知天命，而后争取各方诸侯的支持，化阻力为助力，然后顺应天命。所以，鬼谷子说：“古之善背向者，乃协四海，包诸侯忤合之地而化转之，然后求合。”(《忤合篇》)

凡事顺应天道，转圆趋福，避免逆道而行，自然能够趋吉避凶。所谓形势比人强，能运用形势、转化形势，以成顺势者，则事半功倍。这正是鬼谷子所说的：“故善损兑者，譬若决水于千仞之堤，转圆石于万仞之溪。而能行此者，形势不得不然也。”(《本经阴符七术》)

所以，说服与谈判，必须掌握关键，才能掌控形势。鬼谷子说：“持枢，谓春生、夏长、秋收、冬藏，天之正也，不可干而逆之。逆之者，虽成必败。故人君亦有天枢，生养成藏，亦不可干而逆之。逆之者，虽盛必衰。此天道人君之大纲

也。"(《持枢篇》)

第十五章 中经——攻心之道

《中经》,探讨的是心灵的经营,如何争取人心,使他人感念恩德,为我所用,这也就是攻心之道。

鬼谷子认为,天下纷乱之际,群雄并起,知识分子的自处之道,不外制人或受制于人。制人者,掌握权力。受制于人者,命运在他人掌控之中。不论是制人者或受制于人者,都需要争取人心,争取他人支持,否则必陷于孤立无援,尤其是主政者。至于独善其身、戚戚自善,以待天下澄清者,也需要争取人心认同,维护道统学说的继往开来。

鬼谷子提到争取人心的原则,包括认同心意,施德于人。具体方法有"见形为容,象体为貌,闻声知音,解仇斗郄,缀去,却语,摄心,守义"等。

一、施德于人

1.振穷趋急

鬼谷子认为,心灵的经营,是指激励救助穷困急难者,或善待能尽言责、德行深厚的人,使他们感恩不忘。善尽言责的人,易受伤害,能救助他们,即是行善,博施恩惠。救助有德之人,也是合乎道理的。至于救助受拘禁、穷困的人,是济助遭逢不幸的人,使其为我所用。

所以鬼谷子说:"中经,谓振穷趋急,施之能言厚德之人,救拘执穷者,不忘恩也。能言者,俦善博惠。施德人者,依道。而救拘执者,养使小人。"

2.缀去

缀去,是固结离情,对即将离去的人,赠以嘉言,使他感戴,常相思念。对于值得结交的忠贞诚信之士,在其离去前,应该肯定他的德行,激励他的志气,使他了解事理,不论是他主动求去,或遭到遣退,或受命离去,均应使他心中感到欣慰坦然，不宜使他积怨。对于忠贞之士，更应表达诚恳不舍的心意，使离去的人留有余思，感念在心。

这就是鬼谷子所说的："缀去者，谓己之系言，使有余思也。故接贞信者，称其行，厉其志，言可为可复，会之期喜。以他人庶，引验以结往，明款款而去之。"

3.却语

却语，即是阻止严重错失的言语。

言多必失，而且可能有严重的失言，有时候会造成无可弥补的影响，例如得罪当道，或离经叛道，或违反时禁等言辞。既察觉对方严重失言，应即阻止，并说明当时的禁忌或法令禁止的范围，在他心生恐惧的时候，坦诚表明并无陷害之心，并劝他不要再说类似的话，尤其不要在好搬弄是非、议人长短的人面前失言，使他感到诚意，因而心存感念。

严重失言，在古代是很严重的事，主政者如能不予计较，必可获人臣感戴，尤其得以广开言路、匡辅时政。不过，自古以来，能容纳批评的明君并不多，而以言贾祸的却不在少数，却语仍有必要。

所以，鬼谷子说："却语者，察伺短也。故言多必有数短之处，识其短验之，动以忌讳，示以时禁，其人恐畏，然后结信以安其心，收语盖藏而却之，无见己之所不能于多方之人。"

4.摄心

摄心，就是诚恳关怀协助他人，以其归心于己。例如，遇到有心精研技艺或学问的人，应先加以称赞，使别人也知道其好学不倦的精神。同时也要测试他的品德、技能、才能，了解他的言行志意，如果确有才能，则应予以协助，如不合需要，也要以诚信待之，使他心存感念。

对于误入歧途的人，鬼谷子以当时的观念来处理。他认为，沉迷于酒色的人，要设法救助他，用音乐来激励他的情绪，同时要使他了解继续沉迷酒色的后果，必定是来日无多，必死无疑。音乐可以振奋人心，可以替代酒色，成为正当娱乐，只要能改变不良嗜好，生命是广阔的，必然可以再度看到海阔天空的人生，使他对人生再度产生希望，自然会心存感念。

这也就是鬼谷子所说的：“摄心者，谓逢好学伎术者，则为之称远，方验之道，惊以奇怪，人系其心于己，效之于人，验去乱其前，吾归诚于己。遭淫酒色者，为之术，音乐动之，以为必死，生日少之忧，喜以自所不见之事，终可以观漫澜之命，使有后会。”

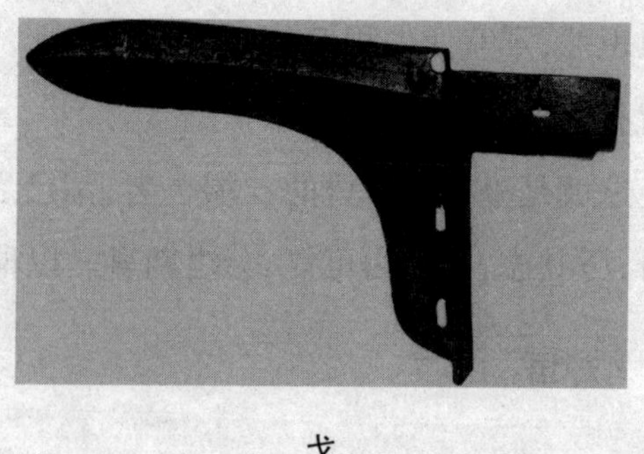
戈

二、观心合意

人心的经营，目的在争取人心归附。如何得知对方的心思、采取合宜的应对，则需要观察心灵，以求双方合意，然后才能设法协助，争取向心力。

1.观心

鬼谷子一再强调，心中的意念是可以从外表看出来的，所以看外表，可推测其心灵的活动。因为外形和内心会互相影响，所以一般人会有心相共生的情形，只有德行高超的人，可以做到喜怒不形于色的地步。

古人相信占卜的灵验性，运用《易经》占卜，或用其他方式占卜，目的在从卦象中得到初步的推测方向，然后再根据已有的资料和对方的反应，逐渐导向欲知的目标。多方面的解释，符合心意的程度会比较高。所以，古人对于未来的事，愿意经由占卜和观察来探知。

至于德行高超的人，外表道貌岸然，形色凛然，一望可知，这也是相由心生，还是可以观察出来的。

所以，鬼谷子说：“见形为容、象体为貌者，谓爻为之生也，可以影响形容象貌而得之也。有守之人，目不视非，耳不听邪，言必《诗》《书》，行不淫僻，以道为形，以德为容，貌庄色温，不可象貌而得之。如是隐情塞郤而去之。”

2.闻声知音

听人讲话，从语气、声调、内容，可以得知是否志同道合。两个立场不同的人,初步接触交谈,几句试探之后,是否有回应,大体可判断对方的志向;除非是在言论无自由的地方,人们不敢说真话,但从他的眼神、脸色,也可以看出端倪,例如周厉王止谤,“国人莫敢言,道路以目”,这就是非语言的心意反应。

心意不合,言语不听,造成忠言逆耳,古之常事,除非主政者有度量,否则,言不合意者,均遭疏远。所以,察音知意,也是非常重要的。只有预知对方心意,才能提出适当的对应策略。

因此,鬼谷子说:“闻声知音者,谓声气不同,恩爱不接。故商角不二合,徵羽不相配,能为四声主者,其唯宫乎?故音不和则悲,是以声散伤丑害者,言必逆于耳也,虽有美行盛誉,不可比目合翼相须也,此乃气不合、音不调者也。”

3.守义

守义,就是探知对方内心意念,随其意而提出合宜的策略对应。

守义的重点在合宜适当,否则,必有后患。因为小人当道,则违法乱纪,君子见斥,以至家破国亡,只有贤能正直之士,才能走正道、守正义。正道才能立国,正义才能符合大多数民意的要求,诚恳诚信可以转危为安。

这也就是鬼谷子所说的:“守义者,谓以人探其在内以合也。探心,深得其主也。从外制内,事有系,曲而随之。故小人比人,则左道而用之,至能败家夺国。非贤智不能守家以义,不能守国以道。圣人所贵道,微妙者诚,以其可以转危为安,救亡使存也。”

三、说服与中经

说服与谈判都是争取人心认同的行为。平时要做好施德于人的工夫,建立良好关系或良好印象。对方有急难,应积极协助;对方有需要,则以适当的方法尽量配合其需要,以争取其向心。

谈判则是形势与需求的妥协。如果方案不适合弱者一方的最低要求(底线),即使一时施压成功,弱方被迫接受,也无法维持长久的承诺。形势是可塑造、可改变的。小国结合起来或小国结合大国,即成强势,端看如何运用。得理的一方也是处于强势地位。如何抑强助弱,替对方留余地,是说服者或谈判者必须考虑的问题。

鬼谷子认为,两方相斗的结果,必可分出强弱。强者骄,种下失败之因。弱者悲愤,激起全力反抗的意志,必可反败为胜。如果双方不能妥协、互利互助,则必使第三者渔翁得利,最后遭到兼并。

因此,鬼谷子说:“执仇斗郄,谓解羸征之仇。斗郄者,斗强也。强郄既斗,称胜者高其功、盛其势也。弱者哀其负、伤其卑、污其名、耻其宗。故胜者闻其功,势苟进而不知退。弱者哀其负,见其伤,则强,大力倍死者是也。郄无强大,御无强大,则皆可胁而并。”

谈判与说服的基本原则是正道、正义与诚信。正道是合理、可行、不反其道而行。正义是合宜,适合双方的需要。诚信是出于诚意、承诺可信,而不是设下陷阱,只顾己利而不顾他害,否则必定种下祸因。如能争取民心,则天下可定。

第十六章 鬼谷子说服理论体系

《鬼谷子》一书的排列次序,已经具备理论体系的大纲。谈说进行中要运用《捭阖篇》的原则。因为有捭阖,所以有“反应”。有了反应,可以看出好恶志欲,因而运用“内揵”以固结其心。如发现有裂隙破绽,有机可乘,则运用“抵巇”。为了使听者欣然接受,要用“飞箝”。对于听者的内外反应和相关因素,要“揣情”。揣得其情,要顺合其意,所以要注意“摩意”。还要权量才能、形势、环境、时机、语意,这是“权”的功夫。揣、摩、权之后,已经了解状况,即可献“谋”。献谋之后,还要能“决”。事情能否成功,主政者的修养与条件有很大的关联,所以要说者听者双方都通晓古人智慧的言论“符言”。

至于已经遗失的《转丸》《胠乱》两篇,从字义上来看,应是探讨事情的转圆和避祸去患之道。《本经阴符七术》则是讨论说者与主政者的个人修养和成事的法则。《持枢》的主旨是顺势与符合天地自然法则,不宜逆道。《中经》探讨的是心的经营法则,也就是争取人心的方法。

如果要进一步建立简明可行的理论体系,或可依照现代传播理论的研究方式,依传播者(说者)、受播者(听者)、说服过程、讯息内容、传播媒介(面对面人际传播）五项因素来表述。

一、说者的修养与条件

《本经阴符七术》《持枢》《中经》三篇探讨的是个人的修养、处事原则和争取人心的方法，适用于说者，也适用于听者。《符言篇》适用对象以主政者（听者）为主，说者也应了解。

说者的修养、作为等条件，可概列如下：

1.个人修养

（1）精神旺盛（盛神法五龙）。心神旺盛集中，然后思虑才会周全，才能体会通心术的道理，知悉他人心意。

（2）志意坚定（养志法灵龟）。志坚心定，才能思理通达，气盛心安，应对威猛有力。

（3）气平意实虑审（实意法螣蛇）。心静、气平则意念充实，思考周审，然后可听出语意、可了解人心。意念充实，可以深入推理思考，好比神游太虚，见所未见、知所未知。

（4）培养威势、分散他人威势、伏意视间（分威法伏熊）。心静、志坚、心神专注，自然产生威势，威壮则可震慑人心，分散他人之威。伏意以待机，形势可为才可行动。

（5）散发威力、创造形势（散势法鸷鸟）。待间而动，一动务必使对方威势溃散，以创造有利的形势。形势是决定成败的重要因素。

（6）能够提出无穷的计策，以对付变化的万事（转圆法猛兽）。转圆的目的在趋吉避凶。

（7）预知吉凶、顺势而为（损兑法灵蓍）。运用各种征兆、因素，配合占卜（占卜的目的在预先测知吉凶，以便趋吉避凶，做好心理建设），推测可能的利弊得失，顺势而行，避免违逆天意民意。

2.个人条件

（1）知悉如何争取人心，做好人际关系，减少阻力（《中经》）。例如振穷救急、施德于人。

(2)获得信任(《内揵》)。君臣互信,也就是互相充分了解心意,因而可以放心。好比土蜘蛛,任由其子出入巢穴。君臣互信坚定,则言听计从,即使计不合宜,也无祸患。说者本身与听者关系不够密切,也可运用其亲信,以求间接获得信任。

3.行事原则

(1)顺势、法天(《持枢》)。人君须依天道而行,说者也应协助主政者顺应天道民心,不可引导人君偏邪行逆,否则必败。

(2)谋于阴,成于阳(《摩篇》)。行事隐秘,成事而无患,因为“主事日成而人不知,主兵日胜而人不畏也”。张良善谋而无祸,苏秦、张仪功盛而见弃,可为殷鉴。

二、听者的修养与条件

1.个人修养

(1)精神旺盛、心神专注(盛神法五龙)。主政者应五气顺畅,心神专一,才能心灵明智,思虑周全,一听即知来意,有如通晓知心术。

(2)志气坚定、思虑畅达(养志法灵龟)。主政者宜寡欲。因为多欲则心散,心散志衰则思理不达。心思涣散表现在外的是神情恍惚,精神不集中,语言错乱,容易受人影响,缺乏判断力。

(3)心意实在,虑远神策生(实意法螣蛇)。主政者心意要坚定实在,心平气和,思绪不乱,然后可以判断说者所提计策是否可行,从而激荡出良好的对策。因为心意实在,不容贪邪杂念,所以说者的奸邪建言不会得逞。主政者心平气和、志意坚定,而后可以内视反听,推理遥思,料事如神。

(4)伏意分威,散发自己的威势,也分散他人的威势(分威法伏熊)。主政者宜正心诚意,自然散发出威严,形成威势。伏意静观,可以看出虚实,听出真假,了解人民的心意,作为决策的参考。

(5)运用神志,伺机而动,散发威势,运用计谋,创造有利的形势(散势法鸷鸟)。威势散漫者,志衰意失,心神不专,言语舛错多变。主政者听言时可了解说者的心神状态,从而判断其志意、计策是否可行,掌握时机,作成有利的决策。

(6)推理知心,灵活运用策略,避凶趋吉(转圆法猛兽)。主政者要能够推理测知他人心意计谋,也要预知计谋形势之吉凶祸福,然后才能选择适宜的对策,以趋吉避凶。

(7)重视征兆微象,根据事理推测前因后果(损兑法灵蓍)。有时为了顺应天意民心,在难以决定之际或情况不明时,采用占卜的方法来推断得失,并根据现象、事理来分析成败,提出对策,顺势而为。古人认为天意和民意有密切关联,顺从天意可导引民意,顺从民意可符合天意。

2.个人条件

(1)争取人心(《中经》)。主政者应知悉如何经营人心,使臣民感戴,例如振穷救急、施德于人。对于强弱之间,也应了解变化与对应的道理。抑强扶弱,乃是主政的基本条件。

(2)诚信(《内揵》《中经》)。主政者宜诚信待人,对于忠贞正道之士,尤应亲近。对于提出不合适计谋的说者,也要"款款而去之",不宜妄加斥责,以免堵塞忠谏进言之路。

3.行事原则

(1)持枢顺天(《持枢》)。人君主政,好比掌握枢机关键,顺应天道自然而运行。说者所提策谋是否可行,也要先考虑是否顺势,是否合乎天意民意、是否合理。否则,逆道而行,虽成必败。

(2)谋于阴、成于阳(《摩篇》)。圣人之道阴,愚人之道阳。主政者暗中策划,分层负责。说者提出的策略,务求周密,尤其是国家大事,不可不慎,不宜大肆张扬,引来干戈。时机成熟,事情成功,人民获利而不疑,国家日益强盛,四邻不惧。

(3)参考古人成败之例,作为殷鉴。(《符言》)

三、谈说过程

1.依谈说进行程序分析

(1)谈说前的准备

①内揵:建立与听者之间的互信关系,或运用双方的亲信关系,了解内情、形势、需求等因素。(《内揵篇》)

②揣情:揣测对方的好恶志欲、形势、才能、国力等因素,以及可能的对策。(《揣篇》)

③摩意:依据各项资讯,揣摩对方可能的需求,环境因素,天时、地利、人和等问题。(《摩篇》)

④权量:权量利弊得失、对方可能的反应、用辞语意的选择等。(《权篇》)

⑤抵巇:了解对方人事的破绽、弱点、间隙等可用的机会,在最恰当的时机进行适当的行动。(《抵巇篇》)

(2)谈说进行中

①捭阖:言谈之中以静默、谈论、反驳、赞同等试探对方的心意和真正目的、看法、企图。说者听者均可适用。(《捭阖篇》)

②反应:言辞翻来覆去以知其意,言谈要有象征比喻,要钓出心中的话、要有变化,以求了解彼此的反应,作为提出适当对策的参考。(《反应篇》)

③内揵:观其所亲、听其所言、知其所好,暗忖其个生、形势,是否明言或暗示,以合其谋,顺意而变,导引向前。(《内揵篇》)

④抵巇:事有合离,物必有隙,言谈之间也会有破绽几兆。从各种裂隙、征兆、几微现象中可看出着力点,以便提出适合的计策,或抵而塞之,或抵而得之。(《抵巇篇》)

⑤飞箝:钓出心中的真情,以飞誉之辞(戴高帽),或运用其弱点,在名利财色下功夫,使其受到箝制,这是用以对付敌人,不宜用来对付明君或智者。(《飞箝篇》)

⑥忤合:了解计谋及对方的需求是否与形势、天意、民心有所忤合向背,尽

量扭转逆势,顺势而行。(《忤合篇》)

⑦揣情:揣诸侯之情,量天下之势。揣对方之真情,量环境形势,了解吉凶祸福、民心向背等因素,选择最有利的时机,做有利的事。(《揣篇》)

⑧摩意:顺其意而谈说,归功于主政者,谋于阴而成于阳,只要合情合意合理,焉有不听的道理。(《摩篇》)

⑨权量:权衡得失利弊,了解对方言辞动作的语意,扬长避短,选择合适的用语。(《权篇》)

⑩献谋:各种内情、外势、人才、国力、得失等因素都了解清楚后,再提出上中下三策,并分析最有利的对策。如果对方无法做决定,也可运用各种方法使他确实明白计策之得失。(《谋篇》)

⑪决定:事有疑,而后有决。趋利避害,乃是天地自然法则。决定要出于主政者,说者只能从旁分析利弊得失。对于吉凶难料之事,古人多借助占卜,以了解天意,而后考察是否符合民意及形势的需要,才做最后决定。现代人多不相信占卜。(《决篇》)

(3)谈说后

①决定:做了决定以后,要能达到成事而无患的境界。因果循环,祸福相倚,纠缠不清。决定是另一个决定的开始。(《摩篇》《谋篇》《决篇》)

②忤合:计谋既定,乃有行动,有忤有合,有向有背,要了解忤合之道。天下事没有一成不变的,万事均在变化之中,如何运用智慧,产生无穷的计谋,来应付另一个征兆与危机的形成,是谈说者所必须注意的。(《抵巇篇》《忤合篇》《本经阴符七术》)

2.依谈说目标分析

(1)知情

捭阖、反应、内揵、抵巇、飞箝、揣、摩、权,都是为了知情,取得完整翔实的资讯,作为研判的参考,包括对方的好恶、志欲、才能、个性、弱点、国力、形势、民心、利害得失等。缺乏资讯,好比瞎子摸象,不得其实。

(2)献谋

提出谋略计策，要符合需要，包括相关人事、形势、国家、人民等因素的需要，要能趋吉避凶，转危为安，顺应自然，不可逆天行事。(《谋篇》)

(3)决策

决策要顺应道、数、时相合的法则，注意天时、地利、人和，避免种下祸因，要能成事而无患。(《决篇》《摩篇》《谋篇》)

四、讯息内容

谈说过程中，说者或听者所说的话，代表他传达出某一些讯息，这些讯息必须立即分析，马上会意。有时候眼神、手势、脸色等动作反应，也是讯息的传递。

《捭阖篇》谈到言辞可分阴阳，不利者为阴、有利者为阳。

《权篇》分析说话态度和言辞类型与心意的关系，是本书探讨语意与用辞最完整的一篇。

《谋篇》探讨说人主的言辞特性，可言奇、可言私。

在《鬼谷子》一书中，言辞内容并不是决定事情成败的唯一因素，还需要配合形势、方法、时机、个性等因素。若要了解状况(知情)，从捭阖、反应、内揵、揣、摩、权等各种方法均可知悉，不一定是靠言辞来判断或得知对方所传达的讯息。

五、面对面谈说技巧

《鬼谷子》全书十五篇，均以不同的方式探讨谈说技巧，从《捭阖》《反应》《内揵》《抵巇》《飞箝》《忤合》《揣》《摩》《权》《谋》《决》，都是谈说技巧，而每一篇都可分析出每一种方式的技巧。

从整体来看，事情牵涉到人、事、道、数(方法)、时(时机、时势)等因素。人有不同的个性与智慧，事有顺逆成败；道是最高原则，战略不变，战术可变；数是行事方法、机运；时有顺逆、有合适与否的问题；这些因素，说者听者均须加以考量。

凡事均有象、有变、有因、有果。象是现象、征兆，说者听者可从现象与征兆中看出事情发展的趋势,可能的后果。变是事情会有变化,形势会有变,人也会变,变则产生不同的形与势,谈说方式也要改变。事有因,决策以后会有结果,不同的决策会产生不同的结果,果又为因,因果循环,谈说者献策和主政者决策,应避免恶因恶果,如何转圆,是谈说者应有的技巧。

本书所提到的谈说技巧,请参见各章的分析,在此不再重复。

六、鬼谷子说服理论的实施

综合分析鬼谷子谈说理论,归纳出下列细节,在进行说服传播之前和进行中,可供逐一思考。

1.说服传播进行前

(1)受播者的个性、能力、预存立场、处境

①听者的身份地位如何?说者的身份地位如何?是否相差悬殊?有无可能见到受播者?

②听者的个性如何?易怒、易激、易喜、易亲、易信、易疑、易听、易欺?

③听者的能力如何?贤、愚、智、劣、勇、怯、不肖?

④听者的预存立场(态度)如何?亲美?亲日?正道?邪道?宗教信仰?相信命运?强硬不变?弹性可变?

⑤听者的处境如何?顺境、逆境?民意支持?党派支持?国际支持?

⑥听者的志欲如何?有无坚强使命感?名利?财色?伟人?平凡?

⑦听者有无弱点、间隙、把柄?有无特殊优点?杰出事迹?

⑧听者的各方关系如何?亲族关系、朋友关系、政商关系、国际关系?谁亲谁疏?

⑨听者目前是否有迫切的需求?计谋会符合其需要吗?

(2)形势

①听者或国家的处境、形势,和四周邻国、敌对者、敌国之处境形势,比较如何?

②国力大小、人民多少、经济情况如何?

③未来发展的潜力、前景如何?

(3)时机

①时机是对谁有利?

②听者在何时比较可能接见说者?

③听者主动,还是说者主动?

④计谋实施的时机如何?

(4)道:最高战略目标

①听者有无最高战略目标?

②计策符合最高战略目标吗?或是属于战术的层次?

③计策会受民意支持,还是引起争乱?

④最高战略目标是符合正道、潮流趋势,还是逆势操作?

(5)数:方法、策略

①计策可行吗?有无上中下三策可对比?

②听者会接受建议吗?有无集体决策管道?

③说者的计谋是奇策吗?还是人人都想得到的方法?

④敌对者会采取什么策略?会破解我方计策吗?

⑤有无变计可转圆?

⑥计策实施的后果如何?吉凶祸福如何?

⑦如何决策比较有利?

2.说服进行中

①各种资讯是否已充分掌握?

②对方的反应如何?是否继续运用捭阖、揣摩等方法来试探,使对方说出真情、表示志欲?

③在什么时机正式提出建议?

④如何分析形势、时机、计谋得失?

⑤如何运用谈说技巧,使听者愿意接受?

⑥忤合的成败如何?暗中进行或公开进行?

3.说服进行后

①说服成功,如何执行?如何趋福避祸?

②说服失败,是否还有未知的因素?为何失败?

③是否时机尚未成熟?待机而动?

第十七章　鬼谷子与现代说服理论

近代美国大众传播理论的研究,倾向于以实验或问卷调查、内容分析等方法,从量的统计中去归纳或推论出理论架构与发现。而中国古代的传播理论则来自经验与观察的归纳、推理、演绎。两者比较起来,也有相当的呼应。

大部分的传播活动,都含有说服的目的。政治宣传是明显的说服活动,商业广告也是一种说服,即使是娱乐性质的影剧节目,也有理念传播说服的作用。从这个角度来看,现代传播效果的研究,事实上也就是说服效果的研究。

以下将概述现代传播效果理论的研究发现,并与中国说服理论作简要的比较。

一、拉斯威尔等人的宣传研究

美国学者拉斯威尔(Harold Lasswell)在1927年出版的博士论文《世界大战的宣传技术》,是研究宣传技巧的经典之作。他运用内容分析法,发现宣传具有很大的威力和效果,好比子弹出膛,受众应声而接受,这是传播效果研究早期流行的子弹理论。

拉斯威尔对宣传所下的定义是:"使用重要的符号,如故事、谣言、报道、图片和其他形式的社会传播,来达到控制意见的目的。"(Lasswell,1927,p.9)

他认为宣传有四种目的:

1.促成对敌人的仇恨。

2.维持盟军对我方的友谊。

3.保持中立者和我方的友谊。如有可能,则争取双方合作。

4.打击敌人士气。

1939年由美国宣传分析机构(the Institute for Propaganda)出版的李氏夫妇著作《宣传的艺术》(A.M.Lee&E.B.Lee,1939),书中列举了七种最常见的宣传技术:

(1)扣帽子(name calling):给对方扣上令人憎恶的标签,予以指明或谴责。例如侵略者、帝国主义者等。

扣帽子的目的在使对方令人憎恶,同时也要对方不要再做类似令人憎恶的事,有打击、劝阻对方的意思。

鬼谷子认为,要劝阻,就必须从不利的角度来说服。可以说服对方不做某事,或因结果不利而不去做。《捭阖篇》说:"故言死亡、忧患、贫贱、苦辱、弃损、亡利、失意、有害、刑戮、诛罚,为阴,曰终。"又说:"言恶以终其谋。"言恶,运用在敌方,即是扣帽子。

(2)戴高帽(glittering generality):运用好的名声、标帜来形容、称赞,使对方高兴,或使大家对他产生好感。目的在拉拢对方,或使大家赞成某事。

鬼谷子指出,要推动某事,可从有利的一面去说服。《捭阖篇》说:"故言长生、安乐、富贵、尊荣、显名、爱好、财利、得意、喜欲,为阳,曰始。"又说:"言善以始其事。"

戴高帽或谈论有利的事,都是为了促使对方在心情喜悦状况下做出于我有利之事。飞箝也是戴高帽的进一步实践。《飞箝篇》说:"审其意,知其所好恶,乃就说其所重,以飞箝之辞,钩其所好,乃以箝求之。"

所以,苏秦倡导合纵,强调秦之侵略野心,豺狼虎豹行为,以及六国合纵抗秦之利。而张仪倡导连横,则强调亲秦可获和平、否则必遭武力解决。两人都运用威胁利诱、扣帽子和戴高帽的技巧(方鹏程,1975年)。

(3)狐假虎威(或称转移法,transfer):运用普受敬重的标帜、人物等来增加宣传的力量，使得对方因喜惧的连带影响而接受宣传、相信宣传。例如竞选时邀请最有名望的人物来站台助讲，使选民对权威者的信服转移为支持此一候选人。此外，十字架、国旗等，也都是可以转移认同的标帜。

(4)证道术(testimonial)：运用德高望重的支持者的谈话或行为，来增加宣传内容的价值，如名流首长的推荐、伟人先圣先贤的言行等。

证道术与转移法的区别，在于转移法以标帜为主，例如背负国旗代表爱国，披挂十字架代表宗教光环，最高首长莅临会场观礼代：表关系深厚。证道术的重点在谈话、推崇，使人认为名人伟人的话是可信的。

(5)平民化(plain folks)：表示平易近人，接近群众，强调传播者和受众的立场、地位、利害关系一样，借以拉关系，争取认同与好感。

鬼谷子说："故与阳言者依崇高，与阴言者依卑小。以下求小，以高求大。"(《捭阖篇》)又说："与贵者言依于势，与富者言依于高，与贫者言依于利，与贱者言依于谦，与勇者言依于敢，与愚者言依于锐。"(《权篇》)

处于逆境的人可谓阴，对于处境不顺遂，或中低层民众，说话要谦卑，礼贤下士，了解其处境与需求，并且依照不同性格的人说不同的话，可以引用或叙述成功者的例证来做诉求，也就是依于势、依于高，或称转移法、证道术。要对广大的民众说话，要依于卑小、谦虚，也就是平民化，以争取认同。

(6)混乱战术(card stacking，或称堆牌法)：运用以假乱真、真真假假或片面之词来误导、支持宣传内容，类似偏见合理化(rationalization)。

混乱战术显然是针对那些容易受到蒙蔽的人才会有效。对于片面之词或两面之辞的效果，美国学者霍夫兰曾做过研究，发现片面之词对教育程度较低，或预存立场相同的人比较有效(另节详述)。这也就是鬼谷子所说的："故愚者易蔽也，不肖者易惧也，贪者易诱也，是因事而裁之。"(《谋篇》)

(7)独不拗众(band wagon，或称乐队车法)：大家都来看乐队花车游行，不看的人显得很怪。这是利用"吾从众"，以免孤立，或别人都这样做的心理来说服，否则就是落伍、孤立、不利。这也是一种群众心理。

一人倡导，少数赞成，多人观望。等到多数人都转向赞成时，会产生更大的随从作用，吸引更多的人赞成。德国学者伊丽莎白·诺艾尔-诺依曼(E.

Noelle-Neumann)在研究选举的民意变化时,发现由于和谐、累积和公众效果的导引,会促使选民在势均力敌的候选人之间突然转向支持声势较大或较有可能获胜者,这是游离票的"吾从众"心理,也就是"沉默的螺旋理论"(翁秀琪,1992年,197页)。

苏秦、张仪在进行合纵连横说服行动时,获得两国支持以后,进展就很顺利了。因为不接受的后果是孤立而不利的,所以即使不愿意、不支持,也会暂时接受,看机会再说,这也就是鬼谷子一再提及的"势"。鬼谷子说:"故物归类,抱薪趋火,燥者先然(燃)。平地注水,湿者先濡。此物类相应,于势譬犹是也。"(《摩篇》)

二、霍夫兰等人的说服研究

美国学者卡尔·霍夫兰(Carl Hovland)最早是在耶鲁大学研究态度改变的问题。第二次世界大战期间,受托为国防部研究军事教育影片"我们为何要打仗"的宣传效果与士兵态度改变的关系。这项采用实验组和控制组对照的严谨实验结果发现,有时候有效,某些情况无效,但过了一阵子,却发生改变态度的效果(睡眠效果)。

战后,霍夫兰邀请一批学者继续在耶鲁大学从事传播与说服的实验研究,在洛克菲勒基金会的赞助下,从1946到1961年,陆续将研究成果汇集成书,重要的有《传播与说服》《说服的表达顺序》《人格与说服力》《态度的组成与改变》《社会记事》。

传播与态度变迁研究计划,即是有名的耶鲁研究,它的发现,成为近代有关说服与态度改变最完整、最基本的理论,广受学术界重视,也经常获得政商各界运用。现在,总结它的研究结果如下:

1.传播者的可信度(credibility)

霍夫兰和魏斯(Walter Weiss,1951)请两组大学生同时阅读一篇讨论核子弹的文章,但只对第一组学生说明文章作者是美国著名的核子科学家,对第二组则说是《苏联真理报》登的,结果发现第一组改变态度同意文章观点的人数,是第二组改变态度的四倍。此一实验结果说明可靠度高的消息来源,比可靠度低的消息来源,更有改变受众态度的说服力。

后来霍夫兰等人又以青少年犯罪为研究主题,发现由法官演讲比由普通人演讲更具有说服力。充分证实可信度高的人(包括公正、专业知识、品德等因素)所传播的讯息,具有较高的说服力。

这项研究是在单纯的环境中获得的结论,如果用于政治传播,是否会有相同的反应呢?

苏秦为燕赵领导六国合纵,前后进行三年,魏齐却首先伐赵背约。纵约解体,苏秦奔燕,齐攻燕,取十城,苏秦说齐王归还,因燕王是秦国的女婿,不宜为十城而得罪秦王,齐王同意。苏秦归燕,有人对燕王说苏秦是天下最不可信任的人,不宜再接纳苏秦。因此,苏秦对燕王说:“孝如曾参,义不离亲一夕宿于外,足下安得使之之齐?廉如伯夷,不取素飡,污武王之义而不臣焉,辞孤竹之君,饿而死于首阳之山。廉如此者,何肯步行数千里,而事弱燕之危主乎?信如尾生,期而不来,抱梁柱而死。信至如此,何肯扬燕秦之威于齐而取大功乎哉?”(《战国策》《史记》均载)

苏秦的说辞,使燕王认为有道理,乃复封为武安君。不过,可信度有问题的人,言辞虽一时被接受,后果却难料。战国时代各国为求生存发展,均以利为主,这也是合纵连横反复忤合的原因,说者所代表的是国势、时势,个人的可信度只是考虑因素之一,国君自有制御的方法。讯息内容的可信和说者个人的可信度,两者似乎并无绝对的关联。资讯的可信、做事的能力、计谋的可信等因素,在君权专制与战乱时是可以暂时弥补个人品德的可信度的。但在讲求品德的民主时代,个人可信度却显得相当重要。

鬼谷子认为,人主亲近相信的人所说的话,比较容易获得人主接受,不论是结以道德、党友、财货或美色,一旦获得信任,则可达到“用其意,欲入则入,欲出则出”的地步(《内揵篇》)。

不过,鬼谷子也说,人的资质个性不同,接受说服的难易也不同,喜怒哀恐等情绪状态也会影响听言纳言的态度。“故与智者言,依于博;与博者言,依于辨;与辨者言,依于要;与贵者言,依于势;与富者言,依于高;与贫者言,依于利;

与贱者言，依于谦；与勇者言，依于敢；与愚者言，依于锐。”（《权篇》）

2.片面之辞或两面之辞

霍夫兰、拉姆斯登、谢菲尔德（Hovland，Lumsdaine& Sheffield）曾替美国军方做过两次实验，对于片面之辞或正反面均陈的两面之辞效果问题，获得五项发现：

（1）对于一开始即持反对立场的受众，使用两面之辞会比片面之辞有效。

（2）对于原持赞同立场的受众，可使用片面之辞，以加强其赞同的态度。

（3）对教育程度高的受众，宜采两面之辞。对教育程度较低的，可用片面之辞。

（4）对教育程度低且已持赞同立场者，必须使用片面之辞。

（5）正反两面之辞容易让人察觉论据是否正确或遗漏，以致减少效果。不过，却具有“免疫效果”，也就是只听一面之辞的受众，在接触到反面说辞后，改变态度者比例高于接受两面之辞的受众。

对于“免疫作用”，拉姆斯登、詹尼斯（Lumsdaine，Janis，1953）曾用大学生做试验，先说苏联“不能”在短期（五年）内大量生产原子武器、后说苏联有此能力在二年内制造，结果发现“片面组”的态度，由原来60%相信苏联不能在短期内量产原子武器，立即降到只有2%仍然相信苏联“不能”。而“两面组”在接受正反两面之辞时，已有60%改变自己原来的意见，即使后来听到反面之辞，再度改变态度者较少，因为事前早已考虑到两面意见，因而比较不受反面意见的影响。

鬼谷子认为：“智者达于数，明于理，不可欺以不诚，可示以道理。”（《谋篇》）教育程度高的人见识广博，不可以片面之辞对待，可以从正反两面并陈来讲道理。

鬼谷子又说：“愚者易蔽也，不肖者易惧也，贪者易诱也，是因事而裁之。”（《谋篇》）教育程度低或本性愚钝者，因为见闻不多，容易蒙蔽，可以片面之辞说之，加强其预存立场或促使其改变态度。

3.先入为主吗？

霍夫兰等人研究（Hovland et al；1957）发现：

(1)同一个问题的正反面意见，若由不同传播者先后提出，先提的意见不一定经常占优势。

(2)同一个问题的正反意见，如由同一个传播者提出，可能会产生“先入为主”的现象。如正反意见分两次提出，其间若有不相干的活动介入，则因时间相隔，先提出的效力可能会消除。

(3)对有强烈求知欲的人，问题正反意见提出的顺序没有太大的影响。

(4)传播内容若是受众所同情的，则先提的比较有利。

(5)传播内容如果是为了满足需求，则应先激起需求，再提供意见。

(6)权威传播者论点如可能与自己的立场不同，但不十分明显，则自己的论点应先提出，比较有利。

(7)受众不熟悉的问题，应先提要点。

不过，霍夫兰并不确定“先入为主”的效果。他说：“社会心理学上所使用的优先定律(Law of Primacy)，值得怀疑。”(Hovland，1957，p.9)

“先入为主”可能会对听从性高的人或亲信者产生作用。《汉书·息夫躬传》记载，丞相王嘉劝哀帝“观览古戒，反覆参考，无以先入之语为主”。可见先入之语是会产生作用的。

鬼谷子主张人君应察言反听，“故善反听者，乃变鬼神，以得其情”(《反应篇》)。察言反听的目的在于避免接受片面之辞或先入为主。因此，智者或人君宜明智，才能避免受到蒙蔽。《鬼谷子·符言篇》说：“目贵明，耳贵聪，心贵智。以天下之目视者，则无不见。以天下之耳听者，则无不闻。以天下之心思虑者，则无不知。”或许因为大多数人都有预存立场，或无法迅速明辨资讯是否正确，或听从性高等人格特征因素，使得政治传播或商业广告得以产生“先入为主”的效果。

4.恐惧会达到说服目的吗?

霍夫兰、詹尼斯、费许巴克(Hovland，Janis，Feshbach，1953，p.70)对康涅狄格州的高中生做研究，依恐惧程度的强弱分成三组，第一组强调龋齿、牙周病会导致癌症和视盲，第二组温和提到牙齿不卫生会导致牙痛和蛀牙，第三组则很少提到牙齿不卫生的效果。

调查结果发现，恐惧诉求的确引起受测者的不安，其所产生的情绪反应与威胁的强度成正比。不过，恐惧最轻的诉求，反而产生较大的行为改变。有些人在高度恐惧威胁下，对消息来源产生反感，拒绝接受建议。显然受测者不相信牙周病和蛀牙会引发癌症的高度威胁，认为不合情理。或许这就是鬼谷子所说的“情合者听”吧！

张仪

威胁是政治传播中经常运用的策略，苏秦、张仪在说服六国合纵连横的过程中，运用了大量的威胁言辞。苏秦以利诱为主，威胁为辅；而张仪则以威胁为主，利诱为辅（方鹏程，1975 年，65 页）。二者效果都是短暂的，因为变数太多，各国均以本国利益为最高原则，利则行之，不利则去之，这和个人听演讲受到传播者散播“牙周病和蛀牙会引起癌症”的威胁情况大不相同。

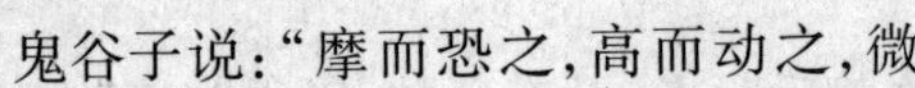

鬼谷子说：“摩而恐之，高而动之，微而证之，符而应之，拥而塞之，乱而惑之，是谓计谋。”（《谋篇》）摩而恐之，即是威胁；高而动之，乃是利诱。不过，并非每一个人都容易受到威胁利诱的。“仁人轻货，不可诱以利，可使出费。勇士轻难，不可惧以患，可使据危。”可威胁利诱的是“愚者易蔽也，不肖者易惧也，贪者易诱也”（《谋篇》）。

5.听从性是否影响传播的说服效果？

霍夫兰等人（Hovland，Janis，Kelley，1953）所做的实验，对于人格特征中容易接受说服的听从性（Persuasibility），提出下列的发现（李金铨，1983 年，163 页）：

（1）在日常生活中对他人具有敌意的人，比较不易受到劝说的影响。

（2）想象力丰富的人比想象力弱的人更易被人说服。

(3)具有“社会退却”倾向的人,比较不容易说服(可能是不信任他人)。

(4)自我评价低的人,比较容易接受劝说(可能是自信心较低)。

(5)外导倾向者(服从团体、重视社会适应)比内导倾向者(重视个人目的、坚信内心行为标准)较容易被说服。

听从性高的人或可说是耳根软的人,容易听人劝说,但并不代表愿意接受所有的说服。例如,战国时代楚怀王,倾向于听从张仪、郑袖(怀王宠妾)、靳尚(亲信)的建议,却拒绝屈原、陈轸的劝说(方鹏程,1975年,103页),这是预存立场、是否信任、环境等因素的影响。唐太宗颇能接受臣属的建言,但与楚怀王不同,这是明智与否的问题。

鬼谷子说:“远而亲者,有阴德也。近而疏者,志不合也。就而不用者,策不得也。去而反求者,事中来也。日进前而不御者,施不合也。遥闻声而相思者,合于谋,待决事也。”(《内揵篇》)显然听从性不是影响说服效果的唯一因素,听从性很高的人,遇到不喜欢的人或事,也会有拒绝的时候。即使迫于情势、不得不接受说服,一旦情势改变,态度也会跟着改变,说服效果的短长是与其需求性的高低成正比的。

三、传播与说服理论

美国学者对传播效果的研究,大约可分为三个阶段。20世纪50年代以前,传播研究认为媒介的传播效果是万能的,其威力有如子弹,受播者在宣传说服的传播前应声而倒,拉斯威尔的著作《世界大战的宣传技术》是宣传效果研究的代表作。

20世纪50至60年代,传播研究发现媒介效果并非万能,而是有限。此一时期的研究多半认定媒介只有部分的效果或间接的效果。霍夫兰于1946年在耶鲁大学领导“传播与态度变迁研究”,前后达二十年,称为“耶鲁研究”,对传播说服效果理论的建立,具有相当的贡献。

哥伦比亚学派以拉扎斯菲尔德(Lazarsfeld)为代表,他和贝雷尔森(Berelson)、高德特(Gaudet)在1940年美国总统大选的研究中,发现人际亲身影响是传播效果的重要因素,后来他和凯兹(Katz)在1955年合著的《亲身影响》中再度证实,在选举期间,透过人际管道获得政治讯息的人,比透过传播媒介获得的讯息更多,改变意见的人多半是和亲朋好友讨论后的结果。这种在人际间传播意见和讯息而造成影响的人,被称为"意见领袖"。这种透过意见领袖传播讯息的情形,称为"两级传播"。人际传播的影响,称为"亲身影响"。不过此一理论后来受到很多的批评。亲身影响应是传播发生效果的许多因素之一,而非主要因素。

由于传播效果的研究,并无法证实传播的子弹魔力,受播者也不是软脚虾,并非任凭传播者摆布,美国传播研究者在20世纪50年代中期到20世纪60年代末期,陷入彷徨苦闷时期,他们开始研究为何传播没效果,是否有人守门或过滤等问题,一部分人转而研究传播与国家发展理论,其中以勒纳(Lerner,1958)、施拉姆(Schramm,1964)、罗杰斯(Rogers,1969)为代表。

勒纳在50年代曾参与哥伦比亚大学应用社会研究所对中东六国的一项研究计划,后来他根据此项研究资料撰写《传统社会的消逝》,提出一项理论:增加工业化便会提高都市化;提高都市化便会提高人民的读书识字能力;同时也会因此而提高媒介的使用,导致人民促进经济和政治生活的参与。

1964年,施拉姆在联合国教科文组织赞助下,出版《传播媒介与国家发展》,指出媒介在国家发展过程中可以扮演的角色。此一理论受到发展中国家的重视,普遍认定传播媒介可以促进国家发展,具有导引民众的力量。

1969年,以研究农业创新传布理论而知名的罗杰斯,根据南美哥伦比亚五村落农民现代化的过程,撰写《农民的现代化:传播的冲击力》,进一步肯定传播媒介对国家发展的影响力。

学者们对传播媒介说服效果的研究,已从国家发展转移到文化侵略、传播帝国主义、文化主权等问题。欧洲的传播学者,在第二次世界大战以后,也将研究主题放在文化霸权、大众社会、媒介批判等问题。

20世纪60年代以后,是美国传播研究的复苏期,重新肯定传媒的效果,但非万能,显然对效果研究已有新的体认。

对于传播的说服效果,中国古代的传播理论也是众说纷纭。鬼谷子认为说服是可达成的,只要符合需求,"情合者听"。不过,也不是所有的人都可以说服，“谋莫难于周密，说莫难于悉听，事莫难于必成”（《摩篇》）。人格特征、预存立场、情势都会影响说服的效果。

《韩非子》中《说难》《难言》两篇，都认为说服不是一件容易的事，主要是难在如何知道对方的心意是否与传播者的意念相符、是否获得信任、是否碰触逆鳞或忌讳之处。

《荀子》中《非相篇》和《臣道篇》讨论到谈说谏诤之术。他认为，说服之难，在于如何以最高深的道理来对付低俗至卑之人，如何以最好的治世之道来说服暴乱之君。这显然是说服传播中的最大难题，如何在不可说的情境下去谏说，对传播者是最大的考验。

四、传播与政治说服

依据美国政治学者丹·尼姆（Dan Nimmo，1978；124）的说法，现代政治说服首要原则在于搜集受播者的资料，以了解对方。其次是研究如何运用媒介或人际传播以发布讯息，然后是如何运用语言文字去进行说服。

在政治说服中，传播者与受播者的立场、利益必须结合在一起，站在同一阵线，才能获得受播者的接受。美国学者肯尼斯·伯克（Kenneth Burke，1969；21）说，成功的外交谈判是在进退取与，互相让步的过程中达成协议。进行相互说服的人，终必分享共同的感觉、观念、形象、思想和态度，因而形成一体。在这种政治说服过程中，双方创造共同的目标，共同为此一目标而努力（祝基滢，1983年，42页）。

政治说服应告诉受播者事实真相，要有事实根据，不宜欺骗，否则一旦被揭穿真相，后果非常严重，影响到传播者的可信度。这与传播者平日的言行态度有密切的关联，习惯说谎、煽动、歪曲事实者，虽可得逞于一时，终究会被发现事实而遭到民众的唾弃。德国希特勒和宣传部长戈培尔则认为，宣传家应经常（而非永远）告诉人们事实真相。当年纳粹曾经将一位被枪杀的皮条客豪斯特·韦塞尔（Horst Wessel）诬称被共党所害，以塑造这位纳粹党员成为烈士。这项宣传虽然得逞于一时，但终究还是真相大白。

不过，敌对双方或战时的宣传或政治说服，常用歪曲事实，或用公布于己有利的部分事实，甚至捏造事实。由于敌对及战时宣传涉及本国的生死存亡与国家人民的利害，不得不采取非常手段。非战时及正常的民主社会的政治说服仍以不捏造事实为宜。

媒介在传播政治说服言辞时，也应注意判断查证讯息内容的真伪，不宜有闻必录，以致被利用，成为帮凶。在新闻激烈竞争的时刻，传播媒体不顾善良第三人的利益，而现场转播激烈的政治攻击或人身攻击的讯息，也是引人批评的现象，令人怀疑媒体的功能是帮凶，还是主持正义，还是成为被利用的工具？或者是提供一个让双方或当事人辩论、攻击对方的园地？这里牵涉到媒介有力量左右受众的意见、态度、行为吗？

欧美学者对选举和传播媒介关系的研究，已经发现一些值得注意的现象（李金铨，1981 年）：

1.选民受众只主动接触符合预存立场的讯息

各项研究结果一再显示，媒介对大部分选民的投票影响力微乎其微。施拉姆和卡特（Schramm&Carter，1959）以诺兰参议员竞选加州州长为例，在投票前两天，诺兰曾通过电台全天广播拉票，但事后在被访问的五百六十三位听众中，只有三位承认是受到广播的影响，其中二人转向诺兰，一人反而背弃，可见选民的预存立场早已确定，大多数只接受与预存立场符合的传播，目的在印证和巩固自己的观点。

2.毫无所知的人较易受影响

希尔斯和惠特尼（Sears&Whitney，1973）的研究发现，在选举过程中，充分知道媒介在讨论什么人、什么事的选民只有 10%-13%，20%的选民什么也不知道，剩下的 70%-80%是一般的选民。而会改变态度和行为的，通常就是这 20%毫无所知的选民。

毫无所知的情况可能有：不关心选举，对选情毫无所悉；无法接触传播媒介（例如深山居民），不知选情发展；或不愿接触媒介、不愿参与政治，不知选情。

其实，没有特定立场但知悉选情的人，也是容易改变投票对象的。这些游离票，通常都在最后阶段才决定投票对象，但也会因为突发状况或者选情的趋势,而改变决定。

3.选情趋势会造成影响

德国传播学者伊丽莎白·诺艾尔—诺依曼(E.Noelle-Neumann)对1965年西德大选的研究,发现选民对基民基社党和社民党的支持率在一开始时是势均力敌的,但选民对基民基社党可能获胜的预测却愈来愈多,最后终于出现最后一分钟跟进的现象,使两党支持率的差距拉大(剪刀开口现象),这就是大环境的因素,影响许多游离票最后跟着趋势走,选民对选举胜负的预期心理,像沉默的螺旋一样,形成旋涡,吸引了许多外围的力量投入,终于影响选情,这就是"沉默的螺旋"理论。

此后,诺依曼又做了许多次的选举研究,都证实此一现象的存在,1972年遂正式发表"沉默的螺旋"理论。1973年她在著作中提出"公众效果"的概念。她认为,媒介所表现的主流意见和趋势分析,会影响个人对大环境何者是强势意见的判定,加上个人的亲身观察,因此造成影响选情或趋势的公众效果(翁秀琪,1992年)。

4.媒介改变认知的力量大,改变态度行为的力量小

美国学者麦克卢尔和帕特逊(McClure&Patterson,1974)对1972年美国总统选举的研究,发现电视媒介对改变选民认知的效果大,对改变选民态度与行为的效果小。当时,尼克松曾攻击民主党候选人麦凯文对军费的立场,受测验的选民表示改变对麦凯文的认知达29%,但改变对麦凯文支持态度的却只有1%。这一研究显示,媒介具有改变受众认知的影响力大于改变受众的态度与行为。

选民对候选人有固定的态度,大部分选民会支持理念相同的政党或个人,会主动接受与其立场相近的资讯,对于相反的讯息则予排斥,或曲解,或替自己找一个合理化的解释。虽然对事实的认知有改变,但未累积到相当的程度,即不会改变原来的态度。这就是"认知不和谐"理论,在认知与态度立场不同时,选民会替自己的态度行为寻求合理化的解释。

不过,态度是否容易改变,其实牵涉到受众的人格特征。有些人耳根软,容易被说服,有些人铁石心肠,任凭你说破嘴,也改变不了他的意志。有些选民持中立立场,在最后关头才下决定,这些游离票却成为决定胜负的关键。

1960年美国总统大选,肯尼迪挑战尼克松举行电视辩论。当时选民对肯尼迪的能力、天主教信仰、资历都有疑虑。但是几场电视辩论下来,情势转为对肯尼迪有利,因为原先尚存疑虑的民主党人放心地支持他,而共和党和中间派人士改变对肯尼迪印象的也很多,据凯兹和费德曼(Katz&Feldman,1962)的研究,没有证据足以显示辩论改变选民的态度或行为,但却影响了半数民众对候选人的印象(李金铨,1981年,196页)。显然,认知程度改变到某一程度,是会改变或影响投票行为的。

五、鬼谷子学说的现代价值

中国先秦时代诸子百家的学说,流传数千年,仍受到海内外学术界的重视,并没有因为时代环境的改变,而影响其学术价值,《鬼谷子》是有价值的先秦诸子学说之一。

《鬼谷子》学说的内容以说服为主,自成完整体系,属于观察与归纳演绎的研究成果。现代说服理论的研究,多偏重于某一主题,采用实验或内容分析法,具有量的证实效果。

说服是一种艺术,而不是科学的定律。人心是会变化的,态度行为也会改变。现代科学方法所实验出来的结果,代表一种可能的趋势,而非颠扑不破的定律。它与古代的观察理论,是可以相辅相成的。

鬼谷子学说的重点可归纳为五项原则:知己知彼、符合双方需求、顺势而为、待机而动、避祸趋福。说服的过程包括揣摩量权以知情、内揵以获信任、献谋以进退、决事以求福。说服的技巧包括捭阖、反应、内揵、抵巇、飞箝、忤合、揣、摩、权、谋、决、本经阴符七术、中经等。

现代说服理论探讨的是态度、行为与意见的互动关系、传播说服的过程、说服的效果、媒介的传播说服影响力、讯息内容的说服力、传播者与受播者的可信度、人格特征等问题。这些分散而微观的研究,必须综合整理成完整的理论体系。

中国文化中拥有许多谈说谏诤的说服理论与实例，经由归纳演绎，将可使中国说服理论自成体系。鬼谷子学说是中国说服理论的大纲，其细节仍有待补实。

第十八章　鬼谷子与谈判理论

一般谈判理论，都把谈判分为谈判前、谈判中、谈判后三个阶段，每一阶段各有不同的考量与做法。

《鬼谷子》一书谈论的主题是说服。说服的范围很广，人臣部属劝说人主接受某一观念或意见，称为“谏诤”。上对下的说服，可称为“谓”“令”“导”，同辈之间的说服，可称为“劝说”“谈说”等。两个对立或对等团体、国家、部落、个人之间为解决某些争执或利益等问题而进行的会谈、见面、说服，均可称为“谈判”。

其实，谈判也是一种说服行为。国家之间为解决各种争执，在武力无法解决或不宜以武力解决的情况下，可通过谈判，说服对方接受我方所提出的条件，如对方不同意，彼此可再商量或让步，在达到双方都能接受的条件下，完成谈判说服的工作。

结盟也需要谈判与说服。苏秦对燕王说以合纵政策，可称说服。等到燕王资助苏秦去说服赵、齐、韩、魏、楚共同结盟抗秦时，已有谈判的成分，他代表的是国家，而非个人。张仪的连横说服工作，也是如此，如果对方不接受，可能会遭到惩罚。这正是谈判的本质。

在这种概念下，《鬼谷子》的说服理论，是可运用在谈判工作的，并形成一套完整的鬼谷子谈判理论。

兹依现代谈判理论的三阶段概念，叙述鬼谷子谈判理论如下。

一、谈判前

谈判以前的准备工作，包括搜集研判资讯，揣摩对方的好恶需求，判断对方的国力、国际关系、内部民意、谈判意愿，可能的谈判人选、策略、目标，可能接受的条件，时机是否成熟等因素。

（一）知情

知情即是了解真情。为了了解对方的需求、意愿、条件、目标，可运用捭阖、反应、内揵、飞箝、揣、摩等技巧，透过访问、交流、研讨会等面对面交谈的现代方法，或透过新闻媒介传达讯息，再从得到的讯息反应来分析对方的谈判需求、意愿、条件、目标、策略等。

（二）量权

运用各种资料，衡量对方有多少实力，有多少人才，有多少民意支持，有多少谈判筹码，谈判地点的选择以何处较有利，有无国际力量会介入，对方谈判人选的个性实力权力如何，决策体系如何，有无裂隙可运用。

（三）谋

根据以上的分析，推测对方可能接受的底线、条件，和我方希望达到的目标与可以接受的底线，拟订上、中、下三种决策，分析双方可能决策的利弊得失，作为谈判授权的参考。

（四）心的经营

依据《鬼谷子·中经》的原则，争取双方的人心，平时多做内揵结交、振穷趋急、施德、摄心守义的工作，以赢得双方人心与舆论的好感，有助于谈判的开始与进行。

大众传播是现代谈判必须运用的媒介，平日可透过新闻媒介释放讯息，试探对方的谈判意愿、条件、底线，也可运用媒介为我做有利的报道。在谈判过程中，积极运用媒介更是必要的手段和高深的艺术。

（五）时机的选择

谈判时机的选择，以对双方有利者为上策，其次是对我有利，如选择对方有利而我方不利的时机，则属下策。

现代民主国家的谈判多选在重要选举之后，一则因为政权稳固，具有代表性，二则避免在选前造成争执影响选情。如果谈判成果可壮大声势，也可在选前谈判。

多数国家不愿在威胁之下谈判，除非兵临城下，愿意接受屈辱的条件，否则，在威胁下都会抗拒谈判。双方必须等气氛逐渐缓和，表现善意之后，才有可能进行谈判。

利诱是促使对方走向谈判桌的重要原因，但是，利诱的程度不高，或不符合对方的需求和立场，也无法吸引对方乐于谈判。

顺应对方要求而同意举行谈判，最容易成事，但必须是对方的条件合理，对我方有利。如果对方以不合理的条件一再要求谈判，仍应拖延或讨价还价，一直到双方条件比较接近而合理，才可以进行谈判。所谓无条件的谈判，也是一种条件。

选择有利的时机，也就是鬼谷子一再提及的“待机而动”。

二、谈判过程中

在谈判桌上，双方必然会提出高于底线的要求，而且相当坚持，以探测对方的底线和可能接受的程度。第一回合通常是各自表达立场、谈论原则问题。散场后各自向新闻媒介发表原则问题和立场、条件等，以制造声势和留下继续谈判的空间。透过舆论的反应，可以了解民意对谈判的支持程度，掌握未来让步的可能性。

第二回合以后即是讨价还价，包括大原则的商议和争论达成协议的条件。国家主权和领土通常是无可商议的，如果不能回避，多数会使谈判陷入僵局。解决僵局的方法以“各自表述”最为可行。如果不急于解决问题，则不妨坚持原则，不惜放任谈判破裂，以便将责任推给对方。

如果对主权问题以“各自表述”的方式搁置争议，则可进行实质的原则讨论。达成共识后，即可各自提出协议草案，求同存异，拟出双方均可接受的协议草案，完成文字的斟酌后，即可将草案各自携回，征求政府当局的同意，再定期完成协议文本的草签。

在谈判过程中，双方唇枪舌剑，目的在了解对方可以接受的条件，并说服对方接受我方的意见，表现我方最大的让步，换取对方更大的让步。

捭阖可测知对方的心意，反应可了解对方的好恶欲求，飞箝可使对方心喜而放松防守的心情，抵巇是运用对方的破绽，揣情摩意可推敲对方可能的底线。《本经阴符七术》所说的盛神、养志、实意、分威、散势、转圆、损兑，均可用来充实自己的谈判能力，分散扰乱对方的意志，运转可能的僵局，预留避祸趋福的后路和重新谈判的空间。

谈判成功的原则是：符合双方利益、知己知彼、顺势、成事而无患、谋于阴而成于阳、道数时偶合。

任何协议的达成，都是双方可以接受的条件，虽然有时是在压力下迫使对方接受我方条件，但仍应以对方可接受为原则，要为对方预留避祸的空间，否则对方必然在其国内的反弹下翻案，仍得重开谈判。

公开谈判的压力大于不着痕迹地谈判。双方利用大众传播媒介公开放话、讨价还价，是公开而不着痕迹的谈判。运用人员交流互访传话，也是缩减条件差距的方式。等到双方都已了解对方的底线和可能接受的条件，以及已有达成协议的默契，这时才正式走上谈判桌，公开表演，将比较容易达成协议。

有时为了应付各方促谈的压力，双方仓促走上谈判桌，在未有充分共识和理念交集的情况下，谈判迟早会触礁。这种谈判的目的不在解决问题，而是在各自表达立场和原则，以及缓和各方促谈的压力。

签署协议的目的左依约履行双方达成的共识。但有些国家习惯上并不以遵守协议为义务，而是在对其有利时严格要求对方遵守协议，在其认为不利时即借机毁约不履行，却以指责对方毁约作为自己不履约的借口。此一行为防不胜防，必须预留后路。

三、谈判后

谈判后，可能是履行协议的开始，也可能是另一个谈判的起点。

签署协议后，草约必须经过双方各自完成立法程序或报备核准，才能定期换约生效,如果未能完成法定程序,可能必须重开谈判,或废约停止谈判,择期再谈。

谈判失败,必有原因,双方应了解原因,选择适当时机再谈。

谈判后,无论成败,均应再加检讨,研判利弊得失、吉凶祸福,以及转圆之道,作为下次谈判的参考。

四、谈判的动机

引起双方谈判的动机,从需求性来看,可分为需要、必要、非必要和不必要四类:

1.需要

双方为了解决一些交往所产生的问题,有需要举行会谈,以拟订处理方式,共同解决事务性的争议。这些问题的处理是有需要的,但却不是必要而不能拖延的,因此,必须双方在特殊考量下或表现善意下,才会展开会谈。任何一方故意拖延谈判,都不致引起不能忍受的僵局。

2.必要

引起双方积极寻求谈判的主要动机是双方有不能忍受的僵局或冲突,例如可能为某种原因而升高冲突,或某一问题已产生必须立刻解决的需求。

在双方势力不对等的情况下,弱势的一方必须升高冲突或制造问题,才能逼使强势的一方重视问题,愿意谈判。强势的一方在国际关系影响下,无法强迫弱方走上谈判桌,也不宜以武力逼谈,否则必定引起国际间的关切,只能创造有利条件,诱使弱方认为有谈判的必要。

3.非必要

双方可能对某些问题需要处理,却不必要立即处理,也可能尚无此需求。某一方如果觉得处理这些问题比较有利,可设法创造条件、制造冲突,引起对方重视,以求进行谈判,否则,不妨搁置,待机而动。

4.不必要

双方认为不必要解决问题,或一时无法解决的问题,可以搁置不提,以免徒增困扰,有时时间会自然解决问题,有时也会在时机来临时,将不必要的问题变成必要的问题,引起谈判的动机。

从另一个角度来看,引起谈判的动机是疑与利。《鬼谷子·决篇》说:"凡决物必托于疑者,善用其福,恶其有患。"双方产生争议,即是对处理方式的正确与否有怀疑,必须通过谈判的方式来解决。双方决议的原则是有利,而厌恶祸患。因此,谈判如能解决问题,有利而无祸,则容易引起双方同意谈判,并达成协议。否则,无利则不受,一隐然有患也不会接受。

《鬼谷子·忤合篇》说:"凡趋合倍反,计有适合,化转环属,各有形势,反覆相求,因事为制。"善于转化者,必能将需求转化为动力,吸引对方乐于走向谈判桌,将影响双方利益的问题,转化为对双方互利的双赢。

五、谈判的原则

谈判的目标是趋福避祸,而谈判成功的原则是:符合双方利益、知己知彼、顺势、道数时相合、以阴求阳、成事无患。

1.符合双方利益

在对等谈判的情况下,如果谈判结果是对一方有利,而对另一方不利或有害,则受害的一方必不接受,因为谈判的目的是在求得利益或减轻祸害,除非是在强大的压力威胁下,弱方在两害相权取其轻的考量下被迫接受,否则谈判必无结果。

2.知己知彼

谈判者必须知悉对方的好恶需求,也要了解己方的需求目标,分析双方的意志力、势力、能力等优缺点,可行方案的利弊得失,谈判策略的优劣,然后才能掌握大局,主导谈判,达成双方互利的协议。掌握实情讯息较少的一方,可能受到蒙蔽，以致失去争取较有利协议的机会。

3.顺势

顺势而为，可使谈判进行得更顺利。如要拖延，则不妨逆势操作。

顺势的意涵，包括顺应潮流趋势、顺应民意要求、顺应对方要求、顺应局势发展的需求。在顺水推舟、顺势而下的情况下，谈判比较容易进行。但是，协议仍应符合双方的需求，以对双方有利者为上策。

逆势操作是明知不可为而为之，例如对方并无谈判意愿，却一再要求对方谈判，可能只是意愿的表达，也可能是急切需要谈判。只有创造条件，吸引对方，才可能进行谈判。有时对方可能是欲擒故纵，等待更好的条件或制造有利的形势时机，以便在适当时候顺势而为。

4.道数时相合

道，可解为谈判的最高战略，也可说是解决争议问题的基本原则、谋略。例如，先秦六国抗秦自保的最高战略应是合纵，而非连横，而秦国避免被围堵的最高战略即是连横，各个击破。

数，可解为达成最高战略的方法、战术，例如先秦燕国为了达成合纵战略，可派苏秦去说服其他五国。后来合纵瓦解，各国为了自保，改变战术，暂时同意与秦合作，等到适当时机，又再度合纵。

时，可解为时势和时机。强秦兴起，对六国造成威胁，时势造成六国必须设法自保，而苏秦利用此一时势去说服六国，在燕国取得立足点，赵国同意联盟后，形势更加明朗，其他四国遂同意加入。赵国同意合纵，是因为反对苏秦的宰相奉阳君去世，时机促使苏秦得以晋见赵王，达成说服的目的。张仪说服六国事秦，也是在六国互相攻伐、深受强秦威胁的形势下，逐一完成说服的。然而，秦惠文王却在此一时刻去世，六国得知消息，认为机不可失，立即叛秦而恢复合纵。这就是时势和时机的作用。

鬼谷子说："夫事成，必合于数，故日道数时相偶者也。"（《摩篇》）道、数、时如果配合得好，自然容易达到目标。

但在谈判时，战略、战术、时势、时机，必须双方互相契合，或虽不契合但勉强可以接受以减低祸患，然后谈判可达成协议。如果双方的最高原则相差甚远，但为了暂时缓和冲突，也可搁置最高战略不去讨论，容许各说各话，先在细节方面妥协，以待有利时机来临时，再设法解决原则问题。

5.以阴求阳

谈判是一连串说服与妥协的过程，从暗中揣摩对方的实力、需求、底线，到派人暗中搜集对方相关的资料，作为研订谈判策略的根据，都属于阴。有时也须暗中派人互相磋商细节，安排议程、条件，以便在公开举行谈判时，顺利达成协议。这就是以阴求阳。暗中施压、破坏、威胁，迫使对方达成协议，也是以阴求阳。

鬼谷子说："圣人谋之于阴，故日神。成之于阳，故日明。"(《摩篇》)谋之于阴，即是暗中策划、揣摩、安排、沟通、协调，拉近彼此谈判条件的差距，等到时机成熟，双方已有共识，才正式举行谈判，达成协议，这就是成之于阳。

6.成事无患

谈判的目的，有的国家认为是为了解决问题，使双方都能接受；有的国家认为是把战场上得不到的，改用谈判来达到胜战的目的，好比不战而屈人之兵。

无论如何，谈判应以不产生后患为原则。达成和平协议的谈判，如果因为签了和平协议而导致疏于防范，引来另一波攻击，即属于"成事有患"。

不平等的谈判是投降，不是谈判。平等的谈判必须互相尊重对方的立场、意见，不是要对方只接受己方的条件而不准对方有意见。不平等的谈判对弱势的一方必有严重的祸患。

在国际利害关系错综复杂的今天，新兴强权如何能与世界各国和平相处，同时逐步发展力量而不引来猜疑，不致形成对他国的威胁，更是必须小心应付的问题。鬼谷子说："主事日成而人不知，主兵日胜而人不畏。"主事日成要积德，人民安居乐业，不知不觉中获利。主兵日胜，是在不争不费中获得胜利，也就是以和平的方式，不战而屈人之兵，不战而解决问题，人民不会觉得可惜。(《摩篇》)

在谈判时更必须注意成事而无患，可以结合强权以扩大自己的力量，却不能成为强国牺牲的对象。

谈判时如何能成事而无患？必须与他国结合成利益共同体，让他国无法牺牲本国的利益。弱国也要奋发图强，壮大自己的力量，使他国不能忽视。必要时，要成为有毒的刺猬，使大国吞食不下。要能运用国际正义，让国际间都听到被忽视、被压抑的声音，使欺压的大国成为国际舆论正义制裁的对象。不过，必须避免碰触国际间忌讳的逆鳞，不要把他国拉进战争的旋涡，在后冷战时代，谈判是解决国际争端的主流趋势，战争会引起国际间的抵制。

六、谈判策略

谈判策略应与国家发展策略相结合，大战略可坚持不变，达到发展目标的战术是可以有弹性、可调整的。

1.大战略

弱方的国家大战略，应以趋吉避祸、逐步发展、达到国势强盛为国家发展目标。

强国的国家大战略，在维持国家强盛，避免成为列强联合攻击的目标，不宜让他国感受到威胁，在不知不觉中达到最强盛的高峰。

2.战术

为了达到国家发展的大战略目标，必须采取合适的战术。当与邻国发生利益冲突时，应以谈判为解决冲突的方法。武力对峙容易失控，非必要时避免使用，否则容易陷入穷兵黩武、兵连祸结的因果循环。只有在安定的环境中，国家才能平稳地发展。

在危机发生时，以弱势或强势的方法解决，必须视情势的发展而作智慧的判断。柔莫弱于水，水能穿石，柔弱胜刚强，也是鬼谷子的中心思想。

周文王一度被纣王囚禁，以称臣示弱和贿赂美女财宝的方式获释。此后，周文王在姜太公的韬略指导下，默默地发展，主事日成、主兵日胜，而殷纣未感到威胁。一直到周武王已获三分之二以上诸侯的支持，才发动最后的攻击。阴弱乃是文王发展的战术，汉高祖在关中时也是以此为战术，以掩饰其终极发展的野心。

战国七雄的处境不同，那是群雄争胜的生死关键，没有时间和机会默默地发展。秦国在孝公变法致强后，立即加入争霸战，六国未能维持坚定的合纵围堵阵营，以致逐一为秦所灭，应是最大的战略错误。

鬼谷子说："故为强者，积于弱也。为直者，积于曲也。有余者，积于不足也。此其道术行也。"（《谋篇》）又说："先王之道阴。言有之曰：天地之化，在高与深。圣人之制道，在隐与匿，非独忠信仁义也，中正而已矣。"（《谋篇》）

战术是可以转圆的，当形势有利时，固可以坚持原则和战术，但在形势不利时，则须改变方法和战术，以达到转祸为福、趋吉避凶的目的。

鬼谷子说："势者，利害之决，权变之威。势败者，不以神肃察也。"（《本经阴符七术》）

又说："转圆者，无穷之计也。无穷者，必有圣人之心，以原不测之智而通心术。"（《本经阴符七术》）

谈判是战术的运用。当对抗的形势于己方不利时，可以顺应对方的要求而谈判。如能说服对方接受己方的国家发展原则，应属上策。能与对方达成互利共存、和平稳定的双边关系，可谓中策。坚持对抗、不顾形势之不利，不惜决战者，乃是下策。只有生存，才会有发展。

鬼谷子说："事之危也，圣人知之，独保其身，因化说事，通达计谋，以识细微。"又说："世无可抵，则深隐而待时。时有可抵，则为之谋。"（《抵巇篇》）

凡事必有顺逆，谈判也有顺逆，如何转圆，化凶为吉，需要智慧和合适的计谋。鬼谷子说："凡趋合倍反，计有适合，化转环属，各有形势，反覆相求，因事为制。"（《忤合篇》）

结合利害相同之国家，成为利害共同体，可以壮大声势，避祸趋福。这就是鬼谷子所说的："古之善背向者，乃协四海，包诸侯忤合之地而化转之，然后求合。"（《忤合篇》）"故忤合之道，己必自度材能知睿，量长短远近孰不如，乃可以进，乃可以退，乃可以纵，乃可以横。"（《忤合篇》）

七、谈判之决议

谈判能够获得协议，有几种状况，对双方都有利，对一方有利而对另一方有可接受的不利，对双方均无利也无害，对某一方表面有利却有隐藏未现的害。

谈判的最主要目标在求利避祸，因此，最普遍的情况是在双方都有利的条件下签订协议，达成互通有无、互助互惠的需求。

有时候，协议对一方有利，但对另一方却不一定有利，只是在两害相权取其轻的考虑下，为了维持双方友好关系，不利的一方愿意签订协议。例如强国迫使弱国开放市场，可使强国商品大量进人另一方的市场，使对方保护的工商业受到影响，但为了避免遭到制裁，弱方只好逐步开放市场、降低关税，另以严格检验等方法作为减缓输入的措施。

敌对双方的经贸关系，有利也有害。虽然某一方从经贸往来中获得许多利益，但也隐藏不可预测的变数。一旦情势有变，另一方如何应变，是必须预先考虑的。

鬼谷子认为，事情成功的原因有五："有以阳德之者，有以阴贼之者，有以信诚之者，有以蔽匿之者，有以平素之者。"（《决篇》）

以阳德之，即是给对方恩惠、利益、好处，使对方感激，觉得有利，自然容易成事。

以阴贼之，是暗中用计，使对方不得不接受，或不知情而接受。通常这种情形都是表面上有利，事实上有害。

以信诚之，是以诚信相待，多属于友好国家之间的行为。双方互相支援、协助，或某一方以资本、技术协助另一方，另一方以诚信支持回报。

以蔽匿之，是以隐瞒事实真相的方法蒙蔽对方，使对方相信有利无害，事实上却是有害的。《木马屠城记》乃是最明确的例证。

以平素之，是以因循保守的方法处理，不求变易，也不求大利，对双方无大利也无害。例如，弱国参与签订防止核武扩散条约，因弱国无力发展核子武器，同意限制扩散，对它无利也无害。

签订协议的原则，自然是以对双方有利为上策；只对己方有利而对另方有害的协议,通常是不容易达成共识的,除非在威胁之下,或受害的一方另有考虑,或被欺骗。

签订协议并非终点,而是履行协议的起点,也可能是对方显露真面目的开始,谈判者和决策者不能不谨慎。

八、谈判技巧

现代谈判都经过决策当局或决策中心充分深思熟虑,订定底线、策略、目标,再授权谈判团队代表出面谈判,能否让步、让步幅度多大、哪些可以让步,都由决策者掌控,谈判代表可以发挥的空间相当有限。

谈判桌上的主要目标,在宣示己方立场,推测对方底线,尽量争取接近对方底线,以高于己方底线的原则,争取双方可接受的方案,并经双方决策中心同意后,达成协议。

在底线攻防战中,谈判团队是必须顾及团队精神,由主谈代表充分表现的。有时为了思考周密,也会有专业人士在场负责提供咨询意见,或有人扮演黑脸,专事反对或刹车的工作。

为了解对方的底线,可运用捭阖、反应、飞箝等技巧,故作反对或略予同意,或挑出对方的矛盾、裂隙,以观察对方的反应。

鬼谷子说:"随其嗜欲,以见其志意。微排其所言而捭反之,以求其实。"又说:"捭之者,料其情也;阖之者,结其诚也。"(《捭阖篇》)有时表示反对或不作声,目的是在看对方的反应,看对方是否有诚意。

反应是听言的方法,对方所说如有不合情理之处,可反问,可要求对方说明清楚,或用比喻。语意不定,可作多方面解释的用语,必须确定其真正的语意,以免双方误解,造成日后翻案争执。鬼谷子说:"言有不合者,反而求之,其应必出。言有象,事有比,其有象比,以观其次。"(《反应篇》)

飞箝的目的,在运用对方所喜欢的事,使其高兴,或符合对方的喜好,转:勾对我有利,或投其所好而对我无害,作为我方表现诚意的让步。鬼谷子说:"审其意,知其所好恶,乃就说其所重,以飞箝之辞,钩其所好,乃以箝求之。"(《飞箝篇》)

从言辞往来中，可从对方无意中显现出来的表情、动作，推测对方的心理反应。与对方底线相差太远，或对方不可能接受的事，或介于可与不可之间，都会有言辞或外表的反应。这种反应有时是假的，好比杀价买卖，卖了好价钱还要表示亏本。谈判也是这样。观察对方反应，必须与其他讯息合并考虑，不能作为判断实情的唯一标准。鬼谷子说："夫情变于内者，形见于外，故常必以其见者而知其隐者，此所以谓测深探情。"（《揣篇》）又说："摩之以其所欲，测而探之，内符必应。其所应也，必有为之。"（《摩篇》）

语意的了解，是谈判过程非常重要的一环。一句听起来似无特殊含义或无新意的话语，可能代表既定政策，也可能隐含政策变化的征兆。语气从坚定到平和、松软，可能代表不再坚持某事，必须进一步试探。轻诺寡信、满口承诺的言语，可能要注意谈判后的翻案。坚持立场不肯让步的谈判，可能代表对方的强势作风，也可能代表对方无意妥协以达成协议。有些谈判是以宣示立场为目标，并不期望在短期内完成谈判。

有诚意的谈判，会为对方着想，使对方有利，或者协助对方避祸。如果谈判的目标在使对方完全毁灭或长期受害，即使勉强达成协议，也不会长久履行协议，而且会种下另一次争战的祸因。

诚意可以化解争议，履行协议也需要诚意。一旦有违反协议的纪录，将成为对方攻击的借口。有时候签订协议是为了障眼法和争取有利的时间，可能在一段时间后即发动攻势，不能不防。这就是"以蔽匿之"。

鬼谷子说："圣人所贵，道。微妙者，诚。以其可以转危为安，救亡使存也。"（《中经》）谈判之道在诚信，使对方无借口。对于无法退让的原则，也要使对方了解，留待日后适当时机再处理。如对方咄咄进逼，我方诚信对待，自然会引起国内民意的汇集和产生共识，共同御敌；也会争取到国际间的同情与支持，转成对我有利的形势。

谈判不能达成协议，必有原因，可退而再求其隐情，另提合适的方案，或待时机成熟再议。

九、谈判与传播

谈判本身就是一种具有说服作用的传播行为，把己方的意见、理念、做法告诉对方，说服对方接受，并听取对方的意见，修正提案，达成双方均可接受的协议。谈判同时也要透过大众传播媒介，向双方民众及国际间告知双方理念、提案，以争取各方的了解与支持。

谈判前的传播，可用来探测对方的意志、参与谈判的意愿、对己方提议的反应、催促对方谈判，并作为国际传播宣示立场的公开运作媒介。

每一回合的谈判前后，都应充分运用大众传播媒介，达到告知、教育、守望的功能。告知是宣示立场，向双方及国际间宣示己方做法的正确性，对方做法的偏差，争取支持，并告知对方可能达成协议的条件，运用舆论压力迫使对方修正立场与条件。

教育是对双方民众及国际间灌输我方的理念、意见及诚意，使各方民众了解我方立场及尽力解决问题的诚意，达成协议后对双方及国际利益均无害处，甚至有利。

守望是透过大众传播媒介告知国内外，在某一情况达成协议或对方一意孤行可能带来的危险，使民众心理有准备，预先筹谋对策，或同意双方可以接受的修正条件，这是一种示警的功能。

传播的技巧，可运用片面之词，也可视情况说明正反两面的意见，以表现诚信无欺、替双方争取利益为原则。谈判一方的相关成员应以口径一致、立场相同为传播原则，避免互相攻击、自乱阵脚，除非有意让对方感到疑惑，或作为战术运用。

谈判是斗智、斗体力、斗民意的行为。为了维持继续谈判的气氛，双方均不宜过分责备对方，以免激起民众迁怒于对方。但是，如果对方的作为太过分，可能影响己方的安危，例如武力威胁，则应诉诸民意、团结御侮，并争取国际舆论向对方施压、挞伐。

揣摩对方真意实情及可能的解决之道，运用传播的力量，均属斗智的范围。不急躁、不失言、不认输，是意志的表现，要有忍以待变的智慧与毅力，要有突破阻碍的奇策，还要有避祸趋福的转圆能力，才能使谈判立于不败之地，进而做到符合双方利益、不伤害国际利益的双赢。

传播可以用来创造有利的形势，使双方在时势、形势的推动下，必须顺势而为。天道自然运行的法则不可违逆，否则，虽盛必衰。正如鬼谷子所说的："故善损兑者，譬若决水于千仞之堤，转圆石于万仞之溪。而能行此者，形势不得不然也。"(《本经阴符七术》)

总之，谈判之道在知情、摩意、献谋、决策、趋吉避凶、转祸为福。顺天道民意者昌，逆天者亡。天下事没有一成不变的，形势在变、时机在变、民意在变。故"谋莫难于周密，说莫难于悉听，事莫难于必成"。此三者，大概只有圣贤绝智之士才能迎刃而解吧！

第九篇 鬼谷子的销售智慧

第一章 捭阖——成功销售之收放术

一、三思而后行，先判断后行动

【原文】

观阴阳之开阖以命物，知存亡之门户，筹策万类之终始，达人心之理，见变化之朕焉，而守司其门户。

【译文】

“观阴阳之开阖以命物，知存亡之门户，筹策万物之终始，达人心之理，见变化之朕焉，而守司其门户。”这句话出自《鬼谷子》开宗明义捭阖篇第一章第一段。意思是说：通过观察阴阳两类现象的变化来对事物做出判断，并进一步了解事物生存和死亡的途径。计算和预测事物的发生过程，通晓人们思想变化的关键，揭示事物变化的征兆，从而把握事物发展变化的规律。这样说似乎还是有些复杂，不容易理解，可以简单地用一句话来概括：三思而后行，先判断后行动。

“三思”就是对事物的一个判断，把握事物的发展规律，而“后行”则是抓住事物发展的关键，做出最大限度符合自己利益的事情。其实，最通俗的话就是，拿捏好了再行动。如此一来，不但免去很多麻烦，还能使事情发展极为顺达。古时候，有一个人就是因三思而后行而得到孔子的夸奖。春秋时期，孔子带领他的弟子周游列国，推行他的仁政。在鲁国碰壁后，他总结在鲁国遭受挫折的教训时，对他的女婿公冶长及子贡等人说："鲁国执政的人中只有季文子处事不冲动，三思而后行。"

鲁国的大夫季文子办事很谨慎，什么事都仔细考虑，然后再决定怎么做，他做的事情很少有失误的，这是他的优点。被孔圣人一宣扬，再经孔门弟子们记录，流传千古，成为历史上一个优秀的剪影。从这个故事里，我们可以看出三思而后行的好处。三思而后行让我们做事谨慎，更好地把握未来事物的发展，这也是销售人员要注意的一个重点。三思而后行可以指导销售人员用心观察市场，把握市场行情，判断出市场的本质需求，做出更加符合市场需要的决定，成为一名销售精英。

【事典】

作为销售人员，我们在销售活动中非常忌讳草率行事，大意妄为。在销售过程中，我们首先会面对许许多多不同类型的客户。其次，沟通的开始也是艰难且重要的。所以，就要求作为销售人员的我们应该懂得在每个销售活动开始前，三思而后行，先判断后行动。只有这样，才能提高销售的成功率。

尴尬的销售员

李丽和王华都是一家化妆品品牌专营店的店员，不同的是李丽在离店门口很近的甲化妆品专柜当销售导购，而王华则在靠近角落的乙化妆品专柜当销售代表。

一天，她们所在的店里来了一位十七八岁的女顾客。这位女顾客身材很好，皮肤也很白皙，美中不足的是长着一脸的痘痘，有点大煞风景。

这时，李丽和王华同时都看见了这位顾客。离店门很近的李丽首先迎了上去，很有礼貌地说："您好，小姐！欢迎光临我们××化妆品品牌专营店，请问有什么可以帮助您的？"

也许处于叛逆期吧，小姑娘径自看着李丽所销售的专柜里的化妆品，但没有回应李丽的话。李丽并不泄气，看着顾客脸上的痘痘，继续关切地问道："您好,您是想要买祛痘产品来的吧?”

小姑娘一听这话,脸唰地红了起来,似乎有些生气地说道:“谁跟你说我要买祛痘产品的,你知道我给谁买你就这样说?会不会卖东西呀?”

还没有反应过来的李丽被这迎头一棒打得有点晕,没想到她的一片好心却换来这样的回答,有些怔住了。而在一旁角落的王华却早将这个小姑娘看了个透彻,看她的眼神关注的产品都是抗衰老且具备新活再生功效的,马上断定她肯定不是为自己买化妆品。于是,她马上一边帮李丽解围,一边平息这位顾客的怒气,走上前去微笑着说道:“您好,小妹来这看看有没有你需要的?”

小姑娘一边被拉着往里走,一边嘀咕道:“真是的,又没有问你,自作聪明……”

“来,看看我们这个品牌有没有你喜欢的。我们这个专柜里产品种类可丰富了,有美白养颜的、抗皱护肤的和保湿锁水的。小妹,你是先自己看看还是由我给你介绍呢?”王华在介绍时刻意避开了“祛痘除疤”这一项没说,小姑娘的脸色稍微好转了一些。

“我是想给我妈买防晒霜,根本就不是为自己买化妆品的,看我脸上有痘痘也不能这样问啊!”女顾客一边说明来意,一边还有些愤愤,“对了,姐,你能帮我介绍一款吗?”

“好啊,这款就不错,又具有防晒功效,还能美白锁水,挺适合你妈妈的。而且呀,这个还是植物精萃的,适合各种肤质,在我们店里走货挺快的!”听着王华专业又精当的介绍,小姑娘不停地点头。

王华一边讲解,一边拿产品往顾客手背上做演示。因为演示比较有技巧,看起来效果真的不错。小姑娘又问道:“那价格呢?”

“价格也很合理啊,不然怎么能那么走俏呢,对吧?一瓶才88元,但我认为这款产品啊,物超所值!买回去送给你妈,你妈也一准儿夸你会买东西,识货!哈哈……”王华适时地开着玩笑。

“嗯……好,我就要它了,给我拿一款这个!”小姑娘听王华说得有理,当即买下试用的那款产品,高兴地走了。

李丽还尴尬地站在原地,不知所措。

其实,案例中的李丽也是跟王华一样热情敬业的销售员,但就是没有王华聪明。王华之所以能卖出产品,就在于她没有急于行动,而是先观察好顾客,对顾客有个大概的了解和判断,然后才开始采取行动。这样揣摩顾客的心理,就容易促成销售的成功。

红遍宁波的"江南"

江苏省的一家市级酒厂于2004年10月推出一款名为"江南"的新酒,然后在宁波开始新产品的上市。"江南"有完整的品牌规划和系统的视觉形象设计,但没有广告。因此,宣传"江南"就需要下大手笔。

生产厂家经过一段时间的观察,仔细考虑了"江南"酒的实际情况和市场需求,充分利用了"江南"视觉形象设计系统。分别用"成功篇""完美篇""细腻篇""健康篇""婉约篇""自由篇"六种主题海报作为广告冲击的主要内容,所有的海报都传达了同样的品牌核心价值。另外,海报制作的材料也从普通的纸张延展到手绘POP、KD板材以及户外的大型喷绘巨幅,增强了人们的视觉冲击效果。同时,"江南"积极争取酒类专卖局的许可,然后仔细考虑到消费者非常注重酒的口感的问题,立刻拉出300条横幅,全部传播同一个内容——"酒类专卖局推荐产品——口感好",这个做法一下子强化了产品的质量。丰富的海报,良好的"口感",让"江南"迅速上市。

一个半月以后,"江南"的厂家对宁波市场30家比较有规模的酒类贸易商行进行跟踪调查,"江南"的购买率高达38.75%,远远超过预计。

"江南"的宣传是采用了三思而后行的做法,先是判断出市场的情况和动向,然后根据市场需求结合自身优势,做出相应的反应。同时,在消费者很注重的口感上下了工夫,赢得消费者的认可,从而销路大开。做事情要三思而后行,做生意也要三思而后行。把握住市场的发展和需求,进而把自己的产品卖出去才是硬道理。至于如何把握和勤于思考,是与分析离不开的。所有因素都考虑过后,做出最迎合市场的做法,等于成功了一大半,后面进行的事情也会顺利很多。这就是在销售上三思而后行、先判断后行动的道理。

【销售者说】

其实，做销售和做普通的事情一样，并不是我们所想象的那么深奥复杂。做事情三思而后行会在事情发展的时候顺利很多，做销售先判断后行动也是如此。做销售前，要切实把握市场的动向，结合产品的优点，多多思考。这样一来，做销售的时候就方便很多。如同“江南”一样，产品上市之前，对市场就有了充分的观察，切实抓住了消费者的需求，也结合了自身的优点，“江南”酒才会销路大开，得到比预期更好的结果。

在做销售的时候，勤于思考是必不可少的。如同做数学题一样，考虑多，“写”必然少。针对销售对象，仔细观察，抓住关键，主动迎合，一招即赢。这样做，也就是《鬼谷子》所谓的“达人心之理，见变化之朕焉，而守司其门户”，通晓人们思想变化的关键，揭示事物变化的征兆，从而把握事物发展变化的关键。

当然，这里还需要强调一下，三思而后行不是指思考越多越好，要有分寸。思考太多犹豫不决反而会优柔寡断，耽误事物发展的最好时机，也会错过销售的最好时机，让其他人捷足先登。孔子有言：“再，斯可矣！”他所要指出的就是思考要有度。做销售的时候，切记要注意这一点，要果断不要寡断，做到三思而后行，不武断，却要果断。先判断，后行动，力争做到干净漂亮。这是真正的“赢”销。

二、善于分析，工于心计

【原文】

圣人一守司其门户，审察其所先后，度权量能，校其伎巧短长。

【译文】

从字面上看，这句话真是非常枯燥。那么，我就用八个字概括一下：善于分析，工于心计。这样一来，意思就非常清晰明了。做销售有一个很显著的特点，就是和社会上形形色色的人都有交集，和各种各样的人交流或者交往，就需要有一个善于分析的大脑。针对什么样的人说什么样的话,可以用一句非常俗的话来表示,就是“见人说人话,见鬼说鬼话”,说话说到对方心坎上,然后一举拿下。

我们接触的大部分还是社会上的人,他们在社会上的时间长短和阅历深浅就非常需要我们这些做销售的人员注意,我们需要暗中揣度他们的实力和智谋、长处和短处,避其锋芒而抓其软肋,从而迅速达到销售的目的。

在销售上,工于心计也是非常重要的。很多人都把“工于心计”理解成“攻于心计”,“攻心”为上。其实,这充其量只是一个方面。真正的“工于心计”是指:在心计上永远不吝惜算计,不断地费尽心机认真思索怎样能不吃亏,精心策划每一件事,就像完成一幅工笔画一样,并有好的才思来组织这些思考策划。不仅要“攻心”,而且要布局,让对方慢慢走进自己布的局中,进而达到销售的目的。

总之,善于分析、工于心计是销售的一个重点,它主要告诉我们通过分析销售对象的性格特点,抓住其中的关键,做出相应的布局,然后达成销售的目的。

【事典】

捭阖篇的这一计谋意思很明显,作为销售人员的我们只有像哆啦A梦一样善解人意、像柯南一样善于分析、像王熙凤一样工于心计,才能把形形色色的顾客都掌握在自己的手中。

“巧遇”的保单

林琳是一个保险销售员。因为保险的险种越特别,其险金越高,提成也就越多,有野心的保险销售都愿意做这样的险种。林琳也是一个很有野心的销售员,但苦于没有这样的客源,只好作罢。一天,机会终于来了。

原来,她的男朋友所在的公司是一个很有实力的企业,而前不久他们公司新来一个姓李的女副总,听说这人对保险、风投都挺有兴趣。林琳一听,高兴得不得了,但如何接近这个副总却是一个难题。

苦思冥想了好几天,终于有了妙计,林琳开始行动了。

一天,在当地著名的瑜伽馆里,林琳正在练习高温瑜伽。突然,一个四十岁左右的女士走了进来,惊讶地说:"咦?你是新来的学员吧?你也喜欢练高温瑜伽,真是难得啊!"

"是啊,高温瑜伽不但可以促进新陈代谢,还可以减肥健身。很多人不喜欢,但我却情有独钟呢!"林琳一边练习着动作,一边瞄了女士一眼,也"惊讶"地问道:"您这款瑜伽服是××的,跟我的一样,好巧!"

女士看了看林琳的瑜伽服,也惊喜地说道:"真是啊,太巧了!咱们都爱瑜伽,又是一个老师,说起来挺有缘的呢!是吧?"

"嗯,嗯,我刚练习没多久,您可要多帮帮我啊!"林琳嬉笑着要求道。

"好啊,没问题!"

"真的?您太好了。那为了感谢您的帮助,一会儿我请您喝咖啡,怎么样?"林琳试探着问道,没想到那位女士爽快地答应了。

于是,出了瑜伽馆,两人很有默契地来到一家咖啡馆。

"你也喜欢来这里……"两人不约而同地问道,默契的两人笑了起来。这时,服务生走过来,问两人喝什么咖啡。"不加糖的拿铁。"两人又一次口径一致,几次下来关系一下子亲密起来。

"太神奇了,咱们的品味竟然这么契合!"那位女士不禁感叹道,林琳也点头称是。

就这样,两人经常一起练习、喝咖啡、聊天。志趣相投的两个人,就像多年故友一样,无话不谈。

一天,林琳对这位女士说:"李姐,对不起,我今天还有工作,必须走了。"

那位女士显然还没有尽兴,不舍地问道:"你做什么工作啊?怎么周末还上班呀?"

林琳刻意表现出同样不舍的表情,说道:"我是一名保险推销员,这个月业务量还没有完成。所以呀,不但周末上班,可能得有一段时间见不着您了!"

"这样吧,咱们这么有缘,我买你一份保险。不过现在啊,你得陪我去喝杯咖啡,咱们好好聊聊,我就喜欢跟你侃大山!哈哈……"那位女士哈哈大笑道。

"好呀,好呀,我也特愿意跟您在一起呢!"说着,她就挽着那位女士的胳膊,向咖啡馆走去了。

后来,林琳真的在那个李姐那儿签下了一个大单。

其实,那位女士就是男朋友公司新来的李副总。林琳也不是“巧遇”那个李姐,而是通过男朋友打听到李副总有什么爱好、喜欢去什么地方等,然后制造“巧遇”机会而已。

案例中的林琳可谓高明至极。当销售局面无法打开时,她懂得先冷静思考,再制定策略,最后开始行动打入客户的内心。一旦客户没有了心理防备,对销售人员产生信任,销售也就成功了。试想,这样巧妙地工于心计,销售工作想完成得不漂亮也难啊!

只有淡季的思想,没有淡季的市场

1996 年,一位四川成都的农民投诉海尔洗衣机排水管老是被堵。服务人员上门维修时发现,这位农民用洗衣机洗地瓜,泥土大,当然容易堵塞。服务人员并不推卸责任,而是帮顾客加粗了排水管,这样排水管就不容易堵了。顾客感激之余,埋怨自己给海尔人员添了麻烦:“如果能有洗地瓜的洗衣机,就不用烦劳你们来维修了。”海尔人将农民兄弟的话记在心上。海尔立刻派人调查四川农民使用洗衣机的情况。调查结果发现,在盛产地瓜的成都平原,每当地瓜大丰收的时节,许多农民除了卖掉一部分新鲜地瓜,还要将大量地瓜洗净后加工成薯条。但地瓜上沾带的泥土洗起来费时费力,于是农民就动用洗衣机。更深一步的调查发现,在四川农村有不少洗衣机用过一段时间后,就会出现电机转速减弱、电机壳体发烫(地瓜重量大、泥土多导致)等问题。向农民一打听,才知道他们冬天用洗衣机洗地瓜,夏天用它来洗衣服。这令张瑞敏萌生了一个大胆的想法:发明一种洗地瓜的洗衣机。1997 年,海尔立刻为该洗衣机立项。1998 年 4 月,投入批量生产。洗衣机型号为 XPB40-DS,不仅具有一般双桶洗衣机的全部功能,还可以洗地瓜、水果甚至蛤蜊,价格仅为 848 元。首次生产了一万台投放农村,立刻被一抢而空。

每年的 6 月至 8 月是洗衣机销售的淡季。每到这段时间,很多厂家就把促销员从商场里撤回去了。张瑞敏为此纳闷儿:天气热,出汗多,老百姓都不在乎衣服了？调查发现，不是老百姓不洗衣裳，而是夏天里5千克的洗衣机不实用，水电都浪费，夏天衣服少，攒够一大堆才洗一次。于是，海尔的科研人员很快设计出一种洗衣量只有1.5千克的洗衣机——小小神童。小小神童投产后，先在上海试销，因为张瑞敏认为上海人消费水平高又爱挑剔。结果，上海人认可了这种世界上最小的洗衣机。该产品在上海热销之后，很快就在全国风靡。不到两年，小小神童就在全国卖了一百多万台，并出口到日本和韩国。张瑞敏告诫员工说："只有淡季的思想，没有淡季的市场。"

在西藏，海尔洗衣机都有用武之地，海尔洗衣机可以合格地打酥油。2000年7月，海尔集团研制开发的一种既可洗衣又可打酥油的高原型"小小神童"洗衣机在西藏一上市，便受到消费者欢迎，从而开辟出独有的市场。这种洗衣机三个小时打制的酥油，相当于一名藏族妇女三天的工作量。藏族同胞购买这种洗衣机后，从此告别了手工打酥油的繁重家务劳动。

在2002年举办的第一届合肥"龙虾节"上，海尔推出的一款"洗虾机"引发了抢购热潮，上百台"洗虾机"不到一天就被抢购一空，更有许多龙虾店经营者纷纷交订金预约购买。这款海尔"洗虾机"因其巨大的市场潜力，被安徽卫视评为"市场前景奖"。5月的安徽，是当地特产龙虾上市的季节，龙虾是许多消费者喜爱的美味。每到这个季节，各龙虾店大小排档生意异常火暴，仅合肥大小龙虾店就有上千家，每天要消费龙虾近2.5万千克。但是，因为龙虾生长在泥湾里，浑身是泥，清洗异常麻烦。一般的龙虾店一天要用两三个人专门手工刷洗龙虾，但常常一天洗的虾还不及几个小时的销售量，严重供不应求，并且人工洗刷费时又费力，还增加了人工成本。针对这一潜在的市场需求，海尔洗衣机事业部利用自己拥有的"大地瓜洗衣机"技术，迅速推出一款采用全塑一体桶、宽电压设计的可以洗龙虾的"洗虾机"，不但省时省力、洗涤效果非常好，而且价格定位也较合理，极大地满足了当地消费者的需求。过去，洗两千克龙虾一个人需要10—15分钟，现在用"龙虾机"只需三分钟就可以全部搞定。

"听说你们的洗衣机能为牧民打酥油，还给合肥的饭店洗过龙虾，真是神了！能洗荞麦皮吗？"2003年的一天，一个来自北方某枕头厂的电话打进了海尔总部。海尔洗衣机公司在接到用户需求后，仅用了24小时，就在已有的洗衣机模块技术上，创新地推出一款可洗荞麦皮枕头的洗衣机，受到用户的极力称赞，更成为继海尔洗地瓜机、打酥油机、洗龙虾机之后，在满足市场个性化需求上的又一经典之作。荞麦皮属生谷类，具有油性，而且硬度较高，如果不常洗或者晒不干又容易滋生细菌。但荞麦皮的清洗与晾晒特别费劲，因为“荞麦皮”自身体积微小，重量极轻，很难晾晒，如果在户外晾晒又容易被风刮走。“荞麦皮”的清洗和晾晒问题就成了“荞麦皮”枕头厂家及消费者的一大难题。海尔开发的这款既可以家庭洗衣，又可用来洗荞麦皮枕头的“爽神童”洗衣机，除洗涤、脱水等基本功能外，还独有高效的 PTC 转动烘干、自然风晾干两种干燥技术，同时专门设计了荞麦皮包装洗涤袋，加上海尔独有的抗菌技术，非常圆满地解决了荞麦皮枕头的清洗、干燥难题。

专家指出，目前洗衣机市场已进入更新换代、需求快速增长期。始终靠技术创新领先市场的海尔，通过多年以来的技术储备和市场优势的积累，在快速启动的洗衣机市场上占尽先机。世界第四种洗衣机——海尔“双动力”是海尔根据用户需求，为解决用户对波轮式、滚筒式、搅拌式洗衣机的抱怨而创新推出的一款全新的洗衣机。由于集合了洗得净、磨损低、不缠绕、15 分钟洗好大件衣物、“省水省时各一半”等优点于一身，满足了人们新的洗衣需求。产品上市仅一个月，就创造了国内高端洗衣机销量、零售额第一名的非凡业绩，成为国内市场上升最快的洗衣机新品，在第 95 届法国列宾国际发明展览会上一举夺得世界家电行业唯一发明金奖。

赛诺市场研究公司 2004 年 4 月份统计数据显示，海尔洗衣机市场份额继续高居全国第一，尤其在我国华北、东北、华东、西北、中南、西南六大地区市场分别稳居第一，且与竞争对手的距离进一步拉大。在西北地区，海尔洗衣机的市场份额已接近 40%，超出第二名近三倍；在其他五大地区，海尔洗衣机的市场份额也都有明显上升，均超出第二名近两倍。

市场的需求是源源不断的，只有善于分析的厂家才能抓住商机。

【销售者说】

作为一个合格的销售人员，因为要接触三教九流的人，必须要有一双善于发现的双眼和一个善于分析的大脑。根据客户的需要拿捏自己所说的话，达到引人入胜的地步。做销售如同下棋，需要周密的布局和精心的策划。之后，再对消费者晓之以理、动之以情，就不愁业务拿不下来。

上面对工于心计的解释有一句“不断地费尽心机认真思索怎样能不吃亏”。其实，消费者在进行消费时没有不吃亏的，虽然卖家为了吸引消费者有很多优惠政策，像是搞特价、做促销之类，其实只不过是一种薄利多销的手段，俗话不是说“羊毛出在羊身上”吗？其实，所谓的优惠还是暗中转移到消费者身上。所谓的打折优惠只是吸引回头客的一个方法，也是布局里精巧的一步，因为品牌专卖店打折对消费者来说，是一个非常吸引人的条件，毕竟人们都喜欢物美价廉的东西。

善于分析要求在表象中迅速判断出客户的需求，而工于心计则要求销售人员用精密的思维和逻辑，一步步地诱导顾客，最终达成交易。这就要求销售人员在口才和心思上都有很好的技巧，销售人员必须在这两方面多下功夫。这些东西会在销售的过程中慢慢学会，只是时间长短跟阅历的问题，所以也不必急于求成。

三、审定虚实，投其所好

【原文】

审定有无，与其虚实，随其嗜欲以见其志意。

【译文】

上面那句话翻译出来就是：考察他们的有无虚实，通过他们的嗜好和欲望来分析他们的志愿和意向。把这一点用于销售中，就是捭阖的第三计：审定虚实，投其所好。这一计非常实用，也非常有效，通过表象，分析本质，最后一把抓在重点上，做出最迎合人们心理的决定。

其实，古人在办事的时候就已经在这么做了。托人办事的时候，如果委托人爱钱，就送他大把的银子；如果委托人好饮，就送他陈年老酒；如果委托人好色,就送他如花似玉的美女。越王勾践曾经送给吴王夫差两个大美女——西施和郑旦,才有机会让夫差不理朝政,而他自己则富国强兵,血洗国耻。但夫差就惨了点,终日沉迷女色,不理朝政,最终导致亡国。

在销售中,投其所好是重点,人们都希望买到自己喜欢的东西。如果销售的产品迎合了人们的需要,必然被抢购一空,不会有冷场的情况。所以,作为一个销售人员,一定要顺应时代潮流销售客户喜欢的东西。当然,不是每件东西都受人喜欢。所以,投其所好分为两种:一种就是在东西上做文章,就是上面所说的销售客户喜欢的东西;第二种是根据人的需要,把他需要之外的东西销售给他,这个需要一定的技巧,需要仔细分析销售对象,从其需求入手。这么说似乎还很笼统。举个例子,跑保险的业务员一般都不是直接卖给人保险。如果这样,保险业务员一单也签不成,没有人希望自己或者担保人出事。聪明的保险员都会苦口婆心地跟你摆清利害关系,告诉你保险让你受益,天有不测风云什么的,让你觉得非常需要保险,最终把你拿下,签单走人。其实,不光是保险,各个行业的销售都是这样的,从人的实际所需出发,更容易签单,也反映出服务越来越倾向人性化。

【事典】

投其所好,就是迎合别人的意思,本有贬义,却被一些精明的推销员用在推销商品上。所以说,投其所好在这里就变成一种推销的方法与策略。只有懂得投其所好,才能生意盈门。

生意兴隆的书店

秦老是我们小区的居民,退休后没事干。他是个勤快人,不愿就这样安享天年。所以,在邻里的帮助和老伴儿的张罗下,他开了一家小书店。

一开始,也许是教师职业影响秦老了,他购进的第一批书都是些教辅用书,不然就是名著之类。总之,都是一些昔日自己用得着的书籍,或者自己爱读的书刊。

虽然秦老总是严格按照上班时间开门营业,但开张一个月下来,门前还是门可罗雀,盈利更是少得可怜。

秦老心想:小区里的住户也不少啊,而且根据平时观察,孩子也有一定数量。现在家长都重视孩子的教育问题,应该很有些顾客才对,怎么会这样呢?左思右想了好几天,就是没有发现问题的症结所在。

后来,还是老伴儿说中了关键所在。秦老的老伴儿退休前是搞经济的,对这种现象的分析也相当到位。她是这样分析的:卖书也是一种销售行为。但凡是销售行为就会有受众,也就是消费者或者说顾客。只有顾客喜欢才会产生购买意向,开书店卖书就要学会投其所好,才能生意兴隆。

秦老听了感觉很有道理,第二天马上下架原有的书刊。此后几天,两位老人设计了问卷调查,询问了小区里的大部分居民,了解大家喜欢看的书刊。最后,总结出了一个规律:小区里的年轻人居多,他们平时工作紧张,一有空闲时间爱看看杂志、期刊什么的,了解时讯;老年人爱看看报纸,不喜欢拿着大本的名著啃读了;孩子们平时学校及辅导班已给他们定好了资料和书,现在需要的是益智和开发性的书籍,如一些玄幻、科技类的就很受欢迎。

经过几天的了解和观察,秦老托儿子从书市淘回来这些类型的书籍和期刊,重新开张了。第一天,刚刚贴出新书海报不久,就来了一位顾客,原来是邻居小张。

"秦老,有没有最近一期的《特别关注》啊?"

"哦,小张啊,让我看看啊!"秦老找到了小张要的书,递给了他。

"秦老,我要两本,给您钱!您这回可是大大方便了我们啊,以后再看杂志就不用跑老远的报亭买了!"小张把钱塞给推托的秦老,拿过两本《特别关注》,之后便高兴地走了。

接着,还没有一会儿工夫,就有好几个小区住户光顾过小店了,"我要一本《女友》","您给我拿两本《半月谈》","麻烦给我拿一本《青年文摘》"。不一会儿,就卖出了好几本。

了解顾客的喜好以后,才决定采购书刊的种类,秦老的生意真的兴隆起来了。

这个案例说明:在销售活动开始之前,我们不能盲目地进行推销,而是应该首先审视顾客的需求,探寻客户的喜好,然后再投其所好地进行销售,既能使你的销售取得成功,又能使顾客买到想要的东西。

征服日本少年的芭比娃娃

芭比娃娃素来以完美的体型、灿烂的笑容和“丰富的工作经历”闻名于世。五十多年来,尽管芭比在相貌、种族、肤色、发型、语言乃至服装上都经历了各种变化,但其健康向上的形象始终如一。

芭比诞生于二战后的美国。1959年3月9日,世界上第一个金发美女娃娃正式问世,它的创造者美泰公司创办人露丝·汉德勒见女儿喜欢玩当时流行的纸娃娃,兴致盎然地帮她们换衣服、换皮包,便想到可以设计一款立体娃娃,满足众多女孩子的愿望。一次在德国度假时,露丝无意间发现了身高11.5英寸,三围39—18—33的德国娃娃“莉莉”。正是这个娃娃激发了露丝的灵感,回到美国后,露丝立刻对莉莉的形象加以改造,让她看上去像玛丽莲·梦露一般性感迷人。1959年3月9日,世界上第一个金发美女娃娃正式问世,露丝用小女儿芭芭拉的昵称给她命名,从此这位金发美女就叫作“芭比”。目前,芭比的足迹遍布全球150个国家,平均每一秒钟在世界上就有三个芭比娃娃被售出。

芭比娃娃

芭比娃娃现在卖得这么火,可刚在日本推出的时候也有一段时间冷场,摆在商场无人问津,所有的芭比娃娃上面落上一层灰,遮掩了她们俏丽的容颜。这是为什么呢?因为在日本,洋娃娃代表着女孩子长大后的形象,可芭比娃娃一点也不像日本少女,胸部太大,腿又太长,而且还是蓝眼睛,日本少女的眼睛是咖啡色的，这让日本的小女孩接受不了。经营芭比娃娃的商家立刻进行了市场调查，及时修正了芭比娃娃的胸部和腿，并且把眼睛的颜色修改成和日本少女一样的咖啡色，效果立竿见影，芭比娃娃立刻被小女孩们抢购一空。生产芭比娃娃的美国泰勒公司成功地"投其所好"，使芭比娃娃在日本开始畅销。

拥有一个芭比娃娃可能是很多女孩儿时的梦想，多变的名牌衣着和帅气男友引领了很多年的女性浮夸风。有人嗤之以鼻，说芭比娃娃是让女人堕落的工具，也有人爱之如命，说芭比娃娃给了所有平凡的女人一个梦想。不论人们怎么评说，芭比娃娃一直都是市场宠儿的事实不能改变。五十多年来，芭比始终保持着青春、亮丽的形象，曲线玲珑、光彩照人。据统计，自问世以来，芭比和她的朋友们一共穿过近十亿件衣服，不同的形象，不同的衣服，迎合了不同人的口味。现在，不光小女孩喜欢芭比娃娃，连青年人和老年人也开始喜欢芭比娃娃，芭比以其迷人的形象征服了全世界。

芭比娃娃在全世界畅销就是对各层面的人投其所好。美国泰勒公司通过对社会上各个年龄段的人研究，制造出各种各样的芭比娃娃，迎合消费者的想法，才有了今日的畅销。

所以，销售人员一定要注意观察市场行情，密切洞察人们的需要，把自己的产品和消费者的需要紧紧结合起来。如果不是畅销的东西，也要仔细分析消费者的需求，把自己的东西变成消费者需要的，让消费者不得不买。真正的销售精英，绝大部分东西都可以销售出去。这就是投其所好的奥妙和威力所在。

【销售者说】

"审定虚实，投其所好"用于销售可以说是经典中的经典，因为做销售大部分会利用到这一招。深刻了解了客户的个人喜好和状态，有针对性地设计话题，可以自然地拉近与客户之间的关系，为最终成交打下较好的基础。

我们做销售的时候，需要知道每个人都有某方面的兴趣。兴趣可分为两种：一种是对有关系事物的兴趣，另一种是对无关系事物的兴趣。一般人都希望与自己身边的人有许多共同兴趣。如果可能的话，我们应尽量找出他们最感兴趣的事，不管是他们有关系的还是他们没有关系的，然后再从这方面去接近他。越是值得接近的人，我们就越应该努力对他所感兴趣的事情进一步的了解，使我们能够和他聊得来，从而使他乐意提供我们所想知道的事情。

这时，就离成功不远了，随后跟对方谈论其最感兴趣的、最珍爱的事物，即投其所好。“说别人喜欢听的话，双方都会有收获”，也正是推销冠军们的成功法则之一。

投其所好，是一门艺术、一种智慧，也是一种沟通的秘诀。它寻求的是不同职位、不同行业、不同经历的买卖双方的利益共同点。投其所好，是调动销售员知识、才能以及各种优势，向客户发起心理攻势，直至达到“俘获”对方的目的。做好投其所好，销售也就成功了一大半。

四、纵横捭阖，左右逢源

【原文】

捭阖者，道之大化，说之变也。必豫审其变化。

【译文】

这句话的意思是：开放和封闭是万物运行规律的一种体现，是游说活动的一种形态。人们必须首先慎重地考察这些变化。这样翻译似乎很枯燥，也看不出和销售有什么直接关系。作为一个销售人员，我对这句话的理解是：纵横捭阖，左右逢源。做销售久了，我发现很多东西都可以和销售结合在一起。而且做销售的时间长，见识过了各种各样的场合和人，应对各种情况也会游刃有余，介绍起产品来也是口吐莲花，说得消费者不得不服，最终将单子签下。那么，销售新人该如何做呢？就要注意“捭阖”二字，注意语言上的技巧，从客户的实际需要和产品的自身优点出发，将两者的结合点扩大，这样销售起来就会方便许多。

若说纵横捭阖，春秋战国时就有很多出名的谋士，在七国中斡旋，最终达成一定的目的。比如鬼谷子的徒弟苏秦，就是一名著名的纵横家。战国时期，诸侯纷争，群雄争霸。苏秦连横说秦惠王，“书十上而说不行”。凭着坚强毅力，终于在燕国打动燕文侯而一举成名，促成了六国之王结盟于洹水，苏秦也成了一人而佩有六国相印的风云人物，享尽荣华富贵。由此可见纵横捭阖的力量有多大。这种技巧若是在销售上运用得当，将受益无穷，真的可以左右逢源，签单无数。

销售是需要技巧的，纵横捭阖的重点是语言上的技巧，就是如何引导消费者从兜里把钱心甘情愿地拿出来交给你。说得好，销售中遇到的各种问题就会迎刃而解，销售做得也会顺利，也就挣钱多多。所以，在销售的时候，一定要注意说话的技巧。下面，就让我们看看一些销售精英是如何跟顾客“捭阖”的。

【事典】

我们这里要讲的是捭阖篇的第四计——纵横捭阖，左右逢源。上面也提到了，就销售而言，纵横捭阖侧重的是语言上的技巧，见什么人说什么话。只有这样，才能做到不仅与客户建立良好的合作关系，而且和竞争对手建立健康的竞争关系，这样的销售环境才是健康、正确和有益的。

左右逢源的小销售员

小陈是个20岁刚出头的女孩儿，也是一家家居店最年轻的销售员。年轻的小陈业绩可不“年轻”，而是名列前茅。这样的业绩都得益于她的能言善辩，一张巧嘴总是说得顾客笑开了花，甚至连对手都乐得合不拢嘴。在销售活动中，一般都是小陈掌握进度。在这样的情况下，就没有不成功的销售了。下面，我们就看看小陈是怎样左右逢源签下订单的。

小陈说道：“您好，欢迎光临！”

顾客说：“你好！”

小陈说：“阿姨，您是想了解卧室家具还是客厅家具呀？”

顾客回道：“我想看看卧室的！”

小陈介绍道：“阿姨，您现在看的这一款是我们这里最畅销的产品。您看这床头的材质，我们可以透过油漆看到木头的天然花纹，它的材质是从俄罗斯进口的水曲柳。不单单因为俄罗斯实木的质地特别坚硬，而且它上面的花纹特别自然、清晰。它一年只能长出一轮花纹，而它需要六七十年才能长成可以做家具的木材，所以极其珍贵。另外，我们的产品采用中国最古老的朱砂红。众所周知，朱砂红是一个避邪的颜色，明清时代的红木家具就采用这种颜色。所以，它是我们中国家具最古老、最传统的一个色彩。”

顾客提出疑问道：“我看衣柜门上，这怎么有个疤结呀？”

小陈解释道：“阿姨，实木家具都有疤结，疤结还有死活之别呢。您看啊，如果整块是黑的，那就是死疤结，而我们这个疤结是纹理疤结，体现的是实木的自然、原始之美。现在啊，有些小品牌，为了塑造实木的原始之美，在密度板贴上带疤结的木纹纸，产品前面有疤结，后面则没有，造成前后不对称，利用木纹纸来欺骗消费者，那是假实木家具，买的时候可要小心了。”

顾客很惊讶：“哟，这里头还有这么多玄机呢？”

小陈回道：“是啊，阿姨！实木之所以经久不衰，就值钱在它的材质与烦琐的工艺上。实木家具制作需要烦琐的 12 个流程才能完成。我们听着挺简单的，但制作家具的时候特别麻烦。在这 12 个环节中，只要有一个环节出错，其他 11 个环节就前功尽弃了。所以，就需要我们高素质的工人来整体配合生产，才能呈现出这么完美的产品。阿姨，您就选择我们品牌的产品吧……”

顾客又提出了疑问：“你家的产品开裂吗？是绿色环保产品吗？”

小陈仍旧耐心地回道：“哟，阿姨，您提的这两个环节啊，那可都是实木家具最重要的环节，实木家具最大的‘克星’就是家具开裂。这个您放心，我们的品牌绝对有品质保证，所有的家具都经过严格检验，我们的产品也是实木家具里最环保的产品。”

顾客又说道：“哦，这样啊！你们家的家具的油漆不怎么亮呀？”

小陈依旧笑着回道：“阿姨，在实木家具的油漆上，有哑光、半哑光、亮光三种油漆，而我们的产品是经过搓底色、底漆、面漆、面油等烦琐的哑光工艺，它主要以清漆为主，一是环保，二是清漆能体现出实木的天然纹理。产品的油漆就跟红木家具的哑光油漆一样，用的年代越久远，就会越磨越亮，体现产品年代久远的珍贵性。所以，哑光油漆是实木家具里最高档的油漆工艺。我看啊，就这样的高档油漆工艺的家具才适合您老的品位。您呀，就选这套吧！”

顾客看了看标签，惊讶地说："啊，这套要一万五呢，你们家的产品也太贵了。我刚才看一家，他的产品才一万块钱。"

小陈又解释道："阿姨，说实话，我们的产品是贵点儿，可它贵有贵的道理啊！您要知道，材质不一样，价格就不一样。您老辛苦大半辈子了，现在也该享受享受，给自己买一个健康的生活环境了。您看我们的产品，木头栩栩如生的纹理，朴实无华的质感，整体给人以洗尽铅华的美感，来，阿姨，您在这里留下您的地址和电话……"

顾客禁不住笑着说道："看你小小年纪，小嘴儿这么能说啊！"

小陈也赔笑道："哪儿呀，阿姨，这可不是我能说，那是我们品牌确实有这么多优点！再说了，一看您这样面善的客人啊，我就不自觉地话多了，嘿嘿！我这就给您开单吧？"

说着，小陈已经知道那位顾客肯定不会走掉，这单生意她做成了。于是，她就去拿单据了。

顾客还是满面含笑地说道："好，去填单！哈哈……"

通过上面的案例，可以看出纵横捭阖的销售语言对于一个销售人来说是多么重要。想在销售环境中工作，就要掌握案例中销售员一样巧妙的语言技巧，从而化解任何可能遇到的异议。其实，纵横捭阖这一计除了侧重语言以外，还包括运用销售技巧和策略等实际行动。

如何把四吨位的卡车推销出去

作为东风汽车制造公司推销员中的一员，杨华无疑是个佼佼者。有一次，东风汽车制造了一批四吨位的货车，可上市后却被冷场，销量极差。公司里很多推销员都不愿意去推销四吨位的货车。杨华得知这个情况后，主动向公司申请去推销这种货车，因为他认为这种货车非常有潜力。

一次，杨华遇到一个想买货车的客户。他打算向这位客户介绍四吨位的货车，还没等他开口，客户就先问道："你们卖的货车吨位是多少？"

"四吨位。"

客户立刻对他的货车失去兴趣："我们要两吨位的就可以了，四吨位的用着浪费。”

“可是，万一你们的货物太多了，两吨位就不够了，还是四吨位的比较实用！”

“可是我们在经济上也要好好算算啊！这样吧，如果以后我们有需要再联系你。”

这位客户明显对四吨位的货车不感兴趣，而且要立刻停止交谈。杨华没有放弃，为了不终止谈话，他转移了话题，问客户每次运货的平均重量。

客户回答大约是两吨。

“是不是货物的吨数有时候多，有时候少呢？”

客户肯定地点了点头。

“到底需要什么型号的车，一方面要看货物的重量是多少，另一方面要看车辆行驶的路面状况。你们运货的那个地区是山路吧，据我所知，那儿的路况并不是很好。如果是这样的话，对汽车的发动机、车身、轮胎承受的压力是不是要更大一些呢？”

客户又点了点头。

杨华又趁热打铁地说道：“对了，我记得你们是冬天运营吧？”

“对。”

“如果主要是在冬季运营，对汽车的承受力的要求更高，加上货物有时会超重，而且还是在山区行驶，那汽车的负荷已经很大了。如果你们在选择汽车车型号时，连一点余地都没有的话，那么后果……”

“那你的意思是……”

“你难道不想延长货车的使用寿命吗？想想看，如果一个人超负荷地工作，人是不是会衰老得更快呢？车和人一样，你拿一辆满负荷甚至超负荷运载的车和一辆从不超载的车比较，你觉得哪个使用寿命会长些？”

“嗯，你说得很有道理，我想还是多使用几年比较好，我的第一辆车就是因为超负荷运载不到一年就坏了。我决定了，用你们四吨位的车。”

根据客户的实际需要和自己货车的自身优势，加上杨华的好口才，四吨位的货车就这样巧妙地销售了出去。

【销售者说】

“纵横捭阖”在古代常用于军事，是非常有用的一个办法，所以春秋时期才诞生那么多谋士。在销售中，只有纵横捭阖，才能左右逢源。“纵横捭阖”需要良好的口才，销售员平常也需要加强口才练习，这样就能很容易地和消费者建立一条平等互信的纽带。

如何加强“捭阖”能力呢？首先要对我们销售的产品非常熟悉，对消费者的提问做到来者不拒、对答如流。然后，尽量从与客户的谈话中截取有用的信息加工，跟自己的产品结合起来，让客户感觉你的东西正是他所需要的，这样你就成功一大半了。最后，记得尽量对客户说些赞美的话，比如说他特别有见识或者有眼光什么的，这样基本客户就搞定了。

捭阖说白了是一个方言“白话”，也就是东北话“忽悠”的意思。但是，这是实事求是的“忽悠”，不是没有根据的瞎说，欺骗消费者。

“纵横捭阖”是“左右逢源”的铺垫，“捭阖”好了，自然“左右逢源”。“左右逢源”的意思是做事得心应手，非常顺利。做销售都“说”得快好了，签单子当然也会顺利，所以重点就是“纵横捭阖”。

五、事有两面，趋利避害

【原文】

以阳求阴，苞以德也；以阴结是，施以力也。阴阳相求由捭阖也。此天地阴阳之道，而说人之法也。为万事之先，是谓圆方之门户。

【译文】

“用阳气来追求阴气，要靠道德来包容；用阴气结纳阳气，要用外力来约束。阴阳之气相追求，是依据开启和关闭的原则，这是天地阴阳之道理，又是说服人的方法，是各种事物的先导，是天地的门户。捭阖阴阳之道，是万事万物的根本道理，是天地间解决万事万物的钥匙。”这是原文翻译，看着很枯燥，看起来和销售也难有直接的关系。实际上,鬼谷子销售的核心是通过资源的重组达到平衡,与鬼谷子谋略的“捭阖”即“或阴或阳,或柔或刚,或开或闭,或弛或张,一阴一阳,一开一合”的相互转换在原理上是一致的。

阴阳、刚柔、开闭、弛张、开合都是事物的两面,两面相互调和达到一种平衡的状态。对于销售来说,也是有两面的,有利有弊。销售的产品更是如此。但是,在销售中不仅要达到利弊平衡,更要凸显产品的利大于弊,让消费者自己去衡量,才能选择你的商品。也就是所谓的捭阖第五计:事有两面,趋利避害。

如何凸显产品的优点大于缺点呢?就要在熟悉产品的基础上,大谈产品的好处,尽量避开或者不提产品的坏处。如果消费者问到了,也要在实事求是的前提下用产品的优点来遮掩产品的缺点,并且下次尽量改进,或者通过语言将缺点转换一下(能转换成优点更好)。把好的一面展示给消费者,销售自然会更顺利。

【事典】

对于大多数人而言,“得到利益”所带来的种种快乐感受,远远不如“受到伤害”所带来的痛苦感受强烈。所以,人们都愿意花时间去守住他们已经拥有的,却不愿冒险去追求内心期望得到的。因此,在销售过程中,我们应该学会趋利避害,多谈优点、少谈缺点,多谈价值、少谈价格,这样才有利于销售的成功。

多谈价值,少谈价格

电话销售是销售业的一种销售形式,这样靠通信工具而非面对面进行交易,给人的感觉是有风险和难以信任。要促成销售行为的成功,对销售人员趋利避害销售策略的运用能力要求很高,否则销售工作会很难进行下去。下面的田华就是一个能很好地运用这种能力的销售员。

田华:“早上好,请问是安国邦安总吗?”

安总:“是的,我是安国邦,哪位呀?”

田华:“您好,安总。我是志明电话销售的田华。是这样,我今天特意打电话给您,是想告诉您一个好消息!”

安总:“好消息?什么好消息?”

田华:“是这样,近期我们这边和美好出版社合作了一个项目,出版社为了满足特定读者的需求,出版了一套企业管理的精装图书,我们负责把这个消息告诉像您这样的爱读书、重涵养的企业家。安总,我可以用几分钟的时间向您做个简单的说明吗?”

安总:“哦,原来是这样,你说说看吧!”

田华:“其实,作为一套可以放在书橱中珍藏的图书来讲,除了要具有百读不厌、受益终生的内容以外,还要具备装帧精美、结实不坏的质量。只有这样一套既具有‘品’,又具有‘质’的图书,才会让读者产生购买的意向。安总,您说呢?”

安总:“是的,我们读者确实希望一本精神食粮可以具备其应有的保存价值和品质!”

田华:“嗯,我们现在告诉您的这套精装版企业管理图书,就是‘品’与‘质’兼备的精神食粮。安总,您知道它有什么独特的地方吗?”

安总:“哦?有什么独特的地方,可以讲来听听!”

田华:“好,我们这套书总体来说有两大独特之处。第一,它的作者都是由在企业管理研究方面很有建树、经常定期为许多知名企业做培训的一线专家历时一年才整理编著而成,里面涵盖了数家国内外知名企业的高层管理企业的实例和权威到位的分析。这一点相信对您的管理会增益不少呢!”

安总:“嗯,不错,现在市面这样的系列图书的确较少,对我们这样的小企业管理者来说,意义很重大啊!那第二点呢?”

田华:“第二点就是我们的外观设计和印刷、装帧了。这套图书是用最新的质量上佳的纸作为印刷材料的,外观设计是请××广告创意公司设计的。黄金色书面更凸显书的不俗品质。而这样一套可以作为长久保存的图书,定价才600元人民币,因为一套分为八册,每本才要几十块钱。另外,它还是限量印刷发售的。安总,您说是不是物超所值啊?”

安总:“嗯,是很实在的价格。”

田华:“安总,您看我是今天下午还是明天送去给您看看?这样的机会相信一向善于洞察先机的您一定不会错过。”

安总:“哈哈,这样吧,你明天给我带一套吧!”

在上面的案例中,田华只是刻意地宣扬图书的优点,只在最后的时候才提到其昂贵的价格。先给客户灌输产品怎样独特,怎样出色,进行“洗脑”,最后再略微一提高昂的价格,但给客户的感觉却还是“物超所值”,从而促使客户买单。

把英语词典卖给农夫

在日本销售界里,有一个人,可谓名声大震,他叫夏目志郎。他特别厉害,几乎无所不销。据说,他曾经把儿童英语百科词典卖给不懂英语的农夫。在某个贫困农村农夫眼里,小孩子跟儿童英语百科词典是风马牛不相及的事情。那个时候,夏目志郎也是抱着挑战困难的决心和信心去销售儿童英语百科词典的。

他忐忑不安地敲开了一家农户的门。说明了自己的来意,并拿出那本儿童英语百科词典。农夫一口就回绝了他:“我们农民的孩子根本没有必要学英语,你回去吧,我是不会买这个的。”

夏目志郎没有放弃,反而迎难而上,中肯地劝告农夫,虽然农家暂时用不到英语,但在这个知识经济的时代,如果不重视学习英语,一定会影响下一代的生存能力。作为上一代人,有责任让下一代过得更好。“现在的日本已经不是过去的日本,使用英语的地方也越来越多。今后,英语的重要性也一定会强烈地凸显出来。在教育者方面,家长可是孩子的第一导师。如果因为您轻视英语,而耽误了孩子的学习,影响了孩子的美好前程,到时候追悔莫及啊。即使不是那么严重,暂不用英语,但学会了英语等于有了一技之长,以后也能有个体面的工作。您不希望您的儿子每天累死累活吧?”

这番话虽然对农夫有些效果,但农夫还是不大乐意接受儿童英语。夏目志郎向农夫说明了这套百科辞典在英语教学上如何卓有成效,然后以养狗为例,深入浅出地分析问题。

“你家养狗,你和你的家人都怕狗吗?”

"不怕的,"农夫回答,"因为习惯了就不怕了。"

"你说得很对,从小养成习惯,这对学习英语是非常重要的。在自己身边有这么好的英语教材,小孩子一定会去亲近它,在不知不觉中就对学习英语产生了兴趣。这样不是非常好吗?"农夫觉得有理,就买下了一套精装本的儿童英语百科辞典。

夏目志郎首先使农夫改变了不需要儿童英语百科辞典的陈旧观念,然后进一步将农夫未来可能的需要变成眼前的需要。他分析了事物的两面性,做到了趋利避害,达到了销售目的。

【销售者说】

任何事情都有两面性,有好的一方面也有坏的一方面。销售也是如此,销售人员要尽力把好的一方面展示给销售对象,这样才能增加销售成功的把握。

当然,想要做到趋利避害,首先就要对自己的东西了若指掌。如果被客户的问题难住了,这生意可能就会做不下去了。其次,就是要说说产品的优点了,在尊重事实的情况下可以稍做夸张(不要太夸张,夸张过头则会使生意直接泡汤)。最后,对于产品的缺点,有两种办法,要么不谈,要么谈一下,但要想办法自圆其说。一般客户会问及销售产品的缺点,你要如实回答,但要适当地转移话题,多提优点,让客户觉得虽然商品有缺点,但和这么多优点比起来也算不上什么,他可以接受。就如同夏目志郎一样,他自己也说农夫家暂时用不上学习英语,可又分析了未来,用下一代的幸福来开导农夫买他的儿童英语百科辞典,真正做到了转移话题,趋利避害。

第二章　反应——成功销售之钓言术

一、学会倾听,搜寻信息

【原文】

人言者,动也。己默者,静也。因其言,听其辞。言有不合者,反而求之,其应必出。

【译文】

这句话从表面就可以看出是什么意思，让我粗略地翻译一下：人家说话，是活动；自己缄默，是静止。要根据别人的言谈来听他的辞意。如果其言辞有矛盾之处，就反复追问，其应对之辞就会出现，意思也会明了。这一计用于销售中，就是要学会倾听，要注意销售对象说话中闪现的信息，及时地抓住，对销售是非常有利的。比如你是装修公司的，跟客户谈的时候，他说他家有小孩，你就需要考虑有儿童房以及儿童房的装修设施，并向客户提出来。客户会觉得你思考全面，自然会增加对你的好感，更容易促使交易成功。

作为销售人员，必然要和客户交谈。这个时候就要注意了，客户说的话中有很多有用的信息可以作为交易的突破口。如果客户不是很健谈，作为销售人员的我们就需要诱导客户说出我们想要的信息。最好不要正儿八经地谈生意，而是用拉家常的方法把信息“套”出来，比如问问客户的爱好，家里有什么人等等，这些谈话会在无形中拉近我们和客户的距离。现在，非常流行人性化服务，看似那些谈话都在绕圈子，没有用，可客户的很多话透露给我们很多信息。我们搜集这些信息，就能成为我们销售的一大助力。

当然，最后，不要忘记将这些有用的信息进行加工，使之和自己销售的东西拉上不可分割的关系，然后把信息返还给客户，交易就容易多了。让我们看看优秀的销售人员是怎么做的。

【事典】

很多销售人员总会陷入这样一个误区——强调说服。其实不然，销售是一个沟通的过程，而倾听便是最好的沟通方式。所以，销售人员应该在销售的过程中学会倾听，学会在客户的意见和心声中搜寻有价值的信息。

呼应顾客，让他成为我们忠实的客户

销售人员：“欢迎光临！您好，请问有什么需要吗？”

顾客：“噢，你好，我想看看你们的西服。”

销售人员："先生，想必您一定知道，以您的身材挑一件合身的衣服，恐怕不容易，起码衣服的腰围就要做一些修改。我可以问一下您所穿的西服大多是在哪儿买的吗？"

顾客："近几年，我所穿的西服都是从德川买的。我很喜欢这家公司的产品，质量不错。但是，我实在很难抽出时间挑选适合我穿的衣服。"

销售人员："德川的信誉很好，是一家老店了。您说您没有时间去挑选适合自己的衣服，的确，现在很多人都有这种烦恼。要挑选一套自己喜欢又适合自己身材的衣服比较难。那您穿的衣服都是以什么价钱买的呢？"

顾客："一般都是3000元左右。你卖的西服多少钱？"

销售人员："从1500到4000元的西服都有，这其中有您所希望的价格。除此之外，我们公司还为客户提供很多方便的服务，不需出门也能买到喜欢的衣服。我们每年都要对客户进行两次访问，了解他们有什么需要或困难。当然，这是无条件服务。不过，现在一般人如果受到良好的服务就往往认为这背后肯定隐藏着什么利益。但我们的客户却从来不需要有这样的担忧，因为我们公司对客户的服务很彻底，甚至彻底到顾客不好意思找其他厂商的程度。所以，我在工作中也始终会为客户提供最好的服务。您同意我的看法吗？"

顾客："当然，我最喜欢的就是具有良好服务的厂商，但现在这种厂商越来越少了。对了，刚才你说你们这里的服务很彻底。我正好有一件海蓝色西装，是几年前买的，但因为近几年我的体重逐年减轻，现在搁在家里一直没有穿。我很喜欢那件衣服，不过现在穿起来有点肥。你们可以将这套西装修改一下吗？"

销售人员："先生，您贵姓？"

顾客："我姓李。"

这时候，销售人员立即拿纸笔记下顾客的话：李先生有一套海蓝色的西装需要修改。看到销售人员如此重视自己的要求，李先生露出了满意的笑容。

销售人员："李先生，刚才您也说现在有良好服务的厂商越来越少了。如果您对我们公司的服务感到满意，我希望在生意上可以跟您保持长久的往来。"

顾客："我现在也有这个想法，不知道什么时候让我看看样品？"

销售人员："您那么忙，时间宝贵。现在我们这里就有不少款式，相信一定有适合您的！"

李先生看了样品后，很快就挑了两款自己喜欢的西服，然后心满意足地离开了。

通过上面的销售对话，我们可以看出这样一个问题：销售人员想要说服顾客购买自己的产品，就要学会关注顾客、呼应顾客，从而引导彼此之间的谈话，并从中取得更明确的信息。只有这样，才能与客户产生共鸣，形成融洽的销售氛围，同时也可以挖掘出顾客的真正需求。

也就是说，在我们开始向顾客推销产品之前，想办法让顾客讲出他的价值观、他的购买偏好，甚至他在购买过程中的真正的决定权。要知道，客户分享的越多，他对这场销售的参与度越高；客户分享的信息越隐私，他对我们的信任越高。通过这样的分享，客户和我们所建立的销售关系就越牢固，也就越向有利于成交的方向前进。一个销售人员能够进入到这种良性互动关系中，那就意味着他可以交出持续增长的优秀业绩。

顾客第一的诺顿百货公司

诺顿百货公司成立于 1963 年，由八家服装专卖店组成，首先在太平洋西北岸发展，后来席卷整个加州地区，目前正在向美国东海岸发展。

诺顿公司的经营重点是皮革和女装，并且它的竞争策略是靠服务取胜。顾客要求来退货，很多商店会找出各种各样的理由不退货，包括看原来的发票、说明退货的理由，并且拒绝已经使用过的，或者出售已久的，或者打折的商品。但是，诺顿公司不是那样，只要客户提出退货要求，诺顿公司就准予全额退款。这里的店员都非常尽职负责，并且非常注重店里的名声，对客户的反馈都很注重。有一次，该公司的一位兼职店员在网球俱乐部听到一位妇女抱怨两年前在诺顿买到的一件毛衣，这位店员坚持请她到店里退货，虽然这位妇女已经把这件毛衣送给了她的一位朋友。

在诺顿公司，每位店员都有一个笔记本，里面记录着顾客的各种资料，如姓名、地址、衣服尺寸、型号、颜色偏好，甚至还有顾客及其家人的生日。这些是诺顿公司的店员和客户交谈的时候细心记录下来的,他们手上有客户的一手资料,并且会谨记每一个客户的需求或者潜在需求。他们会尽量多地和客户攀谈,引导出客户的潜在需求以及潜在资料,客户透露出的信息即刻记录下来,对客户做一个深刻的了解。有了这些资料以后,每当有了某位客户喜欢的商品时,店员就会打电话通知;顾客或者其家人生日到来时,店员会建议顾客选购什么样的礼物。店员也可以参照这个资料,建议顾客到其他部门购买什么尺寸、颜色及型式的搭配。完成这笔生意后几天,店员会给那个顾客寄去一封感谢信,同时还要查看当初承诺的每一件事是否做到了。这样的服务水准实属少见,该店很快有了自己的"诺家帮"。

诺顿公司真正做到了客户第一,并且认真聆听客户的每一个需求,掌握了客户的重要信息,由此培养出自己的"诺家帮",由此可见倾听的力量有多大了吧!

【销售者说】

倾听是一种美德,要学会倾听。作为销售人员的我们,更要懂得倾听。从倾听中得到信息,找到销售的突破点。听顾客说话的时候,要注意他喜好的颜色、型号、产品类型、规格等等,这些都是重点。至于他家人的生日、他家有几口人等一般算次重点。不同的销售产品重点不同,但不论是重点还是次重点,都要捕捉,不能放过。因为这些是最有用的信息,可以直接和销售挂钩。知道了这些,就要来个"曲线救国"的人性化服务了,尽量不谈业务,谈感情,这也是一个搜寻信息的好渠道。

对于销售来说,倾听不仅是美德,而且是一种取得信息的技巧。只有灵活运用,才能有获得客户的机会。要学会倾听,学会在倾听中搜寻信息。做好这一步,就能为后面的销售打下良好的基础。

二、瞅准猎物,张网以待

【原文】

其犹张置网而取兽也。多张其会而司之,道合其事,彼自出之,此钓人之网也。

【译文】

看到网啊，兽啊，人啊什么的就会想起用网捕猎。其实，上面那句话还真和捕猎有关系，我先把原文翻译出来：这就像张开网捕野兽一样，要多设一些网，汇集在一起来等待野兽落入。如果把捕野兽的这个办法应用到人身上，那么对方也会自己出来的，这是钓人的“网”。而对于销售来说，就是要有过人的眼力和判断力，把消费者当作一个猎物，考虑他方方面面的需要。让他无处可逃，乖乖落到你手里。

怎么设下这些“网”呢？中医有“望”“闻”“问”“切”四诊法。望，指观气色；闻，指听声息；问，指询问症状；切，指摸脉象。这四诊法也可以用在销售上，等于给消费者撒下一张无形的网，当然字义还是有所变化的。

望，指观外表。一个人的内在修养和气质可以从外表流露出来，他的外表可以告诉你他的职业特征或者某些习惯，抓住这些就等于抓住了一些有用的信息。比如你是卖衣服的，看见一个人戴眼镜，说话温和并且很恰当，穿着也不是非常时髦，你就可以百分之八十判断他做的工作是和教育相关联的，就可以推荐一些朴实无华但不 OUT 的衣服给他，尽量少推荐“蕾丝”的东西。闻，指听说话。要听懂，并且加工信息，提取其中有用的东西，作为销售的突破点。比如他说他喜欢什么颜色、型号、品牌啦，这些都是重点，不可以忽视。问，指问需求。如果觉得“闻”得到的信息不够，就要发挥“问”的作用。问也是个提取信息的好办法，因为这一步是得到消息的关键。要诱导性地问，得到你想要的信息，比如是给谁买、喜欢什么款、对流行的东西是否“感冒”等等，这些信息也会是销售对象的突破口。最后一招，切，是指“切”卖点。“望”“闻”“问”都做完了，信息也提取完了，突破口也找到了，就需要在这些突破口下大力气了。从各个方面分析消费者对销售物品的需要，在突破口下功夫，然后完成销售。

这四张网可以同时下也可以分开下，把消费者“网”住才是主要目的。只要网下得恰当了，“网”住销售对象是没有问题的。

其实，说白了，“网”就是从各个方面考虑销售对象的各个需求，针对任何情况都有应对办法。

【事典】

“瞅准猎物，张网以待”要求销售人员在推销的过程中通过各种手段和方式了解目标顾客的需求，然后根据顾客的需求提供有针对性的服务，从而吸引顾客购买自己的产品。这是一个循序渐进的过程，切不可操之过急。

让购买成为唯一的选择

我们都知道，想要让一些顾客做出购买的决定并不容易，尤其是老年客户，他们往往在选购时更加谨慎。

如果汽车推销员这样说：“先生，只需支付157500元，这辆车就归您了，怎么样？”相信那位老人一定很难做出决策，他也许需要一段时间考虑。这时候，很多销售人员就会放弃推销，而这笔交易可能也会因此而中断。但有经验的推销员遇到这种情况时，就会很巧妙地说服老人买下汽车。

下面就是一个汽车推销员与一个老年客户的谈话，相信可以给我们一些借鉴。

“下午好，先生，我是汽车销售员史密斯，有什么可以为您服务吗？”

“我想买一辆汽车。”

“您有什么要求吗？”

“这个……我也不太清楚，我只是想看看。”

“您喜欢两个门的还是四个门的？跑车流行两个门的，其他车型还是四个门的舒服。”

“我年纪这么大了，买车当然是喜欢舒适一些的，我觉得四个门比较好。”

“那您喜欢这几种颜色中的哪一种呢？红色代表炽热、爱恋和关怀，蓝色代表含蓄、飘逸和诱惑，而黑色则代表深沉、稳重和神秘……”

“我喜欢红色的。”

“您要带调幅式还是调频式的收音机？”

“还是调幅的好。”

“您要车底部涂防锈层吗?”

“当然。”

“需要有色的玻璃吗?”

“那倒不一定。”

“汽车轮胎要白圈吗?”

“不,谢谢。”

“那这款车是最适合的了,相信您一定会喜欢。这辆车是专门为老年人设计的,安全配置齐全,车内空间大,车座柔软舒适,非常适合老年人。更重要的是,这款车还是自动挡,车内视线也比较高,易于您观察周围路况。因为刚刚上市,我们会为您提供最实惠的价格。如果我们在明天之前完成交货,只要15万,您就可以把它开回家了。”

“明天我没有时间,那就今天吧。”

“先生,请在这儿签字。现在,您的车可以投入使用了。”销售员将订单递给顾客。就这样,在销售人员的问题中,这位老人很痛快地就买走了汽车。

由此可以看出,一个推销高手总是提出一些小问题来引导和刺激客户的购买欲望。通过这些选择性的问题,销售人员可以从各方面了解顾客对销售产品的需要。同时,这种销售方式可以避重就轻,减轻客户成交的心理压力,更有利于促成交易。

销售人员的问题就像一张网,一步一步地将顾客的思考重点引向自己希望的方向,从而达到推销的目的。

卡尔崇的服务战略

1980年正值第二次石油危机时期,整个世界的经济都深受其害。瑞典的斯堪的纳航空公司也未能幸免,处境变得日益艰难,连续两年亏损,名誉开始下降。为了扭转困境,他们决定聘用卡尔崇出任该公司总裁。卡尔崇上台之后,推行了一系列改革措施。

首先,他决定以优质服务吸引因公出差的人员。他先对因公出差人员进行了心理分析,觉得他们对机票价格的高低不是很在乎,因为机票是可以报销的。

他们在乎的是服务态度，只要服务态度好，让他们感到满意，就能获得他们的青睐。因此，卡尔崇取消了大部分航班的头等舱而开设欧洲舱。欧洲舱环境很好，设在飞机前部，设有皮座椅，座位宽敞，前后排的间隔很大，坐着感觉非常舒服，满足了出差人员的舒适要求。

斯航的大部分洲际航线上，欧洲舱占了30%，在斯堪的纳维亚半岛到欧洲其他地区的一些热门航线上，欧洲舱高达60%。

为了多招徕一些顾客，卡尔崇对公司职工进行了一次又一次的培训，反复强调要招揽回头客，就需要在“关键时刻”为顾客提供关键服务。所谓的关键时刻就是办理登机手续时、登机以及出现问题时。一旦在飞机上落座以后，所有的航空公司提供的服务几乎一样。即使再好点，客户也没有什么太强烈的感觉了。要提供服务，重点应该放在登机前。这个时候服务好了，客户才会觉得航空公司的工作做到位了，会留下一个好的印象。比如，航班误点，飞机上的服务人员可以不经上级的许可为乘客提供免费的饮料食品等；普通员工可以为感到不满的乘客发放优惠券或者换票。

此外，卡尔崇还与世界上131家旅馆组成一个服务网，让客户觉得非常方便。举个例子：搭乘斯航的乘客在某地下飞机以后，将行李交给机场任何一个办理斯航登机手续的柜台，就可以去办自己的事情。当他办完事情到达所下榻的斯航所属的宾馆的时候，他的行李已经在那里了，非常方便。离开的时候，只需要将行李交给旅馆前厅的斯航营业柜台，领了登机牌，就可以直接上飞机。

几个月下来，斯航的客户猛增，公司一跃成为全球闻名的航空公司。

卡尔崇的做法尽力考虑到了乘客方方面面的需求，让乘客各个方面都觉得满意，一下子“网”住了客户的心，让乘客优先考虑了斯航。卡尔崇的做法就是编织一张网，让客户对斯航的服务满意，甚至很难挑出缺点。

【销售者说】

上面说的“望”“闻”“问”“切”四招是销售最普及的方法，这四招为客户编织了一张无形的网，等待最佳时机“网”住销售对象的心。做销售，也需要大量的思考。做哪方面的销售，就需要在哪方面为销售对象考虑周全，这样才能取得销售对象的信赖。当然,也要对自己销售的东西分析透彻。试想,连销售产品的人都不知产品的优点的话,如何去说服别人呢?

我们做销售的时候,就要把客户作为猎物,一点点把客户拉近我们布置好的"网"中,来个一网打尽。如同斯航一样,通过仔细分析乘客的各种需求,制定一系列严密而又周到的服务。在每一个"关键时刻"为客户提供及时的服务,还建立更为周到的服务网,让乘客感觉更加方便,从而赢得了大量客户。

销售的时候,要集中各方面的优势,对消费者"四面包围",如影相随,让消费者在"网"里没有潜逃的机会。

三、逆向思维,别有洞天

【原文】

故善反听者,乃变鬼神以得其情。其变当也,而收之审也。

【译文】

这句话从字面上还是很好理解的,它所说的意思是:所以善于从反面听别人言论的人,可以改变鬼神,从而刺探到实情。他们随机应变很得当,对对手的控制也很周到。这一计用于销售中,就突出了逆向思维这四个字。逆向思维就是求异思维,是把已成定论的事物或观点反过来思考的思维模式,也就是把原来的路径颠倒过来思考。

有时候,逆向思维会有与众不同的结果。销售和逆向思维是可以紧密结合在一起的,很多销售精英就利用逆向思维取得了成功。某时装店的经理不小心将一条高档呢裙烧了一个洞,裙子的价值一落千丈。如果用织补法补救,也只是蒙混过关,欺骗顾客。这位经理突发奇想,干脆在小洞的周围又挖了许多小洞,并精于修饰,将其命名为"凤尾裙"。一下子,"凤尾裙"销路顿开,该时装商店也因此出了名。逆向思维带来了可观的经济效益。

其实,逆向思维就是强调用与众不同的方法在销售上取胜,也算是出奇一招。让我们看看销售精英们是如何逆向思维的。

【事典】

“逆向思维，别有洞天”要求销售人员在销售过程运用逆向思维去思考和处理问题，尤其在面对一些特殊的问题时，应该从结论往回推，倒过来思考，从求解回到已知条件，实际上就是以“出奇”去达到“制胜”。

出奇制胜

马勇是一家保健品公司的销售经理，从公司创办以来一直负责公司的营销工作，并取得良好的业绩。2003 年，随着成功上市和业务的不断发展，公司的市场逐渐步入成熟期。

2009 年，受到经济危机和竞争对手的影响，公司遭遇到空前的挑战。连续三个月未能完成销售任务以及市场份额的减少，让马勇感到甚是苦恼。怎么提高产品的销量，达到公司定下的年销售 1000 万的销售目标，成了马勇最头疼的问题。

现在，时间已经过去了七个月，可公司的总销量只有 150 万，要在五个月里完成 850 万的销售不是一件容易的事情。为此，马勇决定在销售终端药店开展一系列促销活动。他找到一家常年合作的主要经销商，希望对方每个月可以进 100 万的货，并承诺会在终端开展各种活动来促进销售。但几轮谈判下来，经销商勉强答应每个月进 40 万的货。

按照现在的情况，今年一定难以完成公司的销售目标，这让马勇一时陷入困境之中。一个月后，看着业绩始终没有增长的趋势。马勇决定改变策略，既然经销商这条路走不通，那就从顾客开始下手。

马勇事先在当地媒体上打了两周的广告，大力宣传自己即将开展的促销活动，称到场的观众都有机会获得精美的礼品。到了活动当天，果然吸引了不少人。但大家一开始都抱着观望的态度，认为所谓的有奖促销活动只不过是个骗局。可当头几位客户当众获得奖品后，大家的购买热情一下子高涨起来。不到半天，活动主打药店事先备好的 40 件产品很快就销售告罄，另外搞活动的几家药店的产品也很快销售一空。

促销活动的巨大成功,大大提高了经销商的信心。第二天,不需要马勇磨破嘴皮去说服对方,那个经销商就拿着支票到公司主动要求进货,并提出每个月进 100 万的货品。这个时候,马勇反倒摆出了姿态,表示产品供不应求,不一定能保证给一家经销商提供那么多产品。最后,在经销商的强烈要求下,马勇才“勉强”答应他。没过多久,在主力经销商的带动以及企业的造势下,很多小经销商也纷纷跟进,争先恐后地到公司进货,生怕错过这个难得的商机。就这样,不到五个月的时间,马勇就顺利完成了公司的销售任务。

我们都知道,正常的供应链从上游自下的顺序,是生产企业、经销商、终端再到消费者,很多销售活动也是顺着这个供应链来进行的。但在特殊的时候,适当的“逆向思维”也可以收到很好的效果。在案例中,马勇费尽口舌也没有说服经销商提高进货量。但是,通过“逆动”的方法,也就是用消费者来刺激终端药店,然后用终端药店来推动经销商,公司就可以达到自己的销售预期的目标。

在销售的过程中,一般的销售人员遇到问题时总是喜欢从正面去思考。然而,尽管苦思冥想,也毫无所得。但如果换个角度,从反面去思考,也许就会有意外的收获。例如,国美电器先发展连锁的“超级终端”,从而获得对制造商的话语权,这也是逆向思维和逆向运作的结果。

SB 咖喱粉公司独特的销售方法

日本有家 SB 咖喱粉公司,由于销售方法古板,造成产品大量滞销,入不敷出,濒临破产。

不久前,SB 咖喱粉公司新上任一位总裁。新总裁看到公司这个样子,坐立不安。他用了很长的时间思考,决心用一种特殊的销售方法为 SB 咖喱粉打开销路。

那个时候,轿车在日本是非常昂贵的,一般家庭根本消费不起,造成很多人有驾驶执照却没有车的现象。SB 咖喱粉公司决定在这个现象上做文章,让人们对 SB 咖喱粉更加熟知。

没有几天,许多媒体接连登出这样一则广告:“本公司(SB 咖喱粉公司)向有照无车者出租咖喱粉色小轿车，租期为一年，收费低廉。”这则广告无疑满足了很多有执照但没钱买车人士的愿望，很多人纷纷去租SB咖喱粉公司的小轿车。

不到一年的时间，东京街头到处都能看见咖喱粉色的小轿车。人们见到这些小轿车的时候，就会说：“瞧，这些车都是SB咖喱粉公司的。”

由于这些咖喱粉色的小轿车天天在东京到处跑，SB公司的知名度有了很大的提高，以前滞销的咖喱粉也打开了销路。SB公司开始扭亏为盈，占领了一部分咖喱粉的市场。

可是，SB咖喱粉公司的总裁觉得市场还可以进一步开拓，于是设计了一个独具匠心的广告策划。这个策划引起了国内上下的震动。

他在日本的各大主要报纸上刊登了一则广告：“我公司决定雇用直升飞机数架，飞到富士山上空，把咖喱粉撒在山顶上。自古以来，富士山顶总是白雪皑皑，人们已经厌倦了这种白色。我公司决定改变这种状况，今后人们看到的将是焕然一新的美妙的黄金顶的富士山。啊！白顶的富士山将不复存在。”

这条消息一出，果然引起东京各界上上下下的轩然大波，各界人士严厉指责，人们都愤怒地抗议SB公司的做法，并且要起诉他们这种要毁掉富士山的做法，不容他们将公共的富士山随意改头换面。

SB公司根本就没想过这么做，几天后，又在各大报纸上刊登了另一条消息：“本公司考虑到社会各界人士的强烈反对，决定撤销原计划。”

这次“富士山”风波后，SB公司名声大振。在人们的印象里，SB公司是实力雄厚的。能把富士山改头换面的公司想必不会是小角色，SB咖喱粉销量又随之大增。

如果按原来的销售方法销售，估计SB咖喱粉公司早倒闭了。与众不同的销售方法给人眼前一亮的感觉，更容易打开销售渠道。SB咖喱粉公司推翻了原来的销售方法，另辟蹊径，用逆向思维使企业起死回生。逆向思维要求创新，一定要吸收最新的元素，在销售上做到创新，这样就会收到意想不到的效果。

【销售者说】

在销售实战中，逆向思维可以和销售实战紧密结合在一起。如何结合呢？

就是把所有的在营销实战中应用的技巧与方式方法颠倒过来思考。

当你开拓一个新客户的时候，很多正面的方法很容易遭到客户的拒绝，而且即便了解，也起不到太好的效果，达不到成交的目的。这个时候可以采取逆向思维，你自己或者让公司的其他同事伪装成客户公司的新客户，利用电话或者直接上门拜访的方式洽谈，多提问题，相信客户一定不会拒绝一个新客户的，客户的很多资信都会主动告诉你，很多信息你就掌握了。通过这些重要的信息，你可以对客户展开"进攻"了。

销售人员在运作市场的时候时不时利用逆向思维原理，把自己想象成客户，多问自己很多问题，必然会取得不一样的效果。例如，当把自己想象成是客户的时候，自己为什么要购买这个产品？自己最希望得到这个产品的哪些最大效用？自己为什么会信任业务人员？自己购买产品，为什么会购买我们公司的而不是竞争对手的产品呢？当逆向思考的时候，你就会利用逻辑学原理推理出很多对自己、对客户有用的结论了，就会大大提高你销售的成交概率。

四、知己知彼，百战百胜

【原文】

故知之始己，自知而后知人也。其相知也，著比目之鱼；其见形也，若光之与影。

【译文】

上面那句话一看就有知己知彼的意思，我先来翻译一下这句话的意思：所以，要想掌握情况，就要先从自己开始。只有了解了自己，才能了解别人。对别人的了解，就像比目鱼一样没有距离；掌握对方的言论，就像声音与回响一样相符；明了对方的情形，就像光和影子一样不走样。

在销售中，知己知彼显得尤为重要。只有知己知彼，才能百战百胜。知己，就是对自己的厂家以及所销售的东西做到非常了解，清楚地知道自己的实力如何，该有怎样的市场，在原有市场的基础上，如何扩大市场。一个对自家情况都不了解的销售员不是一个好的销售员。自己的实力都分辨不清，如何去得知他人的实力，并在市场中与之博弈？知彼，就是要了解对方的情况。假如你对销售对象及其公司一无所知，只朝最好的方面想，你就是在浪费时间。说得难听点，则是自取其辱。你需要从以下六个方面知彼：

1.他们对什么感兴趣；

2.他们有哪些成就；

3.你们有哪些共同点；

4.你们之间有没有共同的朋友（或者特点）；

5.他们如何影响你；

6.你对他们有何重要性。

【事典】

“知己知彼，百战不殆”要求销售人员在拜访客户前先做好充分准备，主要包括了解对方尽可能详细的所有信息，而后认真分析，总结出想表达的内容、对方可能提出的问题及自己如何回答等。对自己的顾客了解得越详细，考虑得越充分，销售人员越能把握推销的主动权。所以，销售者要勤于积累和观察，增加与他人建立良好关系的机会，这对顺利达成销售至关重要。

家乐福的成功之道

家乐福成立于 1959 年，经过短短半个世纪的发展，已成为欧洲零售企业巨头。作为大卖场业态的首创者，家乐福以低廉的价格、卓越的顾客服务和舒适的购物环境吸引了广大消费者。

在成立之初，家乐福就开始思考人类古已有之的购买行为：他们需要什么？乐于以何种方式购物？愿意在什么样的地点从事购买活动？商店还可以是什么样子？

创始人马赛尔·富尼耶和路易·德福雷经过三年的市场调查，得出了这样一个结论：无论是什么样的顾客，都喜欢便宜的商品。于是，自家乐福开业以来，始终坚持低价的营销战略。与传统零售店相比，家乐福的价格平均要低五到十个百分点，这对消费者很有诱惑力。

后来，马赛尔·富尼耶在市场调研中发现了人们一个很微妙的购物习惯：以服装为例，法国人表面上讲求时尚，但一般只把收入的最小部分用于服装，20世纪60年代法国妇女平均每年仅购买一件连衣裙。1976年，家乐福引入“制造自由”理念，出售没有品牌但物美价廉的商品。这些商品质量堪与国际品牌媲美，但价格却低出15到35个百分点，深受人们的喜爱。

70年代中期，家乐福开始向欧洲以外的国际市场扩展。在开拓市场时，家乐福一直遵循着这样一个逻辑：一个国家或地区的生活形态与另一个国家或地区的生活方式或习惯一般是很不相同的。所以，为保证自己的经营理念及模式与当地人们的购物习惯相符合，家乐福在开设每一家新店前，都要用两年时间来进行细致的市场调研。研究当地的风土人情和消费习惯，并且仔细调查当时其他商店里有哪些本地的商品出售，哪些产品的流通量很大，然后再与各类供应商谈判，决定哪些商品会在将来的家乐福店里出现。比如，成都的人们在生活饮食习惯上最显著的特色就是嗜辣，在成都的家乐福店中的辣椒酱等辣味食品便经常摆放在离出口处较近的最显眼的位置。

除此之外，家乐福在开业之前也会把竞争对手的情况摸个透彻，并以打分的方法发现他们的不足之处，比如环境是否清洁，哪类产品的价格比较高，生鲜产品的新鲜程度如何等。然后，依据这种精确制导的调研结果进行具有杀伤力的打击。

所谓“知己知彼，百战不殆”，不仅要了解对方，更要充分了解自身的优势劣势。家乐福也是如此。家乐福作为大型连锁超市的先行军，掌握了更多的差异化优势，在其店铺选址上，家乐福也占据有利地位。此外，家乐福通过大规模、大批量的采购，不但可以获得更低的商品进价，还可以大大减少其配送物流成本，从而体现了它的成本优势。当然，家乐福对自身的劣势也了如指掌，例如一些商品质量问题，说明其在质量管理方面存在缺陷。

可以说，正是对自身情况的分析以及周密的考察工作才为家乐福的成功打下了良好的基础。因此，家乐福无论在中国、土耳其还是美国，都能够做到同样的买卖兴隆，甚至在大萧条时期经济状况很不稳定的巴西也能应对自如。

如今，家乐福已经成为很多人生活购物的第一选择。人们之所以喜欢家乐福，不仅因为家乐福一直以低廉的价格、周到的顾客服务和舒适的购物环境吸引着消费者，还与其入乡随俗的市场进入方式、精密的选址以及颇具特色的经营管理分不开。

对一个企业而言，要做到知己知彼，就必须进行市场调研，这是做出正确的经营决策的主要依据。

对销售人员同样如此。除了要深刻了解自己的产品，更要对顾客进行分析，准确把握顾客的各种情况以及他的需求。只有这样，销售人员才能在推销的过程中更好地扬长避短，更有效地适应消费者，从而实现自己的目标。

李宁知己知彼调整销售策略

李宁作为中国运动品牌，在国内市场形势一片大好，但在国外市场中的形势就不如国内了。虽然在国内形成了李宁、耐克、阿迪达斯三分天下的局面，但李宁与其他国外大品牌的差距还是显而易见的。

李宁

在销售收入方面，李宁的销售收入来源主要是中低端市场。李宁开设20平方米以下的“专卖店”，出售价位为100元左右的“商品”，控制着低端品牌形成的市场。所以，占领高端市场成为李宁发展要考虑的销售问题。

销售速度方面，虽然李宁在国内市场15年实现了高速增长，但外国品牌的销售速度不得不让李宁吸一口冷气。1999年，李宁在中国的销售额达到7亿元人民币，耐克在中国的销售额只有3亿元人民币，阿迪只有1亿元人民币。可是，从1999年以后，阿迪和耐克在中国的增长速度远远超过李宁。李宁的年增长率还不到10%，而耐克的增长率高达30%。

另外，李宁分析自己的品牌定位也比较模糊。最初，李宁在国内市场定位为“休闲+运动”的发展模式。可是，随着后来阿迪和耐克与国际主流体育项目——篮球足球等推广联姻模式，大举进攻国内市场，李宁就开始被边缘化。2002年，李宁把广告语定位为“一切皆有可能”，打破了以往模糊的品牌形象。如今，这句广告语已深入人心。

针对自己的缺点和其他品牌的优点，李宁也开始行动，不仅要在国内市场有好的业绩，在国外市场也要竞争一把。李宁加强了国际合作，特别是与国际各个领域最强的公司合作，达到进军国际市场，大力提高知名度的目的。

2004年雅典奥运会期间，李宁赞助西班牙男女篮球队；2005年1月18日，李宁正式成为NBA的合作伙伴；2006年1月，李宁签下NBA骑士队著名后卫达蒙·琼斯，李宁品牌成为第一个出现在NBA赛场上的中国体育品牌；2月，在NBA全明星预赛期间，李宁公司又将签约对象锁定为奥尼尔，并与其合作，共同推出李宁SHAQ系列专业篮球产品。李宁通过体育明星代言成长，向阿迪和耐克发起了挑战。

李宁的崛起做到了知己知彼，通过分析自己和同类产品，找到了一条适合自己发展的道路。

【销售者说】

知己知彼要求我们在了解自己的基础上了解对方。在销售实战中，知己知彼更是为销售提供了一个大大的便利。《孙子·谋攻篇》中说：“知彼知己，百战不殆；不知彼而知己，一胜一负；不知彼，不知己，每战必殆。”意思是说，在军事纷争中，既了解敌人，又了解自己，百战都不会危险；不了解敌人而只了解自己，胜败的可能性各半；既不了解敌人，又不了解自己，那只有每战必败的份儿了。

销售如同打仗，必须对“敌”我双方都有所了解，才能销售成功。一个成功的销售人员或者销售企业，一定对自己和对手了解非常深刻，知道自己与对方的软肋是什么，然后取长补短，充分发挥自身优势，使企业立于不败之地。

想做到知己知彼，百战百胜，就要知道如何做到知己知彼。知己知彼，即是要客观认识自身的实力，对自身有准确的定位，明确自身的优劣势，既不自高自大，又不妄自菲薄；即是要充分掌握一切对自身竞争取胜造成影响的外在因素，尤其是对手的长处与短处，既不畏惧对手，又不轻视对手。唯有透彻了解“敌”我双方的优劣短长，找出“敌”我双方的差距，才能更好地避免误入歧途，竞争制胜。

五、做事有备，有备无患

【原文】

己不先定，牧人不正，事用不巧，是谓忘情失道。己审先定以牧人。

【译文】

“如果自己不事先确定策略，统率别人也无法步调一致。做事没有技巧，叫作‘忘情失道’，自己首先确定斗争策略，再以此来统领众人。”在古代，这句话就是一种军事技巧。战争中要先准备好斗争策略，才能统率众人与统帅步调一致。如果用于销售上，我认为是强调做事之前要有准备，有备才能无患。

这一计主要强调销售之前的工作，要对自己所销售的东西的质量、包装、规格有一个详细的了解，这也是我反复提到的对自己销售的产品的了解。这点很重要，也是一个销售人员的分内事。在销售过程中，我经常看到的一种现象是销售人员被销售对象的问题问住了，然后销售对象觉得对方连自己的东西都不熟悉，这个人不可靠，最终生意泡汤。想要做好销售，就要先做好自己的分内事。

其次，对销售对象还要有“备”，就是对销售对象的喜好、习惯有一个基本的了解。“备”上迎合销售对象胃口的话或者物品，更容易促使成功。销售精英们销售的时候都是有备而来的，不信的话，我们看看下面的故事。

【事典】

“做事有备，有备无患”要求销售人员在向客户推销之前，做好充分的准备工作，不仅要对产品的介绍熟记于心，也要对顾客的相关情况进行了解。对一个销售人员而言，只有做到心里有数，和客户交谈时才会胸有成竹。

做有准备之人，做有心之人

李睿是一家房地产公司的售楼人员，在刚刚进入这个行业时，经常会遭到客户的拒绝。虽然他服务很热情，对待顾客也非常诚恳，但客户通常还是会在谈话结束时说："我要再考虑考虑。"刚开始，李睿认为顾客的确要仔细考虑一下才会决定。但几天后，当他再次找到客户的时候，很多人在"考虑"之后都会直接拒绝他的要求。

在接触无数个客户之后，李睿逐渐琢磨出了客户的心理。客户之所以说考虑，大多是因为他们有这样几种想法：

"当然，能有个完完全全属于自己的家是再好不过了，只可惜目前手头太紧。"

"最好还是等存够了钱再买。"

"我要考虑一下，说不定我买了房子以后，房地产的价格还会下跌呢！"

在了解了顾客的这些心理后，李睿决定设计一套行之有效的对策，这样在面对顾客的拒绝时，就不会手足无措。既然客户在资金和房价上比较迟疑，那就做好这两个方面的准备工作。

于是，在向顾客推销时，李睿首先会把向金融机构贷款的方法及资金周转的方法等资料提供给客户作为参考，并把房价上涨预测的资料和其他相关资料提供给客户。

"我明白您的想法，我也十分理解。的确，买房子不是一件小事，只有少数经济宽裕的人才能说买就买。但是，以我过去的经验来看，买房子只等存钱是不行的，要从资金周转和付款方式上想办法才行。请您看看这些图表，从这些图表中可以很明显地看出存钱的速度无论如何是赶不上物价、房价的上涨速度的。所以，您的考虑是多余的，要买就越早越好。说实话，照您这样存钱，其结果只有一个，那就是您所想要的东西，不但不会离您近些，反而会离您越来越远。"

顾客看着李睿拿出来的一大堆关于经济增长率的预测、房价上涨的预测、工资上涨的预测、物价上涨的预测等图表，听着李睿有根有据的分析，几乎找不出理由来推脱了。因此,大部分人都会下定决心购买房子。

对于一个销售人员,特别是一个刚刚从事销售行业的销售员来说,销售面谈是一件难以把握的事。因为在这个真正和客户面对面打交道的过程中存在着太多的变数,可以称得上"一招不慎,满盘皆输"。所以,在启动营销之前,充足的准备工作是非常必要的。李睿之所以能够成功地说服顾客,也正是因为他在推销之前准备了大量具有真实性的图表。当客户犹豫推辞时,他就用事实和数据来说服他们。

销售人员在销售的过程中,往往会遇到这样的情况:顾客明明很喜欢自己的产品,但因为价格比较昂贵,常常会拿其他公司的产品来做比较。这时候,就需要销售人员拿出证据,证明自己的产品是物有所值的。当然,这需要我们提前做到有备无患。此外,每一个顾客在购买产品时,心中都会有各种不同的疑问,他们就希望可以从销售者口中得知最合适的答案。因此,作为一名销售人员,我们应该经常更新自己的基础知识。产品情况、行业知识、生活常识等,这是我们与客人的"谈资",更是我们成功销售的前提条件。

俗话说"有备无患",就是这个道理。只有万事俱备,才能未雨绸缪,才能获得成功。

原一平的客户资料库

原一平在日本寿险界是一位名声显赫的人物,日本的寿险从业人员没有不认识原一平的。原一平在明治保险公司整整工作了 50 年。50 年来,他累积了 2.8 万个准客户。他是如何积累这么多客户的呢?那就是靠他的资料库了。在他的资料库里,他把客户分为 A 级到 F 级,每一个客户都有自己的级别。

A 级是在投保中犹豫不决的客户,这样的客户,只要他去劝说一下,随时都有来投保的可能。

B 级是因为某些因素不能立刻投保的准客户,这一级的客户,需要等待一段时间,才会变成 A 级客户。

C 级客户和 A 级客户相同,原来都属于随时会来投保的客户,但因为健康上的原因,目前被公司拒保。

D级准客户没有问题，但经济状况不是很稳定。因为人寿保险属于一种长期性质的契约，要长期支付保险费，这类客户需要等他们经济状况改善后再行动。

E级的客户对保险认识还不够，不大接受保险，销售员的努力也不够，需要下功夫深入调查。

F级的客户身体健康并且富有，还没有正式访问，需要调查。这些人可能在见面会谈以后，一下子晋升为A级。

A级到F级的任何一级客户，只要和原一平见了面，原一平会马上将接触的详细内容记录在客户卡里。比如：

1.跟客户交往的时间、地点、谈话内容等；

2.如果不能见面，详细原因是什么；

3.自己为准客户所做的服务工作有哪些；

4.自己对这次访问的意见。

原一平会根据这些记录，回忆当时与客户交谈的情景，然后通过反省做下面两件事情：

1.检讨错误的内容，加以修正或者补充；

2.修正自己的姿态，以便于更接近准客户。

从资料库里，不但可以看到客户的全部情况，也能看见自己在这次销售中的努力，然后反省检讨，拟定出下一次的推销策略。

原一平闲暇的时候，会把资料库里的资料卡翻看一下，看看过去的工作有没有疏漏的地方。如果有，就加以调整，然后进行下一步工作。

有一次，原一平看报纸的时候，突然发现一个人，这个人是很久以前被他从F级淘汰的一位先生。

于是，他立刻去资料库里寻找这位先生。然后，当天就拜访了这位先生。

关于他的资料库和客户卡，原一平有一句很经典的话："我的准客户卡都是有血有肉有生命的。他经过多次的记录与检查后，已经成为我的知己，陪伴我度过无数的岁月。在一张张卡片上，我看到了自己成长的痕迹。"

原一平对每个客户做到了"有备而来"，客户的情况随时在变，原一平的资料库也随时在变。他切实把握住每一个有利的契机，有的放矢地进行推销。

【销售者说】

作为一个销售人员，对于每一个客户都要做到有备而来。对客户了解的销售人员要比对客户一无所知的销售人员更容易成功。把自己的知识"备"好，把客户的信息和需求"备"好，对销售人员来说是缺一不可的。

在销售中，要懂得积累，不光是积累销售技巧，还要注意积累客户信息，对交流过的客户有个"备份"，对于以后的销售也是十分有用的。每一个销售精英都有自己的客户资料库，他们可以根据资料库随时把潜在客户挖出来。

有了客户的资料和对自己产品的了解，才能对症下药，一招即胜。

总之，销售的时候要多思考、多积累，才能迅速成长为一名销售精英。古语说得好："思则有备，有备无患。"

第三章　内楗——成功销售之进策术

一、抓住客户心理

【原文】

内者，进说辞也。楗者，楗所谋也。欲说者务稳度，计事者务循顺。阴虑可否，明言得失，以御其志。方来应时，以和其谋。详思来楗，往应时当也。

【译文】

解释这句话以前，我先给大家讲一个销售的故事。法林是美国著名商人，他看到许多商品积压，于是处心积虑地想出了一个办法。他在波士顿市中心的繁华处开了一家商店，并在电视上做了广告，声称该店有一套与众不同的经营方法：商品标出价格的头 12 天按全价出售，从第 13 天起到第 18 天降价 25%；从第 19 天到第 24 天，降价 50%；第 25 天到第 30 天，降价 75%；第 31 天到第 36

天，如果仍然没人要，商品就送给慈善机构。这一商店的开办立即成了人们议论的话题，几乎每一个人都想去这个商店看一看。大部分人预言，“这个笨蛋将倾家荡产”。这是因为，如果顾客等到商品价格降到最低时才买，商店岂不吃大亏？然而，事实却是法林商店的商品十分畅销。法林的高明之处在于他推测到了顾客的心理：我今天不买，明天就会被他人买走，还是先下手为强，买了再说。

“内者，进说辞也。楗者，楗所谋也。”法林能够成功正是因为他正确地揣摩到了顾客的心理，通过“内”（言辞）“楗”（谋略）网住了顾客。

现在，让我来翻译一下经典回顾里的话：所谓“内”，就是采纳意见；所谓“楗”，就是进献计策。想要说服他人，务必要先悄悄地揣测；度量、策划事情，务必要循沿顺畅的途径。暗中分析是可是否，透彻辨明所得所失，以便影响君主的想法。以道术来进言当应合时宜。以便与君主的谋划相合。详细地思考后再来进言，以适应形势。

在销售中，要学会揣摩顾客心思，抓住顾客心理，这样会为销售提供很多便利，就如同法林一样，成为一个销售高手。

【事典】

作为一名销售人员，应该善于且乐于揣摩客户的心思，抓住客户的心理，这样才能针对其相应的心理活动，有效刺激自己的客户，促成交易。

乔·吉拉德买房子

“世界上最伟大的推销员”乔·吉拉德是一个汽车销售高手，但别的领域销售恐怕不怎么在行。这里就有一件吉拉德的趣事，讲的就是一个房产经纪人把房子卖给挑剔的吉拉德的故事。

很早，乔·吉拉德就和太太商量着要买房子。这天，忙中偷闲的他们终于成行了。

那天，乔·吉拉德跟太太走进一家房产经纪公司。一位看起来十分精明干练的经纪人听过两人的要求后，带着他们来到一栋别致的房子。当时，两个人看着那幢房子就对它“一见钟情”了，跟他们理想中的房子简直一模一样。

“哦，很漂亮的房子!”太太忍不住夸赞着。

“是啊，很不错!”乔·吉拉德也同样有些兴奋。本以为买房子不是一件很容易的事情，没想到没有花费太多的时间和精力就找到了理想的房子，真是值得庆幸。

而两人的这一切行为，都被一旁的房产经纪人看在眼里、记在心上。在看房子的外观时，他就发现两人眼睛里闪着亮光，看得很认真。而考察了房子的内部构造，两人仍然赞不绝口，更让他确定了一个事实——那就是两个人第一眼就喜欢上了这幢房子。

于是，他说:“房主急于卖掉这幢房子，但由于他们最初报价太高，所以鲜有人问津。不过，不用担心，现在已经降下来了。以我多年的职业触觉，我认为这个价格要不了几天就能把房子卖出去。当然，我也看出二位很想买，我真诚地建议你们立刻做出决定。我今天早上已经带一对夫妇看过，他们同样表示有兴趣。另外，我们还有两位经纪人下午还要带人过来。”

“这么多人来看这房子啊?”太太疑惑地问道。

“当然了，太太。您想啊，条件这么优越的房子肯定好卖的。要让您推荐房子，您肯定也会首选推荐这个了，不是吗?”精明的经纪人回答道。

“那么，也就是说谁先决定就归谁了?”太太又问道。

“从理论上讲，是这样的，太太。所以，我才建议二位早做决定。”经纪人又回答道。

“我还以为，可以给我们时间考虑考虑。毕竟房子是要长期居住的，我们不想以后后悔。”太太有些抱怨道。

“这房子这个价格很值了，现在不买以后才会后悔啊!”经纪人试图说服夫妻俩。

沉浸在欣喜中的乔·吉拉德本想应该有充足的时间考虑，没想到买这房子的人那么多。但转念一想:也是，这么好的房子当然都想拥有了。于是，他跟太太做了简单的沟通后，两人一致同意买下这幢房子。

“好，先生，我们决定买下了，咱们商量什么时间可以签订购房协议吧!”吉拉德坚定地说道。

直到现在,吉拉德仍然不知道那个经纪人说的话是否属实,但他知道他和妻子不想错失这幢喜爱的房子,所以他们很快签了合同。

其实,案例中的那位房产经纪人就是抓住了吉拉德夫妇这种害怕失去这幢梦想中的房子的心理。经纪人正是利用他们对拖延下去可能会错失机会的担心,加速了他们决策的进程,使得这次销售过程短暂而成功。

美国海报广告公司的"美人计"

1981年9月1日是一个非常普通的日子,一群刚刚从海滨度假村休假回来的法国公民开始正式上班了。忽然,他们发现了工作区四周贴满了大海报,足足有三米长,一位身材火辣的美女穿着三点式双手叉腰对着过往的行人露出甜美的微笑。身旁,一排显眼的大字:"9月2日,我把上边的脱去。"

看到这句话,人们都翘首以待第二天的到来,这一夜也似乎过得格外漫长。

第二天终于来了,上班的人们发现海报上的美女依然,但"上边的"真的没了,露出健美的酥胸,可女郎旁边的那排字变了,成为:"9月4日,我把下面的脱去。"

这个消息让人们开始疑惑,究竟是怎么回事。记者也被吸引来了,可没有打探到一点消息的真相。

为了见证女郎上面的话,9月4日,人们早早就起来了,想看看女郎"下面的"是否还在。窗子向着广告牌的人,更是一早起来就向外观望。映入人们眼帘的是一个转身的女郎,一丝不挂,她修长的身材闪烁着健康的美丽,只不过她是背对观众的。"下边的"真的没有了,她身旁的字再一次换了,成为:"美国海报广告公司,说得出,做得到。"

就这样,美国海报广告公司从此一举成名,家喻户晓,签单如同雪花一样纷纷飘来。

这则广告,美国海报广告公司是花了心思的。它利用人们的好奇心,利用"裸体美女"一下子抓住了人们的心理,使人们对公司有了非常好的印象,开始信赖公司,从而使公司的业务不断。

【销售者说】

做销售,有时候也需要和客户打一场“心理战”,把“抓住客户的心理”作为销售的切入点也是一个好办法。在销售过程中,我发现很多销售人员关注自己太多,强调自己的品牌如何如何、服务如何如何,而面对客户的需求偏好、期望值、价值观等关注却太少。要记住,做销售是为他人提供服务的,更要在意他人的想法。

如果想销售成功,就要了解客户的需求是什么,他们的期望是什么,然后针对这些问题,暗中提示,对他们进行说服,让他们接受你。客户的内心需求是客户购买商品的理由。跟客户交流的时候,要做到你要什么我就给你什么,而不是让客户感觉到你给我什么,我就要什么。在销售中经常出现的问题就是:不是客户不想买,而是销售员没有透彻了解客户需求,没有抓住客户心思,不能推销客户需要的东西。只有抓住客户的心理对症下药,才可以使销售变得顺利。因为这样,客户会觉得销售人员的做法是“雪中送炭”。

二、审时度势,随机应变

【原文】

夫内有不合者,不可施行也。乃揣切时宜,从便所为,以求其变。以变求内者,若管取楗。

【译文】

在销售中,各种情况都会随时发生的。所以,要根据实际情况,做出相应的变化,也就是这一章的第二计:审时度势,随机应变。那么,经典回顾的那句话是什么意思呢?其实,翻译出来就是:凡是内情有不合时宜的,就不可以实行,就要揣量分析形势,从便利处入手,来改变策略。用善于变化来促使采纳,就像以门管来接纳门闩一样顺当。

作为一个销售人员,接触的人多,遇到各种各样的情况也多,审时度势显得尤为重要。审时度势要求销售人员随机应变,对各种情况能迅速地应对。对于销售的老手来说,这一点还是比较容易的。对于销售新手来说,审时度势大部分还是取决于客户当时的反应,捕捉客户话中喜好爱憎成为重点。说得不恰当点,用“察言观色”四个字会更为得体点。销售新手没有经验,摸清客户的喜好是重点,围绕客户随时透漏出的喜好介绍自己的产品,以便得到客户的认同。当然,对于销售老手来说,这也是重点。

此外,还要做到语言上的“审时度势”。比如说,客户用上自己的产品后是多么顺应潮流,多么跟得上节奏。不要觉得自己这样油嘴滑舌,实际上,有几个人不喜欢别人奉承的呢?把东西卖出去才是真理。过程虽然重要,但对于销售来说,结果也是同样重要的,毕竟,带来明显利益的是结果。

【事典】

作为销售人员,其工作就是要与人直接打交道。这就考验销售人员的临场发挥的能力,要想工作做得出色,需要做到眼观六路、耳听八方,审时度势,以确保随机应变地解决好各种问题,最终完成销售大任。

卖马铃薯的销售秘诀

在自由市场上,有两辆装满马铃薯的马车。

一位中年妇女走到头一辆马车前问道:“今天马铃薯什么价?”

那个农夫回答道:“八块钱一袋。”

那位中年妇女很惊讶,并对这样的高价表示不满:“这价格是不是有点儿太高了?上次买的时候才五块钱,隔了两天竟然长了整整三块钱。”

“昨天就已经涨了价的。”那个农夫有些不耐烦地说道,似乎在告诉那位中年妇女:你爱买不买,有的是人买我的马铃薯,不买是你的损失。

于是,中年妇女走到第二辆马车前,同样又问道:“今天马铃薯什么价?”

这车马铃薯质量明显不如前一辆车马铃薯,而且大大小小的参差不齐。方才那位中年妇女的“遭遇”也被这车马铃薯的老板看到了,或许因为自己的东西稍逊一筹,或许本身性格就温和,只见他和蔼诚恳地说道:“大姐,这是品种优良的马铃薯，是马铃薯中最好的一种。您瞧，这些马铃薯皮紫里红，不管是用屉子蒸着吃，还是用水煮着吃，就连用油炸、用火烤着吃都是甜而不腻，口感极佳。”说着，还不忘拿出一个抠开皮露出里面来证明自己的话绝对属实。

“这怎么大大小小的，这么不齐整啊？该不会是剩下的吧？”中年妇女挑剔道。

“哪儿呀？大姐，我不是说了嘛，这是我们马铃薯中最好的一种。它好就好在是完全无公害的生长环境，绝对不加催熟剂，是根据种子本身的基因决定它的大小。这大大小小正说明它是天然生长而成。”看着大大小小的马铃薯，老板马上随机应变地这样解释道，“您看到的那些齐整的马铃薯肯定是经过催熟的。常言道，病从口入。您买吃的一定要慎重小心才是啊！”

“是嘛？这马铃薯还用催熟啊？”看样子，那位中年妇女也被看似诚恳老实的老板给唬住了，好奇地问道。

“当然了，现在什么东西不用催熟啊？我是农民，我还不知道种东西这点儿事吗？大姐。”

“哦，也是，你应该挺了解的。”中年妇女也赞同地回道。

“还有啊，我这些都是洗过的，很干净，放您家的冰箱里也方便省事。这马铃薯也不贵，就八块五一袋，看您也识货，就算您八块钱吧！您看，要一袋还是两袋？”

中年妇女想想，又卫生又方便，也很愿意买了。于是，就要了两袋带走了。

第二辆车里的马铃薯实际远不如第一辆车的马铃薯，却成功地卖了两袋，原因就在于第二辆车的老板懂得审时度势，知道自己产品缺陷在哪里，所以随机应变，把缺陷说成优点，加上和蔼诚恳的态度，成功推销出了自己的马铃薯。而第一辆车主却因为自己的产品好，而不看顾客能不能承受他的一贯态度，刻板地照常销售，当然会销售失败了。作为一名合格的销售人员，该怎么做？相信看了上面的案例，应该每个人心里都有一个统一而明确的答案了。

借奥运东风的可口可乐

可口可乐是世界上最早认识到体育营销的巨大价值，并实现体育营销长期化和系统化的企业之一。从1928年开始,可口可乐已经成为奥运会攀附而生的伙伴。

2004年雅典奥运圣火于6月8日到达北京,作为雅典奥运火炬传递的主赞助商的可口可乐公司提前数月就启动了“雅典2004奥运火炬传递中国火炬手/护跑手选拔”活动,在中国二十多个城市里选拔火炬接力手和护跑选手。很多普通的消费者可以通过可口可乐和奥运零距离接触。

奥运圣火6月9日在北京传递。这一天,可口可乐公司声势浩大地在北京掀起了一阵红色旋风。可口可乐公司在6月5日推出的240万罐奥运火炬接力纪念罐在很多地方销售一空。

另外,根据当前形势,可口可乐公司在8月4日下午在北京组织了一场以“为奥运喝彩,为中国加油”为主题的大型发布会。邀请即将参赛的马琳、刘翔、滕海滨三位明星运动员定为雅典奥运会期间的形象代言人,以这三位体育明星形象设计的“要爽由自己”可口可乐奥运包装,也开始在全国市场限量销售。同时,以他们为主角拍摄的可口可乐的广告片在奥运期间在各大电视台反复播放。

奥运会结束后,可口可乐也没有放过这个机会。可口可乐公司通过央视,展开了“后奥运营销”。在8月31日“奥运特别节目”和9月4日“庆祝奥运健儿凯旋归来”两个特别节目中迅速决策,签订贴片广告,抓住了难得的品牌传播机会。

趁着奥运热度还没有下去的时候,可口可乐公司还精心设计了大型巡回演出活动,在全国范围内开展。同时,可口可乐公司还将其麾下的雪碧、酷儿、芬达、醒目作为促销产品,用100%的中奖率吸引消费者的眼球。

他们的品牌代言人刘翔获得奥运会冠军后,可口可乐立刻抓住这个难得的机会推出了一批“刘翔特别版”可乐,销售结果好得出乎意料。业内人士称颂可口可乐公司选择体育明星做广告代言人有独到的眼光,因为选择的三位体育明星代言人全部夺得了奥运金牌。

虽然说这也有些幸运的成分,但这与可口可乐公司事前周密的调查和客观的评估是密不可分的。他们没有放过奥运的每一个阶段,针对奥运会的每一个阶段都有相对的攻势，使可口可乐大大提升了品牌影响力，可口可乐在奥运会的每一个阶段都有一个明确的定位，三位体育运动员的凯旋更是让可口可乐名声大振。

【销售者说】

审时度势，随机应变，要求销售人员有独到的眼光和缜密的长远分析。正如鬼谷子说的："乃揣切时宜，从便所为，以求其变。"在大型销售活动中，审时度势要求思虑长远，根据事态发展做出相应的策略，如同可口可乐公司一般。而小的销售活动，非常通俗地说就是要求销售人员做到"机灵"二字，要见机行事，见什么人说什么话。

此外，销售人员在销售过程中，一定要注意积累经验，才能在以后的销售活动中做到随机应变。销售人员和客户面对面的时候比较多，这个时候的审时度势基本体现在对话中。一定要抓住客户所说的话中的喜好，这个将是你销售最好的切入点。将自己的产品和客户的喜好结合起来，客户也非常容易接受，做到"我销售的东西就是你喜欢的东西"。

当然，最后不要忘记前面所说的夸一下顾客的眼光，这样也是间接地夸自己的商品，真正做到随机应变。

三、掌握实情，针对游说

【原文】

故曰：不见其类而为之者，见逆。不得其情而说之者，见非。得其情乃制其术，此用可出可入，可楗可开。故圣人立事，以此先知而楗乃物。

【译文】

我先来把这句话翻译一下：所以说，在情况还没有明朗之前就去游说的人，定会事与愿违，在还不掌握实情的时候就去游说的人，定要受到非议。只有了解情况，再依据实际情况确定方法，这样去推行自己的主张，既可以出去，又可以进来;既可以进谏君主,坚持己见,又可以放弃自己的主张,随机应变。圣人立身处世,都以自己的先见之明来议论万事万物。

鬼谷子很多智慧的见解对我们做销售有很大的帮助。鬼谷子认为,人之常情是:说出来的话就希望被别人接受,做出来的事就希望能够成功。因此,游说的关键在于掌握扬长避短的策略。例如:我们极力宣传某种行为的利益,是因为我们可以提供这方面的利益;我们极力宣传某种行为的危害,是因为我们不擅长这种行为的操作;掌握了扬长避短的沟通策略,就可以有针对性地游说对方了。

针对不同的目标和对象,有策略的沟通。通过"钓言"收集顾客的情报,把握顾客的心理,随后进行有针对性的游说,必定无往而不利!

【事典】

内楗篇的第三计——掌握实情,针对游说,意思是说,作为销售人员的我们,应该在全面到位地了解自己所销售的商品的基础上,想方设法地掌握顾客这个受众的部分实情,这样才不会让销售变得盲目,而是有针对性地游说,从而提高销售的成功率。

先问卷后推销

一天,在某外企做管理工作的蔚蓝走进一家大型商场准备购买面膜。

走进商场,迎面就是××护肤品的专柜。因为经济实力比较雄厚,平时的用品都是国外品牌。而 x×这个品牌只是一个国内的大众化、平民化的品牌。因此,她看都没看,觉得自己不太适合用这种所谓的小品牌。

进门后,她直接询问门口的迎宾道:"您好,请问×××专柜在哪里?"迎宾指给了她正确的方向。这一切都被××护肤品专柜的销售员看在眼里。

知道了方向以后,蔚蓝正准备离开时,这位销售员走到她身边,彬彬有礼地说:"这位女士,不好意思打扰您一下,请问您是不是买护肤品呀?如果是的话,那为什么不选择××护肤品试试呢?"

蔚蓝开始还有些茫然,不过很快就反应过来了。她很有礼貌地说出了自己的看法。

那位销售员点点头，微笑着说道："哦，是这样啊。那我有个请求，可以说吗？"

蔚蓝较高的职业素养使得自己也没有太过反感的意思，就很和善地说道："可以啊，请说。"

"让我们给您做一次调查，行吗？就耽误您一分钟，我们将会很感谢您为此付出的这一分钟，而且还将送您一份精美的礼品。"

蔚蓝想，反正今天自己也不赶时间，何况就一分钟，便欣然同意了。

那位销售员拿出了一张事先设计好的表格，开始了调查问卷的一个个提问：

"您平时都使用什么品牌的护肤品？"

"您使用过××品牌的产品吗？"

"您认为自己最适合什么品牌？"

"您喜欢的色彩是什么？"

当蔚蓝一一回答了调查问卷后，销售员根据蔚蓝的回答逐一做了相应的解释，并帮助蔚蓝分析了她的肤质和保养方式。

同时，通过刚才的提问，销售员已掌握了蔚蓝对化妆品的要求，然后做了相应的推销。

"其实，我们这里有一款面膜非常适合您的肤质，因为您属于易过敏肤质，对产品比较挑剔……"

"是嘛？哪一款呀？"正确的有针对性的分析，折服了蔚蓝，也勾起了她对××护肤品牌的兴趣，她好奇地问道。

最终，蔚蓝不但在××护肤品专柜购买了面膜，还买了面霜、眼霜、唇彩等一系列化妆品。

案例中的这位销售员通过客户提出的一个要求，连续问了几个"为什么"。如果提问设计得好的话，问了几个"为什么"后，客户的真实想法一般都会浮出水面。掌握了问题背后的问题，就能有的放矢，有针对性地游说客户，更具说服力。

乔·吉拉德把车卖给牢牛工

乔·吉拉德是世界上最伟大的销售员，连续12年荣登吉尼斯世界纪录大全世界销售第一的宝座，他所保持的世界汽车销售纪录——连续12年平均每天销售六辆车，至今无人能破。

乔·吉拉德开始做推销工作的时候，常把搜集到的客户资料写在纸上，随便塞进抽屉里。有一次，因为缺乏管理，丢掉了一位准客户的资料。于是，他意识到建立客户资料库的重要性。他认为，推销员应该在和客户交往的过程中，将客户所说的有用情况全部记录下来，以便从中搜集一些有用的资料。

乔·吉拉德

“在建立自己的卡片档案时，你要记下有关客户和潜在客户的所有资料，他们的孩子、嗜好、学历、职务、成就、旅行过的地方、年龄、文化背景及任何与他们有关的事情，这些都是有用的推销情报。所有这些资料都可以帮助你接近客户，使你能够更有效地跟客户讨论问题，谈论他们感兴趣的话题。有了这些材料，你就会知道他们喜欢什么，不喜欢什么，你可以让他们高谈阔论，兴高采烈，手舞足蹈。只要你有办法使客户心情舒畅，他们就不会让你失望。”乔·吉拉德曾经说过。

有了很多客户的资料，乔·吉拉德等于掌握了很多客户的实情。他会根据客户的基本资料适时出击，巧妙言辞，把车卖出去。如果是第一次遇到的客户，他会通过说话得知客户的信息，然后抓住客户的心理，再把车卖出去。

有一次，他遇到了一个看起来比较腼腆的看车人。他说：“我有一项特殊本领，能看出一个人的职业。”

看车人来了兴趣，但没有说话。他接着说：“我敢打赌，你是一位医生。”

在美国，医生不但收入很高，而且是一种非常受人尊敬的职业。这样即使说错了，看车人也不会生气，因为他觉得他在别人的眼里是受尊敬的。

"我不是医生。"

"那么，您在哪里高就呢？"

"说出来也许你不会相信的，我在史丹肉类公司，是一名宰牛工。"

乔·吉拉德立刻热切地说："哇，太棒了，很长时间我都在想我们吃的牛肉是怎么来的，什么时候，我能去您那里看看嘛？"

乔·吉拉德说这些话的时候态度非常诚恳，并不是装样子。

于是，他们就热切地讨论起来杀牛的事情。20 分钟后，乔·吉拉德和客户打得火热，客户痛快地买下了车子。

乔·吉拉德就这样针对一个宰牛工卖掉了车子，他没有食言，他真的去了宰牛场参观。在那里，他又认识了很多人，那些人都成了他的潜在客户。他再次遇到这些人的时候，他就会有针对性地说，我有一个朋友在史丹肉类公司，这样他们找到了共同的话题，乔·吉拉德也可以针对这个话题顺便把车子卖出去。

【销售者说】

掌握实情就是要求有一个客户档案。销售人员不难发现，凡是销售精英，他们都有一个客户资料库。比如原一平，他就有一个资料库，上面也说过他把客户分成 A 级到 F 级。有了客户的一手资料才能掌握实情，才可以有针对性地游说，达成销售目的。

《鬼谷子》主张拉近和游说对象的关系，使其总是想着自己，用道德、党友或者财货等手段与游说对象联系在一起。待掌握了游说者的想法后，就可以控制对方。

如何针对游说呢？光有资料是不行的，还需要对人进行归类，然后再决定如何游说。

与精明的人交谈，要思路广博，多方论证，避免纠缠一点不放；与知识广博的人交谈，要善于抓住重点，辨析事理；与地位高的人交谈，不要表现出一种自卑的情绪；与自觉富裕的人交谈，要从人生意义、社会价值等方面发挥；与自觉贫穷的交谈,要从如何获利的角度来探讨;与地位低下的人交谈,要表现出充分的尊重来;与有魄力的人交谈,要表现出果敢的一面来;与愚蠢的人交谈,要从最有说服力的几个方面来反复阐述。总之,针对不同的人,要有不同的策略。

四、当机立断,巧立战功

【原文】

揣策来事,见疑决之。策无失计,立功建德。

【译文】

这句话非常短,但却包含着深意。我先给大家逐句逐字翻译出来:要预测未来的事情,就要善于在各种疑难面前临机决断,在运用策略时要不失算,不断建立功业和积累德政。在第一章第一节,我说了做销售要三思而后行,先判断后行动,而现在又在这里说要当机立断,似乎有些矛盾。其实并不矛盾,销售上要做到果断而不是武断。所谓当机立断,当然是指前者。

在销售过程中,要记住:客户是上帝,甚至是被宠坏的上帝。说话不当可以令和睦的关系转为生疏。可以令生疏的关系转为紧张,可以令紧张的关系转为破裂。要恰当地说话,并且从客户的话中准确地找到切入点,在切入点大做文章,这就是销售的一个有利契机,千万不要错过。有些销售员不善于察言观色,在顾客已有购买意愿时不能抓住机会促成销售,仍然在喋喋不休地介绍产品,导致销售的失败。所以,只要到销售的边缘,一定要马上调整思路,紧急刹车,尝试缔约。一旦错失良机,要想再度勾起顾客的购买欲望就比较困难了,这也是刚入门的销售员最容易犯的错误。俗话说得好:当断不断,反受其乱。

其次,当机立断要求把握住机会。当外部条件和内部条件都成熟的时候,虽然有点小小的风险,权衡利弊后,要立刻做出行动,免得将来后悔。这样既做到了三思而后行,又做到了当机立断。

当机立断不仅仅是要求我们快速做出决定,而且还要求这个决定要明智。

【事典】

其实,正如上面所说的:作为一名销售人员,就应该当机立断。否则,当断不断,必受其乱。销售过程是一个很随机的交流沟通过程,不管是客户还是竞争对手,他们的思维都是时刻变动的,更受到很多不可预知的主客观因素变化的影响。

做比说来得更有说服力

陈盛是一家专门生产各种类型清洁剂的化工厂的销售员,陈盛负责一种新型地板清洁剂的销售工作。

一天,他到一家饭店去推销。没想到,刚一推开那个饭店经理的办公室门,第一个看见的不是饭店经理,而是正在滔滔不绝介绍自己厂家产品的另外一家生产地板清洁剂化工厂的推销员。

只见那位推销员正拿着自己厂家的产品,跟经理在讨论着什么。陈盛也不知道他们的推销工作进展到什么程度了,不过看样子像是饭店经理已经表示要购买了。算了,管他呢,当务之急是打断他们的谈判,否则自己就没机会了。

于是,陈盛也不管那位惊讶的推销员,绕过去走到饭店经理面前,俯下身子说道:"您好,经理。知道你们正在谈论地板清洁剂的有关事宜,本不想进来的。但是,我的职业操守告诉我,我有责任让客户有更多、更好的选择,至于您最终选择哪家产品,那就是您的权利和自由了。我也是来推销地板清洁剂的,不过我家的产品质量比他的好!"

简单礼貌地表明来意后,陈盛也特意加了一句这样具有挑衅色彩的话。那位先到的推销员却不以为然地说道:"何以见得?你怎么就知道我家的产品不如你们的产品呢?"

还没等那位推销员说完,只见陈盛以迅雷不及掩耳之势,把手里拿的自家生产的地板清洁剂往地上一泼,然后又快速地拿起桌上的抹布在泼有清洁剂的污渍地方擦了几下,才说道:"这位小伙,过来,你过来!"

看到被擦的地方变得焕然一新,先到的那位推销员呆了,一时间不知道该怎么应付。

而这时，一直在一旁观看的饭店经理见到这种效果后，就对先到的那位推销员说道：“不好意思，你现在可以走了，我决定要这家的产品了。相信他的示范你也看到了，这种有目共睹的效果，我不能忽视，不得不说太有说服力了。”

说完，他转身握住陈盛的手，继续说道：“谢谢您，及时地给我推荐了这样好的一个品牌的地板清洁剂，要知道那块污迹已经一年没有清理掉了，贵公司的产品真是神奇啊！我要订它十箱，可以吗？”

陈盛没想到自己这临门一脚还真踢准了，高兴地说道：“可以，可以……”

案例中的陈盛的确眼疾手快，思维更转换得十分迅速。他当机立断地抓住没成交的双方这个时机，巧妙地为公司立下了不小的销售战功！像这样的情况，确实非常需要我们销售人员做到当机立断，不受其乱。

抓住瘟疫商机

说到抓住商机，美国亚默尔肉类加工公司的老板菲利普·亚默尔可以算是个狠角色，他从瘟疫中抓到了商机。到底是怎么回事呢？

一天，菲利普·亚默尔像平常一样坐在办公室里翻阅报纸。突然，他被报纸上一个角落的一个十几字的简讯吸引住了，这个消息让他激动了好半天：墨西哥发现疑似瘟疫的病例。他想，如果墨西哥真的发生了瘟疫，一定会从加利福尼亚州或者得克萨斯州边境传染到美国来。而这两个州又是美国肉食供应的主要基地，一旦瘟疫出现，肉类供应必然会紧张，肉价也肯定会猛涨。

得到消息的当天，他就派人赶到墨西哥去了解情况是否属实。几天后，一封电报证实了消息的可靠性，并且带回来另一个让菲利普·亚默尔高兴的消息，墨西哥不光有瘟疫，而且还非常厉害。

菲利普·亚默尔接到电报以后，立刻把全部资金集中起来，购买加利福尼亚州和得克萨斯州的牛肉和生猪肉，然后快速地运到美国的东部。

没有多久，瘟疫很快蔓延到美国西部几个州。美国政府立刻下令：严禁一切食品从这几个州外运，包括牲畜在内。美国立刻变得肉类奇缺，价格暴涨。菲利普·亚默尔觉得机会来了，便将先前买进的牛肉和生猪高价抛售，短短几个月就挣了900万美元。

同样，江苏一家钢材厂也当机立断地抓住了一个机会，一下子赚了上千万元。

1995年初，日本大阪发生大地震，使该地区几乎陷于瘫痪。当时，国际多数报纸都对此事做了详细报道，很多人来只是看看热闹而已。可是，其中的商机却被江苏一家钢材厂窥视到了：大阪的新日本制铁所已完全停产，想要恢复生产，至少也需要半年。而该厂生产的优质轧薄钢板（包括冷卷钢板）每年向我国出口至少50万吨，在我国钢板市场上非常受欢迎。他认为，这场大地震一定会影响日铁向我国出口钢铁的数量。于是，他当机立断地集中所有人力财力，吃进了五万吨优质冷薄钢板，比其他公司抢先一大步。没多久，优质钢板因为货源紧缺突然价格大增，该公司一下子大赚一笔。

亚默尔肉类加工公司和江苏那家钢铁厂没有放过最佳时机，在其他同行没有发现契机的时候认真调查，然后当机立断地做出正确的决定，为自己的公司创造了巨大的财富。

【销售者说】

在关键的时候当机立断，会带来巨大商机。所谓当机立断，就是果断。在很多时候，销售需要果断。所谓果断，是指把经过认真思考的决策迅速明确地表达出来。果断，说明决策者思维专一、反应敏锐，对信息的吸收和消化，对经验的综合和运用，对未来的估计和推测，都能在较短时间内完成，并形成明确的指令。

要做到这一点，销售者必须拥有迅速做出判断的能力和选择的能力；有敢于对后果负责的勇气和魄力。瞻前顾后，怕这怕那，畏畏缩缩，不能成为一个合格的销售者。

当然，果断绝不是草率，更不是鲁莽。草率和鲁莽是愚昧无知和粗心大意的伴生物，而果断则是对信息做了充分加工，做出十分迅速准确的反应，是“短、平、快”式的深思熟虑。草率和鲁莽与果断是格格不入的。商场如战场，商战惊心动魄，同样需要当机立断。否则，只会贻误商机，最终一无所获。

说白了,要想做到当机立断,就要眼光敏锐,洞察深入,决策迅速。做到这三点,商机基本是不会被延误的。

第四章　抵巇——成功销售之禁漏术

一、建立客户档案,保持往来

【原文】

物有自然,事有合离。有近而不可见,有远而可知。近而不可见者,不察其辞也;远而可知者,反往以验来也。

【译文】

“万物都有规律存在,任何事情都有对立的两个方面。有时彼此距离很近,却互相不了解;有时互相距离很远,却彼此熟悉。距离近而互相不了解,是因为没有互相考察言辞;距离远却能彼此熟悉,是因为经常往来,互相体察。”这就是这句话的翻译。那么,用于销售中又是如何呢?从前文中,大家一定看到两个销售精英都建立有客户资料库,他们分别是日本销售大王原一平和世界上最伟大的推销员乔·吉拉德。他们手里都有客户的一手资料,可以做到适时出击,最后把客户拿下。这一计是抵巇第一计:建立客户档案,保持往来。很多人看到这里,就会问了,这一计和上面的重复,为什么还要写呢?

其实,这一计强调的是后半句,保持往来。有了客户档案,但一直不往来,同样做不好销售。做销售就和交朋友一样,朋友经常不往来会生疏,销售对象也是如此,经常不往来就会把你淡忘掉。现在,很多生意并不是一次性的。如果做得好,会有回头客,甚至你的一个客户会拉来很多客户。所谓经常往来,才能建立持久的关系,而销售也会越来越好,销售对象的一句话可要比销售人员的十句话还要有效。让我们看看那些销售精英是如何跟客户保持联系并且拿到很多订单的。

【事典】

“建立客户档案,保持联系”要求销售人员在销售的过程中不断拉近与客户的距离,成为客户值得信赖的人。这就需要我们善待自己的客户,和他们诚心诚意交朋友。只有这样,客户才有可能成为我们的义务推销员,帮助我们挖掘更多的潜在客户。但要知道,这是一个长期的过程,坚持才会看到结果。

杰瑞的情报人员

杰瑞是一个深受大家喜爱的汽车推销员,他的业绩往往是公司中最出色的。杰瑞在谈论他的推销经验时曾说:“过去推销成功的客户,最适合担任我们的情报员。还有那些居于情报往来最频繁地区的人们,如店老板、乡村村长、街区干部、托儿所保育员以及街头巷尾的老太太们,都是不错的情报员。这些人在他们所在的地区都具有发言权,有的甚至可以影响当地舆论。因此,要拉拢他们,让他们成为自己推销的伙伴。”

杰瑞是这样说的,也是这样做的。杰瑞待人非常亲切,常常像对自己的亲人一样帮助顾客们,和他们谈心。他每天工作安排都是拜访十位过去成功推销的顾客,询问汽车的使用状况,有时还会亲自给这些用户调配汽车的零件、检查汽车机油等。如果有什么优惠活动,杰瑞也会第一时间通知那些老顾客。杰瑞热情周到的服务让顾客们感到被尊重,他们就会更照顾杰瑞的生意,成为杰瑞最有价值的情报员。

最让人叫绝的是,杰瑞总能够轻松地将客户身边的人拉入销售网:“太太,上次您说到您的一些朋友,他们现在怎么样?您一定得多帮我说几句好话。”如果看到顾客家里有客人,杰瑞也会适时地给这些老顾客提供特别的服务和优惠。这样做,不仅吸引了新顾客,更让老顾客在朋友面前显得特别有面子,当然愿意持续为杰瑞提供情报。

另外,杰瑞在对待准客户时,也有独特的一套方法。他说,一个杰出的推销员,不仅要增加自己的客户群,还要最大限度地了解准客户的资料,以便在见面时,能够流利地说出准客户的职业、子女、家庭状况,甚至他本人的故事。所以,杰瑞总是可以在第一时间就拉近与顾客的距离。

正是凭借着这些销售法宝，杰瑞拥有了越来越多的顾客，业绩当然也越来越好。

利用客户的人际关系来认识更多的人，这是很明智的做法。乔·吉拉德同样也是如此。在他每谈成一笔生意后，都会送给顾客一张感谢卡和一叠他的名片，因为他认为从事推销需要别人的帮忙，而顾客将会成为他最好的伙伴。

所以，作为一个销售人员，建立完善的客户档案是非常重要的。我们可以通过和老顾客保持联系，让他们变成自己的情报人员，从而源源不断地为自己提供推销资讯。

与客户成为好朋友，并通过他们挖掘出更多的潜在客户，这是每一个推销员都应该学习的课程。

人情味的信函

乔·吉拉德是世界上最伟大的推销员。他有很多推销方法，现在仍被很多商家使用，那些方法在销售界广为传颂。

乔·吉拉德在推销汽车的过程中，总是不会忘记细致地问对方的联系地址。人尚未出门，"感谢惠顾"的感谢卡片已经送到对方的手里。这些感谢卡片每个月的色彩、风格都是不同的，甚至投递方式也不同。

1月份，他的感谢卡是一幅精美的喜庆图案，同时还配有"恭贺新禧"四个大字，下面有一个简单而醒目的签名："雪弗兰轿车，乔·吉拉德上。"上面再也没有多余的话。就算是在拍卖的时候，他也不会写上去。在感谢卡上，他绝口不提买卖。

2月份，感谢卡上写的是："请你享受快乐的情人节。"下面仍然是一个简单的签名。

3月份，感谢卡的内容是："祝您圣巴特利库节快乐！"圣巴特利库节是爱尔兰人的节日。也许你是波兰人，或是捷克人，但这无关紧要，关键的是他不忘向你表示祝愿。

然后，4月、5月、6月、7月……一直到12月。

乔·吉拉德认为，所有已经认识的人都是潜在客户。对于这些潜在客户跟老客户，他每年都要给他们寄去 12 封信函，传送给他们自己的一份关爱。据统计，他每个月要寄出一万封这种信函。

乔·吉拉德在感谢卡上，没有和任何人说过一句“请您买我的汽车吧”，可他留给客户的印象却是最深的、最美好的。他们想买汽车的时候，第一个想到的就是乔·吉拉德。二次购车的客户想到的还是他。

虽然仅仅是几张简单的感谢卡，但它们的作用却非同小可。很多客户一到节日，常常会问自己的家人：“有没有我的贺卡？”

“有，乔·吉拉德寄来的。”这样一来，乔·吉拉德的名字一年会有 12 次出现在客户的脑海里，拉近了他跟客户的关系，与客户保持了良好的往来。

要充分利用每次跟客户接触交流的机会，也要充分利用与客户交往的机会。有了客户的档案，通过一份小小的礼物，就掳获了客户的心。赢得了客户的心，就一定是最后的赢家。

【销售者说】

现在，很多地方都要求人性化，比如管理人性化、服务人性化。同样，销售也要人性化。销售与人情味始终保持着张力，商业在某些地方排斥人情味，但很多时候又需要人情味来调剂。

与客户往来不一定要去客户的家里，偶尔的一个短信息，也能增进感情。比如下雨天，就可以给客户发个信息，让他注意防雨；天气晴朗，祝他心情愉快，工作顺利，挣钱多多。但是，这个时候千万不能提买卖的事情，否则客户会觉得你别有居心，就是为了让他买你的东西。虽然你真的是“别有居心”，销售确实是目的。告诉你的客户，你记得他、在意他，他就会觉得自己被尊敬，服务是主动来找他的，如果他需要，自然会优先考虑你的。

二、见微知著，细节决定成败

【原文】

事之危也，圣人知之，独保其身；因化说事，通达计谋，以识细微。经起秋毫之末。挥之于太山之本。

【译文】

在鬼谷子看来,圣人是非常厉害的人物,事物有微小的变化都逃不过他的眼睛,所以“事之危也,圣人知之,独保其身”。当事物出现危机之初,只有圣人才能知道,而且单独知道它的功用(一般人我不告诉他)。知道以后又如何呢?就需要“因化说事,通达计谋,以识细微”,知道了就要继续观察,按照事物的变化来说明真理,了解各种计谋,以便观察对手的细微举动。这些细小的东西不能忽略,因为鬼谷子还说了“经起秋毫之末,挥之于太山之本”,万事万物在开始时都像秋毫之末一样微小,一旦发展起来就像泰山的根基一样宏大。

圣人成为圣人的一个部分就是注意细节。我们销售人员虽然算不上圣人,但也要向圣人学习他的优点。这就是我要讲的抵巇第二计:见微知著,细节决定成败。不要小看生活中琐碎的小细节,有时候它可是决定成败的关键。想必大家都听过古人“一屋不扫,何以扫天下”的典故吧!东汉时有一少年名叫陈蕃,自命不凡,一心只想干大事业。一天,其友薛勤来访,见他独居的院内龌龊不堪,便对他说:“孺子何不洒扫以待宾客?”他答道:“大丈夫处世,当扫天下,安事一屋?”薛勤当即反问道:“一屋不扫,何以扫天下?”陈蕃无言以对。由此可见,古人对细节非常重视,并且认识到了细节的重要性。

作为销售人员的我们也要注意到细节,比如自己的衣着、谈吐、动作等,都将和你的销售挂钩。就从衣着方面举个例子,如果你是室内设计师,却穿得像个孩子,相信你是设计师的有几个人?设计师身上的衣服一点艺术细胞都凸显不出来,这样即使是设计师也是三流,这样你的生意就因为你的衣服打水漂了。大一点的企业更是要注意自己的细节了,“千里之堤毁于蚁穴”说的就是不注意细节的后果。从服务到产品质量,都要层层把关。一个环节出问题了,企业可能就歇菜了。肯德基就是因为面包里的牛肉少了零点几盎司,被温迪快餐厅看准机会狠狠打击了一把,销售额抢走不少,形象也大大折损。所以,对于销售人员来说销售中的细节不可忽略,一点也不能疏忽。

【事典】

"见微知著，细节决定成败"要求销售人员在推销的过程中注重每一个细节，将每一位顾客都看作重要顾客，为其提供细致周到的服务，让顾客的购物成为一种享受。

用细节打造一流的服务

台湾工商界的"龙头老大"王永庆，小学毕业后就到一家米店做学徒。1932年，16岁的王永庆靠着父亲为他东挪西借来的200元钱，在台湾嘉义的一条偏僻的巷子里开了一家米店。

当时，小小的嘉义共有米店26家，竞争非常激烈。王永庆的米店因为规模小，地处偏僻，又缺乏知名度，在刚刚开张的那段日子，生意非常冷清，门可罗雀。

王永庆

怎样才能打开销路呢？王永庆想起父亲常说的一句古训："不惜钱者有人爱，不惜力者有人敬。"他没有钱，唯一能做的是不吝惜时间和力气去赢得顾客的好感。

那时候，大米加工技术还比较落后，出售的大米里混杂着不少糠谷、沙粒。这种现象非常普遍，买家卖家都习以为常。但对王永庆来说，却并非如此。他认为，如果每次卖米之前都把米中的杂物拣干净，一定会受到顾客的欢迎。于是，他叫来在米店帮工的两个弟弟动手，将夹杂在大米里的糠谷、沙粒统统清理干净。果然，当人们看到这么干净的大米时，都争抢着购买。

当时，米店都是等着顾客上门买米，而王永庆则首先增加了送货上门的服务项目。无论刮风下雨，无论路程远近，只要顾客需要，他就会立即免费把米送过去。

一天晚上，下着倾盆大雨。王永庆忙完店里的活计，已是深夜。当他刚刚躺下，就听到门外传来一阵急促的敲门声。王永庆开门一看，原来是嘉义火车站对面一家客栈的厨师。厨师说客栈来了几位客人，还没吃饭。刚巧厨房没米了，想请王永庆帮忙送一斗米。要知道，当时卖米的利润极其微薄，一斗米只能赚一分钱，而且还下着这么大的雨。但王永庆不想失信于顾客。于是，王永庆二话没说，量了一斗米，披上一条麻袋当雨具，很快就将米送到客栈。当他回到店里时，全身都已经湿透了。王永庆的这一举动让饭店老板大为感动，这个老板后来就成了王永庆的老顾客。

王永庆给顾客送米，并非送到就算了，他还要帮人家将米倒进米缸里。如果米缸里还有米，他就将旧米倒出来，将米缸刷干净，然后将新米倒进去，将旧米放在上层。这样一来，米就不至于因陈放过久而变质。王永庆这个小小的举动令顾客感到非常贴心，很多人都会长期购买他的米。

除此之外，王永庆还专门准备了一个本子，只要是顾客第一次上门或给新顾客送米，他都要打听这家有多少人、每人饭量如何、一个月吃多少米、何时发薪等，然后详细地记在本子上。估计这家的米该吃完了，不等顾客上门，他就主动将米送过去。当时，嘉义的大多数家庭都靠做工谋生，收入微薄。因此，王永庆每次送米上门，都不会急于收钱，直到顾客领了薪水，再一拨儿一拨儿地收米款。

由于王永庆处处替顾客设想周到，大家一传十、十传百，他的名气越传越大，生意也自然越来越好。

同样，销售人员在推销时也应如此。对待顾客就是要用一流的服务做细小的事情，用一点一滴的小事感动顾客。如果我们能够为客户提供细致周到的服务，哪怕是推销相同的产品，我们也会比别人卖得多。

沃尔玛：细节决定成败，努力做到更好

沃尔玛公司由美国零售业的传奇人物山姆·沃尔顿先生于1962年在阿肯色州成立。经过四十多年的发展，沃尔玛公司已经成为美国最大的私人雇主和世界上最大的连锁零售商。目前，沃尔玛在全球15个国家和地区开设了超过

8000家商场，下设53个品牌，员工总数210多万人，每周光临沃尔玛的顾客达两亿人次。

沃尔玛为何会发展得如此之快呢？有一个很重要的原因就是非常注重细节。它的创始人山姆·沃尔顿先生说过："如果你热爱工作，你每天就会尽己所能力求完美，而不久你周围的每一个人也会从你这里感染这种热情。"沃尔玛在每一个环节都细心谨慎，力求完美。

从下面六个细节就可以看出以下几点。

1.永远向竞争对手学习，学习每一个先进的"细节"。

沃尔玛的竞争对手斯特林商店开始采用金属货架以代替木制货架后，沃尔顿先生立刻请人制作了更漂亮的金属货架，并成为全美第一家百分之百使用金属货架的杂货店。

沃尔玛的另一个竞争对手本·富兰克特特许经营店实施自助销售时，山姆·沃尔顿先生连夜乘长途汽车到该店所在的明尼苏达州去考察，回来后开设了自助销售店，当时是全美第三家。

2.顾客永远第一。

一个顾客在沃尔玛买了一台果汁机，不久果汁机出了点小毛病。他拿着机器和超市开给他的小票来到沃尔玛的一家连锁店。服务员立刻给他换了一台，并且还退给顾客五美元，因为果汁机降价了。

3.视纸如命。

在沃尔玛的办公室里，最大的特色就是它"视纸如命"。在办公室里，如果发现没有复印纸想去领取纸张，只可能得到一句轻描淡写的回答："地上盒子里有纸，裁一下就行了。"在沃尔玛，从来没有专门用来复印的纸，用的都是废报告的背面。打印纸也是一样，除非十分重要的文件，否则一律用废旧纸张的背面。每个办公室都配有一台裁纸机。而在沃尔玛的会议上，从部门经理到营运总监，随身携带的"笔记本"都是用作废的报告纸裁制而成的。

4.繁忙时任何人都是店员。

双休日，节假日，人们纷纷涌进商场购物。这个时候，沃尔玛的店里就忙了起来。这时，沃尔玛运营总监、财务总监、人力资源经理及各部门主管、办公室秘书都换下笔挺的西装，投入到繁忙的商场之中，去做收银员、搬运工、上货员、迎宾员……没有任何人有任何架子，关键的时候都要发挥最基层的作用。

5.零成本促销，全心全意为顾客省钱。

沃尔玛的商品零售价比竞争对手凯玛特平均低38%。无论在美国本土还是在世界上任何有沃尔玛存在的地方，沃尔玛的宣传广告都很少有大手笔宣传的，广告费是少之又少，只占整个运营费的0.4%。偶尔过节也只是发广告彩页，细心的人一看，发彩页的不是店员，而是员工的子女。这些省下来的钱去哪里了呢？这些钱都体现在商品的零售价上了，平均低38%的价格就是从这里省出来的，着实为顾客省下了很多钱。

6.一杯咖啡十美分。

沃尔玛员工要喝咖啡，自己要在旁边的储钱罐里放上十美分。你觉得这种管理可笑吗？但是，请记住，这就是沃尔玛。

上面这六条被人看着觉得沃尔玛真的很抠。但就是这些点点滴滴的细节为沃尔玛的顾客带来了实实在在的优惠，也为沃尔玛带来了很多回头客与利润。这些小细节看似微不足道，却影响了整个企业的发展。

【销售者说】

细节可以体现出一个人的内涵修养等，作为销售人员的我们也要求注意细节。假如我们是客户，就从衣着上来说，我们看见一个干净整洁的销售人员和一个邋里邋遢的销售人员，感觉是大不相同的，更容易接受前者而忽略后者。沃尔玛也是靠注意每个细节才能够成功，要不然顾客的那么多实惠哪里来？都是沃尔玛一点一点省下的。

中国人不缺勤劳不缺智慧，最缺的是做细节的精神。老子曾说：“天下难事，必作于易；天下大事，必作于细。”他精辟地指出：想成就一番事业，必须从简单的事情做起，从细微之处入手。一心渴望伟大、追求伟大，伟大却了无踪影；甘于平淡，认真做好每个细节，伟大却不期而至。这也就是细节的魅力。一个人的价值不是以数量而是以他的深度来衡量的，成功者的共同特点就是能做小事情，能够抓住生活中的一些细节。

三、善于竞争的销售人员，才是好销售员

【原文】

诸侯相抵，不可胜数。当此之时，能抵为右。

【译文】

这句话翻译出来还是比较好理解的，意思是：诸侯之间互相征伐，斗争频繁，不可胜数。在这个混乱的时代，善于斗争的诸侯才是强者。在混乱的时代，善于斗争的诸侯是强者。同样，在这个信息化的年代，善于竞争的销售员才是好的销售员。

如何做到善于竞争？首先应对销售信息的掌握做到三个字，即快、准、狠。快速获得准确信息，狠狠出击，不给别人机会。其次，要有厚脸皮，这里指的不是死缠烂打客户，而是和自己周围的人竞争。做销售的不是你一个人，会有很多人盯紧一个客户。只要还没签单，这个客户就有可能是你的，不抢一把，怎么知道他最后不是你的客户。没有好意思不好意思的，古时候的诸侯如果不好意思，他的国家早被人吞并了，他还能当上君主吗？最后，要机灵一点。做销售会认识很多人，要记得开发客户周围的客户，要常联系他们，并询问他周围的人是否有需要你产品的，不给别人开发你潜在客户的机会。还有就是你会认识一些销售人员，交流的时候可以和他们换客户的电话号码，互利互惠，这也是竞争。对方往往会把他搞不定或者没希望的客户电话号码给你，这时就需要发挥你的独特价值了，他搞不定的你搞定了，不就在竞争中胜利了吗？

【事典】

“善于竞争的销售人员，才是好销售员。”这就要求销售者处于竞争环境时，必须积极应对竞争。所有的市场竞争的终极竞争都是产品品质的竞争，我们应该寻求只有自己产品中才能提供的特性并完美呈现出来，以此来重建客户的采购标准。当然，仅仅拥有优秀的产品或服务已不足以获胜，销售人员还必

须为客户创造更多的价值。简而言之,就是抢占先机、定购买需求、得客户首选的地位。竞争是销售人员不能忽视的课题,我们必须懂得:正确的竞争策略,才是求胜的关键。

快速出击

富兰克·贝吉尔是一位著名的保险推销员,他的成功理念就是主动去争取顾客。在激烈的行业竞争中,贝吉尔总是可以抢先在对手之前赢得顾客的信赖,这其中的秘诀就是一个字——快!

有一次,贝吉尔听说一个富豪正准备买一份25万美元的保险。这样一个大客户,当然吸引了不少保险公司的注意。当时,除了贝吉尔,还有十家公司都向那位富豪提出了合作计划。

如何打败竞争对手,拿下这一份巨额保险,贝吉尔煞费苦心。为此,他在最短的时间内做好了一切准备工作。

这一天,贝吉尔来到富豪的家里。

“您好,我是保险推销员富兰克·贝吉尔,见到您很荣幸。”贝吉尔热情地说道。

“你好。”富豪漫不经心地回答着。

“我知道您正在考虑买一份25万美元的保险,这样的高额保险应该交给一家信誉好的公司才行。”

“是的,这几天不知有多少家保险公司的推销员来找过我。”

“我听说了,不知道您是否有什么决定呢?”

“还没有,不过我已经麻烦一位好朋友帮忙处理这件事了。你把你们公司的资料留下来,好让我比较一下哪家更合适。”

“当然可以,不过我有个建议。”

“说。”

“我有句话要真诚地告诉您,现在您可以把那些计划书都丢到垃圾桶里。因为保费的计划基础都是相同的起点,任何一家都是一样的。我来这里,就是帮助您做最后的决定。就银行贷款25万美元而言,受益人当然是银行。关心您的健康，才是最重要的。不用担心，我已帮您约好的医生是公认最权威的，他的报告每一家保险公司都接受，何况做25万美元保金的高额保险的体检，只有他够资格。”贝吉尔一脸诚恳地说道。

“我为什么一定要选择你们的公司，难道其他的保险公司不能帮我安排吗？”

“当然可以，但您可能会耽误三天。如果您在这几天不幸患了感冒，时间一拖，保险公司甚至会考虑再等三四个月才予以承保……”

“原来这件事有这么重要，你不说我还不知道呢。贝吉尔先生，请问你到底代表哪家保险公司？”

“我代表客户，当然也包括您在内。”

“哈哈，贝吉尔先生，我们坐下来好好谈谈。”

就这样，贝吉尔在迅雷不及掩耳的积极行动下，很快就签下这一张25万美元的高额保险。而他所凭借的利器就是及时行动，尽快促成。

因此，在竞争对手林立的时候，销售人员应该以最快的速度获取客户的信任，从而打败对手，赢得顾客。要知道，如今是快鱼吃慢鱼的时代。对销售人员而言同样如此，抢占先机、快速灵活才是成功的保障。

竞争庆百年

要说众多饮料中称霸历史最悠久的，非可口可乐莫属。可口可乐走过了一百多年的历史，依然如日中天，畅销全球。众所周知，可口可乐有一个强大的竞争对手，那就是百事可乐。百事可乐最初于1890年由美国北加州一位名为Caleb Bradham的药剂师所造，以碳酸水、糖、香草、生油、胃蛋白酶(pepsin)及可乐果制成。该药物最初是用于治疗胃部疾病，后来被命名为“Pepsi”，并于1903年6月16日被注册为商标。

在广阔的全球饮料市场上，可口可乐和百事可乐的竞争可谓是硝烟弥漫，战火重重，他们之间的竞争从未停止过。

可口可乐公司于1886年创建，到1986年正好创建100年。可是，在1985年的时候，可口可乐公司却宣布了一则骇人听闻的消息，他们要改变沿用了99

年的可口可乐老配方,采用刚刚研制的新配方,并且声称要用新配方创造老配方的新纪录。

这下可是让可口可乐的老客户慌了,他们怕再也喝不到纯正的可口可乐,纷纷向可口可乐公司打电话写信。公司每天能收到无数的抗议信和1500次以上的抗议电话。

而可口可乐的竞争对手百事可乐可是乐坏了。他们立刻趁火打劫地制作了一个30秒左右的广告。电视的广告内容是:一个妙龄美女盯着镜头急切地问道:“可口可乐为什么要改变配方呢?他们为什么如此薄情?谁能告诉我?谁能告诉我?”这时,只见镜头突然一晃,小姐喝了一口百事可乐,欢天喜地地说:“我现在知道了。”这则广告在美国三大电视网中租用黄金时段,连续播放了一个月,把可口可乐打击得够呛。

正当百事可乐春风得意时,可口可乐公司突然宣布:“为尊重老客户的意见,公司决定继续保留老配方,将其更名为‘古典可口可乐’。同时,考虑到消费者的新需要,新配方的可口可乐定名为‘营养可口可乐’,一并供应市场。”

同年,百事可乐公司的股票下跌了0.75美元,而可口可乐销售总量比往年上升了8%,股票每股上涨2.57美元。

其实,可口可乐公司改用新配方的做法不是目的,而是手段,旨在用进一步扩大商战主动权的成果来纪念可口可乐公司成立100周年。

可口可乐公司和百事可乐公司因竞争而强大,因强大而竞争。竞争,让双方共同成长。

【销售者说】

商场如战场,竞争是必然。只有竞争才能优胜劣汰,现在已经不再是那个“酒香不怕巷子深”的时代了。谁先把握商机,谁能先行动,谁就是最后的赢家。不想当将军的士兵不是好士兵,同样,不想竞争的销售员不是好的销售员。竞争不光要有勇,而且要有谋,有一定的策略,竞争才更容易成功。

第五章　飞钳——成功销售之探意篇

一、权衡一切，为我所用

【原文】

凡度权量能，所以征远来近。立势而制事，必先察同异，别是非之语，见内外之辞，知有无之数，决安危之计，定亲疏之事，然后乃权量之，其有隐括，乃可征，乃可求，乃可用。

【译文】

上面的话翻译出来就是：凡是揣摩人的智谋和测量人的才干，就是为了吸引远处的人才和招徕近处的人才，造成一种声势，进一步掌握事物发展变化的规律。一定要首先考察派别的相同之处和不同之处，区别各种对的和不对的议论，了解对内、对外的各种进言，掌握有余和不足的程度，决定事关安危的计谋。确定与谁亲近和与谁疏远的问题。然后，权量这些关系。如果还有不清楚的地方，就要进行研究，进行探索，使之为我所用。啰啰唆唆说了这么多，这句话的"骨头"是什么呢？就是短短八个字：权衡一切，为我所用。

做任何事情都需要借助天时地利人和，销售也是，要借用一切有用的事物，为我所用。这是因为，这些有利的条件是促进销售成功的秘诀。其实，很多商家或者销售人员都经常用这一计的，比如在某个时段纷纷吐血一样地降价，这就是销售的一种手段。商人不会做赔钱的买卖，羊毛出在羊身上。降价只是为了吸引顾客，薄利多销也赔不了钱的。

如何权衡一切为我所用呢？就是要看看有什么有利条件可以为销售所使用。比如销售牛奶，看见老年人和小孩子你就要提醒他们补钙，然后说喝牛奶补钙，从这个角度打开销售大门。还有就是比较法。一个是和自己比较，比如，装饰公司的业务员就可以说这个小区某某用户就是我们公司装修的，他们非常满意，你可以去看看，决定是否要我们装修（装修得特别好的）。第二，和他人销售的东西做比较，这里要注意了，千万不要贬低别人的产品。如果要贬低，也要说“有的产品……”一般要说“我们和其他产品比有××优点”会更好。说这些的时候已经做到权衡了，并且将有利的信息为我所用。当然，这样说还不详细，看看下面的销售精英是怎么做的。

【事典】

“权衡一切，为我所用”要求销售人员必须具备较好的市场销售理论知识，对客户的产品结构调整、终端形象展示、广告与促销等能够及时做出反应，运用一切对自己有利的信息。只有这样，我们才能真正对客户产生影响力，说服消费者购买我们的产品。

李铭的“一切为我所用”

盛达是一家规模较大的家电公司，凭着优良的产品和服务，很快就赢得了消费者的信赖。2000 年，为了扩大企业影响力，盛达公司决定入驻国威市场。国威是全国家电一级市场，和其他一级市场一样，有广阔的销售渠道。国威的网络布局为“一个中心家电连锁布阵，周边专卖店辐射”，属于典型的辐射性商圈结构。在市场中心，主要以大连锁的零售为主，在周边地区主要以不同品牌的专卖店为主，这些专卖店下面又连着许多小型零售商，分享着周边的市场份额。

在市场部经理李铭的带领下，盛达家电顺利进军国威。根据市场的发展趋势，李铭将公司的销售重心放在市区。2004 年，由于市区市场竞争日趋激烈，并且销售成本一路走高，盛达家电的销售难度越来越大。为了确保完成 2005 年度的销售任务，李铭决定在稳定销售市区中心销售的同时，扩大销售渠道。他计划在周边建立专卖店，从而分担销售任务增量部分。但当时盛达家电的周边市场还是一片空白。

周边市场的竞争相对淡化，但为了更好地吞噬周边市场，保证商家的利益，各家电品牌采用的都是“专卖店批发十小客户零售”的网络布局。由于厂家的保护措施很到位,周边的销售网络相对比较固定。合作关系也比较稳定。这对盛达公司来说,无疑是设置了非常大的阻力。从某种意义上说,想要说服一个很稳定的经销商转向其他品牌,几乎就没有可能。

但事已至此,李铭还是决定尝试一下。虽然可能性很小,但并不代表没有一点机会。多年的经验告诉他,每年这个时候,很多品牌都会有比较大的动作,说不定自己侥幸能看到奇迹。

在做了一些调查后,李铭开始了针对周边市场网络开发的攻坚战。他每天早晨很早就出门,一家接着一家地登门拜访。尽管盛达家电 2005 年的优惠政策比其他品牌都要优惠一些,还有李铭的三寸不烂之舌一遍遍地介绍,但依然没有任何进展,所有的经销商都拒绝了李铭的合作要求。

虽然遇到了很大的挫折,但李铭并没有放弃寻找合作伙伴的希望。功夫不负有心人。在一次拜访中,李铭获得一条极其重要的信息:嘉信品牌在 2005 年将进行重大的渠道改革,逐步将区域代理向服务商和配送商转变。这样一来,嘉信品牌的核心经销商将会失去丰厚的利润。

李铭曾拜访过这个经销商,对方当时很坚定地拒绝了李铭。据了解,这个经销商唯一合作的品牌就是嘉信,并没有其他品牌支撑。重要的是这个经销商的分销网络十分成熟,网络质量也很高。李铭相信,这绝对是一个好的进入周边市场的机会。于是,他立即着手准备起来。

这段时间,那个经销商也在思考怎么才能摆脱这种困境!本以为嘉信品牌在 2005 年的销售任务将会增加,却没想到 2004 年 10 月份总部调整了渠道策略,这无异于断他的路啊!

几天后,李铭带着准备好的资料,来到这个经销商的办公室。一阵寒暄之后,李铭逐渐转到了谈话的主题。

"我说,张总,让嘉信品牌这么一折腾,您这一年下来,几十万的银子可就眼睁睁地流走了!"

"谁说不是啊!这个嘉信一点也不讲信用,前段时间我刚刚打过去 20 万,谁知第二天,他们就给我发了一个传真过来,说是今年政策重大调整。你说我辛辛苦苦建立起来的网络眼看就要被人家抢去了,我得多心疼啊!"

“张总,您就没有什么想法?”李铭直接问道。

“我能有什么想法啊! 这几天,我都快愁死了!”

“张总,我倒有一个很好的建议,不知您……?”

“什么建议? 说来听听!”

“张总,我仔细将嘉信品牌与我们的品牌比较。我们品牌的知名度不如嘉信,但我们品牌的价格透明度低,利润空间大,外观也漂亮。再说,有专业的销售人员作支持,市场推进肯定也会很快。这样一来,您的损失不就又回来了吗?重要的是您还能赚大钱!”

“听起来倒不错,但我对你们公司并不太了解。如果再发生什么意外,那我找谁去啊!”

“张总,您大可不必担心,在全国我们的品牌并不比嘉信差。再说,我们公司的原则就是以客户的原则为原则。相信您一定会满意我们的合作!”

“我考虑一下,三天后我会把决定告诉你。”

“我理解,这也不是件小事。这是我们公司的一些资料,留下来给您做参考。如果没什么问题,我就不打扰您了。”

“好的,我们电话联系。”

两天后,张总打电话约见李铭,商定具体的合作事宜。很快,盛达成功进入了周边市场。

凭着李铭的这一招“为我所用”,盛达品牌不仅瓦解了嘉信品牌的周边网络,而且也获得更广阔的市场。

利乐公司:大家乐

瑞典利乐公司是全球最大的软包装供应商,掌握着全球75%左右的软包装市场。瑞典利乐公司于1985年进入中国市场,逐渐变成中国最大的软包装供应商。利乐在中国奉行的经营理念是:与客户共同成长。这个不是没有依据的,在软包装方面,我国的下游企业经营管理环境不是很好。作为产业链中上游的利乐公司,只有下游发展好了,才有更大的发展空间。整个产业链的各个厂家都发展了,整个产业才能繁荣昌盛。

很多厂家的主要职责是如何提高产品质量、如何提高产品的竞争力、不断推出新产品、降低价格、完善对客户的售后服务等。但是,利乐没有这么做,因为下游环境比较差。经过一番权衡,利乐决定先帮助下游客户成长发展。

它在营销上与下游厂商结成战略合作伙伴关系,这种伙伴关系被利乐称为"关键客户管理系统(KAM)"模式。为此,利乐公司"以客户为中心",改变内部组织结构,设置关键客户经理,使其组织在业务功能上形成以客户为导向的作业流程。

不要以为这样利乐亏了,花大把力气帮助别人,自己得到的却很少。其实,利乐在输出产品的同时,还附带着更多地输出了企业文化、管理模式、运营理念、营销思想、市场运作方法,为合作伙伴培养人才。另外,在对合作伙伴全面输入管理、研发、技术、加工、营销的过程中,利用优势资源全方位整合客户。通过有效的关键的客户管理和实施,使客户实现业务利润的增长,从而达到客户满意的目标。同时,利乐也自然获得客户的认可,获得更大的发展。

【销售者说】

"权衡一切,为我所用"的结果是得到比原来更多的东西。利乐公司在表面上看似失去了很多利润,但其实却根据实际情况抓住了最实际、最适合自己发展的东西。另外,"权衡一切"不光要看到现在的发展,还需要有长远的眼光,最终确定如何才能发展得更好。

不确定性环境是销售者经常面临的一种困难,权衡的时候自然就比较难。那么,做销售就要做好以下两个方面:以自己的"内功"保证产品总成本优先;围绕客户价值进行销售创新,因为不确定性提供给我们机遇和挑战,一般的"权衡"和"为我所用"只能从客户的需求中寻找。

要做到"权衡一切,为我所用",观察是必不可少的。通过观察分析,做出正确的选择,将最有利的一方面面对自己,使自己更好地发展。

二、针对客户，销售产品

【原文】

审其意，知其所好恶，乃就说其所重，以飞钳之辞，钓其所好，乃以钳求之。

【译文】

做事情有针对性才容易成功，有针对性就等于有了一个目标，朝着目标发展才会有动力。而鬼谷子的这一计就是说针对性的。上面那句古语的意思是：要详细考察对方的愿望和想法，要了解他们的好恶，然后针对对方所重视的问题进行游说，用“飞”的方法诱出对方的爱好所在。最后，再用“钳”的方法把对方控制住。

我们做销售，销售出产品就是目的。我们销售的东西和大街上卖大力丸的不一样，男女老少通吃，而是有针对性的。要想做到有针对性的销售，就需要先弄清楚自己销售物品的性质，知道是卖给什么人的，这个是最本质的东西。如果这个不清楚，就会弄出“驴唇不对马嘴”的笑话。春秋时期，很多谋士去各国游说的时候，就非常有针对性，他们非常清楚自己的目的。比如鬼谷子的高徒张仪正是作为杰出的纵横家出现在战国的政治舞台上，对列国兼并战争形势的变化产生了较大的影响。张仪就是根据当时的形势，有针对性地游说，施以连横之术，游说六国亲秦，拆散合纵。

另外，“针对”还体现在客户的好恶上。客户喜欢什么就说什么并且推荐什么，说白了和投其所好差不多。只有做到针对什么人说什么话、办什么事，才能“拿”住客户。

【事典】

“针对客户，销售产品”要求摸清客户的喜好和需求，再根据这两个条件做销售，就会容易得多。还有就是销售中要有策略，面对各种人有各种策略，比如价格策略、包装策略等。

销售电动玩具

“先生,你家是不是有小孩子啊?”年轻的女售货员问。

“嗯,是的。”中年男子点头。

他把摆在柜台上的一只升空玩具飞机拿起来,仔细地把玩着。

“先生,你家孩子多大了?”

“呵呵,小家伙才五岁。”男子笑呵呵地回答。

“那一定很可爱啦!”

“嗯,很淘气,对什么都感觉好奇。”

女售货员接着说:“我想您的孩子一定非常聪明吧!我发现您也特有眼光,因为您拿的这个玩具是专为开发儿童智力设计的,是新产品,昨天刚到的货。”然后,女售货员就开始介绍玩具的操作性能,而且一边介绍一边见缝插针地说:“这种声控玩具让小孩子玩,可以培养他们的动手能力和领导能力。您买个试试,和孩子一起玩,开发他的智力多好啊。”说完,女售货员把手中准备好的声控器递给中年男子。

那位中年男子立刻饶有兴趣地玩了起来。这时,女售货员不再说话,静静地看着他玩。大约五分钟后,男子停下来,开始端详起这个玩具。

这时候,女售货员不再沉默:“这套玩具设计得非常精巧,就像变形金刚一样可以玩出许多的花样,非常吸引小孩子的眼球。要是您给您的孩子买上一套,小家伙肯定乐坏了。”

“那这一套得多少钱啊?”

“不贵,380元。”

“哟!这还不贵,不便宜啊。”

“好玩具和不好的玩具之间是有明显差别的。您看上的这套玩具可以开发孩子的智力,非常好。为了您的孩子,这点小钱算什么呀!放心吧,买我的玩具您是不会后悔的。”看见中年男子还是在犹豫,她立刻拿出两节崭新的电池,“这样吧,我再免费送您两节电池,您看好不好。”说完,她把一个原封的玩具和新的电池放在一个大塑料袋里,然后递给了男子。

男子接过塑料袋,打开看了看:“这个没问题吧!”

女售货员说道:“放心吧,三天内要是出现任何问题,您给我送回来,包退包换。”

这个男子高兴地付完款,提着袋子走了。

女售货员销售成功的原因就是进行了有针对性的销售,先确定男子家有没有小孩子,再根据孩子的年龄推销玩具。男子犹豫不决的时候,她又以为了孩子为理由让这位顾客下决心买下了玩具。销售要有针对性,针对的可以是销售对象,也可以是其他。

跳“脱衣舞”的空姐

20世纪60年代,航空业竞争激烈,但有一家航空公司却在激烈的竞争中良好地发展着,那就是美国的布兰尼佛航空公司。这是为什么呢?因为布兰尼佛的飞机上竟然可以观赏“脱衣舞”,而且是年轻美貌的空姐们表演。

好好的飞机上怎么会有“脱衣舞”呢?端庄娴静的空姐又怎么会表演这个呢?

布兰尼佛航空公司是美国一家航空运输企业,主要飞行美国中南部城市、墨西哥和南美洲地区。其实,在20世纪60年代,该公司也陷入困境。为了摆脱困境,请著名广告人、WRG广告公司的创办人玛丽·维尔斯为公司出谋划策。

经过充分的市场调查,玛丽女士发现,几乎所有的航空公司都是采用同一类型的飞机,硬件设备上做改动已经非常难了。但是,在服务方面还是有很大空间的。在服务方面,很多公司都不大重视,包括请他“出山”的布兰尼佛公司。大家的目标就是把顾客安全地送到目的地,这个目标就是一个死的任务,非常枯燥无味。

但是,长途的飞行让乘客们觉得不满意。在回收的问卷调查中,许多乘客反映旅途非常沉闷、无聊。特别是在飞机上待着超过三个小时,人们普遍会感觉无聊透顶,一些经常搭乘飞机的乘客因此对飞机产生了厌恶情绪。尤其是首次搭乘飞机的乘客更是对飞机失望,不愿意下次再坐飞机,在无形中流失了一批乘客。

对此，玛丽女士设计不脱光衣服的“脱衣舞”，利用空姐们的美好形象在旅途中表演时装秀。当乘客登机的时候，空姐们身穿统一的制服。在飞行的旅途中，空姐们会把外面的制服脱去，换上五颜六色不同款式的衣服。宽大的休闲服，华丽的晚装，飘飘的裙装……为此，布兰尼佛航空公司还专门为空姐们提供多款时装，用来展示她们青春的活力和曼妙的身姿。

空姐们的“脱衣舞”让枯燥无味的旅途活跃起来。“脱衣舞”是许多成年男士所热衷的，既刺激又富有神秘感。在飞机上表演，非常吸引人们的眼球。人们忘记了旅途的疲劳，漂亮的衣服配上美人，仿佛是去参加舞会。乘客们大饱眼福，一些男士更是激动不已，希望快点开始下一次旅程。

就这样，布兰尼佛航空公司“脱困”了。“脱衣舞”就是针对乘客旅途疲劳和无聊设置的，使旅途变得有趣，也充分利用了“空姐”这个资源。

【销售者说】

销售的针对性非常重要，就跟投其所好一样，他喜欢什么就有什么。有针对性地解决问题比没目的地完成任务容易许多。找到了问题的症结，然后下手。

布兰尼佛航空公司找到了自己航空业不发达的原因，然后，通过开展别开生面的“脱衣舞”来吸引顾客的眼球。最终使这个航空公司成为同行业的领头羊，旅客人数和销售额成倍增长。

针对客户销售产品就等于打一场有备无患的仗，并且抓住其中销售和针对对象的主要矛盾加以化解。举个很简单的例子，现在很多女士内衣店都会雇用年轻帅气的小伙子当导购，因为这样的销售额会很高。为什么呢？所有的人都是好色的，男人好色，女人也好色，帅气的小伙子更能吸引女士的注意。说白了，这一计和三十六计里面的“美人计”基本相同，都是针对对方的好恶来“抓”住对方的心，然后一举拿下。

三、与人为善，与己为善

【原文】

用之于人，则量智能、权材力、料气势，为之枢机。以迎之、随之，以钳和之，以意宜之，此飞钳之缀也。

【译文】

上面这段话的意思是：如果把"飞钳"之术用于他人，就要揣摩对方的智慧和才能，度量对方的实力，估计对方的气势，然后以此为突破口与对方周旋，进而争取以"飞钳"之术达成议和，以友善的态度建立邦交。这就是"飞钳"的妙用。

关于"针对"和"周旋"这两个大方面，前面已经讲了很多。这一小节注重的是与客户的交往，着重说"与人为善，与己为善"。跟客户交往就要像交朋友一样，将心比心，多为客户着想。为客户着想的多了，客户自然会聚集到你这里。同样，交往的时候，你要记得客户是上帝。前文也说了，甚至客户是被宠坏的上帝，一定要以友善的态度跟他们交往。否则，一个言语不当，你的生意就会泡汤。现在讲究和谐，你们之间的关系也要在和谐的大背景下和睦。

如何跟客户建立友好的关系呢？首先面对客户的时候要微笑，俗话说得好：伸手不打笑脸人。微笑是销售的第一步，让人心情舒畅。然后是言辞，一定要愉快地说，不要把销售变成一件很严肃的事情。很多销售大师销售的时候，都是将销售和拉家常结合在一起的，而且后者居多。记住，要微笑着言辞。最后要记住客户的详细资料，有事没事发个信息打个电话，加深客户对你的印象。联系多了，你们就熟了，你的生意也就好做了。

【事典】

作为一名销售人员，其工作性质跟搞科研、种庄稼都不一样，因为他们都是跟一些事物打交道，而销售要跟人这种高级动物打交道。所以，建立良好和谐的销售氛围和客户关系就显得格外重要。与人为善,与己为善,这句话在销售上讲,就是要友善地对待客户,有礼有节,才能赢得客户的尊敬和认可,也才会打开销售事业的大门。试想一下:没有客户,你的商品要卖给谁?

学会对客户微笑

国际著名的行销大师尚制胜现在非常成功,在世界各地演讲,介绍自己的经验和成功技巧。其实,他也曾经做过保险推销员。实际上,在那个时候他就已经深谙“与人为善,与己为善”这个道理了。

一次,尚制胜向一位客户推销保险。没想到那位客户是一个十分不信任保险的人,没有认识到保险是针对风险的一种投资。所以,当尚制胜说想要那位客户购买保险时,他很气愤地说道:“保险都是骗人的,我才不信什么保险呢!”

尚制胜并没有生气,仍然微笑着问道:“哈哈,这还是头回听说这种说法的。您能给我说说保险是怎么个骗人法儿吗?”

这位客户理直气壮地说道:“如果购买保险需要四千块钱的话,我和太太不买就可以拿四千块买一部好的彩电;而我们要是买了保险,那么20年以后再领回四千块钱恐怕连部黑白电视机都买不到了!”

尚制胜还是保持着微笑,又略带好奇地问道:“哦,那又是什么原因导致出现这样的情况呢?”

客户很快回道:“如果发生了通货膨胀,物价上涨,到时候货币必然会贬值,也就是说钱不值钱了,就不经花了。”

“还有其他因素吗?”尚制胜还是笑着提问。

那位客户想了想,继续说道:“还有啊,像是受到国际市场的波动和影响,如果再出现其他不确定、不可预见的……”

尚制胜不动声色地看着那位客户分析着,接着又笑着问:“还有吗?”

客户回答:“大概也就这些吧!没有了!”

他终于把理由说完了。

尽管尚制胜明白那位客户并不了解投保的意义和目的,但他没有急着否认客户的这种看法。相反地,尚制胜决定先站在那位客户的立场上对这种看法予以肯定。于是，他继续笑着对他说："您说得很有道理。我们假设，如果物价急剧上涨了20年，到那会儿区区的四千元不要说是黑白电视机买不起，可能只够买两本小人书，哈哈哈。"

那位客户本以为作为保险推销员的尚制胜肯定会马上反驳自己的观点，没想到尚制胜完全没有反对的意思。于是，他就觉得对方认可了自己，心里很是舒服。

一通赞同的话说得那位客户怒气全消以后，尚制胜又补充了一句说："说了这么多，可能您会认为我一个毛头小子在您面前班门弄斧地这么说话，有些不自量力了。会这么想很自然，所以呀，以后还请您多多批评指正……"

经过尚制胜这么别具一格、出其不意地一番陈词，倒说得那位客户开始面带笑容，与之相谈甚欢。最终的结果当然是尚制胜成功说服了那位客户，达到了推销的目的。

案例中的尚制胜面对客户的刁难并没有恶言相向，而是试图用微笑融化客户对产品的抗拒心理。其实，客户是我们销售活动得以进行的重要一环。所以，我们实在不必跟客户过不去。俗话说，赠人玫瑰手留余香。作为一名销售人员，应该懂得跟客户过不去就是跟自己过不去，做为难自己的事又有什么意义呢？

持久的微笑

美国著名的"旅馆大王"希尔顿所领导的希尔顿集团之所以能够称雄世界，独具特色的经营手段还在其次，它的秘诀就在于微笑服务。

微笑服务帮助希尔顿渡过了难关。

在美国经济萧条的1930年，旅馆业80%倒闭。在同样难免噩运的情况下，希尔顿还是信念坚定地飞赴各地，鼓舞员工振作起来，共渡难关。即便是借债度日，也要坚持"对顾客微笑"。在最困难的时期，他向员工郑重呼吁："万万不可把心中的愁云摆在脸上，无论遭到何种困难，'希尔顿'服务员脸上的微笑永远属于顾客！"

在他的坚持不懈下，微笑服务落实到了每一个员工身上，"希尔顿"的服务人员始终以其永恒美好的微笑感动着客人。没过多长时间，希尔顿的旅馆就走出低谷，迎来经营的黄金时期，而且还在原有基础上增添了许多一流设备，使旅馆更加舒适。

希尔顿

“你今天对顾客微笑了吗?”这是希尔顿的座右铭。在50多年中，希尔顿不停地周游世界，巡视各分店，每到一处同员工说得最多的就是这句话。

那么，希尔顿的微笑服务是从何而来的呢?

当初，希尔顿投资5000美元开办了第一家旅馆，资产在几年之内迅速增加到几千万美元。这时，希尔顿向母亲讨教他现在该做什么。母亲告诉他：“你现在去把握更有价值的东西。除了对顾客要诚实之外，还要有一种更行之有效的办法，一要简单，二要容易做到，三要不花钱，四要行之长久——那就是微笑。”

于是，希尔顿谨记母亲的话，要对顾客保持微笑。他也要求员工这样做，不论遇到什么，都要谨记对客户微笑。

有一次，希尔顿在分店巡视时，问店员们觉得还需要添置什么设施，店员们回答不上来。他微笑着说：“还要有一流的微笑!”他接着说，“如果我是一个旅客，单有一流的设备，没有一流的服务，我宁愿弃之而去住那种虽然设施差一些，却处处可以见到微笑的旅馆。”

希尔顿总结说：“微笑是最简单、最省钱、最可行也最容易做到的服务。更重要的是，微笑是成本最低、收益最高的投资。”因此，他要求员工不管多么辛苦、多么委屈，都要记住任何时候对任何客户用心真诚地微笑。

微笑不仅使希尔顿公司率先渡过难关，而且带来巨大的经济效益，发展到在世界五大洲拥有七十余家旅馆，资产总值达数十亿美元。

【销售者说】

客户绝不会拒绝服务人员真诚而富有感染力的微笑，微笑是一种特殊的力量。在营销市场竞争激烈，强手林立的今天，要想使自己占有一席之地，优质服务是至关重要的。而发自内心的微笑，又是其中的关键。谈到微笑服务促进服务事业的发展，没有比美国的希尔顿饭店更为成功的了。

微笑是和客户建立友好关系的前提。想与人为善，就要先学会微笑。没有人能轻易拒绝一个笑脸，因为笑是人类的本能，要人类将笑容从脸上抹去是一件很困难的事情。由于人类具有这样的本能，微笑就成了两个人之间最短的距离，具有神奇的魔力。因此，销售人员想让客户接受自己，微笑就是最好的通行证。

要记住，想要与人为善，首先要让对方接纳自己，微笑就是善意的象征，也是与人为善的第一步。做好了与人为善，以后才会与己为善。

四、行事谨慎，不失其度

【原文】

可钳而纵，可钳而横；可引而东，可引而西；可引而南，可引而北；可引而反，可引而覆，虽覆能复，不失其度。

【译文】

《鬼谷子》第五章叫作“飞钳第五”，前面已经写了很多。可是，读到现在，肯定有很多人会问什么是“飞”而什么又是“钳”呢？所谓“飞”是扬的意思，指夸奖对方使其放心发言。

“钳”就是牵制束缚。《鬼谷子》的第五章强调的是揣摩估量对方的能力，通过言语和行为试探对方，得知对方的信息，然后从对方的突破口下手，控制对方。做到这些是不容易的，任何一个环节出了问题，可能就控制不了对方。这就要求做事情的时候要行事谨慎，不失其度。而经典回顾所说的也是这个意思：这样就可以实现合纵，也可以实现连横；可以引而向东，也可以引而向西；可以引而向南，可以引而向北；可以引而返还，也可以引而复去。虽然如此，还是要小心谨慎，不可丧失其节度。控制住了对方也要小心，不能丢失大家风范，为所欲为。

如果用于销售,就是要强调行事谨慎,不要为了小小的利益丢失了大家风范。比如,很多商家在做大以后,产品质量就开始下降,因为这样能获得更多的利益。风靡一时的三株口服液就是如此,企业大了,口服液里面有用的剂量就少了,这样导致了没有回头客,最终倒闭。做销售的时候,一定要知道,不管生意多大,都不要弄虚作假、投机倒把,一定要本着严谨的态度,有质有量才能吸引消费者。销售人员在面对客户的时候更要行事谨慎,不要用玩世不恭的态度面对消费者,卖给消费者的东西也要和自己所说的一样,虽然说的时候有适当的夸大。如果名不副实,我们就"失其度",就没有顾客会光顾我们了。总之,做销售的时候,不论利益如何诱人,我们都要有自己的原则,不能贪图一时的利益而丢失了自己的风度,丢失了自己的优势。

【事典】

要有处变不惊、沉着冷静的危机处理态度和修养。飞钳篇中的这一计讲的是行事谨慎,不失其度,就是要求我们面对不好应付的客户时,思想和行为要及时、灵活。但要注意的是,及时不是冲动,而是谨慎、小心,在确保自己和客户的尊严与原则的前提下,处理销售过程中出现的各种问题。

建立平等谈话的氛围

一天,一个销售员到另外一家公司去推销。

当他刚刚走进要拜访的经理办公室的门,这家公司的经理就说马上要开会。

看起来,这个经理性格很是傲慢,因为他连正眼也没看那个销售员,就打了个手势说道:"你等我一下,散会后我们再谈!"说完,他就径自出门开会去了。

这时候,那个销售员的心里犯了嘀咕,但他的第一反应不是能不能将这笔生意做成功,而是如何将他的气焰打下去。

半个小时后,那个傲慢经理回来了,看到销售员就说道:"我只有半小时的时间,有什么事你就快说吧!"说完,向椅子上一坐,把腿跷到了桌子上。

当时，那位销售员心想：现在的形势自己真有些骑虎难下了，但如果扭头就走的话，正好合了对方的意，他肯定会笑话我懦弱和怯于挑战。所以，绝对不能这么做。

于是，那个销售员没有怒形于色，也没有默默忍受“不平等的待遇”。他决定第一步先要让对方把跷在桌子上的腿放下来。

他说：“您好，经理。您开了这么长时间的会，想必一定很累了吧？咱们先不谈生意，您先喝杯水休息休息。”

说完，就去给的经理倒了一杯水送了过去，并故意把水端到他的面前，但没有放下去。

这样僵持了大概有30秒之久，那位经理终于坐不住了，急忙把腿放下，站了起来，双手把水接下，脸红着略带惭愧之色地说道：“谢谢，谢谢，这样吧！咱们先聊聊，坐，咱们坐下谈。”

最后还是那位推销员赢得了尊重，两人聊了足有40分钟。不但那次的生意做成了，两人还成了好朋友。

案例中的销售员面对强势客户的无礼行为，并没有发怒，让事情向更坏的方向发展；也没有奴颜婢膝地谄媚，让客户更加轻视自己。他选择了谨慎行事，以“礼”服人，始终保持着不卑不亢的销售人员的气节，从而赢得客户尊重的认可，可谓是明智之举啊！

明日光临

位于博爱路台北邮局隔壁的美味香食品行在台北非常有名。在逢年过节的时候，人们买东西送人的时候，都会首先想到它。这是一家老店，已经营50年之久。它50年维持声誉的方法就是每天制造有限的产品。这家店的食品非常受欢迎，每天都会被买光。但是，这家食品店不扩大规模，也不多生产产品。这是为什么呢？原来，“宁缺毋滥”是这家美味食品行的经营原则。如果当天有客户上门来，买不到自己想要的东西的时候，店员就会微笑地告诉他明日及早光临。

美味香食品行的店面并不装饰得富丽堂皇。可在维护信誉和品牌忠诚度上，可以说是下了心血的。在老板、售货员和制作师傅的通力合作下，数十年来几乎没有出现过顾客不满意的投诉或者抱怨。客人放心地进入这家食品行，没有任何受骗的顾虑。因为这家食品行小到选购，大到接待顾客，各个环节都小心谨慎，不出任何差错。

为了保证食品的原料好，每天一大早，该食品行的师傅就会亲自到台北所有的市场去购买上好的猪肉。然后，加上精良的制作程序、周到的服务，掳获了一大批顾客的心。虽然价格高出其他商店不少，但上门的顾客仍然络绎不绝。

烟熏火腿是美味香食品行的招牌食品，那里每天有300根左右的火腿出炉。烟熏食品是一种要求极高的烹调艺术。作料、卤汁、火候都要讲究。美味香的食品只求质好，不求量多。为了让顾客对自己的食品满意放心，宁可让他们明天早晨来买，也不会卖给他们退而求其次的食品。所以，该食品行有一个一直未变的原则——不做外销。目的就是避免接受大批的订货，来不及制作，制作出质量欠佳的食品，影响了老店辛苦建立起来的良好声誉。

"明日光临"这一招非常有效。一来，美味香食品品质精良，闻名遐迩，有一大批回头客；二来，"吊"人胃口效果极好。许多食客都是闻"香"而来，垂涎欲滴地等待。一旦买不到，心中就不自在，第二天早早地回来买。如果来得晚了，就会失望而归。

美味香食品行50年不倒的声誉在于行事谨慎上，"宁缺毋滥"就是很好的体现。不因一时的利益给顾客质量稍差的食品，使自己的名誉受损。因此，顾客对美味香拿着舒心、吃着放心。

【销售者说】

美味香食品行"纵"走了今日未能如愿的顾客，却"擒"住了明日势在必得的顾客，这样就有了稳定的消费群体。说到行事谨慎，不失其度，美味香食品行算是一个成功的例子。

销售要做到行事谨慎，名副其实。任何一个小的错误都会使销售业绩化为乌有。来不及挽救的时候，坐在地上哭也没用。古语云"失之毫厘，谬以千里"，说的就是这个道理。如果美味香为了贪图一时的利益，它也不会有50年良好的声誉,恐怕早就倒闭了吧。

不失其度也被美味香食品行体现得淋漓尽致,无论如何都不卖给顾客质量不佳的食品,必须保证食品品质精良。做销售也是有原则的,虽然销售的主要目的是把东西卖出去获取利益,但要获取长久的利益,就必须在品质上有保证,有大家风范,遇到情况不骄不躁,保持冷静,把原则放在第一位,不欺骗坑害消费者,不要为了贪图一时的利益而把辛苦建立起来的名声毁于一旦。

第六章　忤合——成功销售之万全计篇

一、具体问题具体解决,学会实时控制

【原文】

凡趋合倍反,计有适合。化转环属,各有形势。反复相求,因事为制。

【译文】

凡是有关联合或者对抗的行动,都有相应的计策。变化和转移就像铁环一样环连而无中断,彼此之间环转反复,互相依赖。然而,变化和转移又各有各的具体情形,需要根据实际情况进行控制。

所谓的销售不是一股脑儿地解说商品功能,更不是简单地辩论商品的好坏。真正的销售指的是:介绍商品所能提供的特殊利益以满足客户特定需求的过程。所以,要想做好销售,就得学会具体问题具体解决。

我们可以把销售看成一场销售员与客户间的博弈,双方虽然有共同的目的——双赢,但出发点却是以各自的利益最大化为标准的。要想在这场博弈中取胜,就需要具体问题具体解决了。

首先,销售员应当明确自己产品的市场定位,了解产品的特点、市场特点和竞争对手,这样在博弈中至少不会失位。其次,寻找企业产品与行业竞争者的差异,宣扬自身优势、弱化或者淡化自身劣势,网罗住客户。面对客户提出的异

议，销售员在销售过程中可以采用忽视法、补偿法、太极法、询问法、如果法等进行应答。

客户需求与市场趋势是不断变换的，面对其中的种种问题，我们只有把握住市场原则，细致地走好每一步，才能留下客户。赢得市场。

【事典】

"具体问题具体解决，学会实时控制"要求我们在销售中要把握好销售市场，针对销售中不断变化的情况做出相应的调整。挖掘出客户最在意的东西，然后在客户最在意的地方大做文章，做到"你要什么我有什么""你注重什么，我的优势就是什么"。

走出营销困境的松下

"松下君，说来是你不对。你生产这么好的东西，却交给吉田一店包揽，真是莫名其妙。如果直接批发，我们今天就买你的东西。"一位经销商对松下说。

"好，好。谢谢你们的帮助，松下感激不尽。"松下说完，跟几个经销商露出会心的微笑。

"松下君那就一言为定了。"几个经销商说。

松下点头允诺。

到底发生了什么事情呢？

松下公司的两个新产品——附属插头和双灯用插头，刚投向市场就备受欢迎。为了能更好、更迅速地持续这个局面，松下幸之助与吉田签订了总代理合约。吉田负责总经销，松下负责生产并从吉田那里取得3000日元保证金。

拿到保证金的松下立即将资金用于扩大生产规模，产量剧增，从而占据了更多的市场份额。由于松下的附属插头和双灯用插头销量太好，东京的电器制造商决定联合起来，不惜血本，大幅降价。

这一举措致使松下的双灯插座几近到了无人问津之境。于是，吉田连忙赶到松下住处，交涉减价事宜。

"松下君，你看，现在这些东西都降价了。你这个东西这么贵，我的生意怕是维持不下去了，要不你也降降价。”

这让松下非常为难，因为要减价，就得从出厂价减起，可出厂价如何减得下来？

“吉田君，难道就没有其他办法了吗？”

吉田摇摇头。

无奈之下，松下只好与吉田解除了合约。

但是，附属插头和双灯用插头已经大量生产出来了。如果销售不出去，就会造成产品的积压，资金无法回转，工人发不了工资，松下公司就会立即陷入困境之中。

该怎么办呢？这一天，松下走在大阪的大街上。走了数家电器经销店后，他发现了一个惊人而有趣的事实：经销商要求减价的部分，与吉田商店批发的毛利大约相等。

也就是说，松下的双灯插座的出厂价不变，取消总经销的中间环节，经销商的零售价格与其他厂家双灯插座的零售价大体接近。

松下一家挨一家拜访经销商，说明与吉田解约的原因，并提出由制造商直接批发给他们。因为有利可图，经销商都表示欢迎。

所以，就出现了上面的那一幕对话。

在遇到销售问题时，松下及时做出调控，直接将产品批发给经销商，从而避免了更大的损失。

高空投表打开市场

1983年的某一天，澳大利亚人纷纷涌向某个广场，把那个广场挤了个水泄不通。来广场的人各怀心事，有的是看热闹，有的是碰运气。因为今天日本西铁城公司决定用高空投表的方式来证明他们生产的手表的质量是非常出色的。

激动人心的时刻到了，人们看到一块块手表从天而降。“啪”的一声就落了地。人们纷纷涌向前，只见表的外表不但完好无损，而且精确度也丝毫不减，人们都为西铁城手表的过硬质量赞叹不已。

后来，西铁城公司“高空投表，完好无损”的新闻成为人们争相传诵的佳话。凭着这一活动,西铁城公司的手表立刻家喻户晓,很快就在澳大利亚的市场上打开了销路。西铁城公司也把"高空投表"视为打开市场销路的得意之笔。

在没有"高空投表"之前,西铁城手表在澳大利亚曾经提出过一个课题:西铁城公司的手表非常好,不但款式新颖时髦,而且质量精湛、工艺讲究,每年只有不到三秒的误差。这么精制的手表,怎么才能让澳大利亚的消费者人尽皆知呢?如何在澳大利亚开辟出新的市场呢?

西铁城公司的经销商苦思冥想,费尽心机,总算想到了一个满意的办法。

1983年某一天,日本西铁城公司在澳大利亚打出一幅非常引人注目的广告。广告的内容是:某月某日,西铁城公司将从空中向广场投放手表,有感兴趣者,请准时参加。这则别出心裁的广告打出不到一天,消息就沸沸扬扬地传遍四面八方。于是有了上面的那个场景。

"物美价廉"是每个顾客买东西的时候都在追求的,经销商便采取了各种销售方式来向顾客证实自己的商品物美价廉。西铁城公司的经销商出人意料地想出了"高空投表"这一招,简直是非同凡响。这个办法赢得了消费者对产品质量的信赖,一下子大大地提高了西铁城公司手表的知名度,迅速打开了澳大利亚的市场,促进了西铁城手表在澳大利亚的销售。

西铁城公司之所以获得成功,就是因为它针对顾客的购物标准,充分发挥自己的优势进行宣传。

【销售者说】

面对不同客户的不同要求,就得做到具体问题具体解决,使其合乎客户利益、符合客户需求。只有满足了客户的利益,我们才能成功留住客户、留住市场。

销售人员在和客户谈话时,应该认真倾听,了解客户的真正需求。此外,我们在谈话中,可以用一些奇特幽默的语言来吸引顾客的注意。当然,最重要的是要随机应变,在什么人面前说什么话。如果我们能做到以上所说的几点,在向顾客推销时就会更加得心应手。因此,我们在销售过程中应该学会实时控制，把握主动权，才能赢得这场买方与卖方间的博弈。

二、世事多变化，灵活销售为上策

【原文】

世无常贵，事无常师。圣人无常与，无不与；无所吸，无不听。成于事而合于计谋，与之为主。

【译文】

世界上的万事万物都没有永远居于榜样地位的。圣人常常是无所不做、无所不听。办成要办的事，重要的是不违背预定的计谋。

鬼谷子教导我们，面对不同的人要采取不同的销售策略。与精明的人交谈，要思路广博，多方论证，避免纠缠在一点不放；与知识广博的人交谈，要善于抓住重点，辨析事理；与自觉富有的人交谈，要从人生意义、社会价值等方面来发挥；与自觉贫困的人交谈，要从如何获利的角度来探讨；与地位低下的人交谈，要表现出充分的尊重；与有魄力的人交谈，要表现出果敢的一面；与愚蠢的人交谈，要从最有说服力的几个重点来反复阐述。针对不同的目标，要有策略地进行沟通，从古至今都是这样。

对不同的人要说不同的话，对不同的情况也要做出不同的策略。如今的市场瞬息万变，没有人知道下一刻会发生什么。应对多变的局面也成了销售人员的必修课，对人对事都需要灵活处理，才能使销售处于不败之地。

【事典】

销售中难免会遇到意外，要灵活地应对。但是，不论如何变化，总是离不开销售对象的主旨。抓住了这一点，解决销售问题就有了眉目。

最终签下的单子

写这个故事的时候，突然意识到不知不觉我已成为销售中的“老人”了，而这个故事讲的正是我如何签下第一个单子的。现在想想,那个时候还真有点困难。

一阵激昂的音乐响起,我从睡梦中醒来,揉揉惺忪的睡眼。是谁大早晨打扰了我和周公的约会?一看号码,原来是客户周阿姨的。

我按下了接听键:"周阿姨,我是××装饰公司的设计师小杨,您有什么问题吗?"

"小杨啊,那个签装修房子合同的事情我想考虑考虑,明天暂时不想签了。想处理下别的事情。"

"哦……那没事,周阿姨,你先认真看看合同,您哪天有时间我去看看哪里做得不到位,合同迟两天签没事的。"什么?合同不签了?我的妈呀,这可是我的第一单生意,可不能泡汤了,到底是哪里出了问题呢?

再次打电话和周阿姨约了个时间,可她总是借故推辞。我的好奇心上来了,想弄清到底是怎么回事。为什么总是推辞,难道是我们的东西真的不好吗?应该不是啊,我们公司的材料周阿姨可是竖起大拇指称赞过的。

第二天,我守在周阿姨房子的附近,一定要找个机会问问她。果然,一会儿,我看见几个人来到周阿姨的家。那几个人我认识,是另外一个家装公司的业务员。他们来做什么?难道来抢我饭碗?这可不行。

于是,周阿姨一开门,我就越过那几个业务员,给周阿姨一个大大的笑脸:"周阿姨,真巧,我刚刚拜访完客户就遇见您了。我想看看您这里弄得怎么样了。"

周阿姨也有点惊讶,但还是把我和其他几个人请了进去。那几个人一进去就开始量房。

"周阿姨,这……"

我这么一问,周阿姨也面带愧色:"小杨,我和你说了吧,那天你刚走,他们公司就来人了。和我说了半天,然后又拿出了设计图。我觉得他们的设计图更符合我的意思,所以……"

我立刻反应过来:"周阿姨,你这样做是对的。"

周阿姨愣住了,她没想到我会这么说。

“选哪个公司没关系，重要的是应该货比三家，选到您最合适的才是最好的。至于设计图，我这里还有几份，那天匆忙，客户挺多，忘记让您看了。”

说完，我掏出包包里的设计图让周阿姨看（提前预备好的，每一个户型至少有五套设计图）。

“周阿姨，您看，这些设计图都是为您的房子量身定制的，保证做到最好。您不满意这套，还有其他的。您要是都不满意，再和我交流一下，我明天让您看设计图，肯定做到您最满意。签不签单子没事，这个都是您自己的选择。我觉得您一定会选上一个最合适您的公司。即使不是我们也没事，有其他装修方面的问题还可以问我，我都能告诉您。”

这番话我说得非常诚恳，周阿姨也对其他的设计图开始感兴趣。第二天，我又拿出了三套设计图让她看，阿姨选择了其中一套，最终签下了我的单子。那个月我拿到了700元的提成。

面对销售中的突发情况，不要慌，找出对策才是当务之急。只要在没签单以前，一切都是可能的。抓住销售对象最在意的一点，在此基础上灵活销售才是最上策。要坚信，方法总是有的。

“最好的”搅蛋器

在美国的零售界，除了沃尔玛以外，还有一个非常有名气的零售商店，叫作“基督教商店”，这家商店的老板是彭奈。

彭奈的第一个零售店开设不久，有一天，一个中年男子到店里买搅蛋器。

店员问：“先生，你是想要好一点的，还是要次一点的？”那位男子听了显然有些不高兴：“当然是要好的，谁会要不好的东西。”

店员拿出最好的一种“多佛牌”搅蛋器给他看。

男子看了问：“这是最好的吗？”

“是的，而且还是老牌子。”

“多少钱？”

“120元。”

“什么！怎么这么贵？我听说最好的才六十几块钱。”

"我们也有六十多块钱的,可是先生,那不是最好的。"

"那也不至于差这么多钱呀!"

"差得不多啊,还有十几元一个的呢。"男子听了店员的话,马上面现不悦之色,想立即掉头离去。彭奈急忙赶了过去,对男子说:"先生,你想买搅蛋器是不是,我来介绍一种好产品给你。"

男子仿佛又有了兴趣,问:"什么样的?"

彭奈拿出另外一种牌子来,说:"就是这一种,请你看一看,式样还不错吧?"

"这个不会又是120元吧?"

"54元。"

"照他(店员)刚才的说法,这不是最好的,我不要。"

"呵呵,先生,都怪我的这位店员刚才没有说清楚,搅蛋器有好几种牌子,每种牌子都有最好的货色。我刚拿出的这一种,是同牌中最好的,用着绝对放心。"

"可是和多佛的比差得钱也太多了吧?"

"这是制造成本的关系。每种品牌的机器构造不一样,所用的材料也不同,在价格上会有出入。至于多佛牌的价钱高,有两个原因,一是它的牌子信誉好,二是它的容量大,适合做糕饼生意用。"彭奈耐心地说。

男子脸色缓和了很多:"噢,原来如此。"

彭奈又说:"其实,有很多人喜欢用这种新牌子的。就拿我来说吧,我就是用的这种牌子,性能并不怎么差。而且它有个最大的优点,体积小,用起来方便,一般家庭用最适合。府上有多少人?"

男子回答:"我家五个人。"

"那再适合不过了,我看你就拿这个回去用吧,保准不会让你失望。"

男子高兴地把机器拿走了。

在灵活销售方面,彭奈做得很好,挽回了一笔差点失去的生意。

【销售者说】

市场是实现交易的场所和环境。从广义的角度看,市场就是一系列交换关系的总和,市场主要是由“卖方”和“买方”两大群体所构成的。但在市场营销学中,对“市场”有一种比较特殊的认识,其往往用来特指企业的客户群体,如我们后面将要讨论到的“目标市场”“市场细分”等概念,其中的“市场”就是单指某种客户群体的。

在现代市场营销活动中,企业为了稳定销售业绩和市场份额,就希望同顾客群体之间的交易关系长期地保持下去,并不断地发展。而要做到这一点,营销的目标就不能仅仅停留在一次交易的实现,而应当通过营销的努力来发展自己同顾客的关系,使交易关系能长期稳定地保持下去。企业同其他经营活动有关的各种群体所形成的一系列长期稳定的交易关系,就构成了企业的市场网络。在现代市场营销活动中,企业市场网络的规模和稳定性成为形成企业市场竞争力的重要方面,从而也就成为企业营销的重要目标。

三、凡事皆有裨益,应该学会取舍

【原文】

舍于彼而离于此,计谋不两忠,必有反忤。反于是,忤于彼;忤于此,反于彼,其术也。

【译文】

合乎这一方的意愿,就要违背另一主的意愿;违背另一方的意愿,才可能合乎这一主的意愿。这就是“忤合”之术。无论在何时何地都要进行谋划、分析,计算准确了以后再实行“忤合”之术。

随着市场环境的不断变化发展,广泛市场营销变得愈发困难起来。一方面,由于市场规模的迅速扩大,交通及通信技术的发展将市场范围扩大到前所未有的地域,也将市场与消费者的信息联系到了前所未有的广度与深度。另一方面,现代工业的发展也推动了企业生产能力的进一步提高,商品日益丰富,市场逐渐出现供大于求的局面,市场也由卖方市场向买方市场转移。企业逐渐由广泛市场营销转入目标营销,即企业识别各个不同的购买者群体的差别,有选择地确认一个或几个消费者群体作为自己的目标市场,发挥自己的资源优势,满足其全部或者部分的需求。

所以,销售中应该做到有所“取舍”,有“舍”必有“得”。但“得”的前提必须是“舍”,“小舍”会带来大财富。这里的“舍”是指舍弃一些不必要的销售对象。这一计主要说的是做销售要有针对性地销售,比如选择有针对性的群体,选择针对性的人等等,这才是这一计的精华。当然,这一计还有外延的意思,是指在销售中做出某种选择,涉及销售人员的利益,这个时候需要我们恰当“取舍”,因为“取舍”恰当带来的就是巨大的商机。

【事典】

任何事情都是两面的,有迎合的一方面,也有反对的一方面。销售人员要向着迎合的一方面发展,不要向着反对的一方面进发。说得通俗点,就是不要违背历史潮流,找到销售产品针对的对象销售,不要向任何人都销售。毕竟很多东西不能满足所有人的需求,只能针对一部分人销售。这个时候,就要做好取舍关系,不能眉毛胡子一把抓,把任何客户都算到其中。

两次不同的经历

“潘经理,我相信我们合作一定会很愉快的。”小张说。

对方看着他,没有说话。

“在我这里,有很多家做广告的印刷厂,他们每年都能盈利好多,最次的也能盈利几十万。好的上百万到千万了,他们都是找我做负责的版面。我的版面广告位负责得很到位,而且做出来也很受好评。”

对方还是没说话,两眼不在意地看着他。

“我想,我们的合作空间是很大的。”

这个时候,对方潘老板开始说话了:“我们不需要这个,我们只是印刷一些(非法)小广告、传单之类的东西,都是一些固定的客户……”

这句话让小张开始觉得不对头,他顿时清醒了许多:这次来错地方了。

到底是怎么回事呢?

小张是一个业务员，负责平面媒体广告业务，负责某报纸的印刷品广告专版的销售工作。有一天，他的朋友说是给他介绍了一个印刷厂的老板让他认识，并且是一个很大的老板。小张觉得接下这笔生意不错，就让朋友安排见面。于是，就出现了刚才那一幕对话。

小张的盲目推销遭到了拒绝，让他觉得非常没面子。并不是任何印刷厂都需要他的，这也需要有针对性。他明白，很多事情是应该有所取舍的，不能全部接下来，否则会自取其辱。

没有多久，朋友又要给他介绍一个印刷界的朋友。他事先向朋友打听清楚，原来这个印刷商是需要做广告版面的，而且是靠这些版面上的这些广告赚钱。于是，小张收拾了一下就去见这位客户。

这位客户跟上次那位客户不同，和小张谈得非常投机。

“小张，从你的作品看，我非常满意，希望让你接手的版面不要让我失望。”李先生拍拍小张的肩膀。

“李先生，我相信我有这个实力把你报纸的广告版面做得很好，因为我已经接手过很多的印刷厂了。”

“希望我们合作愉快。”

“好！”小李痛快地接下了这一单生意。

两次不同的经历讲述了一个道理，选择客户要有针对性，有所取舍，分清本质，不能盲目销售。如果你所针对的客户群确实比较广泛，那你就得认真地选择好你的产品或服务能够区别于同行业竞争者的特点是什么，独特的销售主张(卖点)是什么。此外，还得做好另一门功课：你的客户的需求、困难是什么？

“落基山泉水”救不了你

在一个偏僻的地方，每年都会有很多人去游玩，这个地方在山沟里，叫库尔斯公司。

库尔斯公司是美国一家啤酒酿造公司，地处科罗拉多州的山沟里。阿道夫·库尔斯是这个公司的老板。1960 年，44 岁的啤酒王国的老板阿道夫·库尔斯外出遇难。于是，就由其儿子乔史和比尔兄弟俩苦心经营。

库尔斯公司生产的啤酒是用纯净的落基山泉水酿制，材料非常健康。公司只生产一种品质啤酒，且只有一家酿造厂生产这种啤酒，它没有成立分厂，22年来没扩大过规模。啤酒只在西部11个州销售，其中多数州是美国人烟最稀少的地区。同时，每一桶酒都要销往900英里以外的地方。啤酒质量好得没得说。除了一些名演员像保罗·纽曼和伊斯特伍等外，从福特总统到亨利·基辛格，无不对库尔斯啤酒称道叫好。每年大约有30万名库尔斯的崇拜者来啤酒厂游玩，人们一直声称库尔斯拥有"秘密武器"。

1970年，库尔斯公司在乔史和比尔的经营下异常繁荣，1969年比1968年产量增长19%，在全国啤酒行业中名列第四。和其他大啤酒厂比起来毫不逊色。库尔斯市场占有率在西部11个州市高达30%；在加利福尼亚州，1973年以前，它占有41%的市场，比啤酒行业产量最大的安休斯·布希的18%还多，可谓独占鳌头。这与来自那些知名的和不知名的人士对库尔斯产品的狂热追求与爱好、环境清洁的形象及味道清淡适口的啤酒形象是分不开的。

70年代中叶开始，啤酒行业最热门的产品是凉爽型啤酒或低热量啤酒和高级名牌啤酒，这种啤酒的销售量几乎占到啤酒总销量的10%，啤酒的消费趋势发生了很大变化，大多数啤酒厂家都及时捕捉到了这一市场发展信息。而库尔斯啤酒却坚决不生产这两种热门产品，一味依赖于原有的单一产品，从而使大多数顾客从库尔斯公司转向了其他公司，当他们发现症结所在，准备填补漏洞时，为时已晚。面对变化不定的和更有扩张性的市场，库尔斯公司却一味采取长期观望的态度，并且无所领悟，错误地认为一种啤酒及一种形象的魅力会长盛不衰，从而否认了任何大胆的进取，最终使库尔斯这个历史悠久、令人肃然起敬的啤酒商永不回头地走到这样一个历史时刻。

库尔斯公司失败的原因就是舍不得放弃啤酒的魅力和形象，觉得自己的啤酒会凭借这两种品质长盛不衰。时代在不断发展，市场无时不在变化，做事要顺应历史潮流的发展，不要停在原处。尤其是销售，不仅要针对人群，还要针对时代、针对市场，缺一不可的。如果库尔斯公司也向凉爽或低热量啤酒和高级名牌啤酒的方向发展，放下自己的"落基山泉水"，也许就不会失败了。虽然暂时会影响到自己的利益，但顺应历史大潮，终究还是可以发展下去的。

【销售者说】

我们可以从三个方面去认识目标营销的理论依据。

首先是企业资源的有限性。除了自然垄断、国家垄断的行业以及少数市场极度狭窄的行业以外,对于大多数的行业而言,一个企业是很难去满足其全部市场需求的,因为会受到企业资源和能力的限制。也就是说,企业只能去满足该市场上一部分消费群体的需求。

其次是企业经营的择优性。既然企业只能满足商场中的一部分消费群体,必然会面临两种选择:一是不加区分地任意满足其中一部分,从策略上讲就是广泛营销。其结果是——由于没有针对性,市场群体的满意度就不会很高,从而企业的市场竞争力也不会很强;二是寻找到同其资源相匹配的、有可能充分发挥企业特色和优势的一部分市场群体,有针对性地去加以满足。这样就能既使这部分市场群体的满意度大大提高,又使企业的核心竞争力得到充分的发挥。毫无疑问,只要有可能,企业都会选择后者。

再次是市场需求的差异性。企业是否有可能找到这样一些在需求上同其他市场群体不同,而需要有针对性地加以满足的市场群体呢?实践告诉我们,这样的群体确实是存在的。在各种因素的影响下,市场消费群体之间存在很大的差异性,从而构成一个又一个在需求上各不相同的市场群体,从而为企业有针对性地选择其目标市场提供了前提。

所以,企业在销售过程中要学会取舍,采用目标市场营销的策略在市场中营造自己的特色优势。

第七章　揣篇——成功销售之猜测篇

一、因势利导,成功销售

【原文】

揣情者,必以其甚喜之时,往而极其欲也;其有欲也,不能隐其情;必以其甚惧之时,往而极其恶也;其有恶者,不能隐其情。情欲必出其变。

鬼谷子塑像

【译文】

做销售的时候,上司对我说:“客户喜欢哪一方面,你就从哪一方面和他使劲侃,把他侃晕了,就可以签单走人了。”当时只是觉得这句话特别搞笑,但现在想想也是蛮有道理的。用老祖宗的话来说,也就是这一章的第一计:因势利导,成功销售。《鬼谷子》上所说的也是这个道理,不信大家看看,说得非常透彻。

经典回顾的译文是:“所谓揣情,就是必须在对方最高兴的时候,去加大他们的欲望。他们既然有欲望,就无法按捺住实情。又必须在对方最恐惧的时候,去加重他们的恐惧,他们既然有害怕心理,就不能隐瞒住实情。情欲必然要随着事态的发展变化而流露出来。”

要说因势利导,我又不得不提一个名人,他是鬼谷子的高徒——孙膑。历史上的“马陵之战”也算让他出尽了风头,而且顺便干掉了自己的一个对手兼师兄弟——庞涓。关于这两个人的恩怨就不多说了,我的目的就是要借此证明因势利导的厉害,一个小计策就歼灭了千军万马。

对销售人员而言,如何在销售中做到因势利导呢?一方面,就是跟我的上司教育我的时候说的一样,顺着客户的喜好说,把客户说高兴了,单子80%就会是自己的。另一方面,就是往坏了说。这个时候,大家也许就要问了,说坏了谁还买你的东西。我的意思是要说不买东西的坏处,让客户觉得不得不买这件产品。我记得有个推销楼层防护网的销售员,他在推销时没有和客户直接说这个防护网多么好,而是问客户有没有小孩子。得到肯定答案后,就说某楼层有个小孩子某天玩的时候从楼上掉下去了,摔得那叫一个惨不忍睹,你看看多危险啊。但是,如果有了防护网就不会发生这个情况了。客户被吓得够呛,自然就买下了。

对一个企业来说,我们同样可以运用这个计策。试想一下,一个企业如果时时顺应时代潮流。相信这对企业的发展一定会有很大的帮助。

【事典】

销售要看情形如何发展,要顺着情形的发展做销售才能成功。有时候,客户的喜好和要求就是因势利导的主线,销售人员要格外注意。同时,要随时发现客户要求不合理的东西,及时纠正,这样就少了以后很多的麻烦。

换位思考与因势利导

一天,我刚打扫完店里的卫生,就看见一位满头白发的阿姨推门走了进来。这位顾客进门的第一句话就说:"姑娘,你看看我这房子不大,我想摆两组大衣柜,摆个双人床,两个床头柜。我们家老头子爱看书,我还想在房子里摆组书柜。"

我看到这位顾客手里所拿的户型图的时候,头都大了!房子不大,总共也就12平方米,向阳的那个方向正中间还有一扇1.5米的大飘窗,旁边那面墙上,安装着那种老式的暖气管。一扇0.8米宽的门,后面还立着一台空调。

如此拥挤的空间再放进那么多家具,的确不是那么简单。于是,我就问她:"您想在房子的哪个位置摆床,有什么要求吗?"

"我想在靠窗的这边墙摆个双人床,床头要冲着窗户。我买衣柜是想要那种平开门的,像我们这些老年人,比较怀旧,不像你们这些年轻人讲究时尚,讲究档次。"阿姨说道。

我一边听她说话,一边简单勾勒着户型图。当画到窗户的时候,我忽然想到:如果老人把床头冲着窗户,万一有一天窗户没关,吹感冒了怎么办?我说:"阿姨,您刚才说房间的门后边是一匹立式空调,靠窗户这边还有一排暖气,您看我给您这样设计怎么样?您想在窗户这边摆一张双人床,要是晚上睡觉的时候,窗户没关,容易着凉。反过来说,我给您在门的这边摆张1.5米宽的床,再摆个0.5米宽的床头柜正好到门口,还不浪费这边的空间。早上您一起来正好能看到窗外的朝阳。床放在这边床尾距墙面还剩1.9米,正好能放两组0.9米的衣柜。"阿姨听后,马上就同意了我的想法。

随后,我又带着阿姨去挑门板。

"阿姨,您看我们这两个门板,您觉得怎么样?"

"都挺好的。"

"阿姨,要是让我给您推荐,我觉得您买这个比较合适。它不仅简洁大方,中间还带两道玻璃条,增强了门板的立体感。重要的是它的设计非常人性化,绝不会划到您。晚上您要是起床喝水,本来年纪大了腿脚就不方便,如果门板的把手比较锋利,就可能会划到您。所以,您买这扇门是非常合适的,而且现在我们正好有个优惠活动,价格也很实惠。那个门虽然很漂亮,但对您来说可能不那么实用。其实,那扇门比我向您推荐的门还要贵。但我作为销售人员,不能把不适合顾客的东西卖出去。"

当我说完这些,阿姨特别激动地对我说:"姑娘,就冲你这份真诚,我就在这定了,阿姨相信你。"

我根本没有想到老太太能这么痛快,也许就像她所说的,是我的那份真诚打动了她。但我觉得,我是根据顾客的喜好介绍的,把最适合的产品卖给顾客,这样自然会赢得客户的信赖。

蒙牛酸酸乳搭上"超级女声"

"不在高速中成长,就在高速中毁灭。"这是蒙牛创始人牛根生信奉的飞船定律,表现出蒙牛骨子里的冲动。

中国消费品市场同质化现象特别严重,在乳品行业同样如此。乳业经过几年的高速发展期,寡头之间的竞争态势也相对均衡。但如果沿着原有的思路发展下去,直接或变相价格战的惨烈拚杀,将会把所有厂家拖入无利可图的境地。成长和竞争的压力迫使各个厂家积极寻找突破口,蒙牛也不例外,他们选择了向外扩张的战略。

当蒙牛液体奶本部常温营销部门市场总监孙隽在飞机上无意中了解到湖南卫视的"超级女声"时,便产生了浓厚的兴趣。

经过几次努力，2005 年 5 月 24 日，蒙牛和湖南卫视一起打造“2005 快乐中国蒙牛酸酸乳超级女声”年度赛事活动，与“超级女声”成功牵手。

蒙牛选择和“超级女声”这个节目合作，不仅是因为超级女声一举夺得 2004 年度最具创意大奖，还因为这是一个平民化的节目。节目所表现的小女孩那份真实和勇气，正是蒙牛酸酸乳所要的那种酸酸甜甜的感觉。孙隽非常喜欢“超级女声”这个名字，“超级”代表着一种性格、一种与众不同。当小女孩们勇敢地登上舞台，也许她们并不美丽，歌声并不动人，但你会佩服她们，因为她们创造了一种真实的时尚。所以，蒙牛认定“超级女声”一定会成为年轻女孩最喜欢的节目，而这些忠实热情的女孩正是蒙牛酸酸乳最主要的消费群。

同时，湖南卫视也因为蒙牛扩大了影响力，不仅通过蒙牛的广告将“超级女声”通过央视传播，更重要的是蒙牛在 20 亿包酸酸乳的包装上都打着“2005 年蒙牛酸酸乳快乐中国超级女声”的标志。借助蒙牛的渠道，“超级女声”覆盖全国。

蒙牛跟湖南卫视“超级女声”合作同样立竿见影，酸酸乳从 3 月份就卖断货了，尤其是草莓的酸酸乳口味，更是供不应求。这次合作给湖南卫视和蒙牛双方都带来了巨大利润。

蒙牛酸酸乳自从牵手超级女声后，知名度和销售量都直线上升。蒙牛酸酸乳最初的生产能力是每个月 2.5 亿包，但活动开始才 20 天，所有库存和当月产品已经销售告罄。蒙牛集团表示：选择“超级女声”，使蒙牛酸酸乳的销售翻了三番，“加了两条生产线，但产品还是供不应求”。2005 年上半年，蒙牛纯利润高达 2.47 亿元，较上年同期的 1.84 亿元增长了 33.9%。

“超级女声”吸引了无数眼球，而蒙牛因势利导，借助“超级女声”重磅推出酸酸乳，给自己带来巨大利润。同样，受益的湖南卫视也做到因势利导，借助蒙牛，让全国观众都来关注“超级女声”。

【销售者说】

跟着时代、跟着潮流走才会更容易发展，不得不说，蒙牛是一个非常有眼光的企业。选择“超级女声”这样吸引人眼球的节目合作，不仅扩大了蒙牛的宣传面,而且提高了知名度。湖南卫视本身就是一个非常抢眼的频道,有时候收视率仅次于央视一套。在这样的节目黄金时段做广告,并且还是迎合广大消费者的广告,其效果不言自明。

因势利导的意思是:顺着事情发展的趋势,加以引导。在销售中,就是告诉我们什么流行就要按照流行的趋势来,唯物主义也说违背历史潮流必然被淘汰。

二、避其所短,从其所长

【原文】

故计国事者,则当审权量;说人主,则当审揣情。

【译文】

把经典回顾翻译出来,大家可能觉得有些不知所云:"所以谋划国家大事的人,就应当详细衡量本国的各方面力量;游说他国君主的人,则应当全面揣测别国君主的想法。"但实际上,这句话的主旨就是八个字:避其所短,从其所长。

春秋战国时期,百家齐鸣,各家文化并存。每一家的能人谋士都将自家思想里的优势跟某国君主推行的政策结合起来,宣传自家思想或者达到其他目的,比如给自己扬名,或者劝说这个国家攻打另一个国家。在销售中,销售者就如同各家的能人谋士(代理的商品不同),而销售对象就成了各国的君主(顾客是上帝,上帝享受的是君王等级的待遇),销售者思想里的优势就是销售产品的优势,而目的就是将销售产品卖给销售对象。这么一看,销售和游说简直是个完美的对照。

销售谈话和平常谈话一样,人们都喜欢听比较耳顺的话。所以,销售人员应该拣客户爱听的话说,将自己产品的优点跟客户拥有的长处结合起来,做到"强强联合"。比如你销售服装,看见高个子的人就说他高挑,穿着你的衣服更显其挺拔;看见个子低的就说他干练,穿着你的衣服显得精神;看见胖的说他有福,穿着你的衣服显得富贵;看见瘦的说他苗条,穿着你的衣服显得性感。这样说,就在不知不觉中忽略了客户的“短”,而在他的“长”上大做文章。这就是我们要说的“避其所短,从其所长”。

【事典】

“避其所短,从其所长”用在销售中,经常用的是比较法。用自己的商品和其他同类商品比较。也有单方面宣传自己产品优点的意思,让客户深入了解自己的产品,然后做出选择。销售人员谈及自己商品的时候,要多谈优点,少谈缺点,但不要避而不谈,避而不谈会让人更加对你的产品不信服。

用长处去比较别人的短处

有一个漂亮女孩朝着得意家具城走过来,导购员连忙热情地迎上去。

导购员:您好。欢迎光临得意家具城,您需要哪方面产品呀?

顾客:我随便看看。

这个女孩边说边走到一个书柜边,用手摸了一下,又打开书柜门。

导购员:我们双门书柜高是二米,宽为一米。您需要多大尺寸的?我们还有别的款式。

顾客:我刚看过××品牌的家具,你们两家有什么区别吗?

导购员:得意家具是最环保的家具品牌。××品牌跟我们相比,根本不是一个档次的。

顾客:哦,那你们的家具好在哪儿啊?

导购员:首先,你看我们的家具表面是全免漆的……

顾客:但是,你们的颜色我都不太喜欢,它们的颜色更好看。

导购员:好看但不一定适合您。您家里属于哪种装修风格?地板、墙面都是什么颜色的?

顾客:我家里地板是深色,有点发黄,墙面是浅色的。

导购员:现在整体的装修模式都是墙浅,地深,家具柔,也就是说地板与家具之间一定要有点反差效果才好看。××品牌的家具颜色与您家里地板太靠近,放到家里会让您感觉特别暗,肯定没有我们这种浅色调的让您感觉更温馨、更舒适。

顾客:那你帮我算一下如果买整套家具需要多少钱?

导购员:整套家具如果都用进口板是五万,国产板是三万。

顾客:你们价钱也太贵了,××品牌比你们的家具便宜多了。

导购员:您看,××品牌的家具跟我们国产板的价钱差不多,但板材与我们相比就差太远了,我刚才也带您看过了我们的板材断面。拿他们的板材与我们的国产板相比,就相当于我们国产板与进口板相比。再加上做工不同,五金件不同,您说我们家具比××品牌贵点不是应该的吗?

顾客:你们东西是不错,但太贵了。你把名片给我,我再去比较一下,看哪种更合适。

导购员:选择环保的板材关爱家人健康才是最重要的。如果需要,您再去看看,希望您最后可以选择一套满意的家具。

两天后,这位顾客又来到得意家具城,订购了一整套家具。

珠啤与英特布鲁的合作

在中国的市场里,行业竞争尤为激烈。众多行业中,哪些行业竞争又最激烈呢?啤酒业就算其中一个。中国的啤酒市场可谓烽烟四起,几大品牌你争我夺,寸土不让。低价促销在一些地区成为主要销售手段,造成恶性循环,导致很多啤酒厂家支撑不下去。但是,珠江啤酒集团在如此条件下却没有被吞并,而且还顺利地迈向欧美等主流海外市场,也进一步加强了自己在国内市场的话语权。

这是怎么回事呢?事实上,当时国内啤酒巨头已将势力扩张到珠啤的大本营——华南。金威、青啤、华润等巨头等纷纷在华南市场加大动作。各大势力蜂拥而至,珠啤感觉到了沉重的压力。它要做的是赶在啤酒市场上寡头竞争还没有形成之时奠定自己在啤酒行业中的地位,便决定与英特布鲁集团合作。1984 年开始技术性合作,1998 年开始在资本层面的合作。通过合作,珠啤市场份额紧跟燕啤、青啤、华啤之后,其中在广东省,啤酒市场份额多年保持在 50%以上。另外,根据合作内容,珠江啤酒集团可以利用英特布鲁集团在国际市场上的庞大的销售网络，将珠江啤酒销往国际海外市场。

英特布鲁是世界上历史最悠久的啤酒公司之一，在全球20个国家拥有啤酒厂。遍及西欧、美洲及发展中国家，其产品在世界110个国家销售，有强大的销售网络和资金优势。选择合作，珠江啤酒可以从中得到许多好处：一方面，可以将自己的渠道资源优势得以最大化地利用，实现分销网络规模经济效益，从而降低其分销的成本，增强自己在国内市场的竞争力；另一方面，可以通过与其合作达到经验的共享，可以向跨国公司学到更多的渠道管理经验，提高自己的管理水平。此外，双方合作除相互提供销售渠道外，还将加快规模扩张的步伐，充分利用“泛珠三角”的概念，把华南地区作为扩张的重点区域，联手收购一些企业，或在产品畅销地区建立新的啤酒厂，稳步推进扩张步伐，从而进一步增强珠啤在国内市场的竞争力。

珠啤跟英特布鲁都做到了避其所短，从其所长，利用对方的长处和自己的长处发展自己，打开了国内国外的市场，做到合作双赢。

【销售者说】

俗话说：“打人不打脸，揭人不揭短。”对客户更是如此，销售中要利用他的长处发展你的业务。往小了说，就是说将自己产品的优势跟客户自身所具备的优势结合起来，然后达到你销售的目的。如果是大企业，则要在市场上跟有关联的企业多多联系，用他们的长处来发展自己。企业本来就是相互依存发展的，合作才能达到共赢。

珠江啤酒集团和英特布鲁集团就充分认识到这一点，两家啤酒公司合作为他们都带来了巨大利益。珠江啤酒公司利用英特布鲁公司的销售网广阔开拓了国外市场，也顺便学到了国外先进的技术，英特布鲁集团也利用珠江集团开拓了中国的市场。两家公司都利用自身的优点和他人的优点结合，最终开拓出一片新天地。两家集团共同的“短”就是开拓不了国外市场，于是互相利用了对方的优势。这就是这一计的精髓——避其所短，从其所长。

三、深谋远虑，把握时机

【原文】

常有事于人，人莫能先，先事而生，此最难为。故曰：揣情最难守司，言必时其谋虑。

【译文】

春秋战国时期，其实游说是一个非常危险的活动，哪一句话没有说好，就有可能死无葬身之地。所以，游说以前，很多人都会把该说的、该做的想好，在适当的时机提出来，这样既能保命，又显示自己的睿智。鬼谷子说："常有事于人，人莫能先，先事而生，此最难为。故曰：揣情最难守司，言必时其谋虑。"这句话是什么意思呢？就是说人们对某些事情常常感到突然，是因为不能事先预见。能在事情发生之前就预见的，这是最难的。因此，游说之人必须做到深谋远虑，把握时机。

在销售中，这一计策同样重要。只有做到深谋远虑，才能捕捉到那一闪而过的时机。这其中最主要的就是思考，销售人员在销售中要善于思考，了解顾客的一举一动，尤其是其所表现出来的肢体语言。这里面透露出的信息可以让你知道在什么时候让顾客买你的东西。当顾客心情非常快乐、轻松时，销售人员恰好提出成交要求，成交的概率会很大。例如，顾客开始请销售人员喝杯咖啡或吃块蛋糕时，销售人员要抓住这样好的请求时机。此时，顾客的心情就非常轻松，会愿意购买。这样做就抓住了销售的时机。

【事典】

"深谋远虑，把握时机"要求我们销售人员有一个思考的大脑。根据事情的发展预料以后发展的事情，在最有利的时候出手，抓住一闪而过的机会。销售过程中不能掉以轻心，要全神贯注。

聪明的老鞋匠

周末的一天，一条幽深的巷子内，传出阵阵欢声笑语。一个老鞋匠悠闲地跟几个朋友聊着天，十分轻松惬意。

这时，走来一名穿着非常时髦的妇女，手里提着一只皮鞋，她问老鞋匠："老师傅，您看看这鞋能修吗？"

老鞋匠看了一眼鞋子，然后说："您看，我现在正忙着呢。要是着急，您先去里面看看，巷子里面还有几家修鞋的。"

这位妇女看来确实着急，径直向巷子里面去了。

"老哥，你这是什么意思啊？"一个朋友着急了，"你这不是让到手的鸭子飞了吗？你明明不忙，却要说自己很忙，让人家去另一家修鞋的地方，自己的生意没了，还成就别人家。"

老鞋匠笑笑说："你看那只鞋做工精细、皮质又好，少说得上千元。如果修不好，弄坏了咱可赔不起。不是我夸口，我不敢接的话，别人也绝对不敢接，咱是这里修鞋最好的一个人。最后啊，她一准儿回来。"

果然如老鞋匠所说，那位妇女一会儿又回来了，来到老鞋匠的摊位旁："师傅，你就给我看看吧。"

老鞋匠煞有介事地拿起鞋子左看右看，然后说："您的鞋子很好、很名贵，需要仔细地修，要浪费很多时间。你明天来取，鞋子先留我这里，我回家好好修修。"

妇女把鞋子留下，转身离开。

妇女一走，老鞋匠三下五除二地就把鞋子修好了。

"你说你，修得那么快，为什么还让人家明天来取，真不厚道。"

老鞋匠笑了："看着你把鞋修好，顶多收三五块钱。等到明天，那么贵的鞋至少收十元。"

"真的？"说话的人一脸疑问。

"真的假的，你明天来看看不就知道了吗？"

第二天，妇女取鞋时，看见鞋修得很好，高兴地给了20元走了。

做事不要被眼前的蝇头小利所诱惑，要懂得放长线钓大鱼，思考长远，抓住最有利的时机。就如同老鞋匠，最终将“三五块钱”变成“二十块钱”。妇女急，老鞋匠缓，吊起了妇女的胃口，这就是所谓的“欲擒故纵”。当然，老鞋匠修鞋是很厉害的，保证了修鞋子的质量，更是胜券在握。

我们的目标——没有蛀牙

“我们的目标——没有蛀牙”这句广告语已经深入人心。看到这则广告语，我们就会想到高露洁牙膏。高露洁在全球倡导口腔健康教育已经100多年了，大大提高了全球牙齿护理类产品的消费量。自1992年进入中国市场，到如今，高露洁已经进入中国市场约有18年，取得了非常大的成功，华尔街形容它是“从牙膏里挤出了黄金”。

高露洁在进入中国以前，曾花费三年时间做市场调查。牙膏的广告同质化非常严重，广告无非都是美女、微笑等内容，没有什么创新。高露洁还把中国的牙膏市场分成五种类型。

第一种类型为经济型，大多数人是收入较低的中老年人。他们觉得牙膏都一样，对品牌几乎没有要求，他们大多使用国产的中小品牌。

第二种类型是防蛀型，购买者大多数是高收入家庭，并且还有小孩。

第三种类型是为防止牙周病和牙齿过敏，购买的人大多数是有牙病、吸烟、牙齿敏感的人。当时，国产品牌冷酸灵、中华中草药牙膏就受到这类人的欢迎。

第四种类型是美白牙齿型，购买人群为受过高等教育并且高收入的人。

第五种类型是包装和味道的爱好者，这类人通常是儿童，比较畅销的是两面针儿童牙膏。

结合这些调查到的信息，高露洁深思熟虑，仔细研究。放眼中国市场，他们认为防蛀型牙膏在中国会有很大市场，同时这也是高露洁公司经验颇多的市场。

防蛀牙是一种比较理性的思维，做广告需要请权威人士或者专家，他们说出的话更具权威性。同时，也避免了美女、微笑等的千篇一律。于是，在广告片中，高露洁请来了和蔼可亲的“白大夫”，向孩子们讲述高露洁牙膏是如何以双层氟化物保护牙齿的。高露洁希望被大家认为是一个知识渊博、富有爱心的“口腔护理专家”,在为大家推荐的产品。

自从进入中国市场后,高露洁就开始注重跟口腔专业人士的良好合作,跟中华预防医学会、中华口腔医学会、全国牙防组等有关专业团体都进行过密切的合作。此外,高露洁还开展了针对儿童的“甜美的微笑,光明的未来”口腔健康教育活动,在消费者中树立了良好的品牌形象。

高露洁在中国这么多年,比较富有成效的是 2001 年。2001 年高露洁在中国西部地区的销售收入已接近公司收入的 40%。中国西部地区经济相对发展缓慢当地民众收入较低。根据高露洁的分析,这将是一个广阔的市场。2001 年,高露洁与口腔界权威组织联手开展了“口腔保健微笑工程 2001 西部行”,针对牙膏消费量较低的西部地区开展口腔保健普及教育,从而抓住了巨大的商机。

高露洁的成功是一步一步走过来的,它之所以能在中国市场上驰骋多年,是因为在进入市场之前的考虑和进入市场之后的恰当行动,把握住了恰当的时机。

【销售者说】

作为销售人员,我们需要一个缜密而又长远的思维。在销售以前就尽可能地预见一下销售中可能出现的情况,这样就可以“临危不乱”。要与顾客成交,销售人员要明确成交的目的,并掌握好成交的时机。比如高露洁,就是经过认真分析后,在中国市场上推出了防蛀牙膏。当时,中国市场上还没有这个类型。因此一经面市,就受到人们的关注。

销售是一种灵活的战术,和打仗一样,同样要求考虑长远而周全,这样才不会错过有利的机会。

第八章　摩篇——成功销售之巧取篇

一、谋划销售，不留祸患

【原文】

故微而去之，是谓塞窖匿端，隐貌逃情，而人不知，故能成其事而无患。

【译文】

这句话的意思是：在达到这个目的之后，要在适当的时候离开对方，把动机隐藏起来，消除痕迹，伪装外表，隐避实情，使人无法知道是谁办成的这件事。这样不仅达到了目的，办成了事，而且不留祸患。暗中行动，在不知不觉中影响他人才是厉害的人物。

运用于销售之中，这句话又突出了什么呢？就是第八章的第一计：谋划销售，不留祸患。其实，《鬼谷子》的第八章和第七章是有很大的联系的。第七章主要说了"揣情"，而第八章主要强调的是"摩"。"摩"出隐而不现的规律，再做出相应的行动。

销售和用兵打仗一样，要有谋划。要谋划就要先摸清对方的喜好，再针对其喜好，做出相应的对策。当然，这些对策说得不好听点，可以是不择手段。但是，这个手段除了做到狠之外，还要有一个好的收尾，别让他人抓住了小辫子。圣人做事都是该放则放、该收则收，事成没有后患。其实，这些都是精心策划好了的，策划的收尾部分一定会精彩。所谓谋划，就是要让别人顺应着自己的安排来行动，最后达成了目标，我们又可以不留祸患。如何做到这一点呢？我觉得销售人员做销售的时候要有伸缩的尺度，不要把事情办死了。比如，我们在说话的时候，一定要多说"大约""基本上"。当然，对于能肯定的事情，一定不能过于模糊。做销售，难免会把自己的产品夸大，多用这些有尺度的说法才能避免以后的后患。让我们来看看销售高手是如何运用这一计的。

【事典】

销售中做到不留祸患首先要保证销售产品的质量，尽量不要在产品和服务本身出问题。其次要在言辞上实时控制，不要口无遮拦地随便乱说，适可而止。不能确定的就要用不确定的话说，肯定的话少说。最后，记住暗中布局，让顾客不知不觉买上你的东西又想不到是谁“安排”了这一切，这才算是销售高人。

巧卖家具

我的一个朋友大学毕业后，去了北京某家具公司工作，在新人中也算小有成就。

有一次和她一起吃饭，她给我讲了一个自己推销家具的故事：

“五一”黄金周期间，我们是不放假的。5 月 2 日上午，来了一对 40 岁左右的中年夫妇。他们一走进来就说早就看过了我们公司的家具，这次是赶在“五一”期间把儿童房定下来。随后，我立刻陪着他们精挑细选起来。半个小时后，就选好了一套 4888 元的儿童家具。

“姑娘，我们签单子吧！”

“好的。”

我一边和他们签单子，一边和他们聊天，想知道他们还有什么需要的。

“大姐，你们的房间打算买哪里的家具？”

“百强的。”

“为什么要买那里的啊。”我笑着说。

“百强的灰色板现在打折呢，打七折。我们两个算好了，三个房间都不到四万，很实惠。”

“哦，灰色板。那大姐你特别喜欢灰色吗？”

“不大喜欢，不过我觉得自己可以接受，重要的是价格比较优惠。”

“大姐，怎么说这个灰色呢？灰色不是很好搭配其他家具什么的。搭配好的着实显得您特有品位，但搭配不好，就看着特别别扭了。您怎么不用我们公司的家具呢？”

“呵呵,想过,可你们的东西太贵了。我们两口子做了个简单的预算,远远超过四万,所以就没有考虑。”那个大哥说。

我想想,然后说:“大哥,您看这样行不行,我给你们做个预算,不仅保证不超过四万,并且绝对让你们满意。”

夫妻俩对望了一眼,然后表示同意。

这时我就想,我一定要帮他找出最简单的格局,像卧室、客厅、书房的一些小件家具,这次可以不用定下来。只要他们把大件家具定下来,以后配小件时,他们肯定还要来的,因为颜色搭配是很讲究的。现在百强在价格上打七折,那我就一定要把预算做最低。而且对方不喜欢灰色,那我就从颜色上和他们沟通,把颜色作为突破口,这样就有可能把顾客留住。

“大哥大姐,我们这里有样板间,你们可以看看,格局都是相当不错的。”我带着他们去看我们公司的样板间。

“你们看,现在比较流行地中海风格和现代简约风格,但总的来说都是简约而不简单。这几个主卧的样板间就不错。”在我的引导下,夫妻俩挑了两个最简单的房间格局,不带床箱的床,把原定主卧的电视柜取消,这样主卧就省近三千元。我当时就想降低价格,等他们认定我们公司的产品了,再建议他们换别的格局也是可以的。

“你们看,加上主卧、客卧和客厅,一套家具才三万九左右,不是很多吧。我把这几个房间都是按最简单的格局、最简单的家具和最低价格预算的。大姐,既然你不喜欢灰色,那就看看其他颜色的家具。我卖了很长时间了,对家装颜色也有点经验,不如您听听我的意见?”

“嗯,你说说看。”

“你看,这个儿童房可以选枫木色,主卧用黑橡套白橡色,客卧可以用黑橡色,客厅可以用紫橡色,这样你到哪个房间都有不同的感觉。”

“嗯,有道理。不过,我想把客厅和客卧的颜色换一下,因为客卧是老人住,老人比较喜欢紫橡色。”

“嗯,大姐你想得真周到,我这个卖家具的都没想到。现在你看看,是不是我们比百强还便宜点,而且颜色上还很丰富。住房子不就图个舒心,看着舒服住得才舒心，您说对吗？”

“这孩子真会说。”

于是，他们决定在我这里签单。但这时候我心里还打着小算盘。

签单的时候核对产品，我趁机说：“大哥大姐，你们选的格局都那么简单，略微显得单调，可以试着换换格局，有几个稍微贵点，但确实不错，要不您过来看看。”

这时，我又引导顾客换了两个格局，加了一个床箱，一个电视柜，这样签完单总数超出四万了。但他们却没有在意，而是高高兴兴地走了。

其实，在销售中，要时刻谋划着下一步该做什么。销售不做赔钱买卖，多收了客户的钱，还让客户心满意足，不落埋怨，这才是最好的销售方式。

混乱的恩美力

台湾奶粉市场在20世纪60年代竞争异常激烈，奶粉市场几乎被三大奶粉公司瓜分。三个公司有强有弱，而亚培的“恩美力”就是其中最弱的一个公司，只占3%的市场份额。这三个公司中，实力最强的是味美，它占据了绝大部分的市场份额，其次是惠氏的“S—26”。如果这样发展下去，“恩美力”很有可能被其中一个奶粉公司吞并。

于是，为了在竞争中求发展，亚培决定不先去招惹味美，而是跟“S—26”碰碰，图谋瓜分一部分惠氏的市场。亚培公司通过各种隐秘渠道放出一条消息：男孩吃“S—26”，女孩吃“恩美力”。这样一来，就将“恩美力”放到了和“S—26”并列的层面，还间接地打击了味美公司。因为这表示亚培是专业化生产，专门针对男孩和女孩，更符合消费者的需求。果然，没多久，“恩美力”的市场份额就由3%飙升到8%。

其实，两个公司的奶粉在成分和制作上没有太大的差别，最大的区别就是包装。“S—26”的包装看起来比较男性化，而“恩美力”的包装看起来比较女性化。但就是这一点点小小的差别，却在暗中影响了消费者的判断。人们都觉得“恩美力”是专门给女孩子吃的奶粉（如果“S—26”的包装看起来比较女性化，而“恩美力”看起来比较男性化，大概亚培就会打出男孩吃“恩美力”，女孩吃

"S—26"了)。

等到惠市公司发觉这个情况,请来专家证实"S—26"男孩女孩都可以吃的时候已经晚了,因为男孩吃"S—26"、女孩吃"恩美力"这条消息已经深入人心。消费者的消费观念一旦形成,是很难改变的。亚培在不知不觉中抢得了市场份额,在竞争中求得了发展。

【销售者说】

"恩美力"做得非常成功,不知不觉中攻占了惠氏的一部分市场,跟味美、惠氏在奶粉市场上做到了三分天下。而且男孩吃"S—26"、女孩吃"恩美力"这一理念深入人心,不知不觉虏获了消费者的心。消费者并不知道实情,并不知道"恩美力"是否专门针对女孩,只觉得"恩美力"是个专业产品,跟"S—26"是齐头并进的。

由此可以看出,做销售应该做到进可攻、退可守,这样才便于游刃有余地应付各种场面和情况。事情成功后,及早抽身,不留下任何祸患,让销售对象没有突破口。所以说,销售中事前的谋划非常重要,让人走入你的安排,但最后又不能把销售结果归结到你身上,而属于销售对象自愿购买。所以,好的销售人员总是可以在不知不觉中成功地销售出自己的产品。

二、谋之于阴,成之于阳

【原文】

古之善摩者,如操钩而临深渊,饵而投之,必得鱼焉。

【译文】

其实,《鬼谷子》第八章的前半部分强调"谋之于阴,成之于阳"的策略,就是说那些有很高修养和智慧的人谋划什么行动总是在暗中进行的,而这些行动的成功都显现在光天化日之下,所以这些人都被称作"神明"。

在鬼谷子看来,能"谋之于阴,成之于阳"的人都是"神明"。这种人善

"摩",可以掌握事情内部的规律,顺着规律而行,从而水到渠成。"古之善摩者,如操钩而临深渊,饵而投之,必得鱼焉。"意思是拿着钓钩到水潭边上去钓鱼,只要把带着饵食的钩投入水中,不必声张,悄悄等待,就可以钓到鱼。

作为销售人员,如何钓到"鱼"呢?这就要我们在销售前仔细观察,从客户的言行中发现他透漏的信息,按照对方的思路给对方设一个圈套,让他按照我们的思路走,这样客户就如同那尾鱼儿一样慢慢上钩了。

对一个销售员来说,能够在不知不觉中销售成功,让人没有任何感觉就上了套的人才算是真正理解了"摩"的意思。记得有这样一个故事,有个很厉害的保险人员,她跑保险的时候,会选择年轻人,然后给他们讲一个故事。说一个人被车撞了,他父亲为了救他差点把命搭上。父母都为我们这么做了,我们做子女的难道不应该为父母买份保险吗?很多年轻人因此就买了。不知不觉就让客户买了你的东西,并且心甘情愿,这个保险人员就做到了"谋之于阴,成之于阳"。

【事典】

"谋之于阴,成之于阳"要求销售人员要多动脑。暗中为销售谋划,摸清事物的发展规律,顺其自然,在必要的时候加一把推力,销售自然水到渠成。另外,这也要求我们认真观察客户的行为,从中摸清客户的思路,才好在销售上下手。

在人造卫星上做广告

20 世纪 50 年代,美国研制出了人造地球卫星。美国一个企业立刻写信给五角大楼,申请在即将升空的人造地球卫星上做广告。

五角大楼收到此信后,军方人士不禁哑然失笑。人造地球卫星飞到九霄云外,连个影子也没有,在它上面做广告,谁也看不到,这不等于把钱打水漂了吗?后来,这件事情就被当成一个笑料传开了。这件事被一位记者得知后,立刻写了一篇文章,将此事对大众披露,因而这件事就如同美国研究出地球卫星一样成为全美国甚至全世界的一条新闻。

这家企业没有被允许在人造地球卫星上做广告，因为这种行为简直是太愚蠢了，但却得到了比做广告还好的轰动效应。这家企业一分钱没花，知名度迅速飙升，新产品也很快打开了销路。

但是，记者突然觉得故事没有这么简单。本着“往祖坟上挖”的精神，记者联系到了企业老板，问他为什么申请在人造卫星上做广告，目的是什么？

老板笑着说：“我们这种新产品刚研制出来，没有知名度，也不知道如何提升产品的知名度。我们企业也是本小利薄，根本拿不出巨额的广告费。我申请在人造卫星上做广告的真正目的，只是为了能做成免费的广告。”

记者哑然。

故事的开始，大家都会觉得这位老板是个大傻瓜，在卫星上做广告，这是多么愚蠢的行为。但事后人们才发现，这个老板实在太聪明了！他事先早已预料到事情的结果，才会做出那种“蠢事”。

金钱里的爱

上文说到的一个故事跟一位销售明星的故事非常类似，我在这里讲一下这位销售明星的事，让大家对这一计有更为深刻的了解。

有一天，一对夫妇带着 17 岁的大儿子和 11 岁的小儿子，一家四口到郊区去游玩。在游玩的途中经过一处风景非常优美的地方，他们决定停下来拍照留念。家人都是从左手边的车门下车的，只有开车的父亲因为坐在驾驶座上，所以打开右边的车门准备下车。他刚从车门探出身子，一辆疾驰而来的摩托车把他撞出十几米远，腿部受了重伤，血流不止。因为是大出血，父亲很快昏迷过去，立刻被送往医院急救。本来高高兴兴的一场游玩，谁也没想到会是这个结局。

在医院，被急救的父亲需要立刻输血。当时，由于医院鲜血紧张，唯一符合血型要求的只有 11 岁的小次郎。

“为了救你爸爸，可以抽你的血吗？”医生柔和地问，只见小次郎思索了一下，立刻点了点头，坚定地说：“可以。”

输血完毕后，父亲脱离了生命危险，旁人听到这件事非常感动，然后对小次郎说:“次郎,你真是了不起。救了你爸爸,你想要什么作为奖励?”刚献血完的次郎脸色苍白,静静地坐在房间的角落里,小声地说道:“我什么都不要。”

“为什么呢?次郎,你救了你爸爸啊!这是多么伟大的事情啊,不论你提出什么样的要求,我们都会满足你的。”

次郎转着大眼睛看着眼前的人,然后想了想说:“我很高兴我救了爸爸,可我想知道我还有几分钟会死?”

原来,这个小男孩以为献出了血,就会失去生命。但在这样的情况下,他毅然坚定地献出他自己的生命。

这个故事就是东方销售女神——柴田和子给他遇到的身为父母的客户讲的一个故事。每次她讲这个故事,都会收到不错的效果。因为到故事的结尾,她都会说一句让人感动的话:“次郎都这么做了,身为人亲的你,能为孩子们做些什么呢?钱是买不到爱的,但你可以在金钱里融入你的爱,这就是保险。”

这句话一说完,客户都不得不买这份保险,不买便显得对孩子不够关爱,而这正是销售的高明之处。

【销售者说】

“主兵日胜者,常战于不争不费,而民不知所以服,不知所以畏,而天下比之神明。”其实,这句话是《鬼谷子》在后面对“谋之于阴,成之于阳”的一个补充解释,说的是:那些主持军队日益压倒敌人的统帅,坚持不懈地与敌军对抗,不去争城夺地,不消耗人力物力,因而老百姓不知道为何邦国诚服,不知道什么是恐惧,普天下都称这种“谋之于阴,成之于阳”的策略为“神明”。

我们可以看见很多老板每天喝咖啡,打高尔夫,觉得他们活得轻松惬意。可他们努力的时候我们没有看到,只看到他们光鲜的一面。人家为什么能做上老板?因为他付出了常人难以付出的努力。作为销售人员,我们同样也要付出努力。只有这样,我们才能获得成功。

三、销售要方法适当

【原文】

夫事成必合于数。

【译文】

曾经看到过一句话:付出百分之百的努力,会有百分之百的收获。这句话是强调努力的,但我觉得同时也暗示了另一个道理:做事要讲究一定的方法,如果方法不当,收获就不会有预想中那么多。鬼谷子也说过:"夫事成必合于数。"意思是要想使所主持之事取得预期的成功,必须有适当的方法。做任何事情都讲究适当的方法,销售也是如此。

面对不同的人,需要用不同的方法。这就是所谓的"对症下药"。销售非常讲究看人,针对不同的人销售方法也不同。我做装饰业务的时候,会经常在售楼处旁边等,看从里面出来的人。比如慌慌张张的人,即使很多业务员一拥而上,我也不会去,因为他肯定有事要忙。如果是气定神闲的人,我会过去介绍我的公司,而且他也有耐心听我说。对不同年龄的顾客,也要有不同的推销方法。如果是年轻人,我会重点介绍公司里具有创新能力的设计师;如果是老年人,我会说我们公司有优惠活动。总之,就是销售要根据实际情况,锁定目标人群,知道是向哪类人销售,然后针对这类人用不同的方法,就可以使销售更顺利。

【事典】

销售是讲方法和策略的,只要方法、策略得当了,没有卖不出去的东西。针对不同的人、不同的情况,所采取的方法也不同。如果采用方法不得当,就会成为销售的阻力。相反,采取恰当的方法,就会成为销售的助力。

激战话术

遇到扭扭捏捏不愿意投保的人，柴田和子就用激战的话术来说服他们。

“听我们经理说，你是一块可塑之才，你快点做决定吧。因为有胆识的人是绝不迟疑的。”

“要不这样吧，你现在先填写这张申请书，如果太太反对您的决定，就请您明天打电话来，我再将这张投保书作废。”

这到底是什么情况呢？原来是一位投保的男士犹豫不决，舍不得在投保上花钱。

这时，柴田禾子又说：“你打麻将输三万，打高尔夫输五万，眼睛都不眨一下，眉头也不皱一下。可是，每个月让你拿五万的保费就舍不得了。你这样分不清孰轻孰重，怎么能期望自己出人头地呢？”

其实，这位先生明白保险的重要性和必要性，但就是下不了决心。因此，他还是说：“那我和太太商量后再答复你吧！”

这个时候，柴田和子就会用她的激战话术了。如果是当场填妥保单的人，几乎没有人会再打电话来要求取消保险契约。

遇到这样的情况，柴田和子就会说：“如果您不给我来电话，就表示您讨厌我了。”

“没有，柴田小姐，绝对没有这种事情的。”

“那你就在保单上签上你的大名啊。”

“嗯，嗯，我知道，可是我需要和我的太太……”

“最近的男人都怎么了啊，变得婆婆妈妈，像个女人一样。可是，我相信您和他们不同，很多人上人大多是言必信行必果，我想您应该算得上是人上人。如果不是，您日后也希望是吧。您就先将这张保单填一填，如果你的夫人说不行的话，我就作废它了。”

对于摇摆不定扭扭捏捏的人，销售中就要想办法让他痛下决心。而柴田和子用逼问法，就是要逼得投保者无路可退，最终签下保单。

推销时，激战话术一般会成功的，因为一个人被刺激后，总会找个台阶给自己下。

“幸运”牌糖果

在德国,有一个糖果商开了一家小型糖果厂和几家销售糖果的商店。由于当时许多大的糖果厂的品牌已经占领了市场,他的糖果销售的情况不是很好,而且销量也越来越低。他想了很多办法,都不见效果。

一天,一群孩子的游戏启发了他,让他的糖果销量直线上升。孩子们把几张卡通牌平均放在几个人的口袋里,然后由一个公选的人把一张比其他卡通牌精制的“幸运卡”放进其中某个人的口袋里,不许别人看见。然后,大家随意挑选一个口袋,谁若是有幸拿到“幸运卡”,就可以享受特权,每个人要给他一颗糖……他看着看着,突然一个想法闪电般地闪过大脑。在仔细考虑后,他酝酿了一个改变糖果厂命运的计划。

他在糖果包里包上二马克的钱作为“幸运卡”,然后在报纸上、电视上大肆打出广告:打开,它就是你的。因为“幸运卡”中带有二马克,得到那包幸运糖,糖就是免费的;如果糖包中没有得到幸运卡,买的人也不会觉得吃亏,因为你不是一无所有,至少糖还是你的。所以,很多小朋友都去买他家生产的糖果。糖果的销量日渐增加,他除了需要大量生产糖果以外,还要应付许多的经销商。

他觉得之所以能取得这样的成绩,应该归功于“幸运卡”,所以给他的糖果起了个新的名字,叫“幸运”牌糖果,大肆宣传,并且专门为糖果制作了一个小动物,作为“幸运”牌糖果的标志。从此,幸运牌糖果成为人们心中的名牌,大街小巷随处可见。

“幸运”牌糖果的畅销可急刹了其他糖果商,他们也纷纷效仿他的做法。于是,这位糖果商人又改变了策略,比如买到“幸运”糖果的人除了那二马克以外,还可以额外再得到几颗糖;或者在一定数量的糖里放入其他东西,比如小玩具手枪、微型娃娃等等。这样一来,他的糖果销量始终遥遥领先于其他糖果商。

其实,所谓的“幸运”糖果只是一种销售技巧,但因为方法适当,糖果就不会积压。

【销售者说】

销售和所有的事情一样，也是非常讲究方法的。方法合适，销路就如同猛虎下山，畅通无阻；方法不当，销售滞销，最后就可能导致商家被迫倒闭。适当的销售方法如同一把打开销路的钥匙，不恰当的销售方法就是销售道路上的阻碍。

要想方法适当，首先要在客户的选择上确定目标人群，知道是哪类人销售的。就如同那个德国的销售商，他的糖果销售人群主要就是儿童，他就针对儿童在糖果里放进他们感兴趣的东西，显然大人对二马克的钱是不怎么在意的。在后来的销售上，他又在糖果里加入小玩具什么的，而这些都是小孩子喜欢的。千万不要小看这些小小的玩意，正是这些东西给这位糖果销售商带来了巨大的商机。

四、日积月累，销售成功

【原文】

夫几者不晚，成而不拘，久而化成。

【译文】

苏轼《杂说送张琥》中说："博观而约取，厚积而薄发，吾告子止于此矣。"这里面有一个大家熟悉的成语：厚积薄发。何谓厚积薄发？就是经过长时间有准备的积累即将大有可为，施展作为。而这一计，就和这个成语有着密不可分的关系。我把经典回顾翻译一下，大家就知道了：要想能独往独来，就要注意事物的细微变化，把握好时机，有成绩也不停止，天长日久就一定能化育天下，取得最后成功。简而言之，就是要积累销售经验，当积累到一定程度后，销售自然会游刃有余。

销售就和我们学习英语一样，积累得越多，销路越宽，业务越好做。没有人天生会做销售，也没有人天生是做销售的材料。所以，要想销售好，各方面都需要一个量的积累。著名的"推销之神"原一平说过这样一句话:"销售的成功就是99%的努力+1%的技巧。"乔·吉拉德也说过:"销售的成功是99%的勤奋+1%的运气。"的确,任何成功都是要付出代价的,都需要我们付出努力。销售人员同样如此,只有不断积累、不断努力才有可能获得成功。

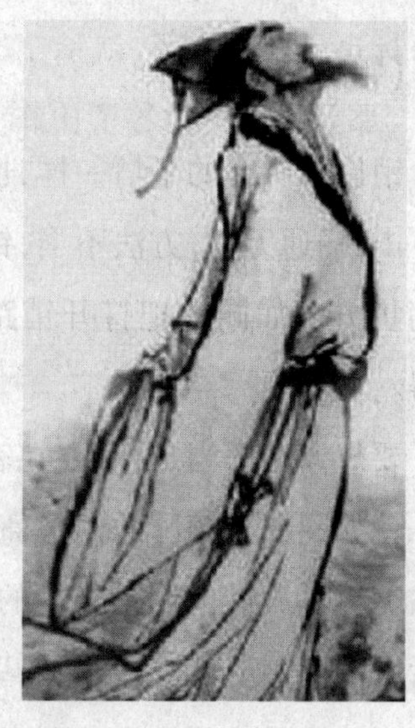
苏轼

《鬼谷子》第八章虽然定义是"巧取",但"巧取"的前提就是有足够的积累。接下来,让我们来一睹那些销售精英积累经验的风采吧!

【事典】

销售需要积累足够的经验,才能应付销售中发生的任何情况。这就要求我们必须付出更多的努力。

每天必比人"多三点"

在全球寿险界,谈到寿险销售成绩的时候,人们常常说:"西有班·费德雯,东有柴田和子。"这样高的评价,说明柴田和子确有独到之处。的确,她在寿险行业非常成功,她的很多朋友包括客户都曾向她请教:"你做寿险做得这么成功,能不能给我们透露一下你的秘诀?"

这时,柴田和子笑笑,然后说:"只要心中有'三点',每天认真去做,很快就会成功。"

"哪三点?"

"呵呵,'多一点,高一点,大一点'。"

"什么意思?"所有人都露出疑惑的表情。

"呵呵,我的意思是加倍努力,给自己每天定个量,永远比其他同事进步得快。你们看,我每天去公司的第一件事就是看昨天谁拿下的单子多,而我当天的目标也就定下来了，就是比这个同事多拿一张保单，多拿一张就行。”

“那如果今天你签了比昨天那位同事多的单子，但你今天仍然不是签单最多的人呢？”

“那我晚上的时候会问今天谁的业绩最好，如果不是我，我就会继续努力。争取坐上今天的销售冠军，什么时候签够单子什么时候下班。同时，我还会询问这位同事成交时的最大额，我必须签到比他更大额的保险单才行。”

正是因为每天做到这“这三点”，她才会有高达17亿日元的巨额年收入，才能和西方的销售泰斗班·费德雯一同成为寿险的销售奇迹。

海尔的艰苦发展

一提起大名鼎鼎的海尔集团，无人不知、无人不晓。如今，海尔集团是世界第四大白色家电制造商、中国最具价值品牌。海尔在全球30多个国家建立了本土化的设计中心、制造基地和贸易公司，全球员工总数超过五万人，已发展成为大规模的跨国企业集团。

发展如此庞大，其中的艰辛是可想而知的。

海尔集团的前身是青岛电冰箱总厂。1984年成立的青岛电冰箱总厂是轻工业部最后一批电冰箱定点生产厂家。当时，市场上国产冰箱已经有100多个牌号，竞争非常激烈，却鲜有名牌冰箱。海尔刚刚建立的时候，就提出了“名牌战略”的口号。“名牌战略”的核心就是产品的高质量。为了将这个口号付诸实践，海尔付出了非常大的努力。

1985年，海尔从德国引进先进技术，生产出我国乃至亚洲第一代的四星级冰箱。海尔很快以高质量取得消费者的信任。高质量是要付出很多代价的，任何一个层面都要把好关，不允许有任何一点点小小的瑕疵。一年后，有用户反映海尔冰箱存在质量问题。海尔公司在给用户换货后，对全厂冰箱进行了检查，发现库存的76台冰箱虽然不影响冰箱的制冷功能，但外观有划痕。时任厂长的张瑞敏决定将这些冰箱当众砸毁，并提出“有缺陷的产品就是不合格产品”的观点，在社会上引起极大震动。

另外，海尔也坚持技术上的不断创新。海尔在发展过程中十分注重技术开发,不断否定自己,推出创新产品。更新换代的步伐始终走在最前列,从而确保技术上和质量上的领先地位。海尔的无氟节能冰箱已经达到国际最高水平,曾代表中国和亚洲先后参加了美国“世界地球日”、维也纳“氟利昂及哈龙替代学术交流会”、印度新德里“国际无氟成果研讨会”等多个国际学术交流会,引起世界轰动,被世界环保组织誉为“世界多一个海尔,地球多一分安全”。海尔在否定自己产品的时候大力研发电器技术,获得丰富的经验,也为争创国际化品牌打了良好的基础。

如今,海尔已经成了真正的国际化大品牌。截至 2009 年,海尔集团在全球建立了 29 个制造基地、8 个综合研发中心、19 个海外贸易公司。自 2002 年起,海尔连续 8 年蝉联中国最有价值品牌榜首。

如今的海尔已经成为我们民族的骄傲,而它之所以有今天的成绩,是所有海尔人一步一步走出来的。成长的过程总是艰辛的,但也正因此,身经百战的海尔才有了足够的实力和国际品牌抗衡。

【销售者说】

销售经验是日积月累的,没有实践的积累,总是在顾客面前夸夸其谈,迟早是会露馅的。所以,在销售中经常会出现一种情况—顾客比销售人员还专业。

所以说,销售中积累是很重要的,积累的过程和结果都十分重要。积累的过程中可以学到很多东西,而积累的结果用于销售又促进了销售。

因此,我们平时应该不断补充、更新我们的专业知识,学习更有效的销售技巧。只有这样,我们才能游刃有余地面对各种情况。

第九章　权篇——成功销售之权益篇

一、给客户送礼,达成销售目的

【原文】

说者,说之也;说之者,资之也。

【译文】

“说者，说之也；说之者，资之也。”这句话出自《鬼谷子》第九章，也是第九章的第一句话。说的意思是：“游说”，就是说服别人；要能说服别人，就要给人以帮助。俗话说得好：吃人嘴软，拿人手短。天下没有白吃的午餐，拿人家吃人家的东西要办事。反过来，想让人家办事，就要先给人家一点好处。这一招其实也常常用在销售上，比如某些商品的买一送一，那个“送一”就是给人的暗中“帮助”。还有就是某些商家搞活动，送给客户小商品，也算是暗中给客户的“好处”。

古语说，“礼尚往来”“来而不往非礼也”。中国是一个崇尚礼节的国度，早在春秋时期，送礼的风尚就已形成，并演绎成为一种文化。营销人为了培育市场，需要培育人际资源，需要与同业、政府官员、银行及公检法系统以及企业交往。俗话说，做营销就是交朋友。

和客户交往的时候，偶尔送点小礼，看似吃亏，却能从客户那边拉回大头。商家都不会做亏本生意，都懂得以小博大的道理。这就是很多商家定期举行打折送礼活动的缘由。做销售的时候，送给客户一点小小的甜头也未尝不可，因为你将从中得到更大的收获。比如，定期给客户发个小信息，表示你还惦记他；或者外出时给他带点小礼品，表示你非常在乎他。不要小看这些小小的举动，这都将转化成你以后的财富。

【事典】

给客户送礼是销售人员常用的销售手段之一。送小礼物可以拉近客户与销售人员的感情。小小的礼物不值钱，但代表了我们销售人员的一片心意。“赠送”会换来客户的再次光临，在销售的时候，我们不妨给客户一点小礼品。

销售的时候要注意观察，有时候送礼品要送客户有用的。送礼要送出给人关怀的感觉，才更容易成功。

一瓶洗发水、一条毛巾、一块香皂

“哎，这家浴室果然如上面所说，真的给一瓶洗发水、一条毛巾和一块香皂。"一个胖胖的中年男子说。

很多人说:"真的吗?真的吗?"

突然有个人问:"怎么没看见你拿着这些东西啊?"

众人也觉得奇怪。

"存那儿了,下次来带个搓澡巾就能洗了。"

这时,浴室老板出来了:"大家放心来,我们决不食言。"

这是怎么回事呢?听我慢慢讲来。

有一家浴池刚刚开业不久,精明的老板让人在大门前贴了一幅显眼的广告,上面有言:"如果您光临本浴池,本浴池将赠送您一瓶洗发水、一条毛巾还有一块香皂,绝不食言。"

这简直是天大的便宜,人们都觉得好奇。十元的门票可以换来几十元的东西简直是天上掉馅饼的事情,人们没有几个敢去的。有一天,一个顾客去了浴池洗澡,果然如广告所说,浴池赠给了他这些东西。这个人一出去,消息就迅速传开了,人们纷纷来这家浴室洗澡。看到这里,很多人可能会问,这么经营,浴室能挣到钱吗?

这家浴池说到做到,对前来的每一个人,都赠送一瓶洗发水、一条毛巾、一块香皂。这家浴池还请客人将用过的东西存放在浴室的小橱柜里,并在各个小橱柜上写上客人的名字。同时,发给他们一把小橱柜的钥匙,以后他们再来洗澡的时候,可以继续使用这些东西。因为是自己使用过的,不会混乱交叉使用,客人觉得非常放心。

一瓶洗发水、一条毛巾、一块香皂可以让一个顾客洗30多次澡,每次的门票是10块钱,30次就是300元。这家浴池在每一个客户身上赚取的钱是300元,而送给客户的东西仅仅是几十元而已,差距是如此之大。这时,大家都会明白为什么这家浴池不会赔钱了吧。

三件东西成为诱饵,让每位顾客享用30多次。这么经营,既增加了收入,又形成了相对稳定的销售群体。这才是精明的浴池老板的想法。

销售人员都是很精明的,送礼只是一种手段。羊毛出在羊身上,没有人会做赔本的生意。小小的礼物背后都隐藏着巨大的商机,这就是很多超市或者商店不定期举行降价送礼品活动的真实原因。给客户一点小小的甜头，客户日后会给你很大的回报。

畅销中国的变形金刚

变形金刚是我们都知道的玩具，它是由美国玩具巨头——孩儿宝跨国公司生产的玩具，在20世纪80年代，以其独特的外形畅销全美国。可是，到了1986年的时候出现滞销的情况。这可急坏了孩儿宝，经过反复研究，他们把目光投向拥有三亿儿童的中国市场。

当时，中国的计划生育政策执行得非常好，每对夫妇只有一个孩子。大多数中国家庭都是三口之家，独生子女都是备受关爱。只要孩子要的，父母只要能做到，都会去执行。孩子身上的投资可谓源源不断，尤其是智力投资，家长们都不在乎。

变形金刚就是一种开放智力的玩具，虽然价格不菲，但在一些发达的大城市一定会有广阔的前景。针对这种情况，孩儿宝公司立刻准备了一套完整的方案，展开一系列卓有成效的营销活动。

他们探知了中国小孩子放学的时间，然后将美国拍的《变形金刚》动画片无偿赠送给中国上海、广州、武汉等比较发达的大城市的城市电视台播放。播放时间是每天晚上6:30，非常准时。那个时候，中国的大部分小朋友放学，会坐在电视机前等待动画片播放。这时，变化多端、奇形怪状的变形金刚闪亮登场，在孩子们的头脑里留下了深刻的印象。变形金刚那些酷酷的动作也成了广大儿童模仿的对象，变形金剐成了他们的朋友。

这时，孩儿宝公司觉得时机已成熟，就让变形金刚从荧屏上走了下来，来到孩子们的身边，和孩子们来个零距离接触。大量多姿多彩、灵活多变的变形金刚玩具投入中国市场。动画片做了免费的广告，孩子们看到了日思夜想的变形金刚走到自己的身边，爱得如痴如醉。柜台上的变形金刚被一抢而空，变形金刚在中国畅销多年。

其实，变形金刚在打入中国市场前，免费给中国的动画片就是提前献的一份小礼，此后从市场中得到的利润可谓翻了又翻。

【销售者说】

送礼是中国几千年来礼仪文化的具体体现，流传至今日，送礼的文化更是达到一定的境界。所以，当人们提出怎样给客户送礼的时候，都要仔细想想。企业与客户之间的礼尚往来是一种情感维系的手段，送礼的方式很多，可以明着送，也可以暗着送。明着送就像古语今说里那样直接拿上东西送给客户，送礼时要讲究语言的表达，平和友善、落落大方的动作伴着得体的语言表达，才能使受礼方乐于接受礼物。那种做贼似的悄悄将礼品置于桌下或房间的某个角落的做法，不仅达不到馈赠的目的，甚至会适得其反。在呈上礼物时，送礼者一般应站着，双手把礼品递到主人手中，并说上一句得体的话。比如说：新年好！送礼之后，也要经常走动。而暗着送，就是如同变形金刚打入中国市场一样。

作为一个销售人员，维护客户非常重要的就是把客户当作自己的亲朋，逢年过节送个礼也是必然的。不用大礼，小小的礼物就可以。但大家千万不要误解我的意思，我让大家顺的是“礼”流而不是“贿”流。“礼”是一种沟通感情的仪式和方法，通过“礼”所取得的是正当的利益；而“贿”则是一种获取利益的权谋和手段，通过“贿”所取得的是不正当的利益。不要把二者混淆了，其差别是很大的。

二、见人说人话，见“鬼”说“鬼”话

【原文】

故与智者言，依于博；与博者言，依于辩；与辩者言，依于要；与贵者言，依于势；与富者言，依于高；与贫者言，依于利；与贱者言，依于谦；与勇者言，依于敢；与愚者言，依于锐。

【译文】

“与聪明的人谈话，就要依靠广博的知识；与知识广博的人谈话，就要依靠善于雄辩；与善辩的人谈话，就要依靠简明扼要；与地位显赫的人谈话，就要依

靠宏大的气势；与富有的人谈话，就要依靠高屋建瓴；与贫穷的人谈话，就要以利益相诱惑；与卑贱的人谈话，就要依靠谦敬。与勇敢的人谈话，就要依靠敢作敢为；与愚笨的人谈话，就要依靠锐利的言辞。”这就是上文经典回顾的翻译。看完这些，就会觉得一个简单的谈话都有如此多的要求，做一个好的销售人员真是不简单。

做销售遇到的人多，遇到的情况也多。和客户大部分的交流还是靠说话，所以说话才显得尤为重要。当然，这一计除了强调销售中的谈话，也针对其他情况。销售的随机性很大，没有一成不变的情况，在销售中要求随机应变。这又是这一计的另一个隐含的意思。销售中，最好做到“见风使舵”，这不是谄媚，而是快速的应变能力。所以说，销售中要“见人说人话，见‘鬼’说‘鬼’话”。对付每一种人都有一种方法，对付每一种情况也各有一种方法。把这些做到熟练是非常不易的，尤其对于销售新手来说更是这样。所以，刚刚入门的同行们不需要做到那么完美，但一定要在说话方面尽量做好，顺着客户之意说话，表现出“想客户之所想，急客户之所急”。最好在销售以前，把客户分一下类，针对不同的客户准备一些话，见到客户就不至于那么不知所措了，也可以真正做到“见人说人话，见‘鬼’说‘鬼’话”。

【事典】

销售会遇到千变万化的情况，作为销售人员，必须机智灵活，应对随时可能发生的事件。销售不可能一帆风顺，遇到意外的时候，保持沉着冷静，灵活处理，把不利因素化解，甚至变成有利因素，不放过任何一个为自己产品销售的机会。

摔碎的钢化玻璃杯

有一个推销钢化玻璃杯的推销员，他说自己的杯子扔在地上都不会摔碎。他当着一群客户的面做演示，把一只钢化的玻璃杯子扔在地上。可是，他的运气差得很，那只杯子是一只质量没有过关的杯子，这么一扔，杯子碎了。

这样的情况一出现，所有人都目瞪口呆。这种情况在这个推销员身上也没有发生过,大大出乎他的意料。所有人都和没反应的化石一样站在原地。如果这个时候,这位推销员没有了主意,继续保持沉默,不出两分钟,所有的客户一定会拂袖而去,交易立刻泡汤。但是,他没有慌张,而是灵机一动,说了一句话,从而更加赢得客户的信任,使推销大获成功。

只见这位推销员不慌不忙地说:“你们看,像这样的杯子,我是不会卖给你们的。”他的表现自信而稳重,并且面带微笑,一下子化解了刚才尴尬的氛围。大家也忍不住笑了起来,气氛开始变得活跃。接着,这位推销员又接连摔了五个钢化玻璃杯子,正如同他讲的一样,没有一个杯子被摔烂。他就这样博得在场人的信任,很快就将自己手里的杯子销售了出去。

这位推销钢化玻璃杯子的推销员是灵活的,他把不利的局面变成有利局面,成为销售成功的一个助力。见人说人话,见“鬼”说“鬼”话,这一计说白了,没有什么定式,重要的原则就是在突发事件面前沉着冷静,避开和化解不利因素,抓住有利条件,让意外事件不影响到成交,甚至转化成促进交易的因素。

新康泰克的诞生

2001 年 9 月,药物市场上出现了新康泰克。那么,原来的康泰克去哪里了呢?新康泰克又是如何出现的呢?

康泰克和新康泰克的公司都是中美史克。中美史克天津制药有限公司是一家现代化合资制药企业。1987 年 10 月建厂,年生产药 23 亿片(粒、支),其中康泰克为其支柱性产品,年销售额高达六亿元人民币。康泰克是一种含有苯丙醇胺(俗称 PPA)成分的药品制剂,对治疗感冒有着非常好的效果。2000 年,美国的一项研究表明,吞服含有苯丙醇胺的药品,会增加患出血性中风的危险,对人体的伤害非常大。有鉴于此,2000 年 11 月 6 日,美国食品与药物监督管理局要求美国生产厂商主动停止销售含 PPA 的产品。短短 10 天后,中国国家医药监督管理局也发布《关于暂停使用和销售含苯丙醇胺药品制剂的通知》,中美天津史克制药有限公司生产的康泰克和康得两种产品因为含有 PPA 被暂停使用和销售。

因为康泰克显著的疗效,其品牌形象深入人心。国家医药监督管理局的通告一出，顿时引起社会的极大关注，人们对康泰克的未来有深深的担忧。通知发布时正值11月感冒高发期，正是用药量大增的时候。如果暂停使用和销售康泰克这一公司支柱产品，对中美史克公司是致命的打击，其收入就减少了大半。因此，中美史克公司对中国药监局这一决定的态度无疑将会引起新闻媒体的密切关注，把握不好，便会引发更深层的危机，自己也可能被逼出中国医药市场。

面对生死存亡的压力，中美史克公司没有不知所措，而是迅速成立了危机处理小组，及时召开媒体恳谈会，主动阐述事实真相，表明史克公司从消费者健康利益出发，坚决支持中国国家药监局的决定，并紧锣密鼓地推出替代康泰克的新药。

这样一来，由于及时处理发生的情况，中美史克公司建立了良好的公众形象。与此同时，公司立刻派人调查。经过调查发现，由于前一阶段的有效处理，消费者对康泰克品牌仍怀有依恋的情结。因此，“新药”重返市场时仍取名康泰克，只是加上一个“新”字。为使新药顺利推向市场，中美史克公司利用已经培养起的良好媒体关系，在中国媒体间进一步表明了自己为消费者利益和为中国人民健康着想的态度，让消费者对新药吃下定心丸，不再有PPA的困扰。这样一来，从2001年9月开始，新康泰克陆续在全国各大药店顺利上市，取得了相当不错的销售成绩，丝毫不亚于从前的康泰克。

【销售者说】

“天有不测风云，人有旦夕祸福”说的是人生的多变和不测是难以预料的。销售中遇到的情况同样是复杂多变的，没有一成不变的模式。这就需要我们勇敢地面对这些临时出现的情况，不慌不乱地一一应对。中美史克遇到了康泰克停产的危机，但他们没有慌张，而是及时将情况进行妥善处理，并根据实际情况，又生产出新康泰克，同样成为家喻户晓的药品。遇见不同的情况、不同的人，就要具体问题具体分析。作为销售人员，要有面临各种突发状况的准备。一旦真正发生了突发状况，也不会不知所措，而能看到什么人说什么话。

鬼谷子那个时期的游说人员为什么那么厉害？因为人家就知道见人说人

话，见“鬼”说“鬼”话，顺应游说对象的思维去说，暗中却表现了自己的需求。临时状况的发生是不分时间场合的，但只要有了准备，我们就能比较从容地应对了。

切记，对什么样的人说什么样的话，最大限度地迎合客户的需求。只有这样，销售才能成功。销售过程中一定要灵活应对各种情况，要坚信，任何事情都是可以解决的，没有解决不了的事情。东西是死的，但人是活的。灵活应对不是一朝一夕的事情，一定要注重平常销售时的积累。最后，你就真的可以灵活应对了。

三、善于抓住关键点，就成功了一半

【原文】

故终日言不失其类，而事不乱；终日不变，而不失其主。故智贵不忘。听贵聪，辞贵奇。

【译文】

不论做什么，都要抓住关键点，也就是唯物主义强调的主要矛盾。所谓“擒贼先擒王”，说的也是这个道理。销售中如果抓住了关键点，就等于成功了一半。鬼谷子那个时期已经意识到了抓住关键点的重要性，所以说：“故终日言不失其类，而事不乱；终日不变，而不失其主。故智贵不忘。听贵聪，辞贵奇。”意思就是：如果整天游说，能不脱离原则，事情就不会出乱子。如果一天从早到晚不变更方向，就不会违背宗旨。所以，最重要的是不妄加评论。对于听觉来说，最宝贵的是清楚；对于言辞来说，最宝贵的是出奇制胜。这些“最宝贵”就是事物的关键，抓住了这个关键事情就会变得非常好解决。

做销售的时候，我们也要学会抓住关键，只在皮毛上下功夫，销售活动就成为一块“食之无味，弃之可惜”的鸡肋。回到古代，我们的先人已经非常善于抓住关键了。小到鸡毛蒜皮的琐事，大到治国平天下，都是如此。

在当今世界，具体到销售业来讲，作为销售人员的我们，也要善于抓住关键,如何抓住关键呢?一定要仔细看,看看销售对象的外在表现,这也许是抓住关键的重点,比如职业、家庭背景、内在气质等,很多时候是可以判断出来的。比如,一个人穿着朴素简洁,那么他基本就不是什么繁琐之人,介绍自己的产品的时候一定要简洁实用。另外,要"听"。跟客户谈话会得知非常多的信息,这里面就有关键点,找到了就是销售的捷径。对不同的人,销售的关键不同。但是,善于抓住关键点就等于迅速抓住了一把销售成功的钥匙,可以让销售更加顺利地成功。

【事典】

俗话说得好:牵牛要牵牛鼻子。这就是说,一定要抓住事物发展的关键。销售中要多观察多学习,善于抓住销售中的关键点,比如客户的喜好什么的,这样就离销售成功不远了。抓住关键点的前提就是观察,提前摸清销售对象的情况,才比较容易抓住关键点。如果是临时面对陌生客户,一定要多注意客户当时的状态,那个时候是抓住关键点的好时机。长此以往,我们就会善于抓住关键点了。

卖出百万保单

保险是一份"心"事业,只要你有心要做,准客户是无时无处不存在的。

——陈明莉

作为新加坡的寿险"皇后",陈明莉当之无愧。她是世界华人寿险营销员的骄傲,影响和激励了整整一代人。凭借远大的志向、坚韧的毅力和过人的智慧,陈明莉克服了前进道路上的种种障碍,打下了自己的一片天地。

陈明莉曾经卖出过一个百万的保单。

她跑保险的时候,认识了一位老先生。老先生觉得她人不错,就把自己的儿子介绍给陈明莉认识,希望两个人在事业上互相帮助。这位老先生的儿子是个大企业家,非常有钱。陈明莉想卖保险给他。于是,老先生立刻建议她规划金额比较多的保险。陈明莉很奇怪,老先生对她说:"我儿子是个非常成功的生意人,平常做的生意都非常大,看的也是大额支票什么的。如果你给他看小数目，他一定会没时间，也没兴趣去看。他觉得那样的小事情很无聊。”陈明莉暗自记住了老先生的话，心里开始盘算如何面对老先生那位有钱的儿子。

没多久，陈明莉就拿着100万（新加坡元）的新加坡储蓄保单来找这位老先生的儿子，每年的保费大约是75000新加坡元。

老先生的儿子一看这个数目也吸了口凉气，心想这是什么保险，险金这么高。于是，他开口就问：“陈明莉，你这是什么保单，难道是金子吗？这么贵？”

陈明莉笑着说：“不是金子，是比金子更珍贵的东西，您的身价。您想想，您的身价这么高，如果规划得少了，不是有失您的身份吗？而且您开的是最好的车，住的是最好的房，保险当然也应该配套，用最好的，而您面前的这张保单，就是我们公司最好的保单，我觉得最配您。”

老先生的儿子听完这些话，正在考虑。

看他还在犹豫，陈明莉觉得该让他快下决断，便赶紧开口：“其实，您的钱这么多，根本就用不着保险，因为您的经济实力充足，不用有什么后顾之忧。但是，您就把保险当作一个储蓄看待，就等于是转一个户头罢了。而且您想想，存在我们公司比存在银行利息高多了，同时还给您多了一个保障，何乐而不为呢？”

“嗯……既然这样，那好吧！”老先生的儿子同意了，点头买下了这份保单。陈明莉也因此轰动了整个公司，大家都暗自佩服她。

陈明莉的成功在于她善于抓住关键点，老先生的话暴露了一个关键点——小额的资金不能吸引他儿子的注意，必须要大额的资金才可以。销售人员要根据对方的身份和地位进行推销，产品必须符合客户的经济能力、年龄特征以及社会环境。一定要抓住关键点，这样才能销售成功。

联合第三世界国家的雀巢公司

雀巢公司在全球风行了100多年，其主打产品速溶咖啡享誉全球，走进了千家万户。可是，如此庞大的咖啡集团也曾面临信誉扫地的危机。

在20世纪70年代末，世界上慢慢出现了一种可怕的舆论，说雀巢食品的不当竞销，导致母乳哺育率下降。正是因为如此，婴儿的死亡率开始上升。当时，雀巢销售非常好，雀巢的决策者拒绝考虑舆论，依旧我行我素。同时，竞争对手又在旁边煽风点火。到了80年代，全世界都开始抵制雀巢的食品。雀巢的奶粉、巧克力开始滞销，雀巢生产的产品在欧美市场上几乎没有立足之地，给雀巢公司带来了严重的生存危机。残酷的事实让雀巢不得不注意当时的形势，其决策者立刻重金聘请世界著名公关关系专家帕根来商量对策，以帮助雀巢公司渡过这个难关。

帕根临危受命，立刻不负众望地调查着手分析。经过一段时间的调查，发现造成如此严重结果的关键是因为雀巢公司是大企业，他们以名牌自居，拒绝接受公众的意见。而且他们和公众之间信息交流不通，雀巢公司的推销活动对公众来说都是保密的。雀巢的这些行为和态度，犯了与公众交流的大忌，难怪招来误解，人们内心的抵触也开始以讹传讹。

根据这个调查结果，帕根制定了一个详细周密的计划，呈报给雀巢公司。帕根的计划把重点放在抵制雀巢最强烈的美国。雀巢组织有权威的听证委员会，审查雀巢公司的销售行为，并且改掉了骄傲自大的毛病，虚心听取社会各界的意见，并且开展大规模的游说活动，不良的舆论渐渐平息。帕根建议雀巢总经理毛奇大力开辟发展中国家的市场，因为发展中国家市场比较大。雀巢公司吸取了曾经骄傲自大的教训，改变了以往把第三世界国家只当作消费市场的看法，而是努力去建立互利合作伙伴的关系。雀巢公司为此付出了实在的行动，每年用60亿瑞士法郎从第三世界国家购买原料；每年又拨出8000万瑞士法郎来帮助这些国家提高产品质量。同时，又请来许多专家在发展中国家办各种各样的补习班。

一系列活动结束以后，雀巢公司的形象大有改变，而且在发展中国家也有了不错的形象。此后销路大增，雀巢的信誉度不断增加，终于重振雄风。

雀巢能够重振雄风，就是找到了自己失败的关键，在关键处及时调整，不至于从世界上消失。要不然，世界上可能就真的没有了雀巢这个品牌。

【销售者说】

在纷繁复杂的销售环境里，很多销售人员为销售无所不用其极，但结果依旧是两个字——失败。究其原因,就是没有抓住销售的重点。重点就如同命脉一样,一旦抓住,就会有不可估量的作用。销售的时候要善于抓住重点,一定要在最短的时间内认清销售对象和自己销售的重点,然后对症下药。如同雀巢一样,找到自己早期的最主要的弊端,并且做出了相应的调整,免于消失于世界的厄运。

对于销售人员来说,销售的关键点是把产品尽快销售出去。产品积压在手里,任何夸夸其谈都是无用的。我们所做的任何行为都是把产品销售出去的前奏。而对于销售对象来说,他们的关键点就各有不同了。但不论哪方面的不同,我们最终都要将他们引导到销售中。针对不同的关键点,我们要使用不同的方法。跟客户交涉的时候,尽量快速抓住他们的关键点,这样销售成功就大有希望。

所以,这一计说:善于抓住关键点,就成功了一半。

第十章　谋篇——成功销售之谋计篇

一、事出有因,从根源入手

【原文】

凡谋有道,必得其所因,以求其情。

【译文】

这句话所讲的意思是:对于一个人来说,凡是筹划计谋都要遵循一定的法则。一定要弄清缘由,以便研究实情。其实,这就是我们现在要讲的"谋篇第一计:事出有因,从根源入手"。这一计自古至今无人不知,可真正用得好的寥寥无几。其根本原理很简单,就是运用各种条件对一个事物进行分析,找出事因,进而釜底抽薪,从根源上彻底解决难题。

回想古代,我们的先辈早已把这一计策运用得炉火纯青。比如,蜀汉名相诸葛亮的一番隆中对，将天下分析透彻，并找出了关键症结，这才定下蜀汉的三分天下之策。再如楚汉争霸，正是韩信对项羽进行了透彻分析之后，找出了项羽的不得民心和妇人之仁的致命弱点，对症下药，方才在垓下一役确立汉朝数百年基业。古时候像这样的例子数不胜数，我们不得不佩服先人的智慧。正是我们这些伟大前辈总结出这些经典计策，才有今天我们学习的机会。

项羽

商场如战场，我们销售的成功之道的必要因素之一就有这一计。作为销售人员，产品和客户是我们的核心分析点。当我们彻底了解了客户的心理之后，根据客户心理矛盾点或者需求点，进行有针对性的讲解，相信更多的客户会对我们的产品更为信服。从产品角度来讲，我们很有必要对自己的每一件产品进行十分彻底的分析，销售人员必须了解所销售产品的优势和劣势。而在销售战中，一定要突出自己的优势。同时，根据自己产品的劣势环节，制定销售策略。但是，千万不要试图掩盖产品的缺陷，不要以为消费者是傻子，他们也许比你更专业。我们要做的是帮客户想出一个能让客户信服的解决方案，直接告诉客户"这个问题，解决起来很简单"。如此一来，何愁客户不买。

举个例子，一家软件公司开发了新产品，从产品到客户分析都做得不错，但销售量一直上不去。经过多方探访，了解到由于客户年龄普遍较大，电脑水平一般，而软件介绍却颇为专业。而解决办法更是简单，这家公司直接做了一个视频讲解，还在销售中附赠了一个免费的翻译小工具。其实，很多事情都是如此，我们只要进行细致分析，便可以很快得到解决办法，从根源入手，彻底解决问题。

【事典】

事出有因，指的就是寻找的因果关系，而从根源入手则是指有针对性地采取相应解决方案。这两句便完美地组成了我们的谋篇第一计。

此计看似简单,实则不易。作为一个销售者,如果能够成功运用,眼前的问题必将变得明朗。这对销售者来说如同透视眼一样,一眼看到症结所在。剩下的就是对症下药了。

差别就在一个鸡蛋

老张在市场里开了个煎饼摊,和他的煎饼摊相隔数米的地方,也有一个煎饼摊。不忙的时候,老张就和那个煎饼摊的主人闲聊。时间久了,两人也熟了。

有一天,老张说:“这些日子生意不错吧!”

“是啊!”小李回答(另一个煎饼摊摊主姓李)。

“小李啊,你这段日子卖煎饼收入多少啊!”

“嘿嘿,不多,应该和你差不多。3000左右吧!”小李憨憨地一笑,露出洁白的牙齿。

“哦……”老张没了话,本来他想炫耀一下这段时间自己挣得挺多,足足有2500元,没想到小李比自己多挣了500块钱,每天人流量都差不多,怎么会差距这么大呢?这时,又有顾客来了,老张开始忙了起来。

那天,老张比较早地收了摊,思考其中的原因。可是,思考了一夜也没有思考出个所以然来。第二天,他一直注意小李,可还是没有什么收获,两家的顾客就差一两个,老张这边比小李那边的人还多。老张非常纳闷,这到底是怎么回事呢?

一连几天,老张不论在忙生意还是不忙生意的时候都密切注意小李。他是个倔老头,不明白的东西就一定要知道,也不愿意去询问小李。他觉得,自己这么一问,小李就会对他有所防范(老头有点小心眼)。终于,他发现了小李做生意哪里和他不同。

做煎饼的时候要摊鸡蛋,那个时候,老张会说:“要不要鸡蛋?”顾客回答“要”或者“不要”。而小李说的是:“大姐(或者大哥),我这里的鸡蛋摊在煎饼里焦酥香嫩,您吃了绝对不后悔,您是要一个还是要两个?”很少有顾客拒绝,大多数顾客会说“要一个”或者“要两个”。多一个鸡蛋就要多五毛钱,也就是说卖一个煎饼,小李就比老张多挣五毛钱。老张恍然大悟,原来小李比他多挣500块钱,根源在这里。于是,他也效仿小李的做法。顾客来了,买煎饼的时候,他会对顾客说:"嘿嘿,我这摊鸡蛋可是一绝,摊在煎饼里的鸡蛋香酥可口,您看看是来一个还是来两个,保证让您吃过还想来。"这个时候,顾客就被老张的话逗乐了,一定要尝尝他这一绝的摊鸡蛋,就会回答"一个"或者"两个"。老张也在摊鸡蛋上下了工夫,真如他所说,鸡蛋摊出来香酥可口。

两个月后,老张再次问小李收入如何,小李说一个月大约3500元。老张笑了,他的收入也差不多。差别就在一个鸡蛋上,而这一个鸡蛋,就是曾经老张收入不如小李的根源。老张发现了事情的根源,并且在生意上向小李学习,在摊鸡蛋上多多练习,付诸行动,将收入提了上来。

美国花生酱打入俄罗斯

美国花生主要产在佐治亚州,杰米·卡特总统就是靠在佐治亚种植花生起家的。几十年前,一位美国黑人科学家经过多次试验,研制出了特殊风味的花生酱,一下子风靡全美。这种花生酱非常独特,加工方法也非常独特,营养相当丰富,据说蛋白质含量居然超过了牛肉。那个时候,美国的经济很不景气,这种花生酱受到了大穷苦人民的欢迎。一时间,这种便宜的花生酱成为美国南方穷人的主要食品。而这种花生酱也给美国带来了巨大的商机,美国的花生理事会通过分析和观察俄罗斯动态,采取了四种促销手段,让美国花生酱顺利打入俄罗斯市场。

苏联解体后,俄罗斯出现了严重的经济危机,食品相当匮乏,人们吃不饱、穿不暖,日子过得十分艰难。美国布什政府同意给俄罗斯予以援助,就将这种花生酱免费奉送给俄罗斯。其实,美国花生种植和加工者早就看准这一机会,免费向俄罗斯提供60吨花生酱,派发给俄罗斯人。食物匮乏的俄罗斯人一吃到这种美味的花生酱,一下子舍不得放手了。

免费奉送完这些花生酱后,美国又在莫斯科和圣彼得堡两大城市开展宣传活动。这两座城市被美国认为是"领导新潮流"的城市,他们希望在这两座"领导新潮流"的城市首先给"热爱花生酱"做一个宣传,然后让花生酱在俄罗斯的全国各地畅销起来。

另外,这样的做法也是投俄罗斯政府所好。俄罗斯目前外汇短缺,用珍贵的硬通货进口花生酱可能性不大。美国的花生大亨们对美国政府和俄罗斯政府开展游说活动,以期实施由美国现款援助向俄罗斯出售美国花生酱的计划。美国全国花生理事会负责人说,以俄罗斯政府来说,牛肉短缺现象严重,用价廉的花生酱替代牛肉,既可满足老百姓需要,又能省钱。因此,俄罗斯政府赞同这一计划是很有可能的。

最后,美国的销售重点是抓住青少年。美国花生商的目标是俄罗斯的青少年。美国一个销售代表在莫斯科和圣彼得堡的学校里东跑西溜,对学校领导加以游说,促使各学校同意把美国花生酱列入学生午餐食谱,既廉价又有营养。为了笼络感情,代表团携带了大批美国花生酱纪念章,在俄罗斯青少年中散发,让青少年认识美国花生酱、热爱美国花生酱。

这四种促销手段让美国的花生酱走进了俄罗斯的千家万户,人尽皆知美国花生酱的美味和营养价值。其实,美国花生酱能迅速进入俄罗斯,并且成为畅销货,就是抓住了苏联解体,俄罗斯出现经济危机这个主要根源。他们从根源入手,采取四项销售措施,当然可以迅速让花生酱走遍整个俄罗斯。

【销售者说】

“事出有因,从根源入手”是销售人员取得成功所必须具备的素质。“事出有因”告诉我们要有一双明澈的双眼,“从根源入手”告诉我们要有一双灵巧的手,穿过重重迷云,直接抓住问题要害。所谓取蛇七寸,便是这个道理。

作为一个销售人员,在任何时候都要谨记自己的产品性能及各项数据。除此之外,还需要深入了解产品的各种应用方案及产品使用禁忌。只有这样,我们在面对客户所提出的各种问题时,才能保证对答如流,增进自己和客户的关系,并提高信任度。而一些重要问题,或者是一些销售过程中的困难,则需要我们认真地运用这一计,充分分析整个销售流程,并对各个环节进行反复思考,用客观的双眼去看待问题或困难。俗话说得好:“三个臭皮匠,赛过诸葛亮。”如果自己不行,就进行讨论。相信经过这样的分析之后,再复杂的问题、再严峻的困难也能被我们分析透彻，并找到出现这种问题或困难的根本原因。

剩下的问题比前者就简单多了。寻找解决方案，不断地衡量利弊、思考得失。“从根源入手”最核心的便是方案设计和实践操作，这对我们销售人员的考验并不比前者小。我们需要让大脑一直保持冷静，保证方案的设计切实可行。同时，必须拥有灵巧的“双手”，在细节操作上必须慎之又慎。

实际上，这看似很难的一计，应用起来并没有那么困难。这需要我们销售人员不断地在工作中总结经验，养成潜心思考的习惯。在实践过程中掌握“事出有因，从根源入手”，在经历困难时应用“事出有因，从根源入手”。只有这样，我们才能让销售工作步入一个新的高度，并为金牌销售打下坚实的基础。

二、只有不断寻找机会的人，才会及时把握机会

【原文】

故变生事，事生谋，谋生计，计生议，议生说，说生进，进生退，退生制。因以制于事，故百事一道，而百度一数也。

【译文】

这一句的意思是说：事情的突变都是由于事物自身的渐变引起的，而事物又生谋略，谋略生于计划，计划生于议论，议论生于游说，游说生于进取，进取生于退却，退却生于控制，事物由此得以控制。可见各种事物的道理是一致的，不论反复多少次也都是有定数的。只有不断寻找机会的人，才会及时把握机会。

中国古代对这些的应用是相当广泛的。“智者千虑，必有一失”便是这一计的体现。楚汉争霸，刘邦实力不济，两军相争败多胜少，甚至多次身处险境。即使如此，刘邦依然不屈不挠，经过多次大战，终在垓下一役定下江山。可以说，刘邦在楚汉争霸的最后时期之前都是失败的，但这一次次的失败没有能打倒他。而项羽的弱点渐渐地被刘邦找到，只此一战，刘邦抓住了机会，结束了这多年的纷争。

刘邦的战争岁月就是我们销售工作的真实写照，不断地在挫折中总结经

验，一点点改变自身境况，让胜利的天平缓缓偏向自己。不断地总结、分析并对现有客观条件进行改革，这些都是我们寻找取胜之道的基础。机会或许只有一次，一旦发现，就必须做出决定，全力去把握机会。机会稍纵即逝，销售人员一定要有这样的觉悟，绝不能让机会从手边溜走。

销售并非外行人说的“动动嘴的活”，需要有很好的承受能力。一般人面对多次挫折的时候总会显得很消极，甚至难以承受。作为销售人员不仅仅要学会承受，还要学会摆正姿态。面对挫折，不仅不能被打败，还要学会笑着面对。我们必须保证面对每一个客户都能体现出真诚的热情和应有的职业素质。这是我们必须具备的素质，这也是一个基础。只有在这个不怕挫折的基础之上，我们才有可能去抓住稍纵即逝的机会。

【事典】

这谋篇第二计其实是要求销售人员对自己心理障碍的突破，不是败中取胜，更不是火中取栗，而是要我们不断地寻找机会、寻找突破口。无论前者成败如何，都要善于发现机会，看出眼前困难的漏洞，抓住转瞬即逝的机会。

这一计还要求我们的处事方式一定要扎实，让每一项技能在挫折中成长，在失败中进步。这就是万丈高楼的基石，能否成功，基石是关键中的关键。

拨错的电话号码

琳琳是某汽车公司的推销员，她经常利用打电话的方式拜访客户。

有一天，她拨通了一个早已烂熟于心的号码。

“喂，王太太您好，我是××汽车销售公司的销售员。我想告诉您，您订购的汽车已经准备好了，您一定非常高兴吧？您什么时候来取，我们就在这里随时恭候您。”

接电话的这位太太似乎觉得不对劲，愣了几秒说：“你可能打错了，我们没有订购汽车。”

琳琳立刻说：“请等一等，请问这里是王先生的家吗？”

“不是，你记错了，我先生姓刘。”事实上，琳琳早知道这是刘先生的家。

“原来是刘太太啊，实在是非常抱歉，一大早就打扰您。我相信您现在一定很忙吧。”趁着这位太太没有挂电话的机会，琳琳接着说，“刘太太，你们不会正好打算买辆新车吧！”

“还没有这个打算，这个问题你最好问我先生，因为我不会开车。”

“嗯，那么请问您先生什么时候在家呢？”琳琳问。

“他晚上通常五点半下班，六点回来。”

“好的，刘太太，我晚上再打电话，不知道会不会打扰你们吃晚饭？”

“应该不会，我们一般七点吃饭。”

“哦，那么就不多打搅您了。耽误您这么长时间，实在是不好意思，希望您一天过得愉快。”琳琳挂掉了电话，盘算着下午在电话中要怎么和刘先生说才好。

晚上六点钟，琳琳准时拨通了那个电话，这次是刘先生接的电话。

“喂，刘先生，您好，我是××汽车公司的销售员琳琳，今天早晨跟您的太太通过电话。她说您这个时候在家，我就这个时候打电话了。我不知道您是不是想买辆新车。”

“现在还不想买，因为我的车子还是可以用的。”

“那么，您能不能告诉我您大概什么时候准备买辆新车？”

对方想了一分钟左右：“估计我六个月以后才会换一辆新车。”

“好的，刘先生，六个月后我再和您联系。对了，刘先生，我想知道您现在开的是什么车？”

“大众。”

就这样，琳琳从中捕捉到了重要的信息，在半年的时间里适当地给刘先生发信息，打电话，提醒刘先生注意天气和身体，让刘先生不忘记她。六个月后，琳琳顺利地把一辆车卖给了刘先生。

琳琳故意假装拨错电话，实际是在寻找销售的机会，打开销售的突破口。六个月中，琳琳又适当地提醒刘先生不要忘记她，买车的时候想起她。果然，六个月后，琳琳牢牢地抓住了这个客户，将一辆车销售了出去。

采乐——寻找去屑新卖点

“去屑，就是采乐！”演艺明星的黎明这句话一说，让无数小女生倾倒。短短的十年时间，洗发香波早就下台，而是被以营养、柔顺、去屑为代表的宝洁三剑客潘婷、飘柔、海飞丝垄断了中国洗发水市场的绝对份额。想在洗发水领域发展的其他洗发水在这三座大山的压迫下有点喘不过气来。后来，又出现一系列新的洗发产品，比如舒蕾、风影、夏士莲、力士等，更是让许多洗发水望尘莫及，难以突破。待“采乐”出山的时候，国内去屑洗发水的市场已经是相当的成熟了，从产品需求来看，走去屑这条道路简直是死路。

然而，让所有人大跌眼镜的是西安杨森生产的“采乐”洗发水上市之初销量就节节上升，硬是在重重阻碍中杀出一条血路。

“头皮屑由头皮上的真菌过度繁殖引起，清除头屑应杀灭真菌。普通洗发水只能洗掉头发上的头屑，我们的方法是杀灭头发上的真菌，使用 8 次，针对根本。”

看完上面的话，我们就会发现“采乐”的销售突破口是治病，把洗发水当药来卖可谓前无古人。去屑特效药。在药品行业洗发水是没有强大的竞争对手的，采乐还别出心裁地强调“各大药店均有销售”，这真是一条他人意想不到的渠道。

采乐在众多洗发水中找到一块空白地带，没有其他洗发水的染指，以独特的产品品质，成功占领了市场。

采乐以“去屑”出山，在众多去屑洗发水中寻找出路。以独特的产品功能诉求，有力地抓住了目标消费者的心理诉求，抓住了药品市场洗发水的空白地带，走上了一条与众不同的道路。机会不是没有，只要不断寻找，善于发现，你就能及时抓住。俗话说：机会都是留给有准备的人的。“采乐”洗发水就是这样，在夹缝中求生存，取得新的生存空间，让消费者要解决头屑的根本问题时，首先就想起了“采乐”。

【销售者说】

有人说机会可遇而不可求，也有人说“人的命天注定”。首先，我不认为这些话是错误的。其次，很多机会确实让人很容易如此认为。但是，我作为一个销售者，从来都信奉“人定胜天”这条真理。我相信，机会是等待有准备之人来摘取的。

无数次挫折，这是对心理、学识、技能的磨炼。无数次努力，这是对心理承受力、自身学识、专业技能的一次次测试。只有拥有了相当的心理承受能力、掌握了大量的知识，并将自身的专业技能提高到一定高度之后，我们才能在机会来临的时候，准确无误地抓住。如果没有这样的能力，即使将机会摆到他面前，真的就能抓住吗？一个客户就在面前，一个没有经过培训的销售要如何向我们的客户讲解产品呢？这是一件不可想象的事情。

产品是否能够畅销，有两个必要因素，一个是优秀的产品，另一个是优秀的销售人员。往往两者不能兼得，或许产品的瑕疵是无奈，但时刻注意自身的提高则是每个销售人员必须学会的第一课，也是最重要的一课。

每天对待我们的客户，首先要做好接受问题的准备，并且还需要做好被打击的心理准备。我们对待这些的态度应该是谦虚好学，无论成与败，我们都应该重视自己的客户。而在客户离去之后，我们应该对这次工作进行总结，而且不能让主观思想占领你的大脑，客观事实才是我们总结经验进而提高的依据。随着我们的提高，我们将会迎来大量的机会。

机会的来临是不分时机、不分场合的。随着时间的深入，这个机会将会无声无息地出现。这时，我们能力的提高就成了能否抓住这次机会的关键了。只有真正准备好的人，才能在第一时间看到这次可遇而不可求的机会。不断地总结是为了最后的成功做准备的，准备好了成功就在眼前了。有了这样一次适合自己的机会，我们就需要全力去抓住这样一个机会，将它掌握在自己手中。只有这样，我们才能获得成功。还是那句经典之语：“只有不断寻找机会的人，才会及时把握机会。”

三、把客户当作朋友，是销售成功的基础

【原文】

计谋之用，公不如私，私不如结，结而无隙者也。正不如奇，奇流而不止者也。故说人主者，必与之言奇；说人臣者，必与之言私。

【译文】

谋篇第三计讲计谋的运用，公开计谋不如保密，保密不如结党，结成的党内是没有裂痕的；正规策略不如奇策，奇策实行起来可以无往不胜。所以，向人群进行游说时，必须与他谈论奇策。同样道理，向人臣进行游说时，必须与他谈论私情。把客户当作朋友，是销售成功的基础。

古往今来，多少英雄发迹于草莽，多少名臣出身于平民。汉朝开国功臣里有不少刘邦草莽时代的朋友，明太祖朱元璋带着患难兄弟走上金銮宝殿。如果把这些皇帝的患难兄弟比作客户，而皇帝们则是一个经营销售者，所销售的产品也就是那番美丽的宏图伟业。虽然每次征战都比我们的销售工作复杂困难得多，但其本质原理却有相近之处。也就是说，我们的皇帝们所做之事其实就是一个高级营销，而我们的汉高祖、明太祖其实也就是超级销售员。他们怎么会成功地将一个平常人看似永不能完成的项目推销给那些能人义士的呢？“言私”！樊哙是屠户，跟着刘邦得以封王，韩信为“解衣衣我、推食食我”而丢掉了开创韩家江山的大好机会，徐达出身平民，却将一生献于明太祖所“销售的产品”中。由此可见，友情的力量、“言私”的价值是多么的大，其产生的效果往往体现于长久合作之中。

汉高祖和明太祖的成功正是以“言私”为策略，笼络人心，兜售自己一统河山的宏伟“产品”，并最终取得了伟大的胜利。在当今社会，我们的客户就是我们的朋友，我们的朋友需要什么东西，使用我们的产品，这已经不再是一个单纯的销售过程了，而是一个帮助友人的善意行为。也许我们的朋友这次买的不多，但每当我们的朋友需要什么产品的时候，我们总是被优先考虑。我们的朋

友也会介绍朋友来的。长此以往，我们的客户资料将会飞速增长，而且都将会是相当稳定的客户。这意味着什么，所有的销售者都不言而喻了。

【事典】

帮助客户解决问题，和客户从一个单纯的销售与消费关系转变为朋友互助的关系，这将为我们解决很多看不到并且影响深远的问题。比如，我们的客户对于产品购买偏好于高精尖的高端产品，并且直接联络人员守口如瓶。如果不是朋友关系，我们的销售人员也只有慢慢猜测客户的购买倾向了。

和我们的客户成为朋友，其实是在编织一张巨大的销售网。每一位朋友都是一个节点，通过节点的延伸、扩大，必将会不断结成新的节点，而这每一个节点都会为我们带来巨大的利益。这便是这一计的真正玄机所在。把客户当作朋友，将会让我们得到一张巨大的销售网。

作为一名销售人员，如果我们能把客人当成朋友，一定会带来意想不到的回报。

像朋友一样交谈

某一天的下午，我百无聊赖地去一家鞋店逛游。销售小姐服务态度良好的走了过来，问我需要什么。我说先随便看看，其实我无心买鞋。销售小姐眼光很雪亮，看出我的意图，就态度很好地离开，并且微笑着和我说："你慢慢看，相信会有你喜欢的鞋子。"于是，我决定下次发工资了一定来她们这里买鞋。

这时，店里进来一位年近50岁的阿姨，衣着简洁朴素，带着一个五岁左右的小女孩，和我一样慢悠悠地闲逛。几个销售小姐笑脸相迎，但没有直接问她需要购买什么，而是微笑地向阿姨打了招呼，便逗可爱的小女孩玩，其他销售小姐也都夸小女孩长得漂亮，很惹人爱，夸阿姨很有福气……阿姨乐得合不拢嘴。不一会，阿姨顺便看了看鞋架上的鞋子，就近问一个销售小姐："这里有没有适合我儿子穿的鞋？"

那个销售小姐说："您儿子平常都是什么风格的穿着？"

阿姨笑着说："年轻人现在都喜欢穿休闲的。"

“那太好了,我们这里很多款都是休闲的。相信肯定有适合您儿子穿的。”

这时,一个销售小姐拿起一款款式比较新的鞋子给阿姨看:“阿姨,您瞧,我为您挑选的这款怎么样?款式休闲且时尚,而且还是一款功能鞋呢。”

这时,阿姨有点犹豫了:“不知道这小子会不会喜欢。”

几个销售小姐立刻一起说:“您对孩子真是太好了,您买的他一定会喜欢的。我们这里的鞋子时尚、款式新颖,很受年轻人喜爱的。”

同时,几个销售小姐还向阿姨介绍了优惠活动的方案。

这时,另外一位销售小姐倒来两杯水,请阿姨和小女孩坐下休息喝点水,同时建议阿姨多挑一双鞋子,两双鞋可以换着穿,而且还能更优惠。阿姨坐下来想了想,问她们还有什么别的款式适合她儿子穿的。销售小姐拿起另一款风格相近的鞋子给阿姨介绍。最后,这位阿姨买下了销售小姐为她推荐的两双鞋子。

在日常的销售工作中,尽量用朋友的语气去和顾客交谈,尽量跟顾客聊一些他们喜欢的话题,或者是顾客的爱好,而不是着急去向客户介绍产品。毕竟是客人要买东西,等顾客问起来我们再回答也不迟。如果客人一来我们就急着介绍产品,反而会令顾客产生反感。通过交流,可以拉近和客人之间的距离,让客人对我们产生信任,这才是重点。谈笑间也就成了朋友,这不失为一种提高信任度的好方法。我们不仅能达成销售,还多了一位朋友,何乐而不为呢?

充满人情味的星巴克

一提起喝咖啡,大家都会不约而同地想起一个地方——星巴克。那里环境优美,咖啡醇香,可以让人静静享受眼前的一切。

星巴克诞生于1971年,当时只是美国西雅图的一家咖啡小店。现在,星巴克已经发展成为全球最大的咖啡连锁店。星巴克在中国短短的时间里,就深入人心,成为当代人尤其是年轻人朋友谈心、情侣约会、个人享受的优雅场所,成了一个时尚的代名词,成了一种精神的享受。在星巴克咖啡店,顾客除了品尝咖啡以外,还可以听到数码唱片,或者在商店电脑数据库中选择自己喜欢的音乐,做成自己的个性CD带回家。

星巴克之所以能取得如此成就,就是靠着“以人为本”的营销策略。“认真对待每一位顾客,一次只烹调顾客那一杯咖啡。”这句取材于意大利老咖啡馆工艺精神的企业理念,始终贯穿在星巴克的服务中。星巴克把前来的每一位顾客当成朋友,让他们有轻松自在的环境,真正得到身心上的放松,虽然咖啡的价格让很多人望而却步。

“我们的员工犹如咖啡谜一般,可以对顾客详细解说每一种咖啡产品的特性。通过一对一的方式,赢得信任与口碑。这是既经济又实惠的做法,也是星巴克的独到之处!”“我们的店就是最好的广告!”星巴克认为,如果店里的产品与服务不够好,让客人没有舒心自在的感觉,做再多的广告吸引客人来,也只是让他们看到负面的形象。所以,星巴克不愿花费庞大的资金做广告与促销,但坚持每一位员工都拥有最专业的知识与服务热忱。

成功企业的首要目标就是满足客户的需求和保持长久的客户关系,和客户做朋友就是最好的一种保持方法。星巴克特别重视在咖啡店中同客户进行交流,言谈要富有温情,重视同客户之间的沟通,把客户当作朋友来对待,认真聆听客户的每一句话。星巴克里面,每一个服务员都要接受一系列培训,如基本销售技巧、咖啡基本知识、咖啡制作技巧等,要求每一位服务员都能预感客户的需求。

顾客在星巴克消费的时候,收银员除了品名、价格以外,还要在收银机键入顾客的性别和年龄段,否则收银机就打不开,因为这样就掌握了一个顾客的资料。所以,公司可以很快知道消费的时间、消费了什么、金额多少、顾客的性别和年龄段等。除此之外,公司每年还会请专业公司做市场调查。星巴克的“熟客俱乐部”,除了固定通过电子邮件发新闻信,还可以通过手机传简讯,或是在网络上下载游戏,一旦过关就可以获得优惠券。很多消费者就将这样的信息转发给其他朋友,造成一传十、十传百的效应。

星巴克的品牌就是在店里通过一系列的细节和事件来塑造的:星巴克会在顾客发现东西丢失之前就把原物归还;南加州的一位店长聘请了一位有听力障碍的人。教会他如何点单并以此赢得有听力障碍的人群,让他们感受到友好的气氛。种种的努力都为星巴克带来了良好的口碑,并赢得顾客的喜欢和信赖。

星巴克还极力强调美国式的消费文化，顾客可以随意谈笑，甚至挪动桌椅，随意组合。这样的体验也是星巴克营销风格的一部分。客户在星巴克就如同在自己的家里，而星巴克就是他们最忠实可靠的朋友。

把顾客当朋友，提供最好的服务，是星巴克成功的一个重要原因。星巴克的咖啡虽然定价很高，依然受到了很多人的欢迎，可见里面的服务和环境是相当一流的。前来的每一个朋友都要输入性别和年龄段，可见他们想与客户保持长久的来往，做朋友就是长久来往的最好方式。

【销售者说】

销售人员每天的工作都在围绕客户转，无时无刻不在思考如何让我们的客户满意。可面对客户，我们一样有很多难以规避的问题。其中，最为核心的问题就是信任感。每当我们的客户在询问完产品的性能之后，就进入一个尴尬期，他们似乎没什么好问的了。我们知道，其实他们现在这个情况只有一个问题：这产品真的像说的那样吗？如果我们不能用合理的方法将这个问题解决，我们这次销售活动就很有可能以失败告终，我们以前的努力也会付之东流，并且我们很有可能在为别人作嫁衣。这种事情，即使我不说，相信每个销售人员都遇到过。这个问题已经成为我们销售人员的最关键的职业问题之一。

销售行业被称为执着行业，对待任何一个客户，我们都会采取深抓深挖的方式深入开发。我们用自己的执着心来进行一次次的公关。对待这个信任问题，我们最终还是可以克服的。我们对待每一个客户需要以一种对待好朋友的心态，并且必须是用一种对待真心好友的态度去对待。用投桃报李这个成语形容我们此计再好不过。我们要做的就是真心去帮助我们的“朋友”，将“朋友”的问题当作自己的问题来解决，把方便给“朋友”而把难题留给自己。与此同时，我们还很有必要去认真把握“朋友”的心态。比如，我们的热情会不会让我们的“朋友”更加戒备，我们的语言是否能够得到“朋友”的认同。虽然这些都是问题，但在我们和客户成为朋友之后都将迎刃而解。我们的所有问题也将变成一个问题，怎么样帮我们的朋友解决更多问题。当然了，这个时候，我们不仅可以帮着客户出谋划策，而且也将得到更多的合作机会，这时的“朋友”才真正由“客户”变成朋友。

销售,这是一个伟大的职业。正是由于这个职业,我们才会得到比别人多得多的朋友,同时也会获得比别人多得多的机会。活学活用是个关键,用心去对待自己的客户是关键中的关键。只有把握住这个关键问题,我们才能更好地解决更多问题。

四、学会主宰局面,变被动为主动

【原文】

故曰:事贵制人,而不贵见制于人。制人者,握权也。见制于人者,制命也。

【译文】

用今天的话来解释这两句话,意思就是:控制人的人是掌握大权的统治者;被人家控制的人,是唯命是从的被统治者。所以,圣人运用谋略的原则是隐而不露,而愚人运用谋略的原则是大肆张扬。有智慧的人成事容易,没有智慧的人成事困难。掌握主动权,变被动为主动。

“掌握”这个词语总是用于强大者。人们惯性地将这个词远离自己。记得有人说过这样一句话:“掌握自己,拥有世界;掌握人生,拥有完美。”这句话代表一种向往,我们作为销售人员,应该有这种“掌握”之心。只有整个销售流程尽在掌握之中,我们才能更好地将风险压到最低,也可以让我们的整个销售过程更加流畅。

作为经典的一计,我们的祖先们一样留给了我们很多这样的经典案例。唐末黄巢起义,是个很经典的实例。那时,唐朝依然强大,单凭王仙芝和黄巢这样的实力,显然难与唐军抗衡。黄巢曾多次被唐军追着打,被打得溃败也不是没有之事。可他是怎么一再战胜唐军,并且能进占长安拥兵百万的呢?变被动为主动,真正掌握战争的发起权和结束权。放弃根据地,不跟强大的唐军打正面阵地战,而是不断地进行穿插,四处袭击唐军的薄弱环节,这便是游击战的经典应用。

看了这些战争实例，也许会让人认为这个计策更多地应用在战争中。其实不然，可口可乐和百事可乐长达百年的“争霸战”前期，百事作为一个新兴企业，面对可口可乐这个饮料业大鳄，他们没有模仿可口可乐的制作工艺，而是把握主动权，使用自己研发的新工艺，利用不同口味的饮料进行差别化竞争，最终虎口夺食，硬是从可口可乐的客户群里抢来一大批。

黄巢起义

从这些经典实例中，我们深刻了解到主宰局面其实就是充分掌握主动权，变被动为主动，逐步克服困难。我们只有更多地掌握主动权，才能占有先机，占有先机的价值是不言而喻的。

【事典】

“掌握主动权，变被动为主动”的应用面十分广泛。大到军事、政治、外交，小到市井小贩、公司竞争，在我们的方方面面都有应用。作为一种主要应用于心理的计策，它是不可能直接应用在实践中的。这一计需要我们不断地对自己进行巩固，然后在处理销售事务时，尤其是在销售竞争事务中充分使用，把握主动权，并使用正确的竞争方略，变被动为主动，最终取得成功。

反客为主卖购房卡

我听说过一个掌握主动权的故事，觉得里面的人做得非常棒，想用第一人称来讲述它。

那是2005年的一个夏天，我从深圳回来，决定把自己宁国（宁国地处安徽省东南部，东邻苏杭，西靠黄山，连接皖浙两省七个县市，距沪、宁、杭三大城市仅 170~300 千米,是皖南山区之咽喉,南北商旅通衢之要道)的精诚商务电子公司转来做团购。于是,我就派自己手下的业务员去卖团购卡。这样的团购卡在深圳非常贵,至少能卖 200 块钱。可是,为了放长线钓大鱼,我决定低价出售这些卡,每张卡 20 块钱。业务员提成是基本工资 1000 元加每张卡提成 15 元,还有 5 元是工本费。但是,一个月下来,让我郁闷的是三十多个业务员竟然一张卡也没有卖出去。他们纷纷向我反映情况,说没有人能接受这样的新鲜事物。于是,我问他们去过哪些正在装潢的小区进行过兜售,他们说汇丰小区装潢的人家挺多,他们天天去,对那里的一草一木都了如指掌。于是,我偕同几个经常跑那小区的业务员来到了汇丰小区。

我们轻车熟路地循着"乒乒乓乓"声音来到了一栋楼的六楼,那里有装饰工人工作的声音。我们气喘吁吁地爬上去,他们都站在门口不肯进去。我纳闷了,问为什么。他们说里面有七八个装潢师傅,他们怕一个人的嘴巴说不过他们。在公司里,我对他们进行过一对一的培训,也说过一对二以及一对多和多对一的方法。今天都到这个关节了,他们居然都害怕得不敢进门。

我笑了笑,走了进去,然后对正在装潢的师傅微笑,点头,问好。面对这么多陌生的面孔还有可能很厉害的嘴巴,我今天要玩一次反客为主的把戏了。首先,我投石问路地问:"这家主人今天周末怎么不在这啊?(如果他们其中有人承认自己是主人,我会说自己眼拙怎么没看出来呢,但我初步地从他们衣着与神情上看应该没有一个是主人)"其中一个师傅回答说主人今天没来,这下我可高兴了。没主人,"反客为主"更容易实行了。我快速扫视了房子的装潢风格,几乎能确定这家主人跟我年岁差不多大。于是,我说自己是这家主人的同学,今天特意来看看他的新房子,并且要送他一张装潢房子以及家具、窗帘等等的优惠卡(我怕团购卡他们听不懂,不如接近他们心理说成优惠卡)。他们都好奇地问,这卡怎么用啊?我说有了这张卡,在咱们这里买油漆、木材什么的都能享受最优惠政策,并且质量还是有保障的。于是,其中一个师傅就说:"这样一张卡得多少钱啊!"

"呵呵,一包好烟的价钱,20 元。"

"呀!那可能节省不少烟钱啊!"那位师傅说。

于是，我开始用言语不断煽动着他们的购买热情，相当成功。有三个人说他们有亲戚在装潢，立刻就买了三张卡。还有几个人在那里犹豫不决。我知道，我只要再加把力，他们就会出手的。我的眼睛环视着房间的四周，想寻找出一些新的信息，突然看见墙上写着：户主，张晓红，电话 139××××4001。看见这些，我更有信心了。

"各位，对不住，我身上只带了七张卡，是带给我同学张晓红还有她的同事的。她的号码是 139××××4001 吧。"

听到我说户主的名字和电话，他们一哄而上把我手上的卡抢了个精光。同时，都和我要电话号码，说要给我介绍客户。我胜利了。

没多久，我就从这家出来，告诉我的团购卡已经销售完了。然后，我把事情的经过告诉了他们。他们都竖起了大拇指说："老总出马，一个顶俩。"

我觉得销售如同一颗麦粒，一颗麦粒有着三种不同的命运。第一种可能被装进麻袋，堆在货架上，等着喂猪。第二种是可能被磨成面粉，做成面包。第三种可能被洒在土壤里，让它生长，直到金黄色的麦穗上结出成千上万颗麦粒。这一切的结局源于我们如何主动地选择才有所改变，所谓不能立足者为暂客，能立足者为久客，客久而不能主事者为贱客，能主事则客渐握机要，而为主矣。故反客为主之局，第一步须争客位，第二步须乘隙，第三步须插足，第四步须握机，第五步乃成为主，这样才能稳操胜券。

"葛兰素"打开美国市场

英国"葛兰素"药厂于 1979 年跻身美国市场，如今在全球有 70 多家公司和分厂，产品遍及 150 个国家及地区，而且在这些国家及地区药品市场的排名大多名列前茅。

它进入美国市场的时候，先兼并了一个小型药厂，借此药厂彻底了解当地市场的情况。为了让企业彻底和美国文化融合，成为地道的美国公司，它先授予该药厂美方负责人以充分权力，因而使其经营灵活、决策快速。

没多久，葛兰素药厂在美国就站稳脚跟，立刻开始迅速拓展市场。

1981 年，美国的葛兰素与当地排名前十名的瑞士罗士药厂合作，运用罗士的业务代理和行销网络销售其药品。

葛兰素药厂采取垂直经营的经营状态，也就是"一条龙"的经营方式。从原料采集到成品制造到发行行货全部包了，不让任何厂家插手，以保证产品的质量和及时反馈的信息。其"善胃得"就是这样成为美国"明星药品"的。"善胃得"在美国的销售额成为该药厂全球营业额的三分之一。

俗话说："不入虎穴，焉得虎子。"美国是世界上最大的西药市场，多家百年以上的或者实力雄厚的药厂已经将美国的医药市场瓜分。要再跻身进去，非常不易。稍有不慎，就是羊入虎口，赔得血本无归。英国葛兰素药厂的产品刚刚打入美国的时候，采用了"兼并"的方式，被兼并的药厂就像安装在美国市场上的一台小型检测器，美国医药市场上的动态都被英国葛兰素药厂把握，从而为其产品进入并占领美国市场提供了确切的情报。

英国葛兰素药厂拥有两百多年的历史，由一家传统的公司成为跨国的大企业，它敢于冒险，采取了拥有战略眼光的经营策略。

在进入美国市场之前，葛兰素制药厂对市场密切关注，把握其动向，然后循序渐进，一举夺得美国医药市场的鳌头，真正做到了"反客为主"。

【销售者说】

作为一个销售者，我们需要提高自身的能力。作为一个为大众服务的人，我们应该让自己的能力与之匹配，不辱这份伟大的使命。或许我们很多人会认为，"顾客就是上帝，最终选择权就在顾客手中，所以我们只是个产品演示者"。实际上，这句话是半对半错的。"顾客是上帝"是毋庸置疑的，最终选择权也的确在顾客手中，但我们不仅仅是个"产品演示者"。我一直认为，我们销售人员就是一盏明灯。现实情况来讲不要指望"顾客"都真的有上帝一般的学识，什么都能了解、懂得。所以，顾客需要我们的指引，我们必须主动地帮顾客选择，帮助顾客进行判断。在这个过程中，我们必须严保中立，带着顾客从客观的角度进行分析，并最终评定用哪一些产品。当然了，如果有同类产品在一定情况下比我们优秀，我们还是需要在客观的、并能帮助顾客解决问题的前提下推荐我们的产品。

另一方面就是我们的销售策略的制定。在这方面,我们同样要充分发挥我们的主观能动性。首先,我们要仔细分析对方的情况,并充分了解自身状况,做到知己知彼。然后,我们要进行对比,站在不同角度对比,比如站在对方角度看我们的产品、站在不同顾客角度看待两者的产品。最后,我们要针对我们的分析结果和对方的推广策略,制定自己的推广政策。而这个推广政策必定有这几个特点:主动攻击对方薄弱环节;充分发挥自身产品长处;避免和对方形成胶着的无谓竞争。

这就是我们的谋篇第四计"掌握主动权,变被动为主动"。在销售工作和销售战略的制定和实施过程中,我们都应该严格遵循这一计策,把可控条件充分掌握在自己手中,掌握整个销售流程和销售战略流程。只有这样,我们才能确定获取最大效益。

第十一章 决篇——成功销售之决策篇

一、善于为客户做决断,变"买什么"为"卖什么"

【原文】

凡决物,必托于疑者,善其用福,恶其用患。善至于诱也,终无惑偏。

【译文】

在销售中,我们会遇到各式各样的人。有两种人是让我们比较头疼的:一种是非常会说的人,说得我们销售人员自愧不如,东西卖不卖得出去不一定,反而可能被他忽悠了;一种是不会说的,听他说了半天,我们也不知道他的需求是什么,他到底是否需要我们的产品。这一计,就是针对第二种人的。有的客户表达能力不够强,而另一种就是天生缄默,不喜欢说话。这个时候,我们就要善于为客户做决断,引导他买我们的产品。客户有时候不知道如何下决断,就需要我们在旁边加一把力,让他速下决断。这个时候,客户就成了有求于人的人,而我们就是委托人，替他做决断。这个时候，我们就掌握了主动权。

“凡决物，必托于疑者。”意思就是凡为他人决断事情，都是受托于有疑难的人。遇到这样的人，就要为他做决断，因为人都希望遇到好的事情，不希望遇到不顺利的事情。“善其用福，恶其用患。善至于诱也，终无惑偏。”一般说来，人们都希望遇到有利的事，不希望碰上祸患和被骗诱，希望最终能排除疑惑。这就是上面那句话的翻译。

那么，如果遇到上述第二种类型的客户该怎么办呢？首先就需要问，问出客户需要什么好对症下药。正面问，侧面问，“问所不用其极”，问出你想知道的东西，问出他们要买的东西。问出来了，一切就好办了，销售就可能成功。如果客户犹豫不决，不能下决心，你就需要在一旁敲边鼓，让他们下决心把东西买走。夸东西的时候别忘记夸夸客户的眼光是多么好，夸他们“慧眼识宝”，看上的东西是多么稀缺或者多么受欢迎，过了这村就没这店了。一般情况下，客户十有八九就会心动，趁他们心动的时候下手，销售就容易了。

【事典】

给客户做决断，很多时候是应对优柔寡断的客户，正是因为他们的犹豫不决，才使销售成功与否成了未知数。所以，想办法让客户痛下决心做出决断，才是这一计的精华。

您能做主吗？

有一天，我出去跑业务。回来的时候，我的心里特别乱，因为客户说话犹豫不决，买个东西要和很多人商量，说话也是慢慢吞吞，耽误了很多时间，觉得有希望签单又没希望签单，不知道要不要和他交涉下去，这让急性子的我有点招架不住。上司问我怎么了，我把满肚子的苦水和他倒了个七七八八。上司听完说：“其实这样的人没有主心骨，也好办，刺激他一下就可以。”“怎么刺激啊！”我一脸苦瓜相。然后，我的上司就给我讲了一个他做销售员时候的故事。

他那个时候是天然石材的销售代表，跟一个客户谈得十分投机，各方面都说了，就到最后签单了。这个时候，客户开始表现得闪烁其词，犹豫不定。可能是想打压一下价格，只听那个客户说："你的产品不错，但是我需要总部同意，才能和你做这笔生意。"客户这样的话就代表单子暂时签不下来，并且经过总部，这笔生意做成做不成就难说了。这个时候，必须让客户速速决定，到手的鸭子才不至于飞了。这时，上司挺直了腰板，一字一顿地问："请问，您能做主吗？您能代表您的公司给我一个决定吗？我觉得可以。"

这个架势和这句话让客户一惊，听到他的反问，只见刚才还闪烁其词的客户也一下子绷紧了身子，反问道："怎么，你看我不像吗？"

"当然像！我一看您就是痛快人，您就是老板的料。那么，我们来签约吧！"

"好！"

这样，一单生意就签下来了。

听完上司的叙述，我决定明天再去会会这个客户，也用这一招，看看好不好用。第二天见到客户的时候，我又和他谈了许久。到决断的时候，他又犹豫不决。于是，我反问："请问，作为一家之主的您能做主吗？我觉得可以。不然，我直接和您夫人商量一下？"客户一听我这个话，表情严肃起来，"你觉得我连这个事情都说不了话吗？"见时机已到，我立刻说："能，一看您就是家里的一把手，也是一个痛快人，那我们签单子吧！"我恭敬地拿出单子，客户也在上面署下了他的大名，上司的这一招还真好使。

其实，销售中，经常会遇到优柔寡断的人，如果不能当机立断签下单子，这样会失去很多生意，所以一定要让他们速下决断。一句"你能做主吗"就是一个有效的刺激，很多人会表现出可以做主的样子，虽然他心虚，其实是他暗中把利益让给了你。

暗中"逼"客户选择

有一天，原一平去拜访某五金行的老板，目的是劝其投保。在听完原一平的自我介绍后，这个老板知道原一平是个不好对付的人物，在交谈的时候格外小心，但还是不知不觉落入了原一平的"圈套"。

五金老板不愿意投保，他对原一平说："投保是很好的，只要我的储蓄期满即可投保。10 万甚至是 20 万都是没问题的。”

原一平问：“那么，您的储蓄什么时候到期呢？”

老板说：“明年二月。”

“光阴似箭，明年二月很快就到了，我们不妨现在就开始准备。”

说完这句话，原一平拿出投保申请书来，一边读着客户的名片，一边把客户的姓名、地址等栏目一一填入。客户虽然表现出想阻止的样子，但原一平还是视而不见，继续写着，没有停笔的意思。他一边写一边说：“反正都是明年的事情，现在写写又何妨？”

客户无奈，“那好吧！”

“保险金的缴纳您喜欢什么方式呢？按月缴纳，还是按季度缴纳？”

老板说：“我觉得按季度缴纳比较好。”

“按季度缴纳比较好。”原一平一边说，一边在申请书上填好。

“那么，您的受益人该填写谁呢？除了您外，要写您的儿子还是您的太太？”

“我的太太。”老板毫不犹豫地说。

这些都说完了，就剩下保险金的问题了，原一平试探性地询问老板：“您刚才讲好像要投保 20 万？”他做出要填写的样子，但没有得到老板的答复前没有填写。

老板立刻摇摇手：“不、不、不，10 万就行，不能那么多。”

只见原一平笑着说：“以您的财力，本可投保 20 万，现在只照您的意思填 10 万……”

“那就 20 万好了。”

“那三个月后我们派人到您这儿收第二季度的保险金。”

“不是今天就要交第一次的保险金吗？”

原一平点了点头，表示是这样的。

于是，客户只好当场交了保险金。原一平开好收据，然后互道再见。

客户有意买东西还在犹豫的时候，要抓住时机向客户下手。给他选择的余地，但不要问客户买不买，而是要给他提供两种选择，这样就在暗中只给了客户两个决断，他也只能二选一，达到我们销售的目的。

【销售者说】

对于优柔寡断、表达能力不强的客户，作为销售人员的你，要果断地给他们下一个决断。有时候，痛苦的不是只有一个选择，而是有很多选择。客户的犹豫不决有很多原因，可能是产品的价格，可能是产品的性能，可能是产品的颜色。这时候，就需要你发现客户最在意的是什么了，知道他们最在意的，在那个地方下手，就是销售最好的一个突破口。有时候，不妨给客户一个选择，这样他就会不知不觉把他的意愿和倾向透露出来。抓住这些东西，跟客户进行进一步的引导和提点，离销售成功就不远了。

其实，销售大部分是被动的，我们的目的是从客户兜里拿钱。所以说，销售有时候是件有求于人的事情。但是，聪明的销售人员会将被动变成主动，在客户摇摆不定的时候下手，让客户成为被动，而主动权掌握在销售人员的手里，通过引导和提醒的方式把客户拿下。客户不知不觉就走进了销售人员布下的网中，等到反应过来的时候，已“骑虎难下”了。就如同案例中的原一平，一点点把客户所说的明年变成今天，半推半就地谈成了一笔可能性不大的生意。

二、从客户的角度出发，竭诚为客户服务

【原文】

若有利于善者，隐托于恶，则不受矣，致疏远。故其有使失利者，有使离害者，此事之失。

【译文】

“任何决断本来都应有利于决断者的，但如果在其中隐含着不利的因素，决断者就不会接受，彼此之间的关系也会疏远。这样对为人决断的人就不利了，甚至还会遭到灾难，这样决断是失误的。”这就是经典回顾的大意，其实这一计就是要求销售人员要从客户角度出发，竭诚为客户服务。如果想有长久的客户

联系，就要从客户的角度出发，为客户提供你所能提供的最好的服务。

销售不是单方的行动，而是双方的一种以利益为目的的交流。我们销售人员必须学会换位思考。比尔·盖茨认为，站在客户的立场，设身处地为客户着想，是微软的行动的目标，也是市场的需求。每一个员工都应该沿着这个目标去做。站在客户的立场，为客户着想，首先就要假设自己是客户。假设自己就是客户，你想购买怎样的产品和服务？自己真正需要的是什么？会如何要求售后服务？这样就能让自己站在客户的立场去看待问题。

考虑到这些，就不难联想到如何为客户服务才能达成销售目的。大部分销售人员第一次接触的客户大多是陌生人，陌生人交往相互取信靠的是什么？是真诚，真诚地为客户服务才能打动客户，这也就是许多商家都会和客户说我们会竭诚为您服务的原因。

【事典】

从客户的角度出发，竭诚为客户服务，要求我们站在客户的立场，设身处地地为客户着想。客户没想到的，我们要为他们想到、做到，一切都要考虑周全。要从客户的角度出发，知道他们需要什么，尽力做到最好，提供最好的服务，销售自然顺利。

失败的电话卡培训

这是一个真实而又搞笑的故事，捧腹之余又引人深思。

北京奥运会期间，一个公司负责向外国记者、运动员销售电话卡。为了更好地向外国朋友介绍中国的产品，公司派出几个人提前对销售人员进行培训，对各类电话卡的业务、资费进行介绍，以免到时候被外国朋友问住了，显得很尴尬。

然后，一个培训人员说："大家听好，如果外国朋友问，我们就这么回答：

'这种卡，打国内长途一分钟 0.7 元，打国际长途是 8.2 元。'

'这种卡，要是在 21:00—7:00 打长途是 5 折优惠，打国内长途一分钟 0.35 元，打国际长途是 4.1 元。'

‘这种卡要是配上××××主叫号码，就是国内长途一分钟 0.3 元，但收市话费，前三分钟 2.2 元，之后每分钟 0.11 元，也就是您要打三分钟之内是 0.52 元，打四分钟以上，是 0.52 元，然后每分钟累加 0.41 元。’

‘这种卡要是插在 IC 卡公用电话上打，就是国内长途 0.3 元，但这种卡本身在市场上卖打五折，也就是您随时在 IC 卡上打，都是每分钟 0.15 元。’

‘这种卡要是在校园平台上打，是每六秒钟 0.07 元钱，是秒计费。’

‘这种卡不能加拨，除××××外的，其他的主叫号码。’

‘这种卡在××××平台上，可以加拨其他的主叫号码，但不能在 IC 卡上加拨。’

‘这种卡加拨××××号码，再拨国际长途，不同的国家或地区，不同的价格，具体价格也要背熟。’”

当他说完这一切的时候，问培训的人员听懂没有，所有人都觉得晕了。就这一种卡，大家就觉得快崩溃了，别说要记住全部的卡。看到所有人都没有记住，这个培训人员着急了：“你们都记不住，老外问起来，你们不会回答就全傻了。”

这时候，一个人反驳道：“你这么说就不对了，老外会问这些问题吗？”

培训人员一愣。

然后，又有一个人说：“老外顶多问一句，这张卡我打我们国家，估计能打多长时间？”

这个培训人员傻眼了，因为如此实际的问题他并没有考虑到。

这次培训当然以失败而告终。

作为一个销售人员，没有站在客户的角度出发去考虑问题是不可能成功的。只有从客户的角度考虑问题，才能得知客户的真实需求。想客户之所想，急客户之所急，为客户提供最真诚、最完美的服务，才能在竞争中领先一步。

为顾客省钱的沃尔玛

美国沃尔玛公司是美国最大的商业零售企业。沃尔玛企业拥有 500 万美元资产的时候，老板山姆·沃尔顿率领的采购队伍仍然非常节俭，有时八个人住一个房间。有人觉得不解，问他们为什么公司这么大了，还是如此节俭。

沃尔顿回答说："答案很简单，我们有义务为顾客着想，我们珍视每一美元的价值。我们的存在是为顾客提供价值，这意味着除了提供优质服务之外，我们还必须为他们节省钱。如果沃尔玛公司愚蠢地浪费掉一美元，那都是出自我们顾客的钱包。每当我们为顾客节约了一美元，那就使我们自己在竞争中领先一步——这就是我们打算永远做的。"

沃尔顿

沃尔玛在每一步都进行了精打细算，处处省钱。沃尔玛公司的名称充分体现了沃尔顿的节俭习性。美国人习惯上用创业者的姓氏为公司命名。沃尔玛本应叫"沃尔顿-玛特"（Walton-Mart），但沃尔顿为公司定名时把制作霓虹灯、广告牌和电气照明的成本等全都计算了一遍，认为省掉"ton"三个字母可以节约一笔钱，于是只保留"WALMART"七个字母——它不仅是公司的名称，也是创业者节俭品德的象征。沃尔玛中国总店的管理者们对老沃尔顿的本意心领神会，他们没有把 WALMART 译成"沃尔玛特"，而是译成"沃尔玛"。一字之省，足见精神。如果全世界 4000 多家沃尔玛连锁店全都节省一个字，整个沃尔玛公司在店名、广告、霓虹灯方面就会节约一笔不小的费用。

沃尔玛有一个规定，高级管理人员出差只许乘坐二等舱，住双人间，连沃尔顿本人也不例外。当公司总资产达到 100 亿美元时，他出差依然住中档饭店，与同行人员合住一个房间，只在廉价的家庭饭馆就餐。他还常常亲自驾驶货车，把商品送往连锁店。沃尔顿没有买过一艘豪华游艇，更没有买下一座专供大富豪度假的小岛。反之，每当他看见其他公司的高级雇员出入豪华饭店，毫无顾忌地挥霍公司钱财时总是感到不安，他认为奢侈只会导致公司的衰败。正是由于沃尔顿自幼养成了节俭习惯，他才能在经营百货店时千方百计节省开支，降低成本，用一轮接一轮的价格战击败竞争对手，建立起庞大的连锁销售帝国。

这样看来,沃尔玛是个十足小气的商家了。但他们并不这么认为,他们把这种“抠门”诠释为通过自身节俭的努力,为顾客、为整个社会提供最廉洁、最优质的商品。沃尔玛设身处地地为客户着想,给其带来了巨大的利益,成为目前全球最大的零售企业,也是全球销售额第二大企业。所以说,一个优秀的销售人员需要设身处地地为客户着想,站在客户的立场上、利益上去考虑和看待问题,并尽力帮助客户去解决问题。

【销售者说】

诚心诚意地销售更能打动销售对象,从消费者的角度看待销售,才能理解消费者的心理。我们销售人员要把服务落实到每个消费者身上。销售就是满足消费者的需求,把客户的需求放在第一位,才能把握好销售的方向。从客户的角度做销售,销售才能成功。

客户都希望买到物美价廉的商品,而沃尔玛就是抓住了这一点,为客户省钱,才吸引了很多客户。看似小气抠门的行为却为他们赢得了巨大的商机。销售大多属第三产业,也就是所说的服务业,服务切合实际才能受到客户的青睐。我们曾经听说过把冰箱卖给因纽特人的故事,觉得那样的销售人员非常机智。其实,这样的理解可能是错误的,为什么呢?当因纽特人买到冰箱后,发现它根本不实用,购买的原因是被销售人员“忽悠”了,以后这个销售人员就没有回头客了,并且他根本没有考虑客户的需求,没有做到竭诚为客户服务。想必这样的销售人员也不会受到客户的欢迎吧,因为他们根本没有站在客户的角度去想问题。

销售要以客户为本,只有对客户的购买决策循环——需求认知、评估选择、消除顾虑、决定购买、执行、随时间改变进行深入分析,才能使销售达到全面突破。

三、借助各种力量，以求达到目的

【原文】

故夫决情定疑，万事之机，以正治乱，决成败，难为者。故先王乃照蓍龟者，以自决也。

【译文】

对于很难做到的事情，我们自身尽力却不能完成，就需要借助其他力量去协助我们完成这件事。一件事，一个人做和两个人做是不同的（不指必须单干的），尤其是独立不能完成的事情，就更需要他人的帮助了，当然也可以借助周围的事物。古时候，对于很难的事情，很多人也是完不成的。但那个时候崇尚占卜，做什么大事以前，先会占上一卦，看是否能顺利完成。就如同经典回顾里说的："故夫决情定疑，万事之机，以正治乱，决成败，难为者。故先王乃用蓍龟者，以自决也。"意思是：解决事情，确定疑难，是万事的关键。澄清动乱，预知成败，这是一件很难做到的事。所以，古代先王就用筮草和龟甲来决定一些大事。

销售和做某些事情一样，光靠说或者单纯的服务是不够的，还需要借助他人或者其他事物的力量。借助他人的力量我们比较常见，比如在某柜台前买东西，一个销售员为客户解说，而另一个在旁边为其打边鼓。借助事物的力量大多体现在对比二字上，扬长避短，从而达到销售目的。很多商家在培训销售人员的时候，都会用对比的方法说自己的产品多么优秀。其实，这就是借助了其他同类产品的力量，以凸显自己产品的优势。

销售要懂得借助他人的力量扶持自己，就如同太极中的一招"借力打力"，借助别人的力量，比自己单打独斗会容易些，也是销售的捷径。有时候，我们要看准机会，也许某件事就会是我们最好的助力，将我们向成功推进一大步。

一般说来，在销售中，借助各种力量体现在以下几个方面：

1.几个销售员彼此合作，借助彼此的力量达到共赢；

2.跟销售对象"攀亲"，比如认老乡什么的；

3.对比,通过和同类产品的对比,达成自己的销售目的;

4.抓住时机,借助某件事情发展,比如可口可乐借奥运东风发展;

5.抓住客户心理,这是最有力量的一招。

【事典】

销售中,要学会充分利用身边的事物,抓住时机,抓住客户心理,借助各方势力成全自己的销售。可以和其他人配合,也可以巧做对比,不要让任何一个机会从自己的身边溜走。此外,也要记得和销售对象交朋友,友谊的力量也是伟大的……

不管怎么说:每一种力量都是销售的一把助力,让我们努力利用各种力量,从而顺利完成销售。

面食里的金戒指

阿迪和阿美小夫妻俩在市场里开了一家面食铺,主要经营包子、馒头等面食。开张的时候,小两口把店面打扫得干干净净,剪彩仪式也弄得像模像样,蒸出来的包子、馒头也是香喷喷、热腾腾,让人看着流口水,可就是没人买。店里十分冷清,这可急坏了他俩。这些东西卖不出去,不等于断了他们的生活来源吗?

阿迪急得在不到十平方米的小店里来回转悠,香烟抽了好几盒,就是想不出为什么。阿美看他着急,心知着急也没用,又心疼老公这些天为开面食铺忙碌,人都瘦了一圈,所以劝他不要着急,然后递给他一瓶可口可乐。就在阿迪打开易拉罐的时候,可乐喷了出来,溅了他一脸,他真要大骂自己怎么这么不顺,喝口水都不消停。突然,他乐了,因为他想到了一个办法,可以让他们的面食迅速地卖出去。

他让阿美找来纸和笔,然后快速地写上几行字,让阿美贴出去。阿美回来,他得意地对阿美说:“有了这张广告,财源肯定是滚滚来。”阿美不识字,不知道阿迪上面写了什么,对阿迪的话也是半信半疑。

阿迪的“广告”还真是神了,被贴上去没多久,顾客就接二连三地来了,生意好得不得了，堆积如山的馒头、包子什么的没多久就卖了个一干二净。虽然辛苦，却让小夫妻俩赚了不少钱。阿美很奇怪，问阿迪外面那张纸上写了什么，有什么魔力把顾客都吸引来了。阿迪神秘一笑，附在阿美耳朵上嘀咕了几句，阿美乐了。

到底纸上写了什么呢？

原来，阿迪在纸上写了："本店开张，由于昨夜匆忙，老板娘在和面的时候不慎将一枚24K金的戒指揉进了面团里。大家吃的时候一定小心，千万不要吃进肚子里去。如果不小心将戒指吞食，本店负责承担一切费用。对于造成这样的事情，本店愧疚难当。所以，如果哪位顾客发现了戒指，没有吃下，此枚戒指权当礼物相送，不必归还，也算小店对大家的补偿。特此公告。"

阿迪在喝可乐的时候想到了这个方法，可乐总有中奖什么的，面食里的金戒指就是奖。阿迪这一招充分借助了顾客的贪心，就设了个圈套，满足顾客的贪心，使得面食迅速销售出去。其实，阿迪的做法就是抓住顾客的心理，借助"贪心"二字让面食迅速销售。

温迪大战麦当劳

从小喜欢吃汉堡的迪布·汤姆斯1969年在美国俄亥俄州建立了一家汉堡餐厅，并用女儿的名字给这家快餐厅命名——温迪快餐厅。那个时候，美国的快餐连锁店已经非常多，麦当劳、肯德基比比皆是，并且大名鼎鼎。温迪和它们相比，简直就是刚刚起步的小角色。

可是，温迪并没有因为自己是小弟弟的身份而气馁，从一开始就为自己定了个目标，就是赶上快餐业老大麦当劳。20世纪80年代，美国的快餐业竞争非常激烈。为保住老大的地位，麦当劳花费了不少心机，这让迪布·汤姆斯很难有机可乘。于是，迪布·汤姆斯走的是隙缝路线。麦当劳把自己的顾客定位于青少年，温迪就把顾客定位在20岁以上的青壮年群体。为了吸引顾客，迪布·汤姆斯在汉堡肉馅的重量上做足了文章。在每个汉堡上，他都将其牛肉增加零点几盎司。这一不起眼的举动为温迪赢得不小的成功，并成为日后与麦当劳叫板的有力武器。温迪一直以麦当劳作为自己的竞争对手，在这种激励中快速发展着自己。终于，一个与麦当劳抗衡的机会来了。

1983 年，温迪已经发展成一家规模不小的快餐公司，令麦当劳不敢小瞧。温迪更是憋足了劲，在食品质量、分量上下足工夫，准备继续和麦当劳一争高下。正巧这年美国农业部做了一个市场调查，表明麦当劳号称有四盎司肉馅的双层汉堡包的含肉量从来没有超过三盎司！麦当劳公司马上做出反应，登报声称汉堡包在加工前是四盎司，经过烹调重量轻了。但这一说法没法使大众满意，麦当劳陷入一场深重的信誉危机中。温迪的大好机会来了！

温迪立刻请来著名影星克拉拉担当主角，出演一个广告来打击麦当劳。以“肉多肉少当然是件很重要的事”为宣传重点，策划制作了一则讽刺麦当劳短斤少两的电视广告。镜头前是一个风韵犹存、十分挑剔的老太太，对着桌子上的大汉堡眉开眼笑。当她打开汉堡的时候，发现里面的牛肉和指甲盖那么大，失望立刻爬上她的脸，接着脸上乌云密布，然后怒喊：“牛肉在哪里?”很明显，这个广告是针对麦当劳的。这句话立刻传遍千家万户，克拉拉扮演的老太太深入人心，广告受到人们的喜爱。在广告取得巨大成功的同时，迪布·汤姆斯的温迪快餐店的支持率也得到飙升，营业额一下子上升了 18%。

接下来的第二年，温迪公司再度利用这个创意，又请克拉拉拍了一个广告。这次，她扮演一位耳聋的老太太，从国外旅游回来，因为丢失了入境证不能入境。她一边大包小包乱翻，一边不耐烦地回答验关人员没完没了的问题，想找出什么来证明自己的身份。只见她突然抬起头，两眼一瞪，对着镜头大喊：“我是广告明星，你为什么不认识我？——牛肉在哪里?”这下，电视机内外一片哄笑，验关人员赶紧让她顺利入境。观众在大笑中重温了温迪那“分量实在”的温情。这个广告再捧 CLIO 大奖，更让麦当劳的市场份额由 45% 下降到 41.25%。温迪又赢了一把。

对麦当劳来说，温迪确实是个厉害的对手，它借助对比的方式跟麦当劳展开大战。温迪的广告不仅把握了最有利的时机，而且准确地抓住大众最关心的产品质量问题，把自己放在主持正义的地位上。这个做法让温迪取得了不小的胜利。

【销售者说】

巧抓时机、强烈对比就是最好的借助力量的方法,借助他人的力量达成自己的目的,也就是上面说的“借力用力”。销售如果可以借助各种力量,将会更加容易达成目的,借助对手的力量完成自己的销售更是非常厉害的一招。这就如同温迪餐厅,用麦当劳汉堡里的牛肉大做文章,最后不仅打击了麦当劳,还成就了自己,跟三十六计里面的“借刀杀人”有些类似。

在销售中,我们要充分利用身边的东西,能利用的都利用起来,借助各种力量,帮助我们打开销售成功之门。

第十二章　符言——成功销售之备明篇

一、面对纷争,善守其位

【原文】

安徐正静,其被节无不肉。善与而不静,虚心平意以待倾损。有主位。

【译文】

如果身居君位的人能够做到安详、从容、正派、沉静,既会怀柔又能节制,愿意给予并与世无争,这样就可以心平气和地面对竞争,以上讲善守其位。把这一点用于销售中,就是符言的第一计:面对竞争,善守其位。

所谓“商场如战场”,销售行业中的竞争同样非常激烈。如何应对行业间的竞争,是每一个销售人员都不得不面对的问题。《鬼谷子》告诉我们,要荣辱不惊、从容淡定,不因短时间内的利益损失而惊慌失措,要学会静下心来寻找背后的转机。换言之,不要处处压别人,而是通过怀柔政策不断增进与同行间的友谊,使同行认可你。同时,我们还应该节制自己过分的欲望。要知道,市场是大家共有的,别人来分一杯羹是符合市场规律的。如果我们可以选用这样的心态面对竞争对手，相信一定会有所收获。

【事典】

“面对纷争，善守其位”要求我们在销售中要有一颗平稳的心，不要被硝烟弥漫的销售战场迷惑了眼睛。要静下心来，寻找时机，并且和别人分享自己的成功经验，共同进步。销售中，切忌封闭自己，有生意大家做，你的无私奉献必将得到回报。

成功的家装公司业务员——老马

大学毕业后，我接到的第一份工作是在家装公司做业务员，每天都要在各个刚完工不久的大楼前跑来跑去，累得跟田间的骡子一样。可是，大半个月都过去了，我一单生意也没有拿到，心情极度郁闷。回去跟老板诉苦：“论辛苦，我自觉下的功夫不比别人少，每天从早到晚地守在大楼前；论知识，四年的大学的知识加上公司的培训，偶尔还向同行请教问题，最起码对付客户是绰绰有余了；论服务态度，一见到顾客就笑得和花儿一样。我真的不知道是哪里做得不得体，一单生意也拉不到。”老板听后，没有讲什么长篇大论，只是告诉我等客户来到的时候看看老业务员是怎么做的，然后你就知道其中的方法了。

第二天，我照例在一座大楼前拿着宣传页等待客户的出现。这时，一辆黑色的奥迪车停在大楼前。按照直觉，这应该是这座楼里面的业主，并且还是个比较“肥”的业主。正要“下手”时，我突然想起老板的话，我站定没动。其他业务员纷纷围了上去，把客户给包围住了。我看见某个装饰公司的老业务员老马在一旁站着也没动，而是笑眯眯地看着向前涌动的业务员。突然，他回头，问我：“丫头，你怎么没去啊！”我笑笑：“他们人太多，我挤不进去。”

“呵呵，聪明的丫头。”老马说。

“你怎么也不进去呢？这么好的机会错过了，多可惜呀！单子都被其他业务员抢走了。”

老马不慌不忙地说：“呵呵，你这丫头都不怕，我怕什么。何况这些业务员把客户围住，争先恐后地做介绍，客户头都大了，哪能记得住他们。等他们都走了，咱们再上。”

我乐了：“好，我就跟你后边了，和你也‘抢抢生意’。”

然后，我就和老马有一搭没一搭地聊了起来，眼睛不时地往客户的方向瞟过去。

一会儿，客户从人堆中走了出来。他正要上车，我和老马跑了过去。老马给他拉开了车门：“先生，我只耽误你五分钟。”

“行了，把你的宣传页和名片留下吧，你和他们一样是跑业务的吧，说得我头都大了。”

“呵呵，先生您眼光真准，”老马说，“一下子就看出我是做什么的。可是，你能看清事物的本质吗？这么多装饰公司，光凭宣传页和名片您能看出哪个公司的东西是真材实料的吗？”

那位先生没说话，老马接着说：“现在有很多装饰公司浑水摸鱼，以次充好，严重影响了我们家装行业，我对这种行为是非常气愤的。但是，先生，你可以看看我们的材料，都是上好的，价格也实惠。谁的钱也不是大风刮过来的，我们的目的就是为您省钱。我是××装饰公司的业务员，我们公司在业界很有名气，不少装修房子的客户都会直接找到公司。为了维护名誉，我们一定不会用烂材料自砸招牌的，所以你可以放心，我们的产品质量绝对值得信赖。在签约之前，您可以去我们公司先看材料，材料过关了，您再签字。”

见客户点了点头，老马接着说道：“这样吧，宣传页上有我的电话，等您有时间的时候可以给我打电话。改天您也可以到我们公司看看材料，包您满意。”

这时候，我也没有错过机会，用双手递过一张名片和自己公司的宣传页：“先生，我也是家装公司的。不过，您也许没有听过我们公司的名字，但我们的公司为了打出自己的招牌，同样用的也是好材料，不会比其他公司差。您可不可以也和我约个时间，看看我们公司的材料，再做决定。货比三家，您才能选出谁是最好的，更能让您切实得到实惠。”那个客户笑呵呵地收下了我的名片和宣传页，答应有时间去我们公司看看。

虽然最后，生意还是被老马的公司抢去了，可我却从这件事中学会了很多销售的道理：多个销售人员面对客户的时候，不要急着向客户介绍自己的产品，而要静观其变，等待客户“落单”的时候下手才是最好时机。

正如老马所说的：一个销售人员只有真诚、冷静地面对顾客，才能成为最后的赢家。

农夫果园：喝前摇一摇

有一个广告让大家觉得忍俊不禁：两个穿着沙滩装的胖胖的父子在一家商店前购买饮料，看见农夫果园的宣传画上写着“农夫果园，喝前摇一摇”。于是，父子两人拿着果汁双手滑稽地扭动着身体。旁边美丽的售货小姐狐疑地看着他们，不知道他们在做什么。这时镜头一转，口播：农夫果园由三种水果调制而成，喝前摇一摇。然后，镜头拉远，那对父子继续扭动着屁股走远。看到这里，估计大家都想起了那个广告。

在果汁市场中，一定主打女孩子市场，很多厂家打出“多喝多漂亮”“喝出好身材”等口号。几个果汁品牌如康师傅、健力宝、汇源等纷纷采用美女路线。康师傅跟梁咏琪签约，让她作为“每日C果汁”的代言人，每天在广告上为康师傅摇旗呐喊。健力宝聘请亚洲流行天后滨崎步作为“第五季”的形象代言人。汇源在热销一阵子冷罐装后，也走了相同的路线，邀请著名韩国影星全智贤出任“真鲜橙”的代言人。果汁市场一下子美女如云，把人的眼睛都晃晕了。

农夫果园见此，没有走相同的路线，而是选择了“喝前摇一摇”。这条差异化的路线，为农夫果园在众多美女中树立了一个与众不同的招牌。

“摇一摇”含有多种意思。“农夫果园，喝前摇一摇”“农夫果园由三种水果调制而成，喝前摇一摇”，它暗示了它是由三种水果调制而成，摇一摇可以使口味变得均衡。另外，它也说明了这个果汁的果肉含量高，摇一摇可以将果肉摇匀，口感会更好。

其实，农夫果园打出这句广告语之前，许多饮料、果汁甚至口服液的包装上都会有这样一排小字——“如有沉淀，为果肉（有效成分）沉淀，摇匀后请放心饮用。”这排小字说明有了沉淀并不代表我们的产品坏了，摇匀后就可以饮用了。这是一个很好的卖点，说明果汁或者口服液里面的东西够分量，但一直没有被人发现。它就像一只待在角落里的“丑小鸭”，而农夫果园在“美女战争”

将这只“丑小鸭”变成“白天鹅”。

众多大牌果汁都在“美女”中抢夺市场，唯独农夫果园另谋新路，这也是它成功的主要原因。

竞争无疑是残酷的，心平气和地面对竞争，不去盲目地抢夺市场，发现新的卖点，这才是上策。

【销售者说】

“面对竞争，善守其位”。随着市场经济的不断发展，市场份额的不断扩大，销售行业面临的同行竞争也愈发激烈起来。如何在竞技场上保持不败，守住位置，正是我们每一个人都在关注的一个问题。

“江山代有才人出，各领风骚数百年。”面对后来者的强力冲击，我们唯有冷静下来，仔细思忖自己与后来者各自的优、劣势，做到扬长避短，同时毫不忌讳地学习别人的优势，不断地充实自己，才不会被市场所淘汰。

作为销售人员，良好的人脉和口碑对我们的推销非常重要。因此，我们应该努力建立好与客户乃至同行间的关系。同行之间虽然存在竞争，但合作也是必不可少的。

二、明察秋毫，才能运筹帷幄

【原文】

目贵明，耳贵聪，心贵智。以天下之目视者，则无不见；以天下之耳听者，则无不闻；以天下之心虑者，则无不知。辐辏并进，则明不可塞。有主明。

【译文】

对眼睛来说，最重要的是明亮；对耳朵来说，最重要的是灵敏；对心灵来说，最重要的就是智慧。人君如果能用全天下的眼睛去观看，就不会有什么看不见的；如果用全天下的耳朵去听，就不会有什么听不到的；如果用全天下的心去思考，就不会有什么不知道的。如果全天下的人都以像车辐条集辏于毂上一样，齐心协力,就可明察一切,无可阻塞。以上讲察之明。

对一个销售人员而言,建立一个广阔的人际网是非常重要的。我们也许认识的人并不多,但我们可以通过认识的人结识他们的朋友,从而发掘更多的潜在客户。让朋友和客户成为我们的眼睛和耳朵,不仅可以洞悉身边的一切有用信息,而且还可以为日后的销售打下坚实的基础。

当然,仅仅拥有一张人际网并不足以帮我们找到客户。这就需要我们明察秋毫,认真分析。只有这样,我们才能运筹帷幄。

【事典】

"明察秋毫,才能运筹帷幄"要求我们善于发现潜在客户,并且将这些客户开发出来。缔造一个生意上的关系网。这样一来,网越来越大,销售才能越来越顺利,联系我们的人越多,我们销售成功的机会也就越大。

柴田和子利用人脉做销售

日本的柴田和子被大家称为东方销售女神。1978 年,柴田和子首次登上"日本第一"的宝座,此后一直蝉联了日本 16 届日本保险销售冠军,荣登"日本销售女王"的宝座。1988 年,她创造了世界寿险销售第一的业绩,并因此而荣登吉尼斯世界纪录,此后逐年刷新纪录。

有这么多辉煌业绩的柴田和子在刚进入保险业时,也是非常艰难的。进入保险业以前,她做了四年的家庭妇女,因为经济窘迫才出来从事保险工作。

柴田和子刚进入公司的时候,上司就告诉她,想要留下来,就必须通过入职培训。公司要求他们这些新业务员从拜访陌生客户开始,她的上司给她指定了一块区域。按公司要求,在规定期内,只要能从陌生客户手里签下一张保单来,就算入职培训合格。

这个任务让柴田和子感到很为难,她不知道该怎样拜访陌生的客户,因为毕竟四年没有工作了,她一下子适应不了。为了完成任务,她没有按照公司的要求做,而是想到了一个变通的办法,请她原来服务的公司帮她介绍客户。柴田在原来的公司工作得很好,深受老板和同事的赞赏。但后来因为患了眼疾,她才不得不离开公司。公司甚至答应，一旦她眼疾好了，可以随时来公司上班。

因为当年柴田出色的表现，公司的社长还一直惦记着她，于是立即就答应了她的请求。有了社长的热心帮助，柴田入保险行业还不足两个月，就签回了3000万日元的大单，成了轰动公司上下的大新闻，很多人对她佩服得五体投地。

在以后的推销实践中，柴田和子悟出了广结人脉对销售工作的重要性。她特别注意人际交往，善于和各种各样的人交朋友，而客户的亲戚、朋友、学友、旧同事、学友、老乡也无一不被她收入关系网中。

对于很多销售人员来说，签完单，拍拍屁股就走人了。柴田和子却不这么做，她非常重视跟客户的关系。她觉得，要与客户保持长久的交往，就必须成为顾客的朋友。正是因为如此，她结交了很多重要的客户。她跟这些客户保持联系的方法也并不是很复杂，无非就是节日和客户生日的时候，送上一个小礼物聊表心意，时刻提醒客户柴田和子还惦记着他们。所以，这些客户常向自己要买保险的朋友推荐柴田和子。

柴田和子的故事告诉我们这样一个道理：在销售中，有时候，“人脉”就是“钱脉”，想赚钱，就要靠拉动“人脉”。

与顾客建立牢固的友谊

有一次，一个满身尘土、头戴安全帽的客户走进营业厅。乔·吉拉德立刻给他一个大大的笑脸，然后热情地招呼他：“嗨！你在建筑工地上班吗？”很多人都非常喜欢谈论和自己有关的事情，乔·吉拉德尽量让他们无拘无束地打开话匣子，大谈对方的工作、事业、家庭，并引导他们谈论自己。

“朋友，你说得很对。”他回答。

“那你负责什么？是钢筋还是混凝土？”乔·吉拉德又提出一个问题，让他谈下去。对于每一个人都是如此，他都会和他们谈很多，而他们也乐意和乔·吉拉德谈。

有一次，他问一位顾客是做什么的时候，顾客回答说：“我在一家螺丝厂上班。”

他立刻说："哦，那非常棒。那你负责什么？每天在那里做什么呢？"

"我还能做什么啊，制造螺丝钉。"

乔·吉拉德立刻表现出好奇的样子："真的吗？我还从没有见过螺丝钉是怎么造出来的呢。方便的话，我想去你们那里看看，不知道欢迎不欢迎。"

这个时候，顾客就乐了："欢迎欢迎。"

乔·吉拉德这样的谈话方式让人觉得非常受到尊敬，也愿意交他这个朋友。不像某些销售员一样，把顾客分成三六九等，觉得衣着不得体或者不大干净的就戴着有色眼镜看人，甚至还要挖苦，让某些顾客觉得无地自容。这样一来，到手的生意也飞了。

后来，乔·吉拉德没有食言，特地去工厂拜访了那位顾客。对方对他的到来简直是喜出望外。他立刻把乔·吉拉德介绍给他身边所有的工友们，并且非常自豪地说："我就是从这位先生这里买的车。"乔·吉拉德也不会放过这个绝佳的机会，发给每个人一张名片，告诉他们买车的时候记得和他联系，他一定把最好最实用的车以最公平的价格卖给他们。正是因为这样，他获得了更多的生意。

由生人变熟人，由熟人处关系，再由关系出生意。生意就是从结识人开始的，推销人员要多和陌生人交朋友，跟他们建立友谊，销售额自然会大增。

【销售者说】

明察秋毫，方能运筹帷幄。我们做销售，不能只依靠自己孤军奋战，而应该利用各种关系网络，如家人、朋友、黄页、报刊甚至前任销售人员的销售记录等来帮助我们寻找潜在客户。

在销售学中，"明察秋毫"也指了解掌握客户的有用信息。《孙子兵法》有云："知彼知己，百战不殆。"把握、了解客户的有效信息，将有利于我们进行销售。在进行销售前，我们可以通过客户身边的关键人物打听清楚潜在客户的有效信息。在销售过程中，你也可以通过设问、辨析、技巧性的反驳等销售手段探听出客户的真实需求，消除闭塞视听的一切障碍，从种种假象中抓住关键点，抓住客户的心理，一步步引导他进入你为他设计的思维中。

三、虚心学习，提升自身素质

【原文】

一曰天之，二曰地之，三曰人之；四方上下，左右前后，荧惑之处安在。有主问。

【译文】

一叫作天时，二叫作地利，三叫作人和。四面八方，上下、左右、前后，不清楚的地方在哪？以上讲多方咨询。

刚刚迈入一个新的行业，很多事情根本无从下手，还需要有经验的人来为你"传道授业解惑"，从他们那里吸取养分。也许我们对企业的很多东西还不是很清楚，产品、销售方式、销售策略、结算办法等都还不知道。也许，我们还在学习如何填写众多的报表。在这一过程中，我们将会碰到很多问题，而这些问题正是我们表现工作态度的一个方面。千万不要把问题留在自己身上，一定要去请教，请教自己的上司和前辈们。不要害怕问问题，有什么不明白的就大胆提出来。只有这样，才能促进我们快速成长。

对销售人员来说，"问"也是一种销售技巧。请教意见是吸引潜在客户注意的一个很好的办法。特别是当你找出一些与业务相干的问题时，你不仅能引起客户的注意，也能从中了解客户的想法。另一方面，你也满足了客户被人请教的优越感，这样一举三得的办法，何乐而不为呢？

【事典】

和客户交流有时候也需要一种方法，那就是请教客户。因为有些客户非常厌烦推销，这个时候与他交流就比较困难。所以，销售人员就可以通过向他请教问题，在不知不觉中拉近关系。只要能和客户顺利地交流，销售也就可以顺水推舟地完成。

巧卖洗衣粉

大学刚毕业，我找的第一份工作就是做销售——销售点心。因为对业务不熟悉，一个月下来没有什么业绩。因此，在别人做销售的时候，我就趁机学习经验，然后用到自己做销售的过程中。其中，有个老兄让我非常佩服，他是销售洗衣粉的，每天的任务就是把厂家的洗衣粉推销给各个商店。

有一次，我们一起去一个商店。商店老板一看我们是推销的，一脸不高兴，反感地怒喝："你们来做什么！"

我刚要说话，那位老兄掐了我一下，笑着对老板说："你猜我们是干什么的?"

"管你是干什么的，没什么事儿就给我出去，别给我推销些破烂玩意，不好卖。"老板毫不客气地说。

那位老兄听后，并没有表现出生气的样子，反而哈哈大笑，笑得让人摸不着头脑："我们今天可不是向您推销那些破烂东西的，我们今天是特地向您来请教的，您能告诉我们怎么才能把手中的产品推销出去吗?"

老板一听，愣了一下："你们要向我请教销售的方法?"

那位老兄点点头，回答道："我们听说您是这一地区最会做生意的，很多人都喜欢到您这里买东西。所以，我们今天来向您请教一下推销的方法。"

老板一听怒气全消，开始兴致勃勃地跟我们大谈他的销售经验，听得我两眼睛发直。看着时间不早了，我们起身告辞。自始至终那位老兄都没有谈销售的事情。走到门口的时候，老板突然想起来什么一样，大声地说："等一等，听说你们公司的洗衣粉是新产品，好像很有市场潜力，明天给我送几箱吧！妹子，也把你们的点心送 30 盒过来，我看看销量。"听完他的话，我简直心花怒放。那个月运气很好，糕点在那里销售了 100 多盒，提成一下子有了。拿到提成的时候，我着实感谢那位老兄，用请教的方法打开了销售之门。此后，我也多次使用这个方法，屡试不爽。

多问几个为什么

成功不是用你一生所取得的地位来衡量的，而是用你克服的障碍来衡量的。

——费兰克·贝特格

费兰克·贝特格是美国著名的保险顾问、推销励志方面的著名作家和演讲家。他的推销术是世界营销理论和实践发展的新的里程碑，他从失败到成功的推销经验受到广大的推销员、各类营销人员和企业经营者的崇拜与欢迎。他在全美洲举办的讲座与巡回演讲，其声势甚至超过美国总统。

贝特格能够成功，有一个原因就是多问"为什么"。他认识到"为什么"的价值得益于他的一位朋友，——一位再生物资公司的老板，也是费城最成功的商人之一。

有一次，他们共进午餐，这位朋友就给他讲了一件很有意思的事情。

朋友说，他一次在乡下和朋友聚会，晚上和几个朋友同住在一个小屋子里。众人闲着无聊，就轮流讲故事解闷。很不凑巧，轮到他讲故事的时候，夜已经深了，大家都经不住困倦的诱惑，纷纷睡着了，只有一个人在听他讲述他的故事。其实他也很困，也想停下来睡觉。但是，他唯一的听众一看他停下来，就会立刻问上一句："为什么？"这样，他就不得不为自己说的话做出合理的解释，并且强打着精神讲下去。直到他这位唯一的听众也呼呼大睡，他才得以休息。

听完这个，贝格特捧腹大笑。朋友接着说："那天，我想了想你向我推销保险的情形，那是我平生第一次买人寿保险。其实，你对我说的话，其他销售员已经说过了千次万次。但是，你与他们不同，你的不同之处就是你只引导我，不像其他人那样没完没了、喋喋不休。你一个劲儿地问我为什么，我不停地向你解释，不知不觉中就把自己给'卖'了。你不是和我争辩，却轻松地击溃我所有的防线。最后的保险还是我'主动'和你买的，而不是你主动找我来卖保险的。"

那次聚会散了以后，贝特格回到办公室，思考了许久，发现问很多为什么可以让客户放松对销售人员的警惕，并且能从中学到很多东西，而且能得到销售对象的信息。长此以往，销售知识积淀的同时，素质在提高，而很多人也乐意和高素质的销售人员交谈。后来，贝格特就用这招“为什么”拿下了许多单子。

多问几个“为什么”，就能早日知道失败的原因。问得多，学得多。在销售中表现出好奇心，向客户虚心学习，也是销售的一种手段。这样做，不仅能吸引客户的注意，还能在销售竞争中不断进步，让自己变得更出色。

【销售者说】

有些客户对自己的需要并不能明确地肯定或者具体地说出，往往这种需求表现在不平、不满、焦虑或抱怨上。事实上，大多数初次购买的潜在客户都无法确切地知道自己的真正需求。因此，销售人员碰到这类客户时，最重要的也最难的工作就是发掘这类客户的潜在需求，使其转变成为显性的需求。

在发掘顾客潜在需求的技巧中，“询问”无疑是最有效的方式。你可在潜在客户中，借助有效提出的问题，刺激客户的心理状态，从而引导客户了解自己的潜在需求。在实际询问过程中，你可以运用“状况询问法”“设问法”“暗示询问法”等手段来引导客户。

每一个人都要经历从不熟悉业务到精通业务的过程，正因为你现在还不懂，所以你每天都在认真学习，每天都在进步。只要你愿意为您的目标付出足够的努力，愿意不断地发现问题、提出问题、解决问题，你就会离你的目标越来越近。

四、善于听比善于辩更重要

【原文】

德之术曰勿坚而拒之，许之则防守，拒之则闭塞。高山仰之可极，深渊度之可测，神明之德术正静，其莫之极。

【译文】

听取情况的方法是：不要远远看见了就答应，也不要远远看见了就拒绝。如果答应了别人，就要守信从而会多一层保护；如果拒绝别人进言，就使自己受到了封闭。高山仰望可看到顶，深渊计量可测到底，而圣人的心境既正派又深觉，是无法测到底的。以上讲纳谏。鬼谷子认为，反驳别人的观点，不是说服别人的最好办法，但却是了解别人真实想法的不二利器。

所谓销售，并不只是一股脑地解说商品的功能，也并不是一味地反驳客户的观点。在行销过程中，与客户沟通不是举行辩论赛，说服客户不是依靠论理明确、论据充分，而是靠客户心甘情愿的认同。

【事典】

销售人员通过倾听能够了解客户的需求，能够获得客户更多的认同。学会倾听客户的呼声、诉求，对销售能力是有很大提升的。倾听，是销售的好方法之一。日本销售大王原一平曾说过："对销售而言，善听比善辩更重要。"

倾听他的话

"谈！谈！谈！不停地谈，你们这些人就是这个样子。你知道我等这一笔钱等得有多急吗？我已经等了三个礼拜啦！现在还要等，赶快把东西给我，我没有时间跟你们穷磨蹭。"托尼·高登来到赖特家，刚踏进客厅，赖特就大声咆哮起来。接着，赖特似乎还不满意，又开始大骂以前所有来的业务员，就连托尼·高登也骂了进去。托尼·高登仔细地听着他的谩骂，有的时候甚至还点头附和，他表现出那种逆来顺受的沉默终于让赖特平息下来。

高登想，这个人果然和经理说的一样，是个麻烦的家伙，非要坚持把保单退掉，现金收回去。好几个业务员都和赖特碰过面，建议他继续把保险持续下去，但都无功而返。赖特在保险公司投了10000元的保险，他的保单在当时的现金价值也只有5000元，但他突然坚持公司现付。公司被缠得没办法，决定签付给赖特5000元现金支票。高登得知此事后，就跟经理申请他去退支票。

在赖特对他大声咆哮的时候，托尼·高登已经明白了这个人急于用钱——他必然有资金周转方面的问题，所以才急着需要这一笔钱。这时，高登开口："赖特先生，我非常同意您的看法。实在是抱歉，我们没能提供最好的服务，我们公司应该是接到您电话24小时以内就把支票送来。可是，为了您的利益，我不得不说明一点，您这时停保，对您来说将会造成一个很大的损失。但我可以花几分钟的时间告诉您怎么做到两全其美。对了，这是您的钱，请您先收下。”

赖特看见支票，说：“好了，支票已经拿来了，你可以走了。你说得很对，我就是需要周转资金才立刻要这 5000 块钱。你们公司也真是的，把支票痛痛快快地给我不就行了吗？还费这么多事。”可是，高登并没有走，反而说：“请您给我五分钟的时间，我可以告诉您如何不必退保而且还能拿到 5000 元的方法。”

“别想用花言巧语来骗我，你们这些狡诈的家伙。”嘴上虽然话锋犀利，但他的脸上又表现出了好奇，“你那套把戏是什么？”

机会来了，高登于是坐在沙发上耐心地对赖特解释：“如果您把保单做抵押向本公司借 5000 块钱的话，所付的利息也只有 5%而已，而且利息可以抵税；假如你所付的税率是 5%，那真正的利息就只有 2.5%而已。所以，你大可留下这张保单。何况，在这种情况下，如果您和您的家属出现了什么意外情况，本公司仍旧会付给您 5000 块钱赔偿您的家庭。这样一来，您不但可以拿到急救的钱，还可以继续保留您的保险，不是两全其美吗？”

赖特一听觉得有理，表示愿意按照高登说的去做。由于托尼的耐心倾听，为公司挽救了一张 10000 元的保单。其实，托尼·高登真正的秘诀就是耐心倾听客户的需求，找到他的真正需要，然后再对症下药。

对于客户生气时候说的话，不要斤斤计较，因为那是在情绪激动时候的发泄。你要冷静专注地去听，其中必然隐藏着能够帮助你化解困难的信息。

香草冰激凌和汽车的故事

看到这个题目，大家一定觉得非常有意思，香草冰激凌能和汽车扯上什么关系呢？其实，这件事情就和大名鼎鼎的通用汽车公司有关。

有一天，美国通用汽车公司的庞帝雅克（Pontiac）部门收到一封客户抱怨信，上面是这样写的：“这是我为了同一件事第二次写信给你们。我不会怪你们为什么没有回信给我，因为我也觉得别人会认为我疯了，但这的确是一个事实。我们家有一个传统的习惯，就是每天在吃完晚餐后，都会以冰激凌来作为我们的饭后甜点。由于冰激凌的口味很多，我们家每天在饭后才投票决定要吃哪一种口味。等大家决定后，我就会开车去买。但自从最近我买了一部新的庞帝雅克后，在我去买冰激凌的这段路程就发生了问题。你知道吗？每当我买的冰激凌是香草口味时，车子就无法发动。但如果我买的是其他口味，车子发动起来就顺得很。这件事虽然听起来有些不可思议，但事情的确是这样的。为什么这部庞帝雅克当我买了香草冰激凌它就出事，而我不管什么时候买其他口味的冰激凌，它就没有问题呢？”

看见这样的信，庞蒂雅克对此事还真是心存怀疑。但是，为了弄清楚事情的原因，他还是派了一位工程师去看个究竟。工程师根据地址找到了这位写信的仁兄，很惊讶地发现这封信是出自一位成功、乐观且受过高等教育的人之手。工程师与这位仁兄的见面时间刚好是在用完晚餐之后，两人于是一个箭步跃上车，往冰激凌店开去。

那个晚上的投票结果是香草口味，当买好香草冰激凌回到车上后，车子又无法发动了。这位工程师之后又依约来了三个晚上。第一晚，巧克力冰激凌，车子没事。第二晚，草莓冰激凌，车子也没事。第三晚，香草冰激凌，车子无法发动了。

到目前为止，这位严谨而富有逻辑的工程师还是不相信这位仁兄的车子对香草“过敏”。因此，他仍然不放弃继续安排相同的行程，希望能够将这个问题解决。

工程师开始记录下从开始到现在所发生的种种详细资料，如往返行驶时间、停放时间、车子使用的燃油种类……根据资料，他得出了一个结论：这位仁兄买香草冰激凌所花的时间比其他口味要少。

因为香草冰激凌是所有冰激凌口味中最畅销的口味，店家为了让顾客每次都能很快取到，就将香草口味特别分开陈列在单独的冰柜里，并将冰柜放置在店堂的最前端，至于其他口味则放置在距离收银台较远的后端。

现在，工程师所要解决的疑问是：为什么这部车会因为从熄火到重新激活的时间较短就会出问题？原因很清楚，绝对不是因为香草冰激凌的关系。工程师很快想到，答案应该是“蒸气锁”。

因为当这位仁兄买其他口味的冰激凌时，由于时间较久，引擎有足够的时间散热，重新发动时就没有太大的问题。

但是，买香草口味时，由于花的时间较短，引擎太热以至于无法让“蒸气锁”有足够的散热时间。

于是，他告诉了这位老兄，买完香草口味冰激凌后多等一会儿。这位老兄照做了，车子果然不再出问题，可以顺利发动了。

在顾客出现问题后，通用公司并不是一味地强调自己的产品有多么好，而是倾听客户的心声，帮助其解决问题。也正因为如此，通用公司才能赢得顾客的信任。

【销售者说】

销售不是与客户辩论。客户也许说不过我们，但他也可以选择不买我们的产品。所以，在销售时，我们应该学会沟通，在双方互动的基础上寻找关键信息。对销售者来说，学会倾听是非常重要的，这就要我们换位思考，站在对方的立场上仔细地倾听。

五、诚信第一，销量第二

【原文】

用赏贵信，用刑贵正。赏赐贵信，必验耳目之所见闻，其所不见闻者，莫不暗化矣。诚畅于天下神明，而况奸者干君。有主赏。

【译文】

运用奖赏时，最重要的是守信用。运用刑罚时，贵在坚决。处罚与赏赐的信誉和坚决，应验证于臣民所见所闻的事情。这对于那些没有亲眼看到的和亲耳听到的人也有潜移默化的作用。人主的诚信如果能畅达天下，就连神明也会来保护，又何惧那些奸邪之徒犯主君呢？

诚信是交往的基础，无论哪个行业，没有诚信就意味着被市场淘汰出局。无论我们从事什么行业的工作，都要做一个诚信的人。

所谓“诚”，指的是对于与交往的人做到诚信，欺瞒不是成功人士的能力；所谓“信”，指的是信守承诺。守信用、重承诺一直以来都是咱中国人评价商人的重要标尺。一个没有诚信的人，他也不可能在商场上驰骋多久。所以，不要试图虚伪地在我们的客户面前表现“智慧”，用诚信打动顾客才是最明智的选择。

【事典】

诚信，大多数体现在销售产品质量上。所以，诚信首先要做到产品质量过关，不弄虚作假，偷工减料，名副其实，这样才是真正的诚信。

生意红火的糖炒栗子

老妈又买回一包糖炒栗子，我一看，是三环路上的“李记”糖炒栗子，忙不迭地打开包装大嚼起来。老妈见状，一把夺过。“死丫头，给我留点，我排了好长时间的队才买到的。”嘴里已经全是栗子的香味，让我食欲大增。也难为老妈了，为了买个糖炒栗子跑到三环那么老远的地方。其实，小区有好几家卖糖炒栗子的，但家里所有人都觉得“李记”的是最好吃的，想吃的时候都去三环买。每次去买，“李记”前都排了长长的队，要等好久，有时候还可能买不到。小区里的很多人也去“李记”那里买，小区的几家糖炒栗子显得门庭冷落。

没几天，又想吃糖炒栗子了，老妈不愿意去，我只好自己。那天因为去得比较晚，而且也不是公休日，所以人比较少。于是，我买栗子的时候，就和卖栗子的师傅攀谈了起来。

“师傅，您这里的栗子是我吃过最好吃的。”

卖栗子的师傅憨厚一笑：“我这小店多亏大家常来支持，你喜欢吃就多来几次，也算支持我这小店的生意。”

“可是，你的栗子怎么做得这么好吃啊，我都舍不得去别家了。”

“呵呵，我原来是个庄稼人，会的也不多，糖炒栗子是和我妈学的。如果说秘诀，我也没啥秘诀，就是货真价实地卖给你们，你们吃着好，自然就会再来了。很多人还和我抱怨，有时候买不上。我尽量早起多做点，让大家都能吃上。不过，有时候是真的做不出来了，得罪不少人呢。呵呵。”

“那您是怎么做的呀？”

“其实，做法和他们也都一样，就是东西的问题了。不是和你吹，小姑娘，我这里的栗子可是最好的栗子，我挑了好多市场呢。炒栗子的配料也是最好的，糖、盐也都是经过挑选的，这样就保证了栗子的味道。咱卖东西要凭良心，挣的钱也是良心钱。栗子做到最好，斤两上也不亏欠你们，这样的买卖做着舒心。”

说到这里，卖栗子的师傅竟然有些激动。而我，也莫名其妙地被他的情趣感染。怪不得他家的糖炒栗子这么好吃，他的每一个栗子都投入自己的心血，再加上斤两上的不亏欠，他真是在用自己的良心做买卖。

现今，很多商家弄虚作假，浑水摸鱼，以次充好，欺骗广大消费者。他们其中还有很多都是大厂家，但生意经却没有这个卖栗子的师傅领悟得透彻。

做生意，诚信才是永远不倒的招牌。就如同李记糖炒栗子一样，咬开一个，唇齿留香，久久不散……

砸掉 76 台不合格的冰箱

看到这个题目，大家一定非常熟悉，因为在前面曾粗略地提过。在这里，我详细地讲一下，看看海尔集团是多么注重诚信问题的。

张瑞敏刚上任青岛电冰箱厂厂长（海尔集团前身）的时候，那时候企业成立不久，内部管理不善，生产的产品质量出现问题。海尔的主打产品电冰箱在市场上的占有率非常低，顾客的投诉也是接连不断。

当时，对产品质量要求不像现在这么严格。只要生产出来，就不愁销路问题。所以，这样就导致生产工人的质量意识十分淡薄。张瑞敏知道，海尔如想走出困境，必须提高工人的质量意识，质量等于产品的生命，必须树立起“有缺陷的产品就是废品”的概念。

1985 年，海尔从德国引进世界一流的冰箱生产线。一年后，有用户反映海尔冰箱存在质量问题。海尔公司在给用户换货后，对全厂 400 台冰箱进行检查，检查出 76 台有不同程度缺陷的电冰箱。张瑞敏随后用这 76 台电冰箱开了一个展览会，每台电冰箱上配一个标签，标签上写着冰箱有什么毛病，是从谁的手里生产出来的。然后，将如何处理这些有问题的冰箱交给工人们来讨论。

工人们经过讨论，很多人认为，虽然这些冰箱有毛病，但又不影响使用，可以降价处理，或者低价卖给厂里的职工。

张瑞敏坚决反对这种掩饰缺点的做法，他力排众议，明确提出要把这些不合格的冰箱砸毁，作为一个教训来唤醒职工的质量意识。张瑞敏说，生产一台电冰箱需要156道工序，545个工位。一个环节出了质量问题，整个生产线都会出现质量问题。如果今天就这么将这些不合格的冰箱处理给职工，以后仍然不会重视质量问题，就会出现760台甚至7600台有毛病的电冰箱。

为了起到警示作用，张瑞敏果断下令："把这些电冰箱拉到球场，谁生产的，谁就用大锤当众砸毁。"在大庭广众之下，那些抡着大锤砸毁自己生产的电冰箱的工人为此感到羞愧，觉得无地自容。正是这些行动，给了全厂职工巨大的震撼。这76台被砸的冰箱让工人再也不敢对冰箱的质量问题掉以轻心了。

从此以后，工人中真正树立了"有缺陷的产品就是废品"的意识，海尔集团的产品质量有了很大的改观，市场占有率也不断提升。此外，为了更上一层楼，张瑞敏又制定了13条管理制度，进一步强化了质量意识，保证消费者的权益，做到诚信第一。

【销售者说】

孔子曰："人而无信，不知其可也。"认为人若不讲信用，在社会上就无立足之地，什么事情也做不成。唐代著名大臣魏徵说："夫妇有恩矣，不诚则离。"只要夫妻、父子和兄弟之间以诚相待，诚实守信，就能和睦相处。由此可见，诚信是多么重要。如果做销售不注重诚信，即使开始销量好，到最后也会滞销，因为质量不好，是没有回头客的。在现代社会里，诚信是各种商业活动的最佳竞争手段，是市场经济的灵魂，是企业家的真正的"金质名片"。

孔子

我们销售人员要做到诚信,真正做到童叟无欺,确保销售产品的质量。因为质量就是信誉,只有质量过硬的产品才能够赢得消费者。海尔产品之所以畅销,就是严把质量大关,真正做到了诚信。

作为一个销售人员,我们不能为了追求销量而违背诚信。只有诚信待客,才能赢得顾客的信赖。

特别提示:

本书在编写过程中,借鉴和参考了大量文献和作品,谨向诸位专家、学者致以崇高的敬意。但由于部分作者的地址或姓名不详等原因,截至发稿之前,仍有部分作者没有联系上,但出版时间在即,只好贸然使用,不到之处,敬祈谅解,在此也敬启作者,见书后,将您的信息反馈与我,我们将按国家规定,第一时间对相关事宜做出妥善处理。

联系电话:010-80776121　　　联系人:马老师